Betriebswirtschaftslehre

Einführung und Überblick

Von
Prof. Dr. Manfred Hüttner
und
Prof. Dr. Kai R. Heuer

3., vollständig überarbeitete und erweiterte Auflage

R. Oldenbourg Verlag München Wien

Bibliografische Information Der Deutschen Bibliothek

Die Deutsche Bibliothek verzeichnet diese Publikation in der Deutschen
Nationalbibliografie; detaillierte bibliografische Daten sind im Internet
über <http://dnb.ddb.de> abrufbar.

© 2004 Oldenbourg Wissenschaftsverlag GmbH
Rosenheimer Straße 145, D-81671 München
Telefon: (089) 45051-0
www.oldenbourg-verlag.de

Gedruckt auf säure- und chlorfreiem Papier
Gesamtherstellung: Druckhaus „Thomas Müntzer" GmbH, Bad Langensalza

ISBN 3-486-27603-4

Vorwort zur 3. Auflage

Nicht zuletzt zahlreiche Gesetzesänderungen, die Währungsumstellung (und auch die „Rechtschreibreform") haben eine Neuauflage erforderlich gemacht. Dabei wurde der Text inhaltlich und formal vollständig überarbeitet. Inhaltlich wurde dem Buch ein Kapitel zum Controlling zugefügt und der Anhang zur EDV entfernt. Der vormalige Anhang I: Steuern wurde in ein – eigenes - Kapital 18: Steuern überführt und die Kapitel 13 und 15 zu einem Kapitel 15: Finanzierung zusammengefasst. Formal wurde das gesamte Werk in einem aktuelleren EDV-Programm gefertigt. Dadurch war nicht nur der Text komplett zu überarbeiten, sondern auch alle Grafiken. Dabei wurde auch die neue Rechtschreibung berücksichtigt und – wo notwendig – die €-Währung eingepasst. Sämtliche Gesetzesangaben wurden auf den aktuellen Stand gebracht.

Die Neuauflage – und auch das zugefügte Kapitel 13: Controlling - wurde wesentlich vom „akademischen Schüler" des früheren Allein-Verfassers Hüttner, Prof. Dr. Kai R. Heuer, bearbeitet, der damit auch als Co-Autor auftritt. Gleichwohl ist die Neuauflage eine Gemeinschaftsproduktion, die nun durch „vier Augen" geprüft wurde. Aber auch das schützt vor Fehlern nicht, so dass wir den Leser ausdrücklich ermuntern wollen, Kritik und Verbesserungsvorschläge uns zuteil werden zu lassen. Auf dem direkten Weg ist das unter der E-Mail: BWL@heuer-consulting.de möglich.

Ein Buch bzw. das Überarbeiten eines solchen ist eine zeitaufwendige Aufgabe, die nur mit Hilfe anderer möglich ist. Allen zu danken ist hier unmöglich. Einige, die den erstgenannten Verfasser besonders unterstützten, wurden in den Vorworten der früheren Auflagen genannt. An dieser Stelle möchte der neue Co-Autor noch ganz allgemein seinen Kolleg(inn)en am FB Umweltwirtschaft/Umweltrecht auf dem Umwelt-Campus der FH Trier sowie seinen dortigen Student(inn)en danken. Ein besonderer Dank gilt unseren Familien für den klaglosen Freizeitverzicht, der eine solche Bearbeitung mit sich bringt.

Möge das Buch eine gute Aufnahme in Wissenschaft und Praxis finden.

Manfred Hüttner   Kai R. Heuer
Hepstedt   Hamburg/Birkenfeld

Inhaltsübersicht

Teil I Grundlagen

Kapitel 1   Entwicklung der Betriebswirtschaftslehre
Kapitel 2   Betrieb als System
Kapitel 3   Entscheidungen im Betrieb

Teil II Leistungserstellung und -verwertung

Kapitel 4   Leistungserstellung („Produktionswirtschaft")
Kapitel 5   Leistungsverwertung („Absatzwirtschaft")
Kapitel 6   Bereitstellungs- und Lagerwirtschaft („Beschaffung" und „Logistik")
Kapitel 7   Forschung und Entwicklung - „Innovationsmanagement"

Teil III Unternehmensführung

Kapitel 8   Konstitutive Entscheidungen I: Standortwahl
Kapitel 9   Konstitutive Entscheidungen II: Rechts- und Unternehmensformen
Kapitel 10   Konstitutive Entscheidungen III: Organisation
Kapitel 11   Unternehmensführung und Partizipation („Unternehmensführungskonzepte")
Kapitel 12   Personalwirtschaft
Kapitel 13   Controlling

Teil IV Finanzwirtschaft

Einführung: Betriebliche Geldprozesse
Kapitel 14   Investition
Kapitel 15   Finanzierung

Teil V Unternehmensrechnung und Steuern

Einführung: Abbildung betrieblicher Prozesse in der Unternehmensrechnung
Kapitel 16   Externe Unternehmensrechnung („Jahresabschluss")
Kapitel 17   Interne Unternehmensrechnung („Kostenrechnung")
Kapitel 18   Steuern

Inhaltsverzeichnis

Darstellungsverzeichnis... XIII

Teil I Grundlagen

Kapitel 1 Entwicklung der Betriebswirtschaftslehre 1
Einführung: Betriebswirtschaftslehre als Wissenschaft 1
1.1 Entstehung betriebswirtschaftskundlicher Betrachtungen und Herausbildung
    der Betriebswirtschaftslehre 2
1.2 Grundkonzeptionen der Betriebswirtschaftslehre 4

Kapitel 2 Betrieb als System 7
2.1 Betrieb im Wirtschaftskreislauf - „Umsystem" des Betriebes 7
2.2 „Innerbetrieblicher" Kreislauf - „In-" und „Subsystem" 10

Kapitel 3 Entscheidungen im Betrieb 15
3.1 Zielsystem 15
3.2 Entscheidungsträger und Entscheidungsfeld 19
3.3 Entscheidungsprozess 21
Literaturhinweise 26
Aufgaben 28

Teil II Leistungserstellung und -verwertung

Kapitel 4 Leistungserstellung („Produktionswirtschaft") 29
4.1 Grundfragen der Produktionswirtschaft 30
    4.1.1 Input- und Outputfaktoren der Produktion 30
    4.1.2 Produktionstypen 32
4.2 Outputfaktorplanung: Operative Produktionsprogrammplanung 34
    4.2.1 Sukzessive Produktionsprogrammplanung 35
    4.2.2 Simultane Produktionsprogrammplanung 36
4.3 Inputfaktorplanung: Potential- und Verbrauchsfaktorplanung 40
    4.3.1 Produktionsfunktionen („Produktionstheorie") 40
        4.3.1.1 Strukturmerkmale und Typen von Produktionsfunktionen -
                Produktionstheoretische Grundlagen 40
        4.3.1.2 Spezielle betriebswirtschaftliche Produktionsfunktionen ...43
        4.3.1.3 Komplexe Produktionsstrukturen 48
    4.3.2 Kostenfunktionen („Kostentheorie") 50
        4.3.2.1 Kostenbegriffe und Kosteneinflussgrößen 50
        4.3.2.2 Kostenverläufe spezieller betriebswirtschaftlicher Produktions-
                funktionen 54
Zusammenfassung: Produktions- und Kostenplanungsmodelle -
                „Layoutplanung" 57
4.4 „Throughputplanung": Prozessplanung 58
    4.4.1 Serien-/Lagerproduktion 58

4.4.2 Einzel-/Auftragsproduktion 63
4.5 „Factory of the Future": von PPS über CAD/CAM zu CIM 66
Literaturhinweise 70
Aufgaben 70

Kapitel 5 Leistungsverwertung („Absatzwirtschaft") 73

5.1 Grundfragen der Absatzwirtschaft 73
5.2 Informationen für Marketing-Entscheidungen: Marktforschung 76
    5.2.1 Datengewinnung 76
    5.2.2 Datenanalyse 79
5.3 Marketingstrategien/Strategisches Marketing 81
    5.3.1 Allgemeines 81
    5.3.2 Marktfeldstrategien - „Portfolio-Analyse" 84
    5.3.3 Marktparzellierungsstrategien - „Marktsegmentierung" 85
5.4 Absatzpolitische Instrumentarium 88
    5.4.1 Produktpolitik 90
    5.4.2 Preispolitik 95
        5.4.2.1 Theorie der Preisbildung 95
        5.4.2.2 Preispolitik in der Praxis 104
    5.4.3 Kommunikationspolitik 107
    5.4.4 Distributionspolitik 110
Resümee: Problem der optimalen Kombination des absatzpolitischen
           Instrumentariums („Marketing-Mix") 113
Literaturhinweise 114
Aufgaben 115

Kapitel 6 Bereitstellungs- und Lagerwirtschaft („Beschaffung" und „Logistik") 117

6.1 Grundfragen der Beschaffungswirtschaft 118
6.2 Grundfragen der Lagerwirtschaft 121
Literaturhinweise 124
Aufgaben 124

Kapitel 7 Forschung und Entwicklung - „Innovations-management" 125

7.1 Produktlebenszyklus 125
7.2 Innovationsprozess 127
Literaturhinweise 130

Teil III Unternehmensführung

Kapitel 8 Konstitutive Entscheidungen I: Standortwahl 131

8.1 Einflussgrößen der Standortentscheidung 132
8.2 Verfahren der Standortbestimmung 133
Literaturhinweise 135
Aufgaben 136

Kapitel 9 Konstitutive Entscheidungen II: Rechts- und Unternehmensformen 137

9.1 Einflussgrößen der Rechtsformentscheidung 137
9.2 Rechtsformen privater Betriebe 139
    9.2.1 Personengesellschaften (und Einzelkaufleute) 140
    9.2.2 Kapitalgesellschaften...143
    9.2.3 Besondere Formen...148
9.3 Unternehmenszusammenschlüsse 150
9.4 Öffentliche Betriebe 157
Exkurs: Auflösung des Betriebes 158
Literaturhinweise 159
Aufgaben 160

Kapitel 10 Konstitutive Entscheidungen III: Organisation 161

10.1 Organisationslehre, -theorie und -forschung...161
10.2 Elemente von Organisationssystemen 163
10.3 Organisationsstruktur / Aufbauorganisation 164
    10.3.1 Leitungssysteme..164
    10.3.2 Aufbauorganisation 166
Literaturhinweise 172
Aufgaben 172

Kapitel 11 Unternehmensführung und Partizipation („Unternehmensführungskonzepte") 173

11.1 Führungstheorie und Führungsmodelle...173
11.2 Mitbestimmung 177
Exkurs: „Organisationsentwicklung" und „(Business) Reegineering".............181
Literaturhinweise 184
Aufgaben 184

Kapitel 12 Personalwirtschaft 185

12.1 Charakter und Struktur des betrieblichen Personalwesen 185
12.2 Personalplanung 186
12.3 Personalbeschaffung und -auswahl..190
12.4 Betriebliche Entgelt- und Sozialleistungspolitik.....................................192
    12.4.1 Entgeltpolitik („Entlohnung")..192
    12.4.2 Sozialleistungspolitik 201
12.5 Personalentwicklung 201
Literaturhinweise 203
Aufgaben 204

Kapitel 13 Controlling...205

13.1 Begriffliche Grundlagen..205
13.2 Controlling-Organisation 207
13.3 Controlling-Konzeptionen...208
13.4 Strategisches und operatives Controlling...210
13.5 Controlling-Instrumente 212
13.6 Controlling-Entwicklungen 214
Literaturhinweise 216
Aufgaben 216

Teil IV Finanzwirtschaft

Einführung: Betriebliche Geldprozesse 217

Kapitel 14 Investition 221
14.1 Investitionsbegriffe (und „Investitions-Management") 221
14.2 Real-Investitionen 224
    14.2.1 Investitionsrechnungsverfahren 224
        14.2.1.1 Allgemeines - Konzept des „vollständigen Finanzplans" 224
        14.2.1.2 Einzelobjekt-Entscheidungen 227
            14.2.1.2.1 Statische Verfahren 228
            14.2.1.2.2 Dynamische Verfahren 231
        14.2.1.3 Programm-Entscheidungen 236
    14.2.2 Berücksichtigung nicht-monetärer Größen 237
    14.2.3 Berücksichtigung der Unsicherheit 238
14.3 Finanzanlagen 242
    14.3.1 Effektivzins („Effektivrendite") allgemein 242
    14.3.2 Effektivzins bei besonderen Anlageformen 243
        14.3.2.1 Festverzinsliche 243
        14.3.2.2 Andere Wertpapiere 245
Literaturhinweise 246
Aufgaben 246

Kapitel 15 Finanzierung 249
15.1 Finanzierungsbegriffe (und Finanzierungsziele) 249
15.2 Auszahlungsströme und Kapitalbedarf 250
15.3 Einzahlungsströme und Kapitaldeckung 252
    15.3.1 Innenfinanzierung 253
        15.3.1.1 Selbstfinanzierung 253
        15.3.1.2 Finanzierung aus Abschreibungen und Rückstellungen 257
    15.3.2 Außenfinanzierung 259
        15.3.2.1 Eigenfinanzierung 259
        15.3.2.2 Fremdfinanzierung 263
    15.3.3 Finanzierungssubstitute 268
15.4 Abstimmung finanzwirtschaftlicher Prozesse 271
    15.4.1 Kapitalstruktur 271
        15.4.1.1 „Klassische" Finanzierungsregeln 271
        15.4.1.2 Kapitalmarktmodelle 274
    15.4.2 Finanzplanung und -analyse 275
    15.4.3 Risikoabsicherung, Financial Futures und Optionen 277
Literaturhinweise 279
Aufgaben 280

Teil V Unternehmensrechnung und Steuern

**Einführung: Abbildung betrieblicher Prozesse in der
Unternehmensrechnung** 283

Kapitel 16 Externe Unternehmensrechnung („Jahresabschluss") ...285

16.1 Bilanz 286
    16.1.1 Aufbau der Bilanz - Grundsätze ordnungsgemäßer
        Buchführung bzw. Bilanzierung 286
    16.1.2 Gliederung der Bilanz 291
    16.1.3 Bewertung in der Bilanz - Bilanztheorien 292
        16.1.3.1 Allgemeines 292
        16.1.3.2 Abschreibungen auf das Anlagevermögen................293
    16.1.4 Bilanzausweise nach internationalen Standards 296
    Exkurs: Bewertung des Unternehmens als Ganzes.............................297
16.2 Gewinn- und Verlust-Rechnung 300
16.3 Anhang und Lagebericht - Ergänzungsrechnungen zum Jahresabschluss......301
Literaturhinweise 304
Aufgaben..304
Appendix: Bilanz- und GuV-Gliederungsschema 305

Kapitel 17 Interne Unternehmensrechnung („Kostenrechnung") ..307

17.1 Traditionelle „Betriebsabrechnung" auf Vollkostenbasis...................308
    17.1.1 Kostenartenrechnung 308
    17.1.2 Kostenstellenrechnung 309
    17.1.3 Kostenträgerrechnung 310
17.2 Teilkostenrechnungssysteme 312
17.3 Plankostenrechnung..313
17.4 Prozesskostenrechnung..314
Literaturhinweise 315
Aufgaben..316

Kapitel 18 Steuern..317

18.1 Begriff und Einteilung - „Steuersystem"...317
18.2 Einzelne Steuerarten 320
Literaturhinweise 324

Aufgaben-Lösungen..325

Literaturverzeichnis..333

Stichwortverzeichnis..361

Darstellungsverzeichnis

Darst. 2- 1:	Betrieb im Wirtschaftskreislauf	8
Darst. 2- 2:	Betrieb im Wirtschaftskreislauf - mit Geldstrom	8
Darst. 2- 3:	Das „Umsystem" des Betriebes	9
Darst. 2- 4:	Der innerbetriebliche Kreislauf (nach MELLEROWICZ 1970, S. 7)	10
Darst. 2- 5:	Betriebe nach der Art des produzierten Gutes	11
Darst. 2- 6:	Input-Output-Darstellung des Betriebes	13
Darst. 2 -7:	(Quer- und Längsschnitt-)Funktionen des Betriebes	13
Darst. 3- 1:	Stadien des Entscheidungsprozesses	21
Darst. 3- 2:	Systematik der Prognosemethoden	23
Darst. 4- 1:	Betriebliche Produktionsfaktoren	32
Darst. 4- 2:	Berechnung spezifischer (engpassbezogener) Deckungsbeiträge	36
Darst. 4- 3:	Simplex-Ausgangs-Tableau (Beispiel)	39
Darst. 4- 4:	Simplex-End-Tableau (Beispiel)	39
Darst. 4- 5:	Alternative Substitution	41
Darst. 4- 6:	Periphere totale Substitution	41
Darst. 4- 7:	Verbrauchsfunktion (Beispiel Benzinverbrauch)	42
Darst. 4- 8:	Produktionstheoretische Grundbegriffe	43
Darst. 4- 9:	Vierphasenschema der Ertragskurven (nach *Gutenberg*)	44
Darst. 4-10:	Linear-limitationale Faktoreinsatzfunktion	45
Darst. 4-11:	Faktoreinsatz und Intensität	46
Darst. 4-12:	Faktoreinsatzfunktion bei konstanter Intensität	47
Darst. 4-13:	Gozinto-Graph (Beispiel - nach HOITSCH 1993, S. 368)	49
Darst. 4-14:	Direktbedarfsmatrix (Beispiel - nach HOITSCH 1993, S. 369)	50
Darst. 4-15:	Gesamtkosten als Umkehrfunktion	51
Darst. 4-16:	Kostenverläufe in Abhängigkeit von der Ausbringung	53
Darst. 4-17:	Vierphasenschema der Kostenkurven (nach *Gutenberg*)	54
Darst. 4-18:	Kostenverlauf bei zeitlicher Anpassung	55
Darst. 4-19:	Losgrößenmodelle	60
Darst. 4-20:	Prozesszeiten von Aufträgen an Maschinen (Beispiel)	60
Darst. 4-21:	Maschinenbelegungspläne des Beispiels (nach REICHWALD/DIETEL 1991, S. 571)	62
Darst. 4-22:	Arbeitsgänge (Beispiel für eine Strukturanalyse - nach HOITSCH 1993, S. 442)	63
Darst. 4-23:	MPM-Netzplan (Beispiel - HOITSCH 1993, S. 446)	65
Darst. 4-24:	PPS, CAD/CAM und CIM	69

Darst. 5- 1:   Arten der Befragung 77

Darst. 5- 2:   Einteilung der Fragen nach der Antwortmöglichkeit 78

Darst. 5- 3:   Arten der Beobachtung 79

Darst. 5- 4:   Datenmatrix 80

Darst. 5- 5:   Marketingstrategien 82

Darst. 5- 6:   Strategieprofil des eigenen Unternehmens im Vergleich zu einem
wichtigen Wettbewerber (Modellbeispiel - nach BECKER 2002, S. 356) 83

Darst. 5- 7:   Produkt-Markt-Matrix 84

Darst. 5- 8:   Marktwachstums-Marktanteils-Matrix 85

Darst. 5- 9:   Massenmarkt- und Marktsegmentierungsstrategie 86

Darst. 5-10:   Marktsegmentierung nach einem bzw. zwei soziodemographischen
Merkmalen 87

Darst. 5-11:   Marktsegmentierung nach drei soziodemographischen Merkmalen 87

Darst. 5-12:   Marketing-Instrumentarium 89

Darst. 5-13:   Quellen der (Produkt-)Ideengewinnung 91

Darst. 5-14:   Checklist für die Vorauswahl von Produktideen
(nach HÜTTEL 1998, S. 120) 92

Darst. 5-15:   Gewinnschwelle (Break-even-Punkt) 93

Darst. 5-16:   Preis-Absatz-Funktion 95

Darst. 5-17:   Grenzfälle der Preiselastizität der Nachfrage 96

Darst. 5-18:   Marktformen 98

Darst. 5-19:   Gewinnmaximum im Angebotsmonopol 100

Darst. 5-20:   Gewinnmaximum bei vollständiger Konkurrenz 101

Darst. 5-21:   Horizontale Preisdifferenzierung 103

Darst. 5-22:   Direkter und indirekter Absatzweg 110

Darst. 5-23:   Vorteilhaftigkeitsvergleich Reisender/Vertreter 112

Darst. 6- 1:   a) Verlauf des Lagerbestandes bei gleichmäßigem Absatz/
    Verbrauch 121

    b) dto. mit eisernem und Meldebestand 121

Darst. 6- 2:   Verlauf bei (s,x)-Politik 122

Darst. 6- 3:   Verlauf bei (s,S)-Politik 123

Darst. 6- 4:   Verlauf bei (t,S)-Politik 123

Darst. 7- 1:   Marktwachstum und Marktsättigung (4-Phasen-Schema des
Produktlebenszyklus) 126

Darst. 7- 2:   Innovationsbegriffe 127

Darst. 7- 3:   Erweitertes bzw. Integriertes Produktlebenszykluskonzept 128

Darst. 7- 4:   (9-Felder-)Markt-Portfolio 129

Darst. 7- 5:   Technologie-Portfolio 130

Darst. 8- 1: Nutzwertanalyse bei der Standortwahl (Beispiel - nach STEINER 1998, S. 118)..134

Darst. 8- 2: Standort-Portfolio (nach ZÄPFEL 2000a, S. 150 - Quelle: LÜDER 1982) 135

Darst. 9- 1: Rechtsformen privater Betriebe...139

Darst. 9- 2: Größenklassen der Kapitalgesellschaften nach § 267 HGB.......................145

Darst. 9- 3: Vergleichende Zusammenstellung einiger wichtiger Rechtsformen..........149

Darst. 9- 4: Kooperation, Konzentration und Wachstum...151

Darst. 9- 5: Formen von Unternehmenszusammenschlüssen 152

Darst. 9- 6: Arten von Beteiligungen...155

Darst. 9- 7: Konzern- und abhängiges Unternehmen..156

Darst. 9- 8: Formen öffentlicher Betriebe..158

Darst. 10- 1: Organisation und Umwelt...161

Darst. 10- 2: Organisationswissenschaftliche Ansätze (nach HILL/FEHLBAUM/ULRICH 1994/98) 162

Darst. 10- 3: Formen von Leitungssystemen...164

Darst. 10- 4: Formen der Aufbauorganisation 166

Darst. 10- 5: Funktionale Organisation...167

Darst. 10- 6: Divisionale Organisation..167

Darst. 10- 7: Regionale Organisation..168

Darst. 10- 8: Matrix-Organisation 169

Darst. 10- 9: Produkt-Management als Mischform 170

Darst. 10-10: Geschäftsbereich-Organisation 171

Darst. 11- 1: Einordnung von „Management by-Techniken" (nach PULLIG 1980, S. 59)...175

Darst. 11- 2: „Regelkreis" der Strategischen Unternehmensführung 177

Darst. 11- 3: Arten der Mitbestimmung..178

Darst. 12- 1: Funktionendiagramm von Stellen in der Personalab- teilung (nach OECHSLER 2000, S. 173) 187

Darst. 12- 2: Personalauswahl-Verfahren (nach STOPP 2002, S. 71) 190

Darst. 12- 3: Verfahren der Arbeitsbewertung..193

Darst. 12- 4: Beispiel des Rangreihenverfahrens der analytischen Arbeitsplatzbewertung 194

Darst. 12- 5: Lohnzuordnung zu Arbeitswerten (Beispiel)..195

Darst. 12- 6: Zeitlohn (Stundenlohn) 196

Darst. 12- 7: Akkordlohn (mit garantiertem Stundenlohn)...197

Darst. 12- 8: Arten des Prämienlohns..199

Darst. 12- 9: Rowan- und Halsey-Prämienlohnsystem (Beispiel).....................................200

Darst. 13- 1   Controlling-Erscheinungsformen und Umwelt 207

Darst. 13- 2   Koordinationsbezogener Controlling-Ansatz nach KÜPPER 209

Darst. 13- 3   Manager und Controller..210

Darst. 13- 4   Strategisches und operatives Controlling 212

Darst. 13- 5   Isolierte und übergreifende Koordinationsinstrumente nach KÜPPER 213

Darst. 13- 6   Auswahl von strategischen und operativen Controlling-Instrumenten......214

Darst. IVE-1: Geld- und Güterströme aus der Sicht des Betriebes 217

Darst. IVE-2: Abgrenzung „Einzahlungen"/„Einnahmen"..218

Darst. IVE-3: Betriebliche Zahlungsströme 219

Darst. IVE-4: Kreislauf finanzieller Mittel...220

Darst. 14- 1: Einteilung der Investitionen nach dem Anlass..222

Darst. 14- 2: Einteilung der Investitionen nach dem Objekt..222

Darst. 14- 3: Beispiel-Grundmodell...224

Darst. 14- 4: Vollständiger Finanzplan (Beispiel) 225

Darst. 14- 5: Vollständiger Finanzplan (Beispiel: Alternative)..226

Darst. 14- 6: Vollständiger Finanzplan (Beispiel: Zinsänderung)....................................226

Darst. 14- 7: Vollständiger Finanzplan (Beispiel: Entnahmen) 227

Darst. 14- 8: Verfahren der Investitionsrechnung bei Einzelobjekt-Entscheidungen 227

Darst. 14- 9: Kritische Menge (zweier Investitionsobjekte) 229

Darst. 14-10: Gewinnschwelle bei der Pay-off-Methode
                 (nach KAPPLER/REHKUGLER 1991, S. 928) 230

Darst. 14-11: Dynamische Verfahren (Alternativ-Einteilung) 232

Darst. 14-12: Berechnung der abgezinsten Einzahlungen (Beispiel - r = 0,1)...................233

Darst. 14-13: Berechnung der aufgezinsten Einzahlungen (Beispiel) 234

Darst. 14-14: Berechnung der abgezinsten Einzahlungen (korrigiert)..............................239

Darst. 14-15: Berechnung von Varianten (Beispiel) 240

Darst. 14-16: Kapitalwertfunktion, in Abhängigkeit von der Nutzungsdauer
                 (nach KAPPLER/REHKUGLER 1991, S. 950) 241

Darst. 15- 1: Zahlungsströme und Kapital-/Geld-/Finanzbedarf
                 (nach REHKUGLER/SCHINDEL 1994, S. 41)..252

Darst. 15- 2: Arten der Finanzierung..252

Darst. 15- 3: Kapazitätserweiterungseffekt (Beispiel)..258

Darst. 15- 4: Arten der Aktien 260

Darst. 15- 5: Arten des Leasing 268

Darst. 15- 6: Arten des Factoring...270

Darst. 15- 7: Leverage-Effekt (positiv - Beispiel)...273

Darst. 15- 8: Wichtige Instrumente der Risikoabsicherung
                 nach PERRIDON/STEINER 2002, S. 308 277

Darst. VE- 1:   Abgrenzung „Einnahmen"/„Erträge" 283

Darst. VE- 2:   Verhältnis von 8 Grundbegriffen...284

Darst. 16- 1:   Teile des Jahresabschlusses (und Lagebericht)...................................285

Darst. 16- 2:   Gegenüberstellung von „Vermögen" und „Kapital" in der Bilanz...........286

Darst. 16- 3:   Schema eines aktiven Bestandskontos..288

Darst. 16- 4:   Schema des IKR 289

Darst. 16- 5:   Grundsätze ordnungsmäßiger Buchführung bzw. Bilanzierung
                  (nach HEINHOLD 1996, S. 47) 290

Darst. 16- 6:   Bilanz-Mindest-Gliederung 291

Darst. 16- 7:   Arten der Zeitabschreibung 294

Darst. 16- 8:   Verschiedene Abschreibungsarten (Beispiel).....................................295

Darst. 16- 9:   Ansatz- und Bewertungsvorschriften nach HGB, IAS und US-GAAP.....297

Darst. 16-10:   Abgrenzung „Aufwand"/„Kosten"..301

Darst. 16-11:   Beständedifferenz- und Bewegungsbilanz 302

Darst. 16-12:   Bilanz-Gliederungsschema nach § 266, Abs. 2 HGB
                  (für mittlere und große Kapitalgesellschaften) 305

Darst. 16-13:   GuV-Gliederungsschema nach § 275, Abs. 2 und 3 HGB
                  (für große Kapitalgesellschaften)..306

Darst. 17- 1:   Betriebliche Aufwendungen (Kl. 6 des IKR) 308

Darst. 17- 2:   Betriebsrechnungsbogen (schematisch) 309

Darst. 17- 3:   (Differenzierende) Zuschlagskalkulation, schematisch......................311

Darst. 18- 1:   Arten von Abgaben..317

Darst. 18- 2:   Einteilung der Steuern...318

Darst. 18- 3:   Das „Steuersystem"...319

Darst. L- 1:   Matrix-Organisation im Absatzbereich 328

Darst. L- 2:   Berechnung der abgezinsten Einzahlungen (Beispiel - r = 0,05) 329

Darst. L- 3:   Berechnung der abgezinsten Einzahlungen (Beispiel - r = 0,15) 329

Darst. L- 4:   Leverage-Effekt (negativ - Beispiel)...331

Darst. L- 5:   Schema eines passiven Bestandskontos..331

Teil I Grundlagen

Kapitel 1   Entwicklung der Betriebswirtschaftslehre

Einführung: Betriebswirtschaftslehre als Wissenschaft

Die „*Betriebswirtschaftslehre*" ist die **Lehre** vom **Wirtschaften** in **Betrieben**. Auf die Begriffe „Betrieb" und „Wirtschaften" wird in Kap. 2 bzw. 3 näher eingegangen; auf die Charakterisierung als „Lehre" ist sogleich noch zurückzukommen. Vorher aber sei noch darauf hingewiesen, dass die vorstehende - leicht „tautologisch" anmutende – *Definition*, wie auch *Begriffe, Termini – Fachwörter* - etc., nach heute wohl vorherrschendem erkenntnistheoretischen Verständnis nicht grundsätzlich *wahr* oder *falsch* sind, sondern nur mehr oder weniger *zweckmäßig*. Diese „Zweckmäßigkeit" wiederum richtet sich danach, ob eine Festlegung durch „*gesetzliche*" Regelung erfolgt ist (Legal-Definition) oder die betreffende Bezeichnung sich im Sprachgebrauch *durchgesetzt* hat. Beides trifft für die „Betriebswirtschaftslehre" heute zu: Der Ausdruck ist allgemein üblich geworden (und hat auch zumindest in [hochschul]rechtliche Regelungen, wie Prüfungsordnungen etc., Eingang gefunden). Das war jedoch nicht immer so und könnte auch in Zukunft wieder in Frage gestellt werden; darauf wird in den folgenden beiden Abschnitten eingegangen.

Vorher noch, wie angekündigt, ein Wort zum Begriff *Lehre*. Diese unterscheidet sich von einer bloßen *Kunde* durch ihre **Wissenschaftlichkeit**. Nun kann sicher grundsätzlich wie auch im Detail sehr darüber gestritten werden, was eine Sammlung von Aussagen zur Wissenschaft macht. Unzweifelhaft gehört dazu die *Erklärungsaufgabe*: Die „wissenschaftliche" Erklärung unterscheidet sich von der bloßen **Beschreibung** dadurch, dass über ausschließlich der „Oberfläche" verhaftet bleibende Aussagen zu einem System von Aussagen, die einen kausalen oder zumindest funktionalen Zusammenhang („Wenn-Dann-Beziehungen") aufzeigen, vorgedrungen werden soll. Ob neben diese **deskriptive** Aufgabe („deskriptiv" hier eben im Sinne von „erklärend", nicht nur „beschreibend") eine **präskriptive** („Gestaltungs-")Aufgabe tritt und in welcher Weise, ist umstritten; s. zu den einzelnen „Methodenstreiten" noch unten (und auch A[ufgabe] I-1).

Als Wissenschaft tritt die Betriebswirtschaftslehre neben **andere Wissen-schaften**, zuvörderst die *Volks*wirtschaftslehre. Diese ist zwar auch *Wirtschafts*wissenschaft, hat aber ein umfassenderes Erkenntnisobjekt; s. dazu auch in Kap. 2. Beide zusammen gehören zu den *Sozial*wissenschaften. Dieser Begriff wird allerdings verschieden gebraucht: Im *engsten* Sinne findet er synonym mit „Soziologie" Verwendung. In einem *weiteren* Sinne umfasst er neben der Wirtschaftswissenschaft z.B. auch die Rechtswissenschaft. Im weitesten Sinne können dazu auch noch andere „Geisteswissenschaften", z.B. die Sprachwissenschaften, gerechnet werden; hierfür wird auch der Ausdruck *Gesellschafts*wissenschaften benutzt. Die Bezeichnung „Geisteswissenschaft" ist insofern weniger glücklich, als eine Zusammenfassung mit den *Natur*wissenschaften zu *Real*wissenschaften erfolgen kann. Im Unterschied zu diesen haben die *Formal*wissenschaften (z.B. die Mathematik) kein „reales" Erkenntnisobjekt - wie eben die Betriebswirtschaftslehre den „Betrieb".

Wie erwähnt, wird darauf in Kap. 2 näher eingegangen. In den folgenden beiden Abschnitten dieses Kapitels ist zunächst die Entstehung betriebswirtschaftskundlicher Betrachtungen und die Herausbildung der Betriebswirtschaftslehre zu skizzieren. In Abschnitt 2 werden dann Grundkonzeptionen der Betriebswirtschaftslehre erörtert.

1.1 Entstehung betriebswirtschaftskundlicher Betrachtungen und Herausbildung der Betriebswirtschaftslehre

Der Beruf des Kaufmanns ist schon sehr alt: „Handels-Betriebe" waren schon im *Altertum* und *Mittelalter* tätig. Es verwundert deshalb nicht, dass die Anfänge betriebswirtschaftskundlicher Betrachtungen bzw. Aufzeichnungen „Handlungsorientiert" - in diesem Sinne - waren. Als erste nachweisbare **Privatniederschrift** (über Münzen, Maße, Zinstafeln usw.) wird die von *Pegolotti* (ab 1335) angesehen. Als ältestes **gedrucktes** Werk gilt die von *Pacioli* (1494) herausgebrachte „Summa de Arithmetica, Geometria, Proportioni et Proportionalità". Sie enthält auch die erste Darstellung des Systems der „doppelten Buchführung". (Diese selbst ist noch älter und wird auf das 13. Jh. datiert.) Später kam es dann zu einer regelrechten „**Handlungs-Wissenschaft**", deren *Beginn* mit dem Erscheinen der „Eröffnete Akademie der Kaufleute: oder vollständiges Kaufmannslexicon" von *Ludovici* in den Jahren 1752-56 angenommen werden kann. Diese „Handlungswissenschaft" erlebte, nach ihrem *Höhepunkt* mit dem „System des Handels" von *Leuchs* (1804), später allerdings einen Niedergang.

Dieser Niedergang mag auch mit der beginnenden *Industrialisierung* zusammenhängen, in deren Verlauf andere Fragen an Bedeutung gewannen. Mit der Durchsetzung der Industrialisierung, d.h. der Entstehung größerer, auf *maschineller* Basis arbeitender Betriebe, wurde es jedoch offensichtlich notwendig, nicht nur deren angestellte „Handlungs-" bzw. später „Kaufmanns-*Gehilfen*", sondern auch die *Inhaber* selbst besser mit betriebswirtschaftlichen Kenntnissen auszustatten. Dies galt um so mehr, als später zunehmend Unternehmensformen (s. dazu in Kap. 9) - speziell die Aktiengesellschaft - auftraten, bei denen sich die *Eigentümer*- von der *Leitungs*funktion löste, mit angestellten *Managern*. Um die Jahrhundertwende kam es deshalb in schneller Folge zur Gründung von - meist so bezeichneten - **Handelshochschulen** (1898 Leipzig, St. Gallen, Aachen, Wien; 1901 Köln, Frankfurt; 1906 Berlin; 1907 Mannheim; 1910 München; 1915 Königsberg; 1919 Nürnberg). In den USA vollzog sich übrigens in etwa zur gleichen Zeit (1881 „Wharton School", 1908 „Harvard") die Entstehung von sog. *Business Schools*, mit „Business Administration", als Gegenstück zur deutschen Betriebswirtschaftslehre. Ein Unterschied lag allerdings auch darin, dass von vornherein diese Business Schools nur quasi spezielle „Fachbereiche" von Universitäten waren.

Schon bald nach der Gründung der Handelshochschulen wurden von dort lehrenden Professoren die ersten Bücher mit „System-Entwürfen" vorgelegt: 1910 HELLAUER mit dem „System der Welthandelslehre", 1911 SCHÄR: „Allgemeine Handelsbetriebslehre" und 1912 NICKLISCH: „Allgemeine kaufmännische Betriebslehre als Privatwirtschaftslehre des Handels und der Industrie". Diese Titel zeigen bereits, dass nicht einmal über den *Namen* der neuen Disziplin Einigkeit bestand; um so mehr gilt dies für die *Ziele* und *Inhalte*. Schon bald kam es denn auch zum sog. **1. Methodenstreit**: zwischen *Schmalenbach* auf der einen Seite, als Begründer einer mehr *angewandten* Richtung (und der Auffassung der neuen Wissenschaft als „*Kunstlehre*") und *Rieger* andererseits als Vertreter einer stärker *theoretischen* Ausrichtung. Die Differenz zwischen diesen beiden lag tatsächlich mehr in den *Methoden* als in den *Zielen*: Die Angriffe gegen - wie WEYERMANN/SCHÖNITZ (1912, S. 46) es ausdrücken - die „Anleitung zu möglichster Routine in einer öden Profitmacherei" richten sich eher gegen Schmalenbachs „Kunstlehre" und kamen von der sog. **ethisch-normativen Richtung** (Hauptvertreter: *Nicklisch*), während *Rieger* ebenso wie *Weyermann/Schönitz* sogar von „Privatwirtschaftslehre" sprach. Dagegen löst *Schmalenbach* „den Betrieb vom Eigentümer, vom Unternehmer, und stellt ihn wieder neben den technischen Betrieb: Es entsteht die Idee vom *wirtschaftlichen Betrieb*, die schließlich als '*Betriebswirtschaft*' dem Fach seinen Namen gibt". (BLEICHER 1995, S. 100).

Während sich so in den 30er und 40er Jahren Schmalenbachs sog. **empirisch-realistische Richtung** (s. auch A I-1) und die Bezeichnung „Betriebswirtschaftslehre" durchsetzten, kam es **nach dem 2. Weltkrieg**, in den 50er Jahren, schon rein äußerlich zu einem gewaltigen Aufschwung des Faches: Einerseits wurde eine beachtliche Zahl von betriebswirtschaftlichen Lehrstühlen an *Universitäten* eingerichtet (und es erfolgte die Gründung von „wirtschafts-" oder „wirtschafts- und sozialwissenschaftlichen" Fakultäten, d.h. insbesondere die organisatorische Trennung von den Rechtswissenschaften, die Auflösung der „Staatswissenschaftlichen Fakultäten"). Andererseits gingen die *Handelshochschulen* zumeist entweder in den alten Universitäten auf oder bildeten sogar, wie in Mannheim, den Kern einer neuen Universität. Damit entstanden aber auch andere „Grundkonzeptionen":

1.2   Grundkonzeptionen der Betriebswirtschaftslehre

Mit dem Erscheinen von GUTENBERGS „Grundlagen der Betriebswirt-schaftslehre" (Bd. 1: Die Produktion, 1951 - 24. Aufl. 1983; Bd. 2: Der Absatz, 1955 - 17. Aufl. 1984; Bd. 3: Die Finanzen, 1969 - 8. Aufl. 1980, Nachdruck 1987) entfaltete sich der sog. **2. Methodenstreit**. „Streitgegner" war hauptsächlich MELLEROWICZ, auch er Verfasser einer viel geachteten „Allgemeinen Betriebswirtschaftslehre" (Bd. 1: 14. Aufl. 1973; Bd.2: 13. Aufl. 1970, Bd. 3: 13. Aufl. 1971; Bd. 4: 12. Aufl. 1965; Bd. 5: 1971) und Anhänger eher der „empirisch-realistischen Richtung". *Gutenberg* vertrat *methodisch* eine stark *theoretische* Denkweise, mit der Rezeption der „reinen Theorie" der neoklassischen Mikrotheorie (der Volkswirtschaftslehre). Insofern war dieser zweite „Streit" im Grunde nur eine Neuauflage des ersten; er endete mit dem Sieg der **Konzeption von** *Gutenberg*. *Inhaltlich* stand bei ihr im Mittelpunkt die **optimale Kombination der Produktionsfaktoren**, mit dem Betrieb bzw. der Unternehmung (s. dazu Kap. 2; s. zu den „Produktionsfaktoren" im einzelnen 4.1.1) als Ort dieses Kombinationsprozesses.

Dagegen versucht die sog. **entscheidungsorientierte Konzeption** von *Heinen* eine „Synthese" zwischen der „These" von *Nicklisch* (der *Mensch* steht im Mittelpunkt) und der „Antithese" von Gutenberg (die *Sache* - das „Gut" - steht im Mittelpunkt): „Die entscheidungsorientierte Betriebswirtschaftslehre versucht vielmehr auf der Basis einer deskriptiven Theorie des menschlichen Entscheidungsverhaltens den Ablauf von Entscheidungsprozessen in Unternehmungen zu erklären und Verhaltensempfehlungen für die Entscheidungsträger zu geben" (HEINEN 1971, S. 22).

Entscheidungen erfolgen über die *Bewertung von Alternativen*: Ausgehend von den *Zielen* werden für die *Entscheidungstatbestände* „*Erklärungsmodelle*" und schließlich „*Entscheidungsmodelle*" entwickelt. Damit wird der Betriebswirtschaftslehre als Wissenschaft über die *deskriptive* Aufgabe hinaus eine *präskriptive*, eine Gestaltungsfunktion, zugewiesen. Dieser kommt außerordentliche Bedeutung auch in der sog. **systemorientierten Konzeption** von *H. Ulrich* zu: „Wir fassen die Betriebswirtschaftslehre auf als eine notwendige Vorstufe zu einem sinnvollen praktischen Handeln der sog. Führungskräfte in zweckorientierten sozialen Systemen, insbesondere in Unternehmungen." (ULRICH 1971, S. 44.) Aber: „Im Unterschied zu entscheidungstheoretischen Ansätzen setzt die systemorientierte Managementlehre nicht bei einer einzelnen Funktion - dem Entscheiden - und einer einzelnen Entscheidungssituation ein, sondern bei den Problemen der Gesamtführung der betr. Institution." (ULRICH 1995, S. 176.)

Aus der Wortwahl in diesen späteren Ausführungen („systemorientierte Managementlehre"!) wird erkennbar, dass ein **dritter Methodenstreit** nun doch noch offen auszubrechen droht. Er war im Grunde schon angelegt in einer Rezension von *Blohm* (in ZfB 1971, S. 893-895) zu einem 3bändigen Werk von KIRSCH („Entscheidungsprozesse", 1971) - „Tenor der Kritik ist, dass das aufwendige Auswerten großer Mengen *verhaltenswissenschaftlicher* amerikanischer Literatur wenig mit BWL zu tun habe" (STAEHLE 1995, S. 13 - Hervorhebung der Verf.). BLEICHER (1995, S. 93f.) nennt sogar die Gefahr vom „Zerreißen in zwei gesonderte Fachdisziplinen, einer auf die Unternehmung abhebenden ökonomischen Mikrotheorie und einer auf eine breitere Palette von `Institutionen´ abstellenden Führungs- oder Managementlehre".

Die Verf. möchten sich keiner der Extrem-Positionen anschließen, sondern plädieren für eine „mittlere Linie", in Gestalt des Beibehaltens des *entschei*dungsorientierten Ansatzes, ergänzt um Elemente des *system*orientierten. Das dürfte die auch ihnen erforderlich erscheinende „sozialwissenschaftliche Öffnung" gewährleisten. *Inhaltlich* drückt sich diese aus in der Übernahme von insbesondere Methoden anderer Disziplinen, wie etwa der „empirischen Sozialforschung" in der Marktforschung oder im Personalwesen (wie überhaupt der Herausstellung der Funktion „Unternehmensführung", - s. dazu noch unten). *Formal* hat dies zur Folge, dass in den anderen zwei Kapiteln dieses I. Teiles noch auf den „Betrieb als *System*" und „*Entscheidungen* in Betrieben" eingegangen wird.

Vorher aber sei - der Vollständigkeit halber - auf drei **weitere Grundkonzeptionen** nur hingewiesen:

1. der **situative** Ansatz:
   „Zentrale Aussage situativer Ansätze ist, dass es nicht eine generell gültige optimale Handlungsalternative, sondern mehrere, situationsbezogen angemessene gibt." (STAEHLE 1995, S. 12 - s. auch ders. 1976);

2. die „**EDV-orientierte** Betriebswirtschaftslehre" (SCHEER 1990):
   Es mag offen bleiben, ob die „EDV-Orientierung" den Status einer „Grundkonzeption" hat (und haben kann); unbestritten dagegen ist, dass sie alle betrieblichen Bereiche durchdringt. Das wird in den Ausführungen in den folgenden Teilen jeweils zu berücksichtigen versucht;

3. die „**umweltorientierte** Betriebswirtschaftslehre" (HANSMANN 1998):
   „Ganzheitliche Betriebswirtschaftslehre im Spannungsfeld zwischen ökonomischen, sozialen und ökonomischen Interessen" (HOPFENBECK 2000). Hierbei wird die Unternehmung als ein System mit den gleichwertigen Dimensionen Ökonomie, Management der **Human-Ressourcen** und **ökologische Komponenten** aufgefasst. Auch bei diesem Ansatz liegt vielleicht keine „Grundkonzeption" vor, doch der Fokus auf die Umwelt (da Ressourcen begrenzt sind, auch ehemals freie Güter wie Wasser und Luft) und den Menschen ist gegenwärtig so evident, dass er in allen betriebswirtschaftlichen Betrachtungen eine zunehmend stärkere Bedeutung erhält.

Kapitel 2 Betrieb als System

H. ULRICH hat schon im Titel seiner 1968 erschienenen Schrift „die Unternehmung als produktives soziales System" charakterisiert. Mit „**Unternehmung**"
(oder „Unternehmen") wird hier mit „Betrieb" gleichgesetzt und darunter -
gemäß auch den Ausführungen in Kap. 1 - die „*wirtschaftliche* Einheit" verstanden. Die amtliche Statistik kennt daneben *örtliche* Einheiten, auch in der
ArbStättV (Arbeitsstättenverordnung) als *Arbeitsstätten* bezeichnet. Zu „*juristischen* Einheiten", als „Rechtsform", s. Kap. 9.) Ordnet man in diesem Sinne
der örtlichen Einheit den Terminus „Betrieb" zu, dann gelangt man zu einer
Unterscheidung zwischen Betrieb und Unternehmung (mit Betrieb als dem
engeren Begriff; mehrere Betriebe können eine „Unternehmung" bilden). Eine
Differenzierung in anderer Hinsicht geht auf *Gutenberg* zurück, die zwischen
„systembezogenen" und „systemindifferenten" Tatbeständen (System hier
verstanden als „Wirtschaftssystem", in Richtung auf „Wirtschaftsordnung"):
Der „Betrieb" ist dann systemindifferent, d.h. in allen Wirtschaftsordnungen
erforderlich (und insofern Oberbegriff), die „Unternehmung" spezifisch für
eine marktwirtschaftliche Ordnung.

Ein „**System**" im Sinne der Systemtheorie kann als eine *geordnete* Gesamtheit
von *Elementen*, zwischen denen relativ *dauerhafte* Beziehungen bestehen,
definiert werden. Damit ist die Möglichkeit einer ganzen Reihe weiterer
Definitionen eröffnet („offene" vs. „geschlossene" Systeme, „dynamische"
Systeme etc.). Auf eine Erörterung der formalen Terminologie soll hier
verzichtet werden. Statt dessen wird im folgenden - mehr inhaltlich - zunächst
im 1. Abschnitt die Einbettung des „Systems Betrieb" in seine Umgebung,
sein „Umsystem", erörtert. Der 2. Abschnitt hat die Diskussion des „In-"
bzw. „Subsystems" - den innerbetrieblichen „Kreislauf" - zum Gegenstand.

2.1 Betrieb im Wirtschaftskreislauf - „Umsystem" des Betriebes

Der *Betrieb* kann *definiert* werden als *Institution*, die Arbeitskräfte, Werkstoffe
usw. *beschafft*, „Güter" (Sachgüter oder Dienstleistungen) *produziert* und diese
auf verschiedenen Wegen *abzusetzen* versucht. Insofern ist sie mit anderen
Einzelwirtschaften verbunden. Das gilt zunächst für die *Haushalte* gemäß Darst.
2-1 (auf der folgenden Seite).

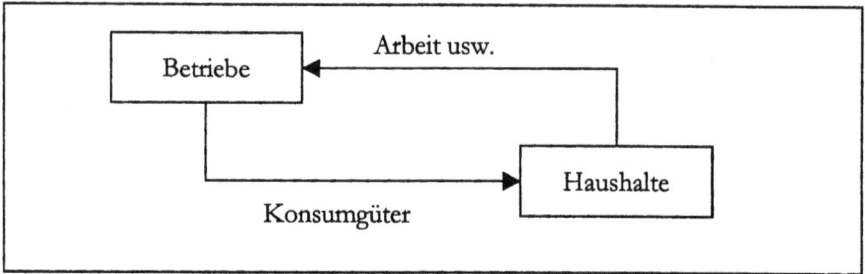

Darst. 2-1: **Betrieb im Wirtschaftskreislauf**

Die Darstellung zeigt zum einen, dass die gelegentlich für die Betriebswirtschaftslehre vorgeschlagene Bezeichnung „Einzelwirtschaftslehre" (mit
dem Gegenstück der „*Gesamt*wirtschaftslehre" statt bisher meist: *Volks*wirtschaftslehre) nur dann zutreffend wäre, wenn als Erkenntnisobjekt der
Haushalt einbezogen würde. Das ist aber bislang nicht der Fall; eher kann von
der Entstehung einer besonderen „Haushaltswirtschaftslehre" (oder „Wirtschaftslehre des Haushalts" etc.) gesprochen werden.

Das Schaubild zeigt weiter, dass zwischen den Institutionen *Transaktionen*
vorgenommen werden, oder, kreislauftheoretisch: zwischen den „Polen"
(„Sektoren", eben den Institutionen) „Ströme" fließen. In Darst. 2-1 handelt
es sich nur um *Güter*ströme; Darst. 2-2 bezieht die - entgegenlaufenden -
*Geld*ströme ein.

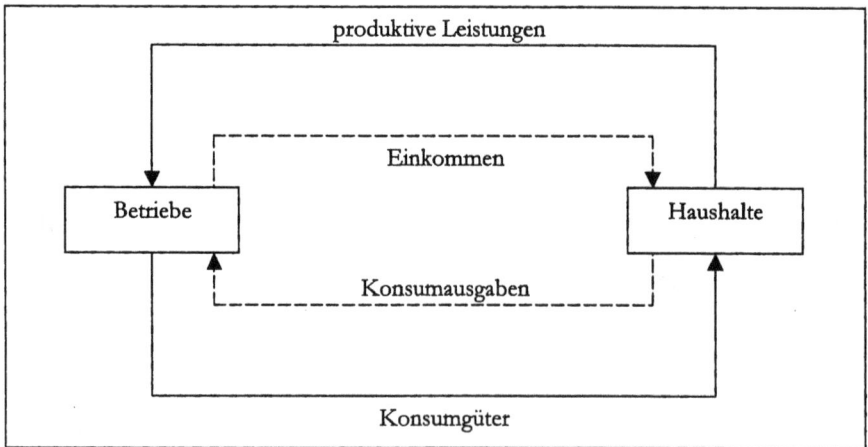

Darst. 2.2: **Betrieb im Wirtschaftskreislauf - mit Geldstrom**

Man kann die Kreislaufschemata zu erweitern suchen - durch Hereinnahme weiterer Pole, wie *Staat*, *Ausland*, aber auch „*Vermögensveränderung*" usw. (und selbstverständlich anderer Betriebe, seien dies nun *Lieferanten* oder *Kunden* oder *Konkurrenten*). Leider wird die *graphische* Darstellung dann sehr rasch unübersichtlich; als weitere Formen bieten sich die *Konten-* oder *Matrizen*-Darstellung an. Davon wird hier abgesehen; es seien jedoch die verschiedenen Umwelten, als „Umsystem" des Betriebes, einbezogen. Dazu kann man zunächst die aus der obigen Definition resultierenden Beziehungen zu anderen Einzelwirtschaften auf „Märkten" zusammenfassen: Der Absatz der produzierten Güter erfolgt auf dem Absatzmarkt, die Beschaffung von Werkstoffen usw. auf dem Beschaffungsmarkt, die von Arbeitskräften auf dem Arbeitsmarkt, die von Geld bzw. Kapital - zur Finanzierung der Beschaffung und auch des Absatzes! - auf dem Finanzmarkt. Daraus und aus anderen ökonomischen Beziehungen ergibt sich die *ökonomische* Umwelt, die wiederum durch weitergehende Dimensionen überlagert wird, gemäß Darst. 2-3.

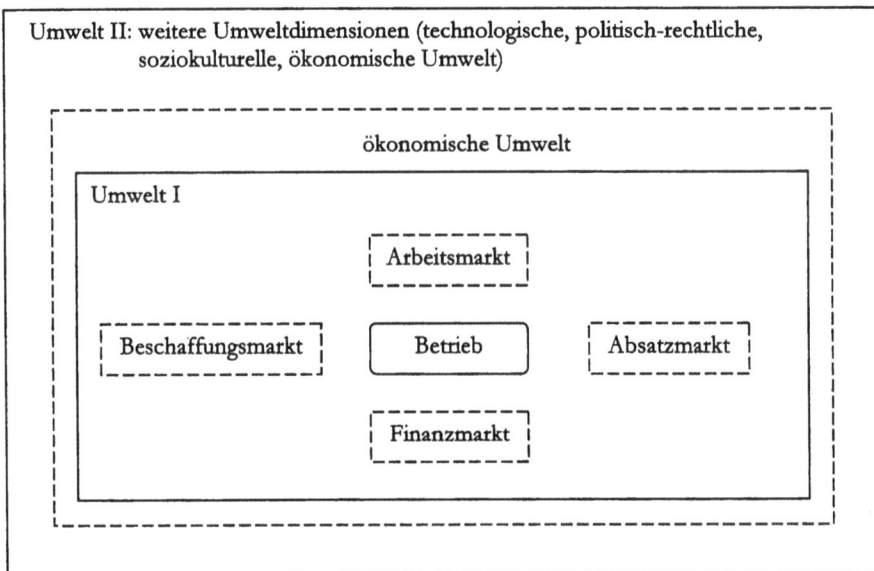

Darst. 2-3: **Das „Umsystem" des Betriebes**

2.2 „Innerbetrieblicher" Kreislauf - „In-" und „Subsystem"

Blickt man nur auf die Transformationsprozesse *im* Betrieb, so folgt aus der eingangs des vorigen Abschnitts gegebenen Definition des Betriebes, dass nicht nur, wie in Darst. 2-2, *Geld-* und *Güterströme* entgegenfließen, sondern sich auch kreislaufmäßig als verschiedene *Formen* des Vermögens bzw. Kapitals (s. auch Darst. 16-2) abwechseln, gemäß Darst. 2-4 (a Handels-, b Industriebetrieb).

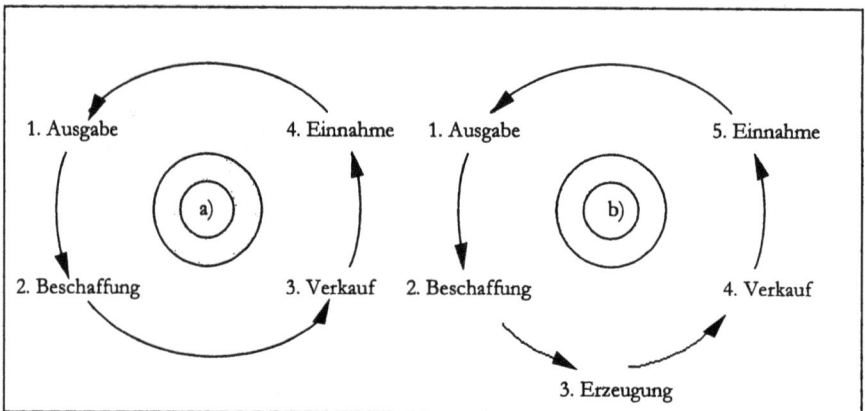

Darst. 2-4: **Der innerbetriebliche Kreislauf** (nach MELLEROWICZ 1970, S. 7)

Aus der Darstellung folgt zunächst, dass zwischen mehreren **Arten von Betrieben** unterschieden werden kann („*Betriebstypologie*"). Dabei sind diverse **Einteilungen** möglich. Eine **erste** ist die nach der Art des **produzierten Gutes**. Wie oben schon angedeutet, wird üblicherweise „Gut" - und damit auch „Produktion"! - als Oberbegriff verstanden. Die Produktion von *Sachgütern* erfolgt in „*Sachleistungsbetrieben*". (Man spricht bisweilen, zur Abgrenzung, hier auch noch von Erzeugung oder Herstellung.)

Als weitere Untergliederung bietet sich zunächst die in *Urproduktion* und *Verarbeitendes Gewerbe* an. Aus dem Bereich der Urproduktion wird vielfach die *Landwirtschaft* aus der „Betriebswirtschaftslehre" ausgeklammert (dafür gibt es eine „Landwirtschaftliche Betriebslehre" o.ä.), die des *Bergbaus* usw. dagegen einbezogen.

Das Verarbeitende Gewerbe (gelegentlich bezieht man nur hierauf die Bezeichnung „Herstellung"!) kann einerseits stofflich immer weiter untergliedert werden (Konsumgüter und Investitionsgüter, jeweils mit Untergruppen), andererseits auch nach *Industrie* und *Handwerk*. (Die Abgrenzung des Letzteren ist schwierig - s. auch die Erörterungen zur Betriebsgröße unten -; vielfach wird einfach auf die Eintragung in die „Handwerksrolle" abgestellt.) *Dienstleistungs*betriebe können weiter unterteilt werden nach der Art der Dienstleistung, in *Handels-*, *Verkehrs-*, *Bank*betriebe usw. Eine Zusammenfassung bestimmter Aspekte der vorstehenden Erörterungen gibt Darst. 2-5.

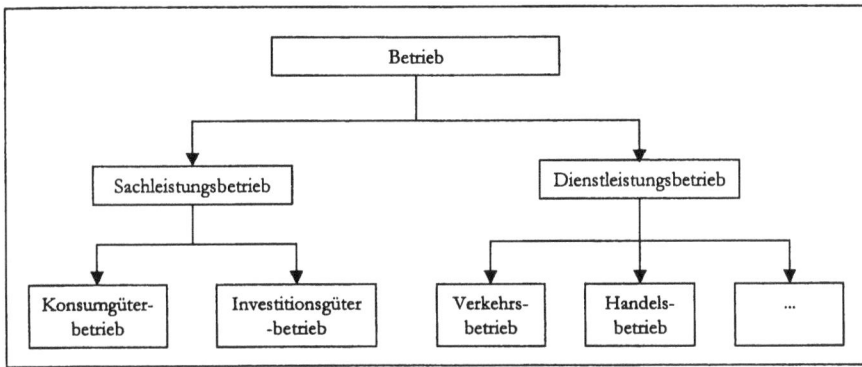

Darst. 2-5: Betriebe nach der Art des produzierten Gutes

Aus dieser ersten Einteilung der Betriebstypen ergibt sich auch eine *erste Möglichkeit* der **Gliederung der Betriebswirtschaftslehre**, die **institutionelle**. Solche **„Wirtschaftszweiglehren"** sind z.B.: *Industrie*betriebslehre, *Handels*betriebslehre, *Bank*betriebslehre usw. Diese Gliederung war früher weit verbreitet. Sie machte im besonderen Maße eine *allgemeine* Betriebswirtschaftslehre erforderlich - als Bereich, der das gewissermaßen allen *speziellen* Betriebstypen Gemeinsame (vorab) behandelt. Gleichwohl scheint eine Tendenz erkennbar, die Spezialisierung auf Wirtschaftszweige voranzutreiben und die allgemeine BWL zu vernachlässigen bzw. unter den Wirtschaftszweigen – dann wohl nur eingeschränkt – abzuhandeln (ADAM 2002).

Die vorgenommene Einteilung nach der Art der produzierten Güter kann auch als die nach dem *Sach*ziel bezeichnet werden; eine Betrachtung nach dem *Formal*ziel erfolgt im nächsten Kapitel. Formalziele bringen den Umfang der angestrebten Wirtschaftlichkeit bei dem Verfolgen wirtschaftlicher Sachziele zum Ausdruck, während Sachziele den Gegenstandsbereich des Wirtschaftens abbilden (SCHIERENBECK 2003, S. 62). Formalziele sind z.B. Minimieren der

Kosten oder Maximieren des langfristigen Gewinns, während Sachziele sich
auf den Betriebszweck beziehen, Art und Qualität von Produkten. Daneben
werden als dritter Zielinhalt neben Formal- und Sachzielen Sozialziele
genannt (SELCHERT 2002, S. 43). Hiermit sind Aussagen über anzustrebendes
Verhalten gegenüber Mitarbeitern und der Öffentlichkeit gemeint, z.B.
Verhaltenskodex gegenüber Mitarbeitern. Die Einteilung nach Rechtsformen
wird in Kap. 9 vorgenommen. Man kann auch nach dem vorherrschenden
Produktionsfaktor (s. dazu 4.1.2) gliedern. Eine Vorstellung der „Produktionstypen" in der Industrie geschieht in 4.1.3.

Hier soll explizit nur noch eine **zweite** mögliche Einteilung angesprochen
werden: die nach der **Betriebsgröße.** „*Qualitativ*" kann man hierbei zwischen
Groß-, Mittel- und *Klein*betrieben unterscheiden. Problematisch ist jedoch das
Kriterium hierfür. Man könnte dabei zunächst bei qualitativen Faktoren
verbleiben wollen, etwa „Organisation" oder „wirtschaftliche Bedeutung" etc.
Sie sind jedoch empirisch nicht leicht zu fassen. Vielfach orientiert man
deshalb die Betriebsgrößengliederung an *quantitativen* Größen, vornehmlich
Beschäftigten oder *Umsatz,* im stationären Einzelhandel oft auch noch
Verkaufsfläche. Dazu müsste man, um zu den obigen drei Betriebsgrößen zu
gelangen, jeweils noch „*Schwellenwerte*" festlegen. (Z.B.: „Großbetrieb" ab 1000
Beschäftigte. Ferner sind *Kombinationen* denkbar. S. dazu auch in Kap. 9 -
Darst. 9-2.) Vielfach wird jedoch eine einfache „Drei-Klassen-Gliederung" -
zumal auch branchenmäßig verschieden - nicht genügen.

Es ist oft ratsam, auf eine *Größenklassengliederung* bei der Erhebung vielleicht
zunächst ganz zu verzichten und diese erst bei der Auswertung, möglicherweise in Abhängigkeit von dem Untersuchungszweck, vorzunehmen.
Angesichts dieser Probleme verwundert es auch nicht, dass die Definition als
„*mittelständischer* Betrieb" und daraus folgend einer „**Betriebswirtschaftslehre
für mittelständische Betriebe**" nicht einfach ist. Trotzdem entwickelt sich
in den letzten Jahren zunehmend eine eigenständige BWL für kleinere und
mittlere Betriebe (KMU), welches sich auch durch das Einrichten erster
Lehrstühle bzw. sogar Fachbereiche an verschiedenen Hochschulen zeigt.
Ergänzend, da mit ähnlichen Problemstellungen konfrontiert, entwickelt sich
eine BWL für Existenzgründungen.

Aus der obigen Darst. 2-4 lassen sich auch die betrieblichen **Funktionen**
ableiten. Ganz abstrakt könnte man - *formal* - den Betrieb zunächst als „black
box" ansehen, gemäß Darst. 2-6.

```
+--------------------------------------------------------------+
|                        +-----------+                         |
|   Input  ----------->  |  Betrieb  | -----------> Output      |
|                        +-----------+                         |
+--------------------------------------------------------------+
```

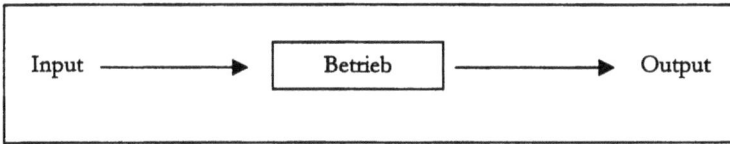

Darst. 2-6: **Input-Output-Darstellung des Betriebes**

Inhaltlich ergeben sich aus Kreislaufdarstellung (und Definition) zunächst jedoch 3 *Grund*funktionen, in bezug auf die Güterströme: *Beschaffung, Produktion*
und *Absatz*. Sie können als „Kreislauf"- oder auch „*Längsschnitts*"-Funktionen
bezeichnet werden. Diese Einteilung wird als funktionelle Gliederung der
BWL bezeichnet. Ihnen ist der II. Teil dieses Buches gewidmet.

Dabei erfolgt allerdings eine „Überlagerung" durch die *Geldströme*. Diese allein
sind Gegenstand der betrieblichen *Finanzwirtschaft* (Teil IV). Alle Transaktionen zusammen werden - jedenfalls im Prinzip - festgehalten im *Rechnungswesen*
(Teil V). Darüber hinaus ist die „Führungslehre" in den letzten Jahren stark in
den Vordergrund getreten; gemäß der Diskussion in Kap. 1 geschieht hier
zwar keine Gleichsetzung mit der gesamten Betriebswirtschaftslehre, wegen
ihrer großen Bedeutung aber doch die Erörterung in einem besonderen Teil
(III). Diese in den Teilen III bis V behandelten Funktionen kann man als
„*Quer*"- oder „*Querschnitts*"-Funktionen bezeichnen. Insgesamt resultiert damit
Darst. 2-7.

Querschnitt-Funktionen \ Längsschnitt-Funktionen	Beschaffung	Produktion	Absatz
Finanzwirtschaft			
Rechnungswesen			
Personal, Organisation und Controlling („Führung")			

Darst. 2-7: **(Quer- und Längsschnitt-)Funktionen des Betriebes**

Es sei noch darauf hingewiesen, dass in jüngster Zeit zunehmend weitere
Querschnitts-Funktionen hervorgetreten sind. (Das gilt in gewissem Sinne
auch für die Längsschnittsfunktionen. Im Teil II wird deshalb *gesondert* auf

„Forschung und Entwicklung", als „Schnittstelle" zwischen Produktion und Marketing, eingegangen.) Nicht selten wird mit dem Charakter als Querschnitts-Funktion eine besondere Bedeutung und auch herausgehobene Stellung in der Unternehmenshierarchie begründet. Zu nennen sind in diesem Zusammenhang insbesondere das *Controlling* (s. dazu Kap. 13), aber auch die *Logistik* (s. Kap. 6).

Für die *Gliederung der Betriebswirtschaftslehre* ergeben sich bei jedem „Approach", dem *funktionellen* wie dem *institutionellen*, gewisse *Probleme*, die vor allem die Stellung einer **allgemeinen BWL** berühren. Während, wie oben erörtert, bei der institutionellen Gliederung quasi ein relativ großer „Freiraum" verbleibt, schrumpft dieser bei konsequenter Verfolgung des funktionellen Aspekts, d.h. Verselbständigung dieser Gebiete (mit etwa Professuren für „Produktions- wirtschaft", „Absatzwirtschaft" oder „Marketing", „Unternehmensrechnung", „Controlling" usw.), im Grunde auf eine „Einführung" - wie in diesem Teil I - zusammen. Andererseits besteht die Gefahr, dass die Besonderheiten der früheren „Wirtschaftszweiglehren" nicht genügend zur Geltung kommen. Umgekehrt ist natürlich bei diesen zu befürchten, dass nicht alle Funk- tionsbereiche gleichmäßig abgedeckt werden (also eine „Industriebetriebs- lehre" z.B. vielleicht tatsächlich zur „Fertigungswirtschaft" wird).

In den folgenden Teilen dieses Buches - wie erwähnt, auf die *Funktionen* ausgerichtet - soll versucht werden, auch Aspekte der *Wirtschaftszweige* zu berücksichtigen (wenngleich vielfach, speziell im Kapitel über „Produktions- wirtschaft", eine Orientierung am *Sachgüter* produzierenden Betrieb erfolgt). Damit ist auch gesagt, dass faktisch keine Beschränkung auf eine *allgemeine* Betriebswirtschaftslehre geschieht; vielmehr soll tatsächlich ein Überblick über - im Prinzip - alle Bereiche der BWL gegeben werden. Vorher ist jedoch noch, im folgenden Kapitel 3, gemäß der „Entscheidungs-Orientierung" et- was näher auf Entscheidungen in Betrieben einzugehen.

Kapitel 3 Entscheidungen im Betrieb

Ähnlich wie der *systemtheoretische* „Approach" gemäß dem schon im vorigen Kapitel gegebenen Hinweis zu einer stark formalen Betrachtung, mit der Entwicklung einer eigenen Terminologie und Darstellungsweise (s. dazu auch das schon bei HÜTTNER 1965 vorgestellte Schaubild, mit der Unternehmensleitung als „Regler") führen kann, vermag auch der in diesem Kapitel erörterte *entscheidungsorientierte* Approach zu einer Fülle von terminologischen und formalisierten Betrachtungen Anlass zu geben. Das gilt um so mehr, als es sich hier im Grunde um zwei verschiedene Aspekte, nämlich das auf *reale* Entscheidungsprobleme bezogene *Entscheidungsverhalten* und die *formale Entscheidungslogik*, handelt. (Man spricht auch von „deskriptiver" und „normativer Entscheidungstheorie".)

Auf ausführliche Betrachtungen dazu soll hier verzichtet werden; vielmehr wird wie folgt vorgegangen: Gemäß der in Kap. 1 gegebenen Kurz-Charakterisierung der entscheidungsorientierten Konzeption geht man dabei von den *Zielen* aus und dann zu den *Entscheidungstatbeständen* über. Letztere können in drei Komponenten zerlegt werden: das den - mehr institutionell gesehenen - *Entscheidungsträgern* (1) gegenüberstehende „*Entscheidungsfeld*" (2), welches sich - eher „statisch" - auf den Inhalt (und die Art) von Entscheidungen bezieht, sowie (3) den - stärker „dynamisch", im Ablauf betrachteten - *Entscheidungsprozess*.

Im folgenden wird zunächst im 1. Abschnitt das Zielsystem diskutiert. Der 2. Abschnitt beschäftigt sich mit den Entscheidungsträgern und dem Entscheidungsfeld, und der 3. Abschnitt hat den Entscheidungsprozess zum Gegenstand.

3.1 Zielsystem

Dass überhaupt *gewirtschaftet* werden muss, wird im allgemeinen damit begründet, dass den *unbegrenzten* Bedürfnissen bzw. Verwendungszwecken im Verhältnis dazu *knappe* Mittel bzw. Ressourcen gegenüberstehen. Daraus folgt die schlagwortartige Formulierung: „**Wirtschaften heißt Wählen**" (= „Entscheiden") zwischen alternativen Verwendungszwecken und Mitteleinsätzen. Dabei soll das **wirtschaftliche (ökonomische) Prinzip** Anwendung

finden: entweder a) mit den *gegebenen Mitteln* den *höchsten* „*Ertrag*" („Nutzen")
zu erzielen (Maximumprinzip) oder b) einen *vorgegebenen Ertrag* (Nutzen) mit
den *geringsten* Mitteln (Minimumprinzip) erreichen oder c) ein möglichst
günstiges Verhältnis zwischen Aufwand und Ertrag zu erreichen (allgemeines
Extremumprinzip).

In den *Formulierungen* handelt es sich also um „Extremwert-Aufgaben", d.h.
Optimierung: Maximieren, z.B. des Gewinns oder des Erlöses, oder *Minimieren*
z.B. der Kosten. (S. aber zur „*Satisfizierung*" unten.) Das hat für die
Formulierung von theoretischen Aussagen bzw. Entscheidungsmodellen
Vorteile: Es gilt, die jeweiligen *Minima* oder *Maxima* zu finden - entweder
exakt „analytisch" oder, wenn dies nicht oder nur mit unverhältnismäßig
großem Aufwand möglich ist, *heuristisch,* meist „iterativ". (Der Begriff
„Heuristik" wird nicht einheitlich gebraucht; in der hier gemeinten *weiten*
Fassung kann man darunter alle *Such*verfahren verstehen, bei denen eben
keine Garantie für das Finden einer *optimalen* Lösung existiert.) In der - neoklassischen „reinen" - Theorie führte dies zur Ausprägung der **Marginal-
Analyse,** dem Denken in „Grenzwerten", z.B. Grenzkosten. (S. dazu im
nächsten Kapitel.)

Das geleitet zum Begriff der *Wirtschaftlichkeit.* Dafür existiert, wie auch für die
Bezeichnungen *Produktivität* und *Rentabilität,* eine große Fülle von Definitions-
versuchen. Neben der technischen wird in der BWL meist die wertmäßige
Wirtschaftlichkeit betrachtet. GUTENBERG (1983, S. 27) versteht hierunter das
Verhältnis verschiedener Kostensituationen, in denen ein Ertrag mit verschiedenen Kombinationen von Produktionsfaktoren erreicht werden kann, d.h.
Wirtschaftlichkeit = Istkosten/Sollkosten. In der Literatur hat sich weiter die
folgende Formel für die Wirtschaftlichkeit durchgesetzt, Wirtschaftlichkeit =
Ertrag/Aufwand. Diese Darstellung ist dann nicht unproblematisch, wenn
der Ertrag auf Marktpreisen und der Aufwand auf Beschaffungspreisen
beruht und diese sich unterschiedlich entwickeln.

Auf eine ausführliche Diskussion soll an dieser Stelle verzichtet werden.
Allgemein sei dazu nur gesagt, dass *Wirtschaftlichkeit* jedenfalls dann nicht
vorliegt, wenn der Output kleiner als der Input ist. Dagegen bezieht sich
Rentabilität von vornherein nicht nur auf eine - möglichst „positive" -
Differenz, den *Gewinn,* sondern das Verhältnis dieses zum eingesetzten *Kapital*
bei der *Kapitalrentabilität* bzw. zum *Umsatz* bei der *Umsatzrentabilität* (S. dazu
auch noch unten.) „Gewinn" und „Rentabilität" sind also nicht identisch, und
damit ist auch das allgemein für **erwerbswirtschaftliche Betriebe** als

charakteristisch angesehene „Gewinnstreben" als **Formalziel** – welches das *Sachziel* (z.B. die Herstellung dieser oder jener Güter) dominiert - noch nicht hinreichend beschrieben. Vielmehr sind dabei mindestens 3 **Zieldimensionen** zu unterscheiden: der *Inhalt*, das angestrebte *Ausmaß* und der *zeitliche* Bezug. So hat etwa das - abgesehen vom Raum etc. - vollständig dimensionierte Ziel: „Maximiere den Gewinn pro Monat!" als Konkretisierung des Zeitbezuges (oder der „Periode") den Monat.

Gerade der Zeitbezug spielt bei vielen Unternehmen, die durch einen Manager, der nicht Eigentümer ist, geführt werden, eine nicht unerhebliche Rolle. Während der Eigentümer regelmäßig an einer langfristigen Gewinnmaximierung interessiert ist, kann für einen Manager durchaus eine kurzfristige Maximierung das Ziel sein, insbesondere, wenn diese als Grundlage der Vergütung (z.B. für eine Tantieme) Teil des Gehaltsbestandteils ist. Jedoch kann das kurzfristige Maximieren des Gewinns konfliktär zum langfristigen Maximieren des Gewinns stehen (vgl. unten Zielkonkurrenz). So führen z.B. Entlassungen zu Personalkostensenkungen und damit kurzfristig zur Gewinnerhöhung. Mittel- oder langfristig kann es aber über Qualitätseinbußen zu einem geringeren Absatz und damit zu einer Erlössenkung führen, die stärker wäre als die Kostensenkung. Dann würde der Gewinn sinken.

Gleichwohl erscheint das Formulieren des Zeitbezuges eher unproblematisch. Dies ist - zumal empirisch - beim *Ausmaß* weit weniger der Fall. Hier kann nämlich neben die Maximierung (oder Minimierung) die **Satisfizierung** treten. Man versteht darunter, dass nicht das höchstmögliche, sondern nur ein als ausreichend bzw. befriedigend - eben satisfizierend - angesehenes Niveau erreicht werden soll („Anspruchsanpassung"). Ob dem so ist und gegebenenfalls in welcher Höhe scheint, wie angedeutet, empirisch generell schwer fassbar.

Noch stärker gilt dies für die **inhaltliche** Dimension. Natürlich wird hier oft das „Gewinnstreben" - wenn vielleicht auch nur „satisfizierend", quasi als Voraussetzung - anzutreffen sein. Der Gewinn kann aber, wie erwähnt, *absolut* oder *relativ* gesehen werden. Bei letzterem, der „Rentabilität", kann man - erstens - unterscheiden zwischen der auf das eingesetzte *Eigenkapital,* das *Gesamtkapital* oder den *Umsatz.* Bei Berechnen der Gesamtkapitalrendite werden dem Gewinn die Fremdkapitalzinsen zugerechnet, da diese als Aufwand den Gewinn mindern. Letztendlich sind sie aber der Ertrag des Fremdkapitals.

Die Rentabilität kann - zweitens - betrachtet werden für die Teil-*Periode* oder „*total*". Dies kann auch mit dem absoluten Gewinn geschehen. Zusätzlich mag dieser mehr *kalkulatorisch* oder eher *pagatorisch* (tatsächliche Ein- und Auszahlungen betreffend) abgegrenzt sein. Neben den „Gewinn" als Ziel mögen aber auch andere Ziele treten: „*Marktanteils*-Ziel" („Umsatzziel"), *Liquiditäts*ziel („Aufrechterhaltung des finanziellen Gleichgewichts"), *soziale* Ziele usw.

Zwischen diesen Zielen können verschiedene **Zielbeziehungen** bestehen. Die Ziele können einerseits *komplementär* sein (z.B. normalerweise „Gewinn" und „Umsatz"), aber auch *konkurrierend/konfliktär* (z.B. Investitionen - mit der Aussicht auf Gewinnerzielung - versus Liquidität) und schließlich *indifferent* (unabhängig voneinander). Im Extremfall der konfliktären Zielbeziehung kann das Erreichen eines Zieles das zweite ausschließen. Dieses wird als Zielantinomie (-gegensatz) bezeichnet (SELCHERT 2002, S. 49). Im Extremfall der komplementären Zielsetzung ist das eine Ziel nur bei Erreichen des anderen Zieles möglich, sog. Zielgleichheit oder –identität. (MAG 1990, S. 32)

Neben diesen drei grundsätzlichen Unterscheidungen ist unseres Erachtens eine vierte Klassifizierung möglich, dann, wenn Ziele sich in wechselnder Beziehung befinden und das Streben nach einem Ziel die Beziehung zum anderen Ziel wechselseitig beeinflusst. So könnten die Ziele Kostenminimierung und Umweltschutz sich zuerst in einem konfliktären Verhältnis befinden, da Umweltschutzmaßnahmen bei der Einführung Kosten verursachen, dann aber helfen, Kosten zu reduzieren, durch evtl. besser genutzte Ressourcen und z.B. reduzierte Müllkosten. Hier würde eine *beeinflussende* bzw. *manipulierende* Zielbeziehung vorliegen, die weder als komplementär, noch als konfliktär oder indifferent zu bezeichnen ist (*Zielbeeinflussung*). Gerade diese Beziehungen sind für Manager interessant, da hier die Wirkung eines Zieles auf das andere Ziel von der konkreten Ausgestaltung bzw. Umsetzung beeinflusst wird. Dies ist wiederum überwiegend von der Qualität der agierenden Akteure, der Planung und den Maßnahmen abhängig.

Ebenso muss es bei *Zielkonflikten* zu einer *Zielgewichtung* kommen, damit also zu *Haupt-* und *Nebenzielen*. Dagegen gebraucht man die Begriffe Unter- und Oberziele (evtl. noch mit *Zwischenzielen*) im Sinne einer **Zielhierarchie**. So kann, als *Beispiel*, *Oberziel* die *Rentabilität* sein, *Zwischenziel* der *Gewinn* und das *Kapital*, mit den *Unterzielen Erlöse* und *Kosten* bei ersterem und *Eigen-* und *Fremdkapital* bei letzterem.

Wie der **Zielbildungsprozess** erfolgt, ist nicht ganz unstrittig. So wird im
„Koalitionsmodell" (s. dazu auch in Kap. 12) der Betrieb als *Organisation*
aufgefasst, mit den Organisations*teilnehmern* und ihren jeweils individuellen
Zielvorstellungen, die in Verhandlungsprozessen - eventuell unter Berück-
sichtigung gegebener Machtstrukturen - zu einem „Ziel*kompromiss*" finden.
Auf jeden Fall ist das *tatsächliche* Ziel für die Entscheidungsträger von
Bedeutung, auf die im folgenden Abschnitt zunächst eingegangen werden
soll.

3.2 Entscheidungsträger und Entscheidungsfeld

Im Laufe der Entwicklung haben sich Veränderungen im „Willensbildungszentrum" des Betriebes ergeben: Waren ursprünglich **Entscheidungsträger** allein die *Eigenkapitalgeber* (einer oder mehrere, entsprechend der
Rechtsform - s. dazu Kap. 9), so kam es später zu einer Loslösung der
Eigentümerfunktion: Das (Top-)*Management* entstand, das - insbesondere bei
„Streubesitz" bei der Aktiengesellschaft - gegebenenfalls *unabhängig* von den
oder sogar *gegen* die Interessen der Kapitaleigner entscheiden konnte. (S. auch
das Schlagwort von der „Revolution der Manager" [BURNHAM 1941]. Für den
- offenbar zunehmenden - Vorgang, dass die Manager die alten Eigentümer
„auskaufen", hat sich sogar ein eigener Terminus gebildet: MBO =
Management Buy Out.) Noch später kam es dann zur Forderung nach und
- zumindest *partieller* - Verwirklichung von „*Mitbestimmung*". Die konkrete
Ausgestaltung ist natürlich abhängig von der Rechtsform. S. deshalb zu den
Entscheidungsträgern insgesamt in Teil III.

Wie einleitend zu diesem Kapitel bereits erwähnt, steht den Entscheidungsträgern das **Entscheidungsfeld** gegenüber. Es kann zerlegt werden in einen
nicht-beeinflussbaren Teil, die „Umwelt" (oder die „Daten") und einen
beeinflussbaren Teil, das **Aktionsfeld**. Dabei erfolgt die Auswahl derjenigen
Aktionen (bzw. Werte der „Aktionsparameter"), welche die - entsprechend
dem Zielsystem - „besten" Konsequenzen versprechen.

Dabei kann zwischen diversen **Arten von Entscheidungen** unterschieden
werden. Diese „Typologie betriebswirtschaftlicher Entscheidungen" soll hier
nur ganz kurz erfolgen:

1. Nach dem *Entscheidungsobjekt* ist zu differenzieren zwischen **Ziel-** und
   Mittelentscheidung.

2. Nach der *Anzahl* der im Rahmen eines Entscheidungsprozesses (s. dazu unten) zu treffenden Entscheidungen kann man **statische** (oder „einperiodige") von **dynamischen** (oder „mehrperiodigen") Entscheidungen abheben.

3. Nach der Art des *Entscheidungsträgers* kann man in **Individual-** und **Gruppenentscheidungen** einteilen. Insbesondere letztere sind formal schwer zu erfassen, zumal hier auch „gruppenpsychologische Faktoren" eine Rolle spielen.

4. Nach der *Reichweite* kann man zwischen **strategischen** und **taktischen** - und dazu noch **operativen** - Entscheidungen differenzieren. Reduziert man die Begriffe auf den *zeitlichen* Aspekt, so könnte man auch von *lang-*, *mittel-* und *kurzfristig* sprechen. In der letzten Zeit hat die strategische Dimension besondere Aufmerksamkeit erfahren. Darauf wird unten noch verschiedentlich zurückzukommen sein. (S. auch zum Begriff Strategische Unternehmensführung im Teil III.)

5. Nach der Häufigkeit des Auftretens des Entscheidungsproblems kann in einmalige oder „fallweise" und wiederkehrende oder „Routine"-Entscheidungen eingeteilt werden. Die praktische Bedeutung dieser Unterscheidung ist beträchtlich; sie liegt darin, dass man für erstere den Entscheidungsprozess jeweils individuell ablaufen lassen und deshalb den Aufwand dafür nach der Relevanz staffeln muss, während man letztere zu „automatisieren" - möglichst per Computer - versucht und den Aufwand dafür nach der Häufigkeit der Wiederholung bemessen wird.

6. Nach der *Eintrittswahrscheinlichkeit* der Ergebnisse wird in der Literatur üblicherweise unterschieden zwischen Entscheidungen unter **Sicherheit** („riskless choice"), unter **Risiko** („choice under risk") und unter **Unsicherheit** („choice under uncertainty"). Entscheidung unter Sicherheit bedeutet, dass alle Informationen in bezug auf das Entscheidungsproblem zur Verfügung stehen, Entscheidung unter Risiko meint das Vorliegen nur einer Wahrscheinlichkeitsverteilung, und zwar einer empirischen, objektiven, und Entscheidung unter Unsicherheit (auch: *Ungewissheit*) das Fehlen einer solchen. Teilweise wird letzteres auch noch danach untergliedert, ob subjektive „Glaubwürdigkeitsziffern" vorliegen oder nicht. Je nachdem, ob man die Annahme solcher immer für möglich hält, kann man auch zum Wegfall der „Risiko-Situation" kommen. (S. dazu, mit Argument und Gegenargument, und noch anderer Gruppierung auch bei HÜTTNER 1979, S. 12; PERRIDON/STEINER 2002, S. 100). Unabhängig davon sei an dieser Stelle die Behauptung gewagt, dass (mittlerweile) nicht Situationen des

Risikos, sondern solche der Ungewissheit den Normalfall unternehmerischen Handelns darstellen. Unter dieser Prämisse ist zu untersuchen, inwieweit die Dimensionen der Unsicherheit Einfluss auf die Auswahl der geeigneten Strategien haben (s. dazu auch bei HEUER/LÖHR 2003).

In Kap. 15, bei den *Investitions*-Entscheidungen, wird entsprechend nur eine Zweiteilung - Vorliegen oder Fehlen „vollkommener Information" – vor-, genommen.) In ähnlicher Weise ist oft nur eine Unterscheidung zwischen *deterministischen* und *stochastischen* Modellen anzutreffen; letztere gehen eben gerade nicht von sicheren Informationen, sondern einem Wahrscheinlichkeitskalkül aus.

7. Nach dem *Vorgehen* bei der Entscheidung kann man in **Simultan**- und **Sukzessiv**-Entscheidungen einteilen. Während bei letzteren erst ein Teilproblem entschieden sein muss, ehe das nächste angegangen wird, erfolgt bei ersteren die Entscheidung „uno acto", in einem Zuge. Dafür sind auch besondere Entscheidungs*techniken* erforderlich, auf die im folgenden Abschnitt u.a. hingewiesen werden soll:

3.3 Entscheidungsprozess

„Entscheidungen" stellen nicht einen isolierten Vorgang dar, sondern eine Abfolge von „Schritten" (oder „Phasen" oder „Stadien"). Über diesen *Prozess*-Charakter besteht im Grunde Einmütigkeit; die einzelnen Stadien werden jedoch teils recht verschieden beschrieben. Hier soll - ähnlich HEINEN 1992 - von einer Gliederung in 5 Phasen ausgegangen werden, die man zu 3 zusammenfassen kann, gemäß Darst. 3-1.

Anregungsphase	Entscheidungsbildung ("Planung")
Suchphase	
Auswahlphase	
Realisation	
Kontrolle	

Darst. 3-1: **Stadien des Entscheidungsprozesses**

Die **Anregungsphase** beinhaltet die **Definition und Klärung des Problems**. Dazu gehört, dass man sich des Problems überhaupt *bewusst* wird, es *analysiert* und die *Alternativen* benennt. Die **Suchphase** bedeutet **Informationsbeschaffung**; darunter wird hier auch die *Prognose* und die *Bewertung* der Alternativen verstanden. Die **Auswahlphase** schließlich beinhaltet die eigentliche „Entscheidung", nämlich, über den Vergleich der Alternativen, den *Entschluss*. Damit ist die **Entscheidungsbildung** abgeschlossen, die man auch als **Planung** bezeichnen kann. Allerdings vermag man „Planung" auch nur als *Ergebnis* eines Entscheidungsaktes anzusehen, also im *engeren* Sinne (HÜTTNER 1982, 1986). Umgekehrt scheint ein Teil der Literatur „Planung" eher recht weit - umfassender jedenfalls als „Entscheidung" - zu verstehen. Unabhängig davon ist zu beachten, dass der Ausgangspunkt einer jeden Planung die Bestimmung des anzustrebenden Ziels ist, oder schlagwortartig: „Ohne Zielvorgabe keine sinnvolle Planung" (KORNDÖRFER 1999b, S. 105).

Die **Realisation** besteht aus der *Plan-Vorgabe*, d.h. der Anweisung zur Umsetzung, und deren *Ausführung* (die gelegentlich nicht mehr zum Entscheidungsprozess als solchem gerechnet wird). Man kann sie auch als „**Steuerung**" bezeichnen. Die **Regelung** unterscheidet sich von dieser dadurch, dass bei ihr eine *Rückkoppelung* („feedback") vorliegt, indem Informationen aus der **Kontrollphase** für das Treffen weiterer Entscheidungen benutzt werden. Damit ist schon gesagt, dass diese Phase auch den **Soll-Ist-Vergleich** bzw. die **Abweichungsanalyse** umfasst. (Zum Begriff des *Controlling* s. in Kap. 13.)

Man kann nun (mit WILD 1981, S. 148f. - s. auch HAMMER 1998, S. 108f.) die einzelnen Phasen weiter aufgliedern und den Teilschritten jeweils geeignete Methoden und Instrumente zuordnen. Diese mögen, mit dem oben schon verwendeten Begriff, als **Entscheidungstechniken** (oder auch *„Planungstechniken"*) bezeichnet werden. Von einem derartigen Vorgehen wird jedoch hier abgesehen, einmal wegen häufiger Wiederholung, zum anderen wegen der Vielzahl möglicher Techniken (zumal ja deren bloße Aufzählung, ohne inhaltliche Skizzierung, unbefriedigend wäre). Statt dessen geschieht eine Beschränkung auf einige große Gruppen solcher Techniken. Sofern diese anderwärts Erörterung finden, erfolgt ein Verweis, ansonsten eine Kurz-Darstellung.

In der *Anregungsphase* können die sog. **Kreativitätstechniken** nützlich sein. Deren gibt es viele; hier sollen nur zwei davon - die etwa bei der Gewinnung von *Produktideen* (s. unter 5.4.1, Produktpolitik) eine Rolle spielen - genannt werden, das Brainstorming und die Synektik. Das **Brainstorming** kann mit SCHLICKSUPP (1998, S. 61) gekennzeichnet werden als „ungehemmte Diskussion, in der keine Kritik geübt werden darf; phantastische Einfälle und spontane Assoziationen sollen geäußert werden". **Synektik** gehört zu den von *Schlicksupp* so genannten „Methoden der schöpferischen Konfrontation": „Stimulierung der Lösungsfindung durch Auseinandersetzung (Konfrontation) mit Bedeutungsinhalten, die scheinbar nicht mit dem Problem zusammenhängen." (SCHLICKSUPP 1998, S. 61)

In der *Suchphase* haben Informationen aller Art Bedeutung. Allgemein - das heißt hier: für verschiedene funktionale Bereiche - bedeutsam sind *Prognose-*Informationen. (S. auch zu den - sehr wichtigen - *Marktinformationen* in Kap. 5, unter „Marktforschung".) Darst. 3-2 gibt eine Übersicht über die **Prognose-methoden** (Quelle: HÜTTNER/SCHWARTING 2002, S. 379 - s. im übrigen auch die Literaturhinweise am Schluss dieses Teiles.)

I. „qualitative" Verfahren
   A.   Auswertung von Befragungen
      1. Vertreterbefragung
      2. Expertenbefragung (einschl. Delphi-Methode)
      3. Verbraucherbefragungen (einschl. Markttests usw.)
   B.   Indikatoren-Methoden und Analyse der Nachfragekomponenten
   C.   (weitere) Methoden der „technologischen Prognose" etc.
II. „quantitative" Verfahren
   A.   „kausale" Methoden
      1. regressionsanalytische Verfahren
      2. ökonometrische Modelle
   B.   Zeitreihenprojektionen
      1. Projektion aufgrund „naiver" Verfahren bzw. gleitender Durchschnitte
      2. Projektion mittels herkömmlicher Kleinstquadrateschätzung
      3. Projektion mittels Exponential Smoothing
      4. Prognosen nach Box-Jenkins
      5. Prognosen mit „adaptiven" Verfahren

Darst. 3-2: Systematik der Prognosemethoden

Darüber hinaus spielen in dieser Phase **Scoring-Modelle** (Punktbewertungsverfahren) bzw. die **Nutzwertanalyse** eine wichtige Rolle. S. dazu, zum grundsätzlichen *Vorgehen* und Veranschaulichung an einem *Beispiel*, unter 8.2 (im III. Teil).

Für die *Auswahlphase* haben **mathematische Entscheidungsmodelle** große Bedeutung. Auf eine der bekanntesten Techniken dieser Art, die **Lineare Programmierung** (oder „Optimierung") mit dem *Simplex-Algorithmus* wird unter 4.2.2 noch etwas näher eingegangen. Das gesamte Gebiet wird im Allgemeinen mit **Operations Research**, mitunter auch „*Unternehmensforschung*" (andere Übersetzungsversuche haben sich nicht durchgesetzt), bezeichnet. S. dazu die Literaturhinweise am Schluss dieses Teiles.

Eine weitere Technik ist die Aufstellung von **Entscheidungsbäumen** („decision trees"). Sie zeigen die „Verästelung" des Entscheidungsproblems und damit dessen *sequentiellen* Verlauf. Man benötigt dazu die Explikation der einzelnen Alternativen a_i und der „Umwelt-Situationen" s_j; aufgrund von Informationen über die wirtschaftlichen Resultate r_k und von Eintrittswahrscheinlichkeiten für die s_j kann man dann für jede Stufe der Entscheidungssequenz die optimale Entscheidung treffen. (S. dazu auch noch kurz in Kap. 15, unter Investitionsentscheidungen.) Ferner sei auf ein Instrument hingewiesen, das über die *Planungsphase* hinaus auch für die *Durchsetzung* und *Kontrolle* eine wichtige Rolle spielt: die **Netzplantechnik**, s. dazu unter 4.4.2.

Als *allgemeines* - und sehr einfaches - Mittel erweist sich auch oft eine **Checklist** als nützlich; s. dazu die Checklist für die Auswahl von Produktideen in Darst. 5-14 (sowie die Checklist zur Prognose-Präsentation bzw. zur Überprüfung des Prognoseprozesses - Tab. 14-1 und -2 bei HÜTTNER 1986 - und dto. des Marktforschungsprozesses - Darst. 18-1 bei HÜTTNER/ SCHWARTING 2002, S. 450).

Ein allgemeines Hilfsmittel stellen auch *Entscheidungsunterstützungssysteme* („decision support systems") dar. Die Weiterentwicklung bilden die - in neuerer Zeit zunehmend diskutierten - **Expertensysteme**. Diese unterscheiden sich von ersteren dadurch, dass sie „vollautomatisch" - ohne menschliche Beteiligung - arbeiten. Sie sind einzuordnen unter die sog. *Künstliche Intelligenz* (KI - als Übersetzung von „Artificial Intelligence"). Ein wesentliches Teilgebiet dieser sind *Wissensbasierte Systeme*. Sie unterscheiden sich von traditionellen Softwaresystemen dadurch, dass die *Wissensbasis* (das „Fachwissen") theoretisch streng von der *Abarbeitungs-* oder *Problemlösungskomponente* (der „Inferenzmaschine" - *inference machine*) getrennt ist. In der Praxis braucht man zusätzlich noch die *Wissensakquisitions-* oder *-erwerbskomponente* (zum Einbringen von - auch neuem - Wissen in die „Wissensbasis") sowie die *Dialog-* und *Erklärungskomponente* (für den Kontakt mit dem Anwender und gegebenenfalls die Begründung von Resultaten). Als - formales - Werkzeug für die System-

Entwicklung haben sich besondere *Programmiersprachen* entwickelt: die sog. *KI-Sprachen*, wie COMMON LISP und PROLOG. (Auch hardwaremäßig ergaben sich Sonderentwicklungen, wie sog. Lisp-Maschinen. Mit dem Aufkommen der viel billigeren UNIX-basierten Workstations endete dann die Zeit der Lisp-Maschinen.) Weitere Werkzeuge stellen „*Shells*" dar: Sie bilden gewissermaßen die - vorfabrizierte - Schale, in die vom Systementwickler dann lediglich noch der „Kern", die - anwendungsspezifische - Wissensbasis, einzuarbeiten ist. (Ihr Einsatz wird allerdings heute bisweilen auch skeptisch beurteilt.)

Der Unterschied zum „wissensbasierten System" allgemein ist gering. Er tritt nicht so sehr zutage, wenn man allein auf die *Wissensbasis* abstellt (die „Expertenwissen" enthält) als vielmehr dann, wenn man auch auf die Ergebnisse blickt und als *Expertensystem* ein Programm *definiert*, „das in einem eng abgegrenzten Anwendungsbereich die spezifischen Problemlösungsfähigkeiten eines menschlichen Experten zumindest annähernd erreicht oder übertrifft" (KURBEL 1992, S. 22). Dann wird allerdings auch die Feststellung, ob etwas, was als „Expertensystem" deklariert ist, auch tatsächlich eines darstellt, schwierig (was wiederum die Inflationierung der Bezeichnung erklärt). Als ein Hilfsmittel dafür gilt der *Turing-Test*, eine schon sehr früh - 1950 - von A.M. Turing im Kern aufgestellte Forderung: Man soll, für eine Reihe von Problemlösungs-Vorschlägen, nicht mehr unterscheiden können, ob die vorgelegte Lösung von einem menschlichen Experten oder eben einem Expertensystem stammt.

Damit mag es auch zusammenhängen, dass sich vieles, was sich „Expertensystem" nennt, noch nicht im praktischen Einsatz befand. Das wurde etwa deutlich aus der von einer Arbeitsgruppe um *Mertens* aktualisierten Übersicht über *betriebswirtschaftliche Anwendungen* (Vgl. dazu auch die Angaben bei KURBEL 1992 sowie MERTENS/BORKOWSKI/GEIS 1993.)

Praktische *Probleme* lagen etwa in der Gestaltung der erwähnten „Wissenserwerbskomponente", insbesondere auch der Pflege der Wissensbasis (d.h. auch: Löschen nicht mehr benötigten Wissens) und im Zusammenhang damit überhaupt der Beziehung zu Datenbanksystemen. Auch die anderen Komponenten waren oft unzureichend ausgeprägt, was natürlich mit dem ungeheuren Entwicklungsaufwand zusammenhängt. Man konnte es geradezu als „Dilemma" - so KURBEL 1992 - der Verbreitung von Expertensystemen ansehen, dass diese am ehesten für eng begrenzte Problemlösungen erfolgreich zu sein scheinen, eben dann aber der immense Aufwand sich möglicherweise gar nicht lohnt! Heute haben sie ihren Einsatz noch vor allem Wartung und Fehlerbehebung bei komplexen technischen Systemen, wie z.B. bei Druckern.

Literaturhinweise

1. **Allgemeine** Literatur (auch zu den folgenden Teilen):

Die **Literaturquellen insgesamt** sind vielfältig. Hier sollen nur einige Hinweise auf *Bücher* und *Zeitschriften* erfolgen. (S. zu *anderen Arten* - und weiteren Angaben - auch den Abschnitt „Anleitung zur Technik des wissenschaftlichen Arbeitens ..." bei WITTMANN I 1982. Vgl. zur Technik des wissenschaftlichen Arbeitens z.B. ebenfalls BÄNSCH 2003 oder THEISEN 2002.)

Innerhalb der **Bücher** seien als auch für die Betriebswirtschaftslehre geeignete (wirtschaftswissenschaftliche) *Wörterbücher* genannt „Gablers Wirtschaftslexikon" (15. Aufl., 8 Bde., Wiesbaden 2001), und „Vahlens Großes Wirtschafts-Lexikon" (hrsg. von DICHTL/ISSING, 2. Aufl., 4 Bde., München 1994). Das einschlägige *Handwörterbuch* - man versteht hierunter *lexigraphisch* orientierte Werke, die umfassende bzw. ausführliche Beiträge zu vergleichsweise wenigen Stichwörtern enthalten - ist das „Handwörterbuch der Betriebswirtschaft" (hrsg. von WITTMANN et.al., 5. Aufl., 3 Bde., Stuttgart 1993). Zusammen mit den fachlich spezialisierten Werken, z.B. dem „Handwörterbuch des Personalwesens" (hrsg. von GAUGLER/WEBER, 3. Aufl., Stuttgart 2003), dem „Handwörterbuch des Bank- und Finanzwesens" (hrsg. von GERKE, 3. Aufl., Stuttgart 2001), dem „Handwörterbuch der Rechnungslegung und Prüfung" (hrsg. von BALLWIESER/COENENBERG/WYSOCKI, 3. Aufl., Stuttgart 2002), dem „Handwörterbuch Unternehmensrechnung und Controlling" (hrsg. von KÜPPER/WAGENHOFER, 4. Aufl., Stuttgart 2002) bildet es die „Enzyklopädie der Betriebswirtschaftslehre". Handbücher sind im Unterschied dazu *systematisch* - „lehrbuchartig" - organisiert.

Lehrbücher gibt es in beachtlicher Anzahl. Die nachstehende Auswahl ist selbstverständlich sehr subjektiv. Dabei erfolgt der Versuch einer *Gruppenbildung*: einerseits nach dem „Umfang", andererseits nach „besonderen Aspekten" (jeweils einander ausschließend). Nach dem - natürlich nicht nach Seitenzahlen, sondern nach dem erfassten Bereich bemessenen - „Umfang" kann man in einer ersten Gruppe solche Werke zusammenfassen, die schon „*handbuchartigen*" Charakter haben und weit verbreitet sind. Dazu zählt heute -

zu den früher sehr beachteten Gesamtdarstellungen von *Gutenberg* und *Mellerowicz* s. im Text - „der Wöhe" (WÖHE 2002), aber auch HEINEN (Hrsg.) 1991, SCHIERENBECK 2003; vgl. auch SCHWINN 1996. Als mehrbändige Werke kann man hierzu auch rechnen BEA/DICHTL/SCHWEITZER (Hrsg.) 2000-2002 und „Vahlens Kompendium der Betriebswirtschaftslehre" (hrsg. von BITZ et.al., 2 Bde., 4. Aufl., 1998/99). Den Gegenpol bildet die Gruppe der als *Einführung* bzw. *Überblick* gedachten Darstellungen, wie HEINEN 1992 oder PETERS/BRÜHL/STELLING 2002; aus entscheidungsorientierter Sicht: DOMSCHKE/ SCHOLL 2003. Dazwischen liegt ein breites „Mittelfeld". Davon seien nur erwähnt HAHN 1997, KORNDÖRFER 1999a, SCHMALEN 2002 und THOMMEN/ ACHLEITNER 2000. (S. zu WITTMANN I schon oben; WITTMANN II 1985.)

Eine *zweite* Einteilung erfolgt danach, ob auf *besondere Aspekte* abgestellt wird. Einer davon ist die methodisch-didaktische Aufbereitung in Form der „*Programmierung*", so schon im Titel MERTENS/PLÖTZENEDER/BODENDORF 2001, aber auch JACOB (Hrsg.) 1988. Etwas anderes ist die Betonung der *theoretischen* Dimension, wie bei BUSSE VON COLBE (et al.) 1990-92. Ein anderer Aspekt wäre die Darstellung der BWL aus spezieller Sicht, teilweise dann schon im Titel erkennbar, z.B. HOPFENBECK 2000 (Allgemeine Betriebswirtschafts- und Managementlehre) bzw. HANSMANN (Hrsg.) 1998 (Umweltorientierte Betriebswirtschaftslehre).

Bedeutende allgemein-betriebswirtschaftliche **Zeitschriften** in *Deutschland* sind (in Klammern die gebräuchlichen Abkürzungen):
Zeitschrift für Betriebswirtschaft (ZfB)
[Schmalenbachs] Zeitschrift für betriebswirtschaftliche Forschung (ZfbF - früher: ... handelswissenschaftliche Forschung, ZfhF)
Die Betriebswirtschaft (DBW)
Betriebswirtschaftliche Forschung und Praxis (BFuP)
in *Österreich*: Journal für Betriebswirtschaft
in der *Schweiz*: Die Unternehmung

2. **Spezielle** Literatur zu den einzelnen Kapiteln dieses Teiles:

Zu den *Grundkonzeptionen* der Betriebswirtschaftslehre (*Kapitel 1*, aber auch 2 und 3) wurde im Text bereits erwähnt: KORTZFLEISCH (Hrsg.) 1971 und WUNDERER (Hrsg.) 1995; s. auch RAFFÉE 1974. Ferner sei ausdrücklich hingewiesen auf SCHNEIDER 1995-2001.

Abschließend noch einige Angaben zu den in *Kapitel 3* erwähnten *Sonder-gebieten*: Zur (insbesondere formalen) *Entscheidungstheorie* vgl. etwa: BAMBERG/ COENENBERG 2002 und SALIGER 1998 (sowie, bereits erwähnt, MAG 1990), zum *Operation Research*: DOMSCHKE/DREXL 2002, ELLINGER 2001, MEYER 1996 und ZIMMERMANN/STACHE 2001, zu *Prognoseverfahren* - neben, wie z.T. erwähnt, HÜTTNER 1982 und 1986 oder MERTENS (Hrsg.) 1994.

Aufgaben

I-1: Nennen Sie die Hauptvertreter der vornehmlich zwischen den beiden Weltkriegen miteinander ringenden 3 Richtungen:
  a) der *empirisch-realistischen*,
  b) der *ethisch-normativen* (oder *normativ-wertenden*),
  c) der *theoretischen*!

I-2: a) Handelt es sich bei der Gewinnmaximierung um ein *Sach*- oder *Formal*ziel?
  b) Handelt es sich dabei um ein *satisfizierendes* Ziel? (Wenn nicht, wie könnte ein solches formuliert sein?)

I-3: a) Nennen Sie zehn verschiedene Unternehmensziele.
  b) Bilden Sie daraus fünf Gruppen mit je zwei Zielen.
  c) Ordnen Sie diesen Zielen die richtige Zielbeziehung zu.

I-3: *T/F**:In einer Marktwirtschaft streben alle Betriebe nach dem
        Gewinnmaximum.   T/F

I-4: *MC***:
  Die Methode der „Checklist" dient zur
  o Mitarbeiter-Kontrolle
  o Durchführung aktueller Soll-Ist-Vergleiche
  o Gewährleistung der Erfassung aller relevanten Sachverhalte in einem Sachgebiet
  o Gewinnung von Mitarbeitern

---

*   Bei solchen „*True/False*"-Aufgaben ist - durch Ankreuzen, Umkreisen etc. des am Ende vorzufindenden Symbols „T" oder „F" - anzugeben, ob man die Aussage (die Behauptung, das Statement) für *richtig* oder *falsch* hält.

** Bei solchen „*Multiple-Choice*"-Aufgaben ist nur *eine* Antwort anzukreuzen, nämlich die, die man für „am richtigsten" hält.

Teil II Leistungserstellung und -verwertung

In diesem II. Teil erfolgt die Erörterung der - in Darst. 2-7 so genannten - „Kreislauf" - oder Längsschnitt-Funktionen (in den Teilen III bis V die von Querschnitts-Funktionen). Gemäß dem erwähnten Schaubild - s. auch die „Kreislauf" -Darstellung 2-4 - sind dies Beschaffung, Produktion und Absatz. Insofern hätte eine Gliederung dieses Teils in drei Kapitel nahe gelegen. Zuvörderst wegen ihrer besonderen Bedeutung werden jedoch zunächst in Kap. 4 die Produktionswirtschaft und in Kap. 5 die Absatzwirtschaft relativ ausführlich behandelt. Auch wegen des möglichen Streits darüber, ob die „Beschaffung" mehr - zumal in Anbetracht ihres Markt-Bezuges - dem Absatz oder - von der Sache her - der Produktion zuzuordnen ist, erfolgt ihre Diskussion erst in Kap. 6, und zwar zusammen mit der „Lagerwirtschaft" (weil auch hier die Zuordnung strittig ist: Lager fallen in verschiedenen Stadien des Kreislaufes an). Noch kürzer wird dann in einem besonderen Kapitel auf - als, wie erwähnt, „Schnittstelle zwischen Produktion und Marketing" - Forschung und Entwicklung (F&E oder R&D - Research and Development) eingegangen.

Kapitel 4 Leistungserstellung („Produktionswirtschaft")

In einem 1. - einführenden - Abschnitt erfolgt zunächst die Diskussion einiger Grundfragen der Produktionswirtschaft. Die Abschnitte 2 bis 4 behandeln dann, der Kreislauf-Vorstellung folgend (wenngleich in etwas anderer Reihenfolge) die Planung des „Outputs", des „Inputs" und des „Throughputs". Den Abschluss bildet - 5. - die Darlegung des CIM-Konzeptes.

4.1   Grundfragen der Produktionswirtschaft

Produktion wurde bereits im I. Teil *weit* definiert, und zwar als Prozess des Hervorbringens von Sachgütern *und* Dienstleistungen. Beschränkt man sich, wie dies im Folgenden geschehen soll, auf *Sachgüter*, so kann man, wie erwähnt, auch enger nur von „Fertigung" oder „Erzeugung" o.ä. reden. *Kurz* gesagt handelt es sich dabei um die *Be-* und *Verarbeitung* von Stoffen. *Ausführlicher* kann man diesen Prozess auch noch in diverse Stadien: „Gewinnung", „Aufbereitung", „Umwandlung" etc., einteilen. Es geht also im Folgenden immer nur um den *Prozess*. „Produktion" wird somit *nicht* als *Ergebnis*, im Sinne der statistischen Erfassung, verstanden.

Von *Produktionswirtschaft* wird gesprochen, weil nicht der technische Prozess (z.B. der „spanabhebenden" oder „spanlosen Verformung") im Vordergrund steht, sondern der *wirtschaftliche*: die Gestaltung und Lenkung der Produktion unter Berücksichtigung der (Formal-)Ziele des Betriebes, d.h. - allgemein gesagt - unter Berücksichtigung des *wirtschaftlichen Prinzips*. Insofern handelt es sich um *Gestaltungs-* bzw. *Entscheidungsmodelle* der Produktionswirtschaft, denen aber - gemäß den Ausführungen im I. Teil - *Erklärungsmodelle* vorauszugehen haben. Insofern bedarf es auch der Erörterung der sog. Produktions- und Kostentheorie. Andererseits müssen jeweils auch die konkreten Produktions-*typen* berücksichtigt werden. Das geschieht im zweiten Unterabschnitt; im ersten sind zunächst, aufgrund der Auffassung der Produktion als **Kombinationsprozess**, die verschiedenen Produktionsfaktoren näher zu erläutern:

4.1.1 Input- und Outputfaktoren der Produktion

In Darst. 2-5 ist ganz allgemein von Input und Output gesprochen worden. Ersetzt man die „black box" im hier gegebenen Zusammenhang der Produktion, so kann man sie mit „*Throughput*" bezeichnen. Darauf, die Prozessplanung oder „Produktionsablaufplanung", wird in Abschnitt 4 eingegangen. Zum *Output* wird unten noch kurz etwas gesagt. Hier sind zunächst die Inputfaktoren näher zu charakterisieren.

Der Ausdruck **Produktionsfaktoren** wird zumeist nur auf diesen Input bezogen. In der *Volkswirtschaftslehre* sind es üblicherweise drei: *Arbeit, Boden* und *Kapital*. Diese Einteilung ist jedoch nicht unstrittig, zumal verschiedene

Schulen oft jeweils nur einen einzelnen Faktoren als „produktiv" ansahen (z.B. die sog. *Physiokraten* den Boden, die „*Klassiker*" und insbesondere *Marx* die Arbeit).

In der *Betriebs*wirtschaftslehre kann zunächst - mehr pragmatisch - zwischen *Potential-* und *Verbrauchsfaktoren* unterschieden werden. Als *dritte* Gruppe wird gelegentlich noch von **Zusatzfaktoren** gesprochen. Man versteht darunter „Kosten" (s. dazu unten) verursachende Faktoren, denen *kein* eindeutiges *Mengengerüst* zugrunde liegt, wie z.B. Leistungen vom Staat (Entgelt: „Steuern"), von Kammern und Verbänden („Beiträge"), Kreditinstituten („Zinsen") oder Beratungs- bzw. Informationseinrichtungen („Honorare", z.B. bei Rechtsanwälten).

Die **Verbrauchsfaktoren** („*Repetier*faktoren") sind dadurch charakterisiert, dass sie im Produktionsprozess *verbraucht* werden (ihre Beschaffung also, bei wiederholter Produktion, zu „repetieren" ist); sie werden, nach *Gutenberg*, als *Werkstoffe* bezeichnet. In der Praxis spricht man auch von *Roh-, Hilfs-* und *Betriebsstoffen.*

Im Unterschied dazu werden die **Potentialfaktoren** (Gebrauchsfaktoren) nur im Produktionsprozess *genutzt*, also *nicht verbraucht*. Sie geben ihre Leistungen in verschiedenen konkreten Prozessen ab und stellen damit das Leistungspotential oder die *Kapazität* dar. (S. zu diesem Begriff noch unter 4.3.2.1.) In Bezug auf die **Sach**potentiale spricht *Gutenberg* von **Betriebsmitteln** (unbewegliche: Grundstücke, Gebäude, und bewegliche: Maschinen, Einrichtungen etc.). Eine zweite Gruppe stellen die **personellen** Potentiale dar. Hierbei kann man wieder - mit *Gutenberg* - zwischen **operativer** (oder ausführender) und **dispositiver** oder leitender **Arbeit** unterscheiden.

Als **Elementarfaktoren** - deren *Kombination*, wie angesprochen, die „Produktion" ausmacht - ergeben sich drei: (ausführende) Arbeit, Betriebsmittel und Werkstoffe. Fügt man die dispositive Arbeit hinzu, kommt man auf vier Input-Faktoren. Darst. 4-1 (auf der folgenden Seite) gibt eine Übersicht.

Outputfaktoren sind, von *Dienstleistungen* abgesehen, *Zwischenprodukte* - „Halb(fertig)fabrikate" - oder *Endprodukte*: „Fertigfabrikate". (Daneben fällt auch „unerwünschter" Output an, außer Schrott z.B. Abwässer und andere Umweltbelastungen; darauf wird in diesem Zusammenhang nicht abgestellt.) Die Gesamtheit der - erwünschten - Outputfaktoren eines Betriebes bildet sein **Produktionsprogramm**. (Beim Handel spricht man von *Sortiment.*) Die

Art und Weise, wie dieses Programm technisch-organisatorisch *verwirklicht* wird, führt zu verschiedenen „Produktionstypen"; darauf ist nun noch kurz einzugehen:

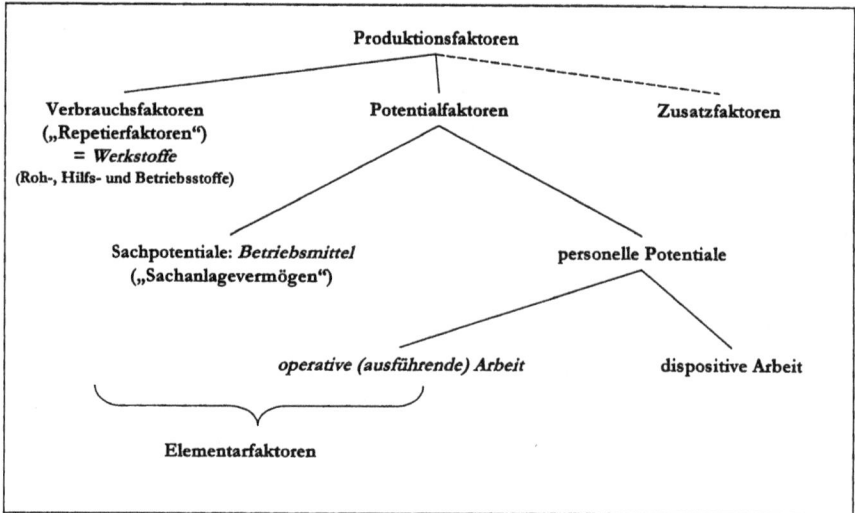

Produktionsfaktoren

Verbrauchsfaktoren   Potentialfaktoren   Zusatzfaktoren
(„Repetierfaktoren")
= *Werkstoffe*
(Roh-, Hilfs- und Betriebsstoffe)

Sachpotentiale: *Betriebsmittel*   personelle Potentiale
(„Sachanlagevermögen")

operative *(ausführende) Arbeit*   dispositive Arbeit

Elementarfaktoren

Darst. 4-1: Betriebliche Produktionsfaktoren

4.1.2 Produktionstypen

Die „*Produktion*stypologie" bildet gewissermaßen eine Ergänzung zur allgemeinen *Betriebs*typologie. Ähnlich wie bei dieser kann man eine Vielzahl von Unterscheidungen vornehmen; analog dem I. Teil sollen jedoch hier nur einige - auch für das folgende - wichtige Einteilungen erwähnt werden.

Abgestellt ist dabei zunächst nur auf die **Elementartypen**. (S. dazu ausführlicher - in Anlehnung an HAHN 1972 - bei HOITSCH 1993, Abb. 5, S. 2-8.) Diese können, entsprechend der Einteilung im folgenden Abschnitt, nach *Input-, Throughput-* und *Output*-Bezug gegliedert werden:

Zur *ersten* Gruppe, den **input-bezogenen** Typen, gehört die Unterscheidung in *arbeits-* (oder personal)*intensive* Produktion (Beispiel: Bekleidungsindustrie), *werkstoffintensive* Produktion (Kunststoffindustrie!) und *betriebsmittel*intensive Produktion (Raffinerie!).

Bei der *zweiten* Gruppe, den **throughput**- oder (prozess)bezogenen Typen, kann man recht viele Unterscheidungen treffen. Einige wichtige davon sind:

1. Nach dem *Wiederholungsgrad* der Produktherstellung pro Periode kann man in *Einzel-*, *Serien-* und *Massen*produktion (einmal, n-mal, „unendlich"-mal) einteilen.

2. Nach der *Betriebsmittelanordnung* kann differenziert werden zwischen *Werkstatt-* und *Fließ*-Produktion (letztere mit dem Extrem der „Fließband"-Produktion).

3. Besondere Probleme wirft die *verbundene* oder *Kuppel-Produktion* auf. Vielfach stellt man deshalb bei dieser Einteilung nach dem *Verwandtschaftsgrad* der Produkte vereinfachend nur auf die *unverbundene* Produktion ab.

4. Nach dem Kriterium *Anzahl der Arbeitsgänge* kann die *ein-* von der *mehrstufigen* Produktion abgehoben werden.

5. Nach der Kontinuität ist zwischen *kontinuierlicher* und *diskontinuierlicher* Produktion zu unterscheiden.

6. Sehr wichtig ist die Differenzierung nach der *zeitlichen Abstimmung* zwischen *ungebundener* und *gebundener* oder *Takt*-Produktion.

Die *dritte* Gruppe bilden die **output**-bezogenen Typen. Hier kann man zunächst nach der *Anzahl der Produktarten* unterscheiden zwischen *Ein-* und *Mehrprodukt-Betrieben.* Erstere (Beispiele: Elektrizitäts- oder Wasserwerke) stehen - vereinfachend - bei der Entwicklung der *Theorie* zumeist im Vordergrund, obwohl sie in der *Praxis* eher die Ausnahme sind. Bei dieser kommen allerdings Betriebe gemäß einer weiteren Einteilung, nach der Direktheit der *Kundenorientierung,* häufig vor: einerseits *Auftrags-* oder *Bestellproduktion,* andererseits *Lager-* oder *Vorrats*produktion.

Abschließend hierzu sei darauf hingewiesen, dass sich selbstverständlich die verschiedenen Einteilungen grundsätzlich nicht einander ausschließen. Im praktischen Fall wird man also oft **Kombinationstypen** antreffen. Sie können durch eine *Profil*-Darstellung (s. dazu Abb. 6 bei HOITSCH 1993; vgl. zu „Profilen" auch Darst. 5-6) charakterisiert werden.

4.2 Outputfaktorplanung: Operative Produktionspro- grammplanung

Im Folgenden wird, gemäß Überschrift, nur auf die *operative* Produktions-programmplanung (auch als „Outputplanung im engeren Sinne" bezeichnet - mit einem Planungshorizont von maximal bis zu 1 Jahr) eingegangen. Die *strategische* Entscheidung - d.h. auch: *langfristig* wirkend - über das Produktionsprogramm als solches bleibt hier unerörtert. Sie wird mitunter - als Entscheidung über das Sachziel des Betriebes - zur Gruppe der „konstitutiven Entscheidungen" gerechnet (von denen einige, z.B. Standort, Rechtsform, im III. Teil Behandlung finden). Andererseits muss sie, da ständig neue Produkte entstehen und alte verschwinden („Lebenszyklus"), dauernd überprüft bzw. neu getroffen werden; sie hängt damit von der lang-fristigen Absatzprognose und Marketingstrategie, aber auch von den „Innovationen" ab und ist insofern unten, in Kap. 5 und 7, Gegenstand weiterer Erörterungen.

Bei der kurzfristigen Planung des Produktionsprogrammes wird die „*Kapazität*" als *gegeben* angenommen. *Ziel* ist oft - darauf wird im folgenden allein abgestellt - die Maximierung des **Deckungsbeitrages**. Er ist definiert als *Erlös* (E) abzüglich der *variablen Kosten* (K_v - s. dazu auch noch unten, 4.3). Dabei handelt es sich um den **Gesamt**deckungsbeitrag (DB):

$$DB = E - K_v \qquad\qquad (4.1)$$

Der **Stück**deckungsbeitrag für das j-te (j = 1, ..., n) Produkt resultiert entspre-chend als:

$$db_j = p_j - k_{vj} \qquad\qquad (4.2)$$

und daraus, mit x für die „Menge" (z.B. Stückzahl - und bei Annahme davon unabhängiger Preise und variabler Stückkosten):

$$DB = \sum d_j \cdot x_j$$
$$= \sum (p_j - k_{vj})\, x_j \qquad\qquad (4.3)$$

Im Folgenden wird *inhaltlich* nach wichtigen *Produktionstypen* vorgegangen; *formal* erfolgt die Gliederung nach *Methoden*: sukzessiv (nacheinander) vs. simultan (gleichzeitig).

4.2.1 Sukzessive Produktionsprogrammplanung

Wie gesagt, soll das Problem der Outputplanung in Bezug auf einige in der Praxis wichtige (kombinierte) Produktionstypen betrachtet werden:

1. **Massenproduktion** (als „Großserie") nach dem **Fließprinzip**. Hierbei handelt es sich um eine starre, inflexible Produktionsform, mit nur sehr begrenzten Planungsmöglichkeiten:
   a) Bei **Vollbeschäftigung** und gegebenem - kapazitätsmäßigen - *Engpass* bestehen *keine* Handlungsalternativen.
   b) Würde dagegen die Auftragslage eine **Über**beschäftigung ermöglichen und liegt kein Engpass vor, so ist mittels *Sonderrechnungen* zu prüfen, ob durch *Überstunden* und/oder *Sonderschichten* die Kosten nur so steigen, dass noch ein (positiver) Deckungsbeitrag verbleibt.
   c) Umgekehrt ist bei **Unter**beschäftigung festzustellen, ob sich *Kurzarbeit* und/oder *Ausfallschichten* kostenmäßig „lohnen". Zusätzlich ist hier aber an den verstärkten Einsatz des *absatzpolitischen Instrumentariums* (s. Kap. 5) zu denken.

2. **Einzelproduktion** und **Werkstatt**prinzip. Die Bindung an den *Auftragsbestand* bietet ebenfalls nur begrenzte Planungsmöglichkeiten:
   a) Bei **Voll**beschäftigung (und Engpass) bleibt eigentlich nur die *Ablehnung* von Aufträgen; das führt - absatzpolitisch; s. Kap. 5 - zur *Lieferzeitpolitik*.
   b) Bei **Über**- und c) **Unter**beschäftigung ergeben sich die oben genannten Möglichkeiten.

3. Dagegen bildet die **Serienfertigung** (nach Werkstatt- oder Fließprinzip) eine *variable* Produktionsform. Man kann hier unterscheiden den Fall der (totalen) **Unter**beschäftigung aufgrund kurzfristigen Absatz*rückgangs* (c), wo nur die Forcierung des Produkts mit dem *höchsten absoluten* Deckungsbeitrag verbleibt (Rangfolge!), vom Fall der **Voll**- bzw. **Über**beschäftigung aufgrund kurzfristiger Absatz*belebung* (a und b). Hier muss man differenzieren nach der Art der *Engpasssituation*: Liegt nur *ein (bekannter)* Engpass vor, so gilt es, analog dem oben Gesagten das Produkt mit dem *höchsten* Deckungsbeitrag zu forcieren. Der Unterschied liegt darin, dass dieser hier *engpassbezogen* sein muss (man spricht auch vom „*spezifischen* Deckungsbeitrag"). Darst. 4-2 zeigt ein Beispiel. (S. auch A 4-3.)

Produkt	Deckungsbeitrag (DB)	Engpass (Maschinenstunden)	DB pro Engpasseinheit	Rang
1	10,-	10	1,-	3
2	8,-	4	2,-	1
3	7,-	5	1,40	2

Darst. 4-2: **Berechnung spezifischer (engpassbezogener) Deckungsbeiträge**

Liegen *mehrere* bzw. *unbekannte* Engpässe vor, so bedarf es *simultaner* (gleichzeitiger) Lösungsansätze:

4.2.2 Simultane Produktionsprogrammplanung

Als simultaner Lösungsansatz zur Programmplanung bei Serienfertigung und Vorliegen mehrerer bzw. unbekannter Engpässe wurde die **Lineare Programmierung** (im Rahmen des *Operations Research* - s. Kap. 3) entwickelt. Die Bezeichnung hatte zunächst nichts mit der „Programmierung" im Sinne der EDV zu tun (sondern stellte eben auf die Planung des Produktionsprogramms ab - mitunter wird deshalb auch von *Linearer Planungsrechnung* oder *Linearer Optimierung* gesprochen). Heute erfolgt sie jedoch praktisch immer mittels Computerprogrammen, die gegebenenfalls auch eine Vielzahl von Variablen zu bearbeiten vermögen.

Beschränkt man sich auf zwei Produkte, ist die Aufgabe auch durch die **graphische Methode** zu lösen, die zuerst dargestellt wird. Bei mehreren Variablen ist auf eine **analytische** Methode, den *Simplex*-Algorithmus, abzustellen. Ziel kann es hier dabei allerdings nicht sein, die rechnerischen Details zu erörtern. (S. dazu die am Ende von Teil I gegebenen Hinweise zur Operations-Research-Literatur.) Vielmehr soll nur der grundsätzliche Ablauf dargestellt und an einem Beispiel verdeutlicht werden. Diesen grundsätzlichen Ablauf kann man in mehrere Schritte zerlegen; hier sind sie in zwei zusammengefasst:

1. Die *Zielfunktion* wird aufgestellt, aufgrund der Kosten- und Preisinformation und unter Berücksichtigung der Engpässe, die formal als *Nebenbedingungen* auftreten.

2. Aus der vollständigen Zielfunktion ergibt sich eine erste zulässige *Basislösung*, die einem „*Optimalitätstest*" unterworfen wird. Ist, was die Regel sein

dürfte, die gefundene Lösung noch nicht optimal, so wird - nach bestimmten Regeln - eine neue Basislösung errechnet, und so fort. Die Iteration bricht ab, wenn sich keine Verbesserung mehr erreichen lässt.

Zur Erläuterung sei auf ein von STEFFEN/SCHIMMELPFENG (2002, S. 123-138) ausführlich dargestelltes *Beispiel* zurückgegriffen.

Dabei werden vereinfachend nur 2 *Produkte* betrachtet. x_1 ist die *Anzahl* montierter Kopiergerätetypen „Digispeed", x_2 die des Tischgerätes „Copy4U". Die Kosteninformation lautet: $k_{v1} = 800$ €, $k_{v2} = 150$ €, die Preisinformation: $p_1 = 950$ €, $p_2 = 250$ €. Der (Gesamt-)Deckungsbeitrag soll maximiert werden. Daraus folgt (mit Stückdeckungsbeiträgen $db_1 = 950$ € - 800 € $= 150$ € und $db_2 = 250$ € - 150 € $= 100$ €) als Zielfunktion zunächst:

$$DB = 150x_1 + 100x_2 \to \text{Max!} \tag{4.4}$$

Dabei sind jedoch die *Nebenbedingungen* zu beachten, als erstes die *Kapazitätsrestriktion*:

$$\sum t_{sj} \cdot x_j \le T_s \tag{4.5}$$

Hierbei ist T_s die maximal mögliche Einsatzdauer, im Beispiel 150 Stunden = 9000 Minuten. Sie gilt für alle Bearbeitungsstufen s_i, im Beispiel: Gehäusebau (s_1) mit 60 Min. bei Produkt 1 und 30 Min. bei Produkt 2, elektronische Ausrüstung mit 25 Min. bei Produkt 1 und 50 Min. bei Produkt 2, Endmontage „Digispeed" mit 75 Min. und Endmontage „Copy4U" mit 60 Min. Das ergibt:

Kapazitätsrestriktionen

$$
\begin{array}{lll}
\text{I} & 60x_1 + 30x_2 & \le 9000 \\
\text{II} & 25x_1 + 50x_2 & \le 9000 \\
\text{III} & 75x_1 + 0x_2 & \le 9000 \\
\text{IV} & 0x_1 + 60x_2 & \le 9000
\end{array}
\tag{4.6}
$$

Weitere Restriktionen sind die *Nichtnegativitätsbedingung*:

$$x_j \ge 0 \tag{4.7}$$

und eventuell *Absatz-*(Mindest- bzw. Höchst-)Bedingungen:

$$x_j \ge M_j \text{ und } x_j \le H_j \tag{4.8a+b}$$

mit. H_i = Höchstgrenze für das Produkt i

M_i = Mindestgrenze für das Produkt i

Zur *grafischen Lösung* gelangt man durch Einzeichnen der Nebenbedingungen in ein Koordinatenkreuz mit den Achsen x_1 (Abszisse) und x_2 (Ordinate). Die Werte für die beiden x-Achsen einer Restriktion erhält man durch Nullsetzen des einen Wertes, z.B. x_1 und Errechnen des Wertes für x_2 und *vice versa*. Da es sich um eine lineare Gleichung handelt, kann sie mit den beiden bestimmten Punkten in das Koordinatenkreuz eingetragen werden. Mit allen weiteren

Restriktionen verfährt man in gleicher Weise. Die Nichtnegativitäts-
bedingungen bzw. Mindest- und Höchstgrenzen lassen sich direkt als ein
entsprechendes Niveau in das Koordinatenkreuz eintragen. Danach bleibt ein
Feld mit regelmäßig unendlich vielen Lösungsmöglichkeiten übrig, das so
genannte *Lösungsfeld*.

Um nun die optimale (gewinnmaximale) Lösung zu finden, wird die Steigung
der Gewinnfunktion in das Lösungsfeld eingezeichnet. Um das praktisch
durchzuführen, setzt man einen angemessenen Gewinn und errechnet dann
die entsprechenden x_1- und x_2-Werte und trägt nun auch die Gewinnfunktion
in das Koordinatenkreuz ein. (Hinweis: Welchen Gewinn man annimmt, ist
für die Steigung der Gewinnfunktion unbeachtlich, daher sollte man
möglichst einen Gewinn annehmen, bei dem sich die x_1- und x_2-Werte
angenehm errechnen lassen.) Die Gewinnfunktion wird nun so weit vom
Ursprung parallel verschoben, dass das Lösungsfeld gerade noch tangiert
wird. Die Lösung liegt dann entweder genau auf dieser Nebenbedingung oder
im Schnittpunkt von Nebenbedingungen. Dann können die zugehörigen x_1-
und x_2-Werte im Schnittpunkt ausgerechnet werden, wodurch das gewinnmaximale Produktionsprogramm festliegt. Werden diese gewinnmaximale Werte
in die Gewinnfunktion eingesetzt, erhält man den dazugehörigen (maximalen)
Gewinn. Das Ergebnis ist (natürlich) das Gleiche, welches man mit Hilfe der
rechnerischen Lösung erhält (weshalb es auch erst da genannt wird).

Zur *rechnerischen Lösung* gelangt man durch die Einführung von je einer
„*Schlupf*variablen" für die einzelnen Bearbeitungsstufen *s*. Durch diese Variablen werden die Ungleichungen in Gleichungen umgewandelt; sie beinhalten
hier die nicht-genutzten Kapazitäten, die „Leerzeiten" (und werden deshalb
auch „Leerlaufvariablen" genannt). Sie bringen keinen Deckungsbeitrag und
erhalten deshalb in der erweiterten Zielfunktion den Wert 0:

$$DB = 150x_1 + 100x_2 + 0y_1 + 0y_2 + 0y_3 + 0y_4 \rightarrow \text{Max!} \qquad (4.9)$$

Im obigen Ungleichungssystem für die Kapazitätsrestriktionen, (4.6), muss
also in jeder Zeile eine Schlupf-Variable hinzugefügt werden, um zu einem
Gleichungssystem zu gelangen. (Die erste Zeile lautet also: $60x_1 + 30x_2 + y_1$
$= 9000$ usw.) Damit hätte man für 4 Gleichungen aber 6 Variablen. Um das
Gleichungssystem lösbar zu machen, müssen also 2 Unabhängige „vorher-
bestimmt" werden. Man tut dies, indem man die beiden x-Variablen gleich
Null setzt und sie *Nichtbasisvariablen* nennt. Dagegen heißen die in der so
genannten (1.) Basislösung verbliebenen Variablen *Basisvariablen* und werden
in der Vorspalte des („Ausgangs")-**Simplex-Tableaus** eingetragen, gemäß
Darst. 4-3. Die letzte Zeile enthält die Zielfunktion.

Basisvariable	x_1	x_2	y_1	y_2	y_3	y_4	T_S
y_1	60	30	1	0	0	0	9000
y_2	25	50	0	1	0	0	9000
y_3	75	0	0	0	1	0	9000
y_4	0	60	0	0	0	1	9000
	150	100	0	0	0	0	0 (DB)

Darst.4-3: Simplex-Ausgangs-Tableau (Beispiel)

Wenn nichts produziert wird, entsteht auch kein Deckungsbeitrag; deshalb 0 rechts unten im Tableau. Diese Lösung ist also nicht optimal. Die Veränderung geschieht, indem eine Basisvariable ersetzt wird ("Ausgangs-Variable") durch eine bisherige Nichtbasisvariable ("Eingangs-Variable"). Als diese neue Variable - in den *Spalten* - wird die mit dem höchsten Deckungsbeitrag gewählt. Die *Zeile* für das *Pivot-Element* (franz. pivot = Dreh-, Angelpunkt) ergibt sich aus dem niedrigsten Wert von T_S/t_S, im vorliegenden Fall also mit 75 (als dem größten absoluten Wert). Aus der folgenden - hier nicht dargestellten - Neu-Berechnung resultiert ein neues Simplex-Tableau und dann schließlich das End-Tableau, gemäß Darst. 4-4. Darin kann man in der letzten Spalte für die x-Variablen die zu produzierenden Stückzahlen (140 „Digispeed" und 80 „Copy4U") sowie den sich bei den verbleibenden Leerzeiten ergebenden Deckungsbeitrag (€ 26 000) unmittelbar ablesen.

Basisvariable	x_1	x_2	y_1	y_2	y_3	y_4	T_S'
x_2	0	1	$-1/90$	$2/75$	0	0	140
y_3	0	0	$-5/3$	1	1	0	3.000
x_1	1	0	$1/45$	$-1/75$	0	0	80
y_4	0	0	$2/3$	$-8/5$	0	1	600
	0	0	$-20/9$	$-2/3$	0	0	26.000

Darst. 4-4: Simplex-End-Tableau (Beispiel)

Die Leerzeiten können zwar rechnerisch nicht beseitigt werden, geben aber doch Hinweise für *Erweiterungsinvestitionen:* Es empfiehlt sich in erster Linie eine Kapazitätsausdehnung bei der Bearbeitungsstufe s_1. Hier würde nämlich eine Ausweitung der „Leerzeit" eine Reduzierung des Deckungsbetrages um

20/9 € erbringen, gegenüber nur 2/3 € bei s_2 (*Grenzdeckungsbeiträge* als *Schattenpreise*). Allerdings, darauf sei noch einmal hingewiesen, geschah die Ableitung unter bestimmten - vereinfachenden - Bedingungen, nicht zuletzt der *konstanten* variablen Stückkosten. Das aber ist nicht selbstverständlich, wie die Entwicklung der „Produktionstheorie" zeigt. Darauf ist im folgenden einzugehen.

4.3 Inputfaktorplanung: Potential- und Verbrauchsfaktorplanung

4.3.1 Produktionsfunktionen („Produktionstheorie")

4.3.1.1 Strukturmerkmale und Typen von Produktionsfunktionen - Produktionstheoretische Grundlagen

Als **Produktionsfunktion** wird die funktionale Abbildung der quantitativen Beziehungen zwischen In- und Outputfaktoren definiert. Dabei kann - vereinfachend zunächst abgestellt auf das *Einprodukt-Unternehmen* - entweder eine inputabhängige Darstellung erfolgen:

$$x = f(r_1, r_2, r_3, ..., r_n,)$$
(4.10)

oder eine outputabhängige (auch als Faktoreinsatzfunktion bezeichnet):

$$r_i = f(x)$$
(4.11)

(mit, wie bisher, x für die [Output-]Menge und r_i die [Input-]Produktionsfaktoren).

Lange Zeit wurde dabei, begründet mit höherer Anschaulichkeit, die **graphische Darstellung** bevorzugt. (S. dazu unten.) Heute verwendet man oft auch die **algebraische** Bezeichnung, zumal sie nicht auf einige wenige Variable beschränkt ist und (bei recht vielen) die Anwendung der *Matrizen*-Schreibweise gestattet. Man muss dabei auch beachten, auf welche *Wirtschaftseinheit*, in der „black box" zwischen Input und Output, abgestellt wird: Gesamtwirtschaft, Betrieb, Abteilung, Arbeitsplatz. Für kleine Einheiten verwendet man auch die Bezeichnung *Transformationsfunktion*.

Von besonderer Bedeutung sind die Begriffe „Substitutionalität" und „Limitationalität" (von Produktionsfaktoren). **Substitutionalität** liegt dann vor (bei zwei Input-Faktoren und konstantem Output), wenn die Verringerung der Menge eines Input-Faktors bei gleichzeitiger Erhöhung der Menge des anderen möglich ist. Dabei sind mehrere *Unterfälle* zu unterscheiden:

Alternative Substitution ist dann gegeben, wenn die Menge eines Faktors auf 0 sinken kann, gemäß Darst. 4-5.

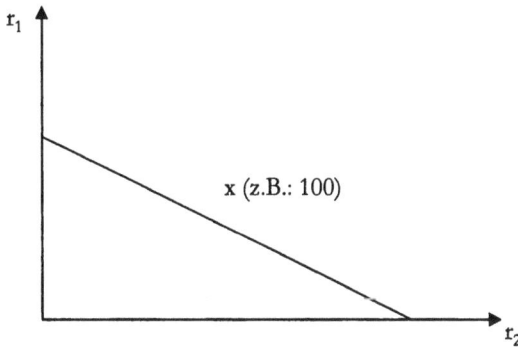

Darst. 4-5: **Alternative Substitution**

Im Gegensatz hierzu spricht man hier von **peripherer** Substitution, wenn eine Mindestmenge der Faktoren eingehalten werden muss, diese also nur teilweise substituierbar sind. Bei der **totalen** (peripheren) Substitution bezieht sich dies auf *alle* Faktoren, gemäß Darst. 4-6.

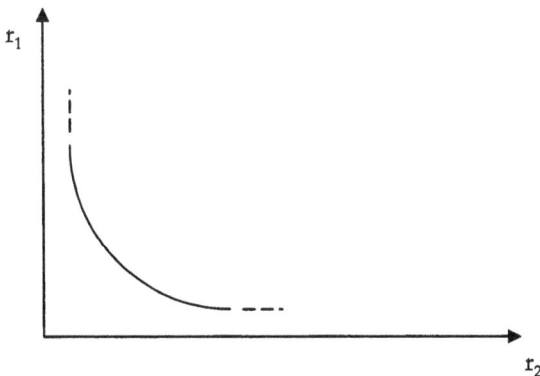

Darst.4-6: **Periphere totale Substitution**

Dagegen wird bei der **partiellen** (peripheren) Substitution nur *ein* Faktor variiert; der andere bleibt *konstant.* Dies ist der Fall bei der sog. *ertragsgesetzlichen Produktionsfunktion* oder *Produktionsfunktion vom Typ A.* (S. auch Darst. 4-9a unten. - Ein spezieller Fall ist die sog. *Cobb-Douglas-Funktion*, die in der Volkswirtschaftslehre verbreitet Anwendung findet.)

Sind die Produktionsfaktoren nicht gegenseitig substituierbar, sondern stehen zueinander in einem eindeutig vorgegebenen Mengenverhältnis, so spricht man von **Limitationalität**. Der Output ist hier nur durch gleichzeitige Steigerung aller Inputfaktoren zu erhöhen. **Lineare** Limitationalität liegt dann vor, wenn alle *Produktionskoeffizienten*:

$$a_i = \frac{r_i}{x} \tag{4.12}$$

konstant sind (sog. *Leontief-Produktionsfunktion*). Bleibt dagegen mindestens 1 Produktionskoeffizient nicht konstant, verläuft also Input und Output *nicht direkt proportional*, so ist **nicht-lineare** Limitationalität gegeben. Sie kann in einer *Verbrauchsfunktion* erfasst werden, gemäß Darst. 4-7 (mit d für die *Intensität - Beispiel*: durchschnittlicher Benzinverbrauch [l/km] bei unterschiedlichem „Tempo" [km/Std.]) und führt zur *Produktionsfunktion vom Typ B* (*Gutenberg*).

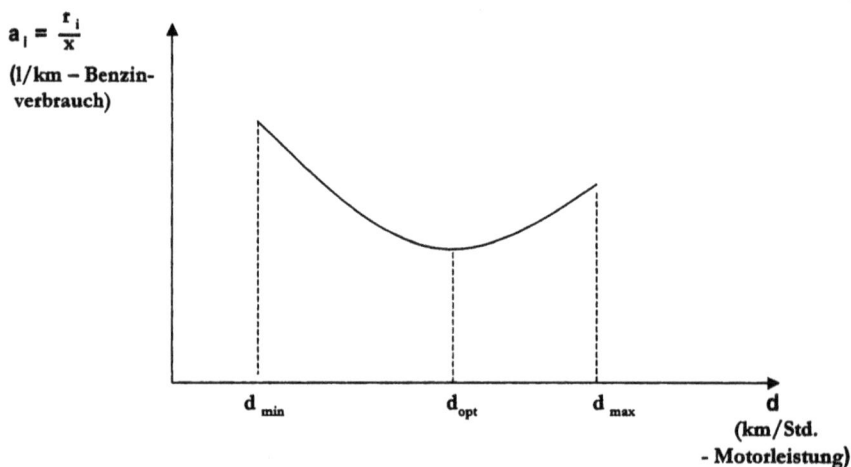

Darst. 4-7: **Verbrauchsfunktion (Beispiel Benzinverbrauch)**

Im nächsten Unterabschnitt wird auf die Funktionen vom Typ A und B etwas näher eingegangen; der letzte Unterabschnitt enthält weitere Produktionsfunktionen. Hier wird zusammenfassend noch eine Übersicht gegeben, gemäß Darst. 4-8.

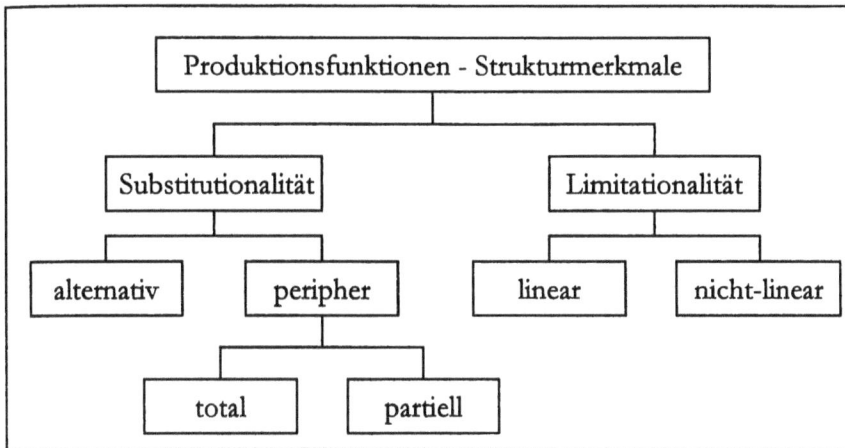

```
┌─────────────────────────────────────────────────────────────┐
│          ┌──────────────────────────────────────────┐       │
│          │ Produktionsfunktionen - Strukturmerkmale  │       │
│          └──────────────────────────────────────────┘       │
│                                                              │
│     ┌──────────────────────┐      ┌──────────────────────┐  │
│     │   Substitutionalität  │      │   Limitationalität    │  │
│     └──────────────────────┘      └──────────────────────┘  │
│                                                              │
│  ┌──────────┐   ┌──────────┐    ┌──────────┐  ┌────────────┐│
│  │ alternativ│   │ peripher │    │  linear  │  │nicht-linear││
│  └──────────┘   └──────────┘    └──────────┘  └────────────┘│
│                                                              │
│             ┌──────────┐   ┌──────────┐                     │
│             │  total   │   │ partiell │                     │
│             └──────────┘   └──────────┘                     │
└─────────────────────────────────────────────────────────────┘
```

Darst. 4-8: **Produktionstheoretische Grundbegriffe**

4.3.1.2 Spezielle betriebswirtschaftliche Produktionsfunktionen

Die **Produktionsfunktion vom Typ A** wird auch, insbesondere in der Volkswirtschaftslehre, als die **ertragsgesetzliche** Produktionsfunktion bezeichnet, weil sie auf das von *Turgot* (1727-1781) eingeführte „*Gesetz vom abnehmenden Bodenertrag*" zurückgeht. Ihre *Gültigkeit* zumindest für die Landwirtschaft wird oft mit einem sog. *ad-absurdum-Beweis* begründet: Gelte sie nicht, so müsste die gesamte Welternte aus einem Blumentopf erzielbar sein!

Die Anwendbarkeit für die *Industrie* ist jedoch sehr umstritten (zur *empirischen* Relevanz s. auch noch unten), zumal neben den bereits erwähnten *Prämissen* (Einprodukt-Unternehmung und Vorhandensein mindestens eines konstanten Faktors - was ist dies in der Industrie?) weitere gegeben sein müssen: der *variable* Faktor ist *völlig homogen* (qualitativ gleichartig) und *beliebig teilbar*, die Produktions*technik* bleibt gleich. Unter diesen Voraussetzungen *ergibt* sich das sog. *Vierphasenschema* (der Ertragsverläufe), *graphisch* veranschaulicht in Darst. 4-9a (auf der folgenden Seite) - mit Erläuterung der einzelnen Symbole und „Kurz-Kommentar" in Darst. 4-9b. (Die Bezeichnungsweise folgt der von GUTENBERG in der 1. Aufl. - 1951, S. 214f. - verwandten; später wurde von ihm die Ordinate einfach mit x benannt. Dies entspräche der; obigen Terminologie und wäre auch deshalb besser, weil E bereits für „Erlös" - statt hier „Ertrag" - benutzt wurde.)

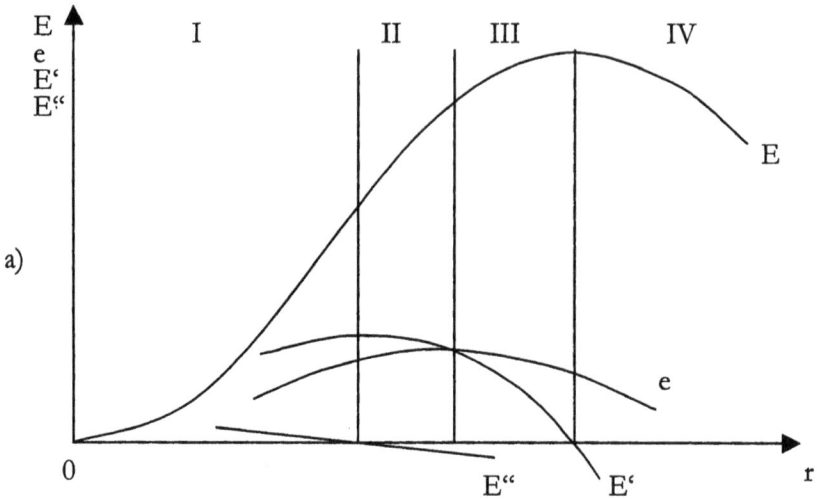

Phase	Gesamt-ertrag E	Durch-schnitts-ertrag e	Grenz-ertrag E'	Steigungsmaß der Grenzer-tragskurve E"	Endpunkte
I	positiv steigend	positiv steigend	positiv steigend bis max.	positiv fallend bis Null	E=Wende-punkt E' = max. E" = 0
II	positiv steigend	positiv steigend bis max.	positiv fallend E' > e	negativ fallend	e = max. e = E'
III	positiv steigend bis max.	positiv fallend	positiv fallend bis Null E' < e	negativ fallend	E = max. E' = 0
IV	positiv fallend	positiv fallend	negativ fallend	negativ fallend	

Darst. 4-9: **Vierphasenschema der Ertragskurven (nach *Gutenberg*)**

Die **Produktionsfunktion vom Typ B** wurde, wie bereits angedeutet, von *Gutenberg* in die (betriebswirtschaftliche) Literatur eingeführt. Sie kann einerseits dadurch charakterisiert werden, dass nunmehr statt der *Substitutionalität* der Produktionsfaktoren deren *Limitationalität* im Vordergrund steht. Damit verbunden ist - andererseits - der Übergang von der *aggregierten* Produktion einer (gesamten) Einzelwirtschaft zu *Transformationsfunktionen* für kleinere, überschaubare Einheiten (Arbeitsplätze, Maschinen, Aggregate). Dabei können zwei **Typen** von **Transformationsfunktionen** unterschieden werden:

1. Wenn die **Repetierfaktoren** (z.B. Einzelteile) weitgehend **unabhängig** von den Potentialfaktoren sind, ergibt sich der erforderliche Input nach wie vor allein aus dem erstrebten Output. Hier gilt die linear-limitationale (Leontief-)Produktionsfunktion mit konstanten Produktionskoeffizienten. *Graphisch* s. Darst. 4-10; als *Beispiel* Input von Autoreifen - mit Reserverad - für die Produktion eines Autos: $5r_i = 1 x$.

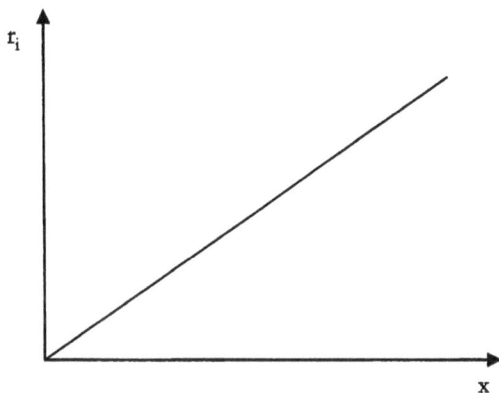

Darst.4-10: **Linear-limitationale Faktoreinsatzfunktion**

2. Sind die Repetierfaktoren dagegen weitgehend abhängig vom Verbrauch von Potentialfaktoren, steht also der Verbrauch von Rohstoffen usw. im direkten Zusammenhang mit dem Einsatz von Betriebsmitteln und menschlicher Arbeitskraft, so gibt es nur noch eine mittelbare Beziehung zwischen Input und Output. Statt dessen hängt der Verbrauch von Inputfaktoren nunmehr direkt von den technischen Eigenschaften eines Betriebsmittels ab (*Gutenberg* spricht von „z-Situation" - mit den z_i, z.B. Hubraum, Verdichtung, Zylinder) und von der Intensität: Untersucht werden nicht die Auswirkungen von Veränderungen aller Prozessbedingungen (Temperatur usw.), sondern nur von einer, eben der Intensität (bei

sonst unveränderten technischen Bedingungen). Damit resultieren nunmehr zwei Funktionen, gemäß Darst. 4-11.

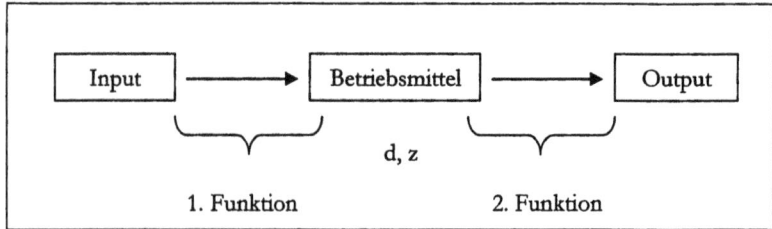

Darst. 4-11: **Faktoreinsatz und Intensität**

Die *erste* Funktion gibt den Produktionskoeffizienten an, mit d = Intensität
und z = technische Eigenschaften eines Betriebsmittels:

$$a_i = f_1(z_i, d) \tag{4.13}$$

bei *gegebener* z-Situation also:

$$a_i = f_1(d) \tag{4.14}$$

graphisch somit die *Verbrauchsfunktion* gemäß Darst. 4-7 oben. Die *Intensität*
wiederum hängt mit dem *Output* zusammen (*zweite* Funktion):

$$d = f_2(x) \tag{4.15}$$

so dass man *insgesamt* schreiben kann:

$$r_i = f(d)x \tag{4.16}$$

Beispiel: Der gesamte *Benzinverbrauch* (r_i, in Litern: l) hängt indirekt von den insgesamt gefahrenen Kilometern (km) ab, und zwar über die *Intensität* (Motor-
leistung in PS oder km/Std.). Als *Produktionskoeffizient* ergibt sich *generell:*

$$\frac{r_i}{x} = d \cdot x \tag{4.17}$$

bei *unterschiedlichen* Intensitätsgraden j demnach:

$$\frac{r_i}{x} = \sum d_j \cdot x_j \quad \text{oder} \quad \frac{1}{km} = \sum \left(\frac{km}{Std.}\right)_j \cdot km_j \tag{4.18}$$

bei *konstanter* Intensität also einfach, gemäß Darst. 4-12 (nächste Seite):

$$r_i = f(x) \tag{4.19}$$

Letztlich resultiert also bei *beiden* Typen der Transformationsfunktion unter gewissen Voraussetzungen eine *lineare* Beziehung zwischen Input und Output. Anders ausgedrückt: Das „Ertragsgesetz" wird insofern suspendiert, als die „Mitte" der Gesamtertragskurve lt. Darst. 4-9a, d.h. im „linearen Bereich", gestreckt ist, die oberen und unteren „Enden" aber quasi als Spezial- oder Extremfälle erscheinen, bei „sub-optimaler" Nutzung, insbesondere maximalen und minimalen Intensitätsgraden (sehr langsames oder extrem schnelles Fahren im Auto-Beispiel, Überstunden-Zuschläge oder erhöhter Maschinen-Verschleiß bei Überbeanspruchung der Potentialfaktoren im Betrieb generell).

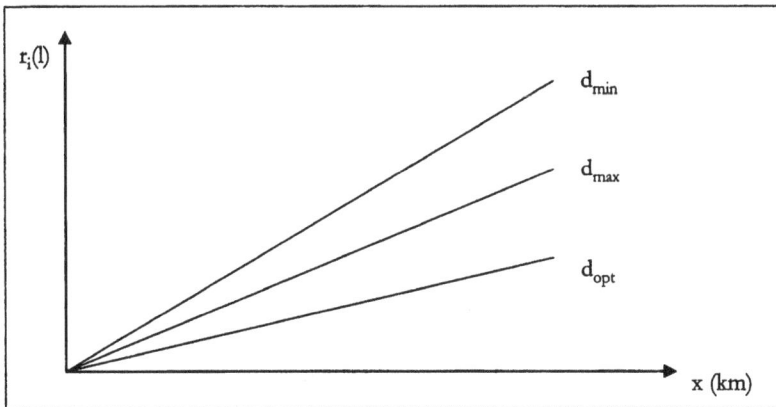

Darst.4-12: **Faktoreinsatzfunktion bei konstanter Intensität**

Der weitgehend lineare Verlauf der „Ertragsfunktion" und damit auch der „Kosten" (s. unten) entspricht nicht nur empirischen Ergebnissen (insbesondere den von *Gutenberg* aufgrund amerikanischer Untersuchungen berichteten), sondern auch dem Vorgehen in anderen Bereichen (z.B. dem „allgemeinen linearen Modell" bei der multivariaten Analyse - s. auch unter 5.2.2) und ganz generellen Überlegungen: In gewissen, praktisch oft nicht zu engen, Grenzen lässt sich jeder „Punkt" als (gerade) „Linie" betrachten; zu nichtlinearen Verläufen kommt es eher erst an den „Rändern". Das heißt natürlich nicht, dass nichtlineare Verläufe nicht in der Praxis vorkommen könnten; sie sind nur nicht von vornherein zu unterstellen. Oder umgekehrt: Zwar ist nicht einzusehen, dass die „wirkliche Welt" quasi dem Sonderfall der Linearität gehorchen soll; sie ist wohl tatsächlich nicht-linear. In gewissen nicht zu großen Intervallen kann die Nicht-Linearität möglicherweise aber durchaus sinnvoll linear approximiert werden. Letztlich wird es damit zu einer *empirischen* Frage, mit welchen Verläufen man zu rechnen hat.

In dieser „Entideologisierung" der Ertrags- (und Kosten-)Verläufe liegt ganz zweifellos ein großer Verdienst der *Gutenberg*'schen Überlegungen. Ein weiterer Vorteil besteht in der *Disaggregation*: Die Gesamtheit der Produktionsfunktionen eines Betriebes ergibt sich nunmehr quasi als *Matrix* der einzelnen Transformationsfunktionen (für *alle* Produktionsfaktoren und *sämtliche* Aggregate). Darauf und überhaupt „komplexe Produktionsstrukturen" soll nunmehr noch eingegangen werden:

4.3.1.3 Komplexe Produktionsstrukturen

Oben wurden quasi nur die beiden *Grenzfälle* (limitational vs. substitutional) betrachtet. Daraus - und den bereits erwähnten *Varianten* - lassen sich nun *Kombinationen* bilden. Ferner kann man darauf abstellen, ob diese „Produktionsverhältnisse" - so eine der beiden Dimensionen in der Übersicht bei KLOOCK (1998, S. 301) - *ein-* oder *mehrperiodig* sind. Hinsichtlich der „Prozessstruktur" auf der anderen Seite lässt sich - neben, wie bereits erwähnt, aggregiert oder nicht - noch zwischen *ein-* und *mehrstufig* unterscheiden. In dieses Schema können dann die in der Literatur entwickelten weiteren Produktionsfunktionen - z.B.: *Typ C* (*Heinen*), *D* (*Kloock*) und *E* (*Küpper*) - eingeordnet werden. Im einzelnen ergeben sich teilweise recht komplizierte „**Betriebsmodelle**". Darauf soll hier - s. aber noch kurz dazu unten, in der „Zusammenfassung" - nicht näher eingegangen werden. Es sei nur noch auf zwei Entwicklungslinien hingewiesen: eine ältere, insbesondere in den USA, zur sog. **Engineering Production Function** (EPF; der Produktionsprozess wird in einzelne - technische - Komponenten zerlegt) und eine neuere: zur *Dynamisierung*. (Als **dynamische Produktionsfunktion** kann schon die erwähnte Funktion vom Typ E angesehen werden; vgl. zur „dynamischen Produktionstheorie" umfassender TROßMANN 1983; s. zur Produktionstheorie insgesamt auch die Literaturhinweise am Kapitelschluss.)

Hier soll noch auf *Hilfsmittel* zur Erfassung eingegangen werden, speziell das sog. **Gozinto-Verfahren**. Die **graphische** Darstellung besteht aus *Knoten* für die einzelnen Teile und Kanten (als „Pfeile", die Richtung und Menge des Güterflusses angeben). Darst. 4-13 (folgende Seite) zeigt ein *Beispiel* eines *Gozinto-Graphen*.

Es handelt sich hierbei, wie angegeben, um die Darstellung nach Dispositionsstufen (und nicht um Produktions-[Fertigungs-]Stufen). „Als *Dispositionsstufen* bezeichnet man die tiefste (unterste) Produktions-(Fertigungs-)-Stufe, in der gleiche Erzeugniskomponenten, die mehrfach vorkommen, eingesetzt werden." (HOITSCH 1993, S. 367. Ebenda findet sich auch die - andersartige - Darstellung nach *Fertigungs*stufen.)

Dispositionsstufe

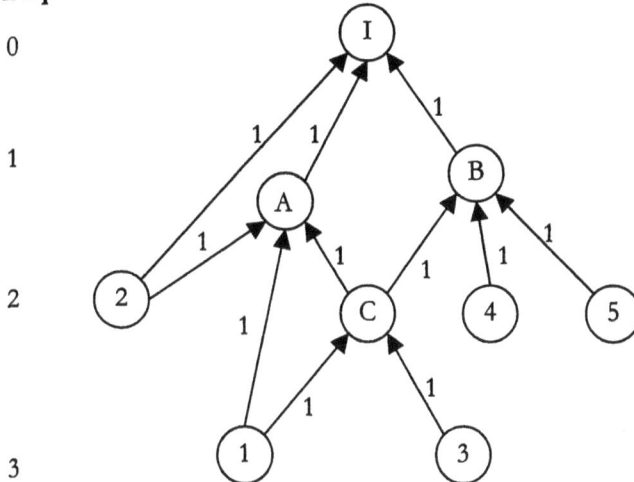

Darst. 4-13: **Gozinto-Graph (Beispiel – nach HOITSCH 1993, S. 368)**

Die in Darst. 4-13 wiedergegebenen Beziehungen (ein Fertigprodukt I besteht letztlich aus 5 Einzelteilen; dazwischen liegen 3 Baugruppen - darunter auch C, das je 1 Einheit der Einzelteile 1 und 3 empfängt und selbst an übergeordnete Baugruppen liefert) können auch als **Gleichungssystem** formuliert werden. Dieses wird jedoch, wie insbesondere auch die graphische Darstellung, bei einer Vielzahl von Beziehungen rasch sehr unübersichtlich. Man kann sich deshalb der **Matrizen**-Schreibweise bedienen. Die im Gozinto-Graphen enthaltenen Beziehungen werden nun in der sog. *Direktbedarfsmatrix* lt. Darst. 4-14 (auf der folgenden Seite) aufgezeigt.

In der Regel interessiert man sich allerdings nicht nur für den *direkten*, sondern den *gesamten* Bedarf an Teilen und ihre Verwendungsstruktur (also einschließlich der Teile, die *indirekt* in die übergeordnete Einheit eingehen). Die **Lösung** erfolgt wie bei der *Input-Output-Analyse*. (Es wird also mit „Leontief-Produktionsfunktionen" - s. oben - gearbeitet.) Dazu ergänzt man die dargestellte Matrix zunächst um die „fiktiven Bedarfe", also Einsen in der Hauptdiagonalen. Mit dieser Matrix - **A** in der Symbolik der Input-Output-Analyse - kann nun die Matrizen-Inversion erfolgen. Im Ergebnis erhält man

Einsatz von \ Einsatz in	1	3	2	C	4	5	A	B	I
1	0	0	0	1	0	0	1	0	0
3	0	0	0	1	0	0	0	0	0
2	0	0	0	0	0	0	1	0	1
C	0	0	0	0	0	0	1	1	0
4	0	0	0	0	0	0	0	1	0
5	0	0	0	0	0	0	0	1	0
A	0	0	0	0	0	0	0	0	1
B	0	0	0	0	0	0	0	0	1
I	0	0	0	0	0	0	0	0	0

Darst. 4-14: Direktbedarfsmatrix (Beispiel – nach HOITSCH 1993, S. 369)

die *Gesamtbedarfsmatrix.* Auf die Matrix-Operationen wird hier verzichtet, da die Matrizenrechnung nicht vorausgesetzt werden soll. (S. aber bei HÜTTNER 1986 - und auch z.B. HÜTTNER/SCHWARTING 2002 - im Anhang: Einige Regeln für Matrizen und Vektoren.) Subtrahiert man hiervon wieder die Einsen in der Hauptdiagonale, so resultiert die *Mengenübersichtsmatrix* (für das *Beispiel* bei HOITSCH 1993, S. 371). Die *Spalten* der Matrizen können als - verschiedene Arten von - Stücklisten interpretiert werden, s. dazu in Kap. 6.

4.3.2 Kostenfunktionen („Kostentheorie")

4.3.2.1 Kostenbegriffe und Kosteneinflussgrößen

„*Kostentheorie*" bedeutet die Betrachtung der produktionstheoretischen Zusammenhänge unter kostenmäßigen Gesichtspunkten. **Kosten** sind dabei die in *Geld* - mit den „Faktorpreisen" p_i - bewerteten *Produktionsfaktormengen*, die der Erzielung der betrieblichen Leistung dienen; sie sind der wertmäßige Ausdruck des Faktoreinsatzes (mit K für die Gesamtkosten):

$$K = \sum r_{i\cdot} \cdot p_{ri} \tag{4.20}$$

Anders ausgedrückt, (4.10):

$$x = f(r_1, r_2, r_3, ..., r_n,)$$

lautet als *monetäre Produktionsfunktion*:

$$x_{mo} = f(r_1 \cdot p_{r_1}, r_2 \cdot p_{r2}, r_3 \cdot p_{r3}, ..., r_n \cdot p_{rn},) \qquad (4.21)$$
$$= f(K_1, K_2, K_3, ..., K_n)$$
$$= f(K_i)$$

und umgekehrt die *Kostenfunktion*:

$$K = f(x) \qquad (4.22)$$

In Darst. 4-15 ist die Kostenfunktion als „Umkehrfunktion" der monetären Produktionsfunktion - oder auch: als mit Faktorpreisen bewertete Faktor-einsatzfunktion - graphisch veranschaulicht, bei „ertragsgesetzlichem" Verlauf (s. dazu noch unten).

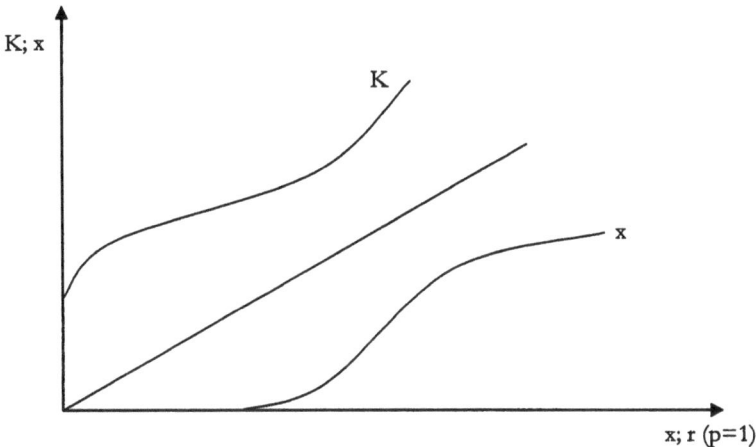

Darst.4-15: **Gesamtkosten als Umkehrfunktion**

Als **Kosteneinflussgrößen** ergeben sich damit *unmittelbar* 1. die **Fak-tormengen**, 2. die Faktor**preise**, 3. aber auch *mittelbar* die Faktor**qualitäten**. Außerdem wirkt auf die Kosten - 4. - die **Kapazität** ein. Durch sie werden die sog. **fixen Kosten** bestimmt. Das sind die Kosten, die auch anfallen, wenn nicht produziert wird (z.B. „Zeit-Abschreibungen" auf Gebäude und Maschinen, bestimmte Gehälter und Löhne). Man kann auch sagen, dass es sich um die Kosten handelt, die von - 5. - der **Ausbringung** (der „Beschäfti-gung", dem Output) *unabhängig* sind. Worum es dabei geht, kann im Einzelfall strittig sein und hängt auch von der *Fristigkeit* der Betrachtung ab. Kurzfristig sind sehr viele Kosten „fix". Die durch die Ausbringung „genutzten" Kosten bezeichnet man als **Nutz-**, den Rest als **Leerkosten**. *Beispiel:* Die fixen Kosten betragen € 1000, die maximal mögliche Produktion (x_{max}) ist 800 Einheiten (*Kapazität*), die tatsächliche (x_i) 600. Der *Beschäftigungsgrad* x_i/x_{max} lautet 0,75 oder 75%. Als *Nutzkosten* ergeben sich dann 600 · 1000 €/800 = 750 € (oder: 75% ·1.000 € = 750 €); der Rest von 250 € sind die *Leer*kosten.

Diejenigen Kosten, die sich in *Abhängigkeit* von der Ausbringung verändern, nennt man **variable** Kosten. Die Variation muss nicht *linear* erfolgen (man spricht dann von *proportionalen* Kosten), sondern kann auch z.B. *degressiv* oder *progressiv* sein. Die **Gesamt**kosten können also geschrieben werden als:

$$K = K_f + K_v \tag{4.23}$$

Mit k werden die **Durchschnitts**kosten bezeichnet (auch „*Stück*kosten" genannt):

$$k = \frac{K}{x} = \frac{K_f}{x} + \frac{K_v}{x} = k_f + k_v \tag{4.24}$$

Grenzkosten schließlich nennt man die Kosten, die sich - dem „Marginal-Prinzip" folgend (s. Kap. 3), als „Kosten*zuwachs*" - durch Erhöhung der Ausbringung um eine zusätzliche Einheit - ergeben:

$$K' = \frac{dK}{dx} \tag{4.25}$$

In Darst. 4-16 (folgende Seite) sind einige Kostenverläufe in Abhängigkeit von der Ausbringung wiedergegeben. Bei ausschließlich *fixen Gesamtkosten* - d) - resultieren *sinkende Stückkosten*: die bekannte **Fixkostendegression** (früher auch - BÜCHER 1912 -: „Gesetz der Massenproduktion"), die zur Auslastung der Kapazität treibt, da sich andernfalls hohe Leerkosten bzw. sogar bei *rück-läufiger* Beschäftigung *steigende* Durchschnittskosten ergeben („**Kostenrema-nenz**"). Eine Zwischenstellung nehmen die **intervallfixen** (Gesamt-)Kosten ein - e) -, wenn z.B. durch Anschaffung eines neuen Aggregates „*Sprungkosten*" entstehen, die bis zu dessen vollständiger Auslastung somit eine Stückkosten-*degression* zur Folge haben. Bei ausschließlich *proportionalen Gesamtkosten* - a) - bleiben *Stück*- wie auch *Grenz*kosten konstant, bei *progressiven* - b) - verlaufen sie ebenfalls, wenngleich unterschiedlich stark, progressiv und bei degressiven - c) - natürlich umgekehrt (wobei terminologisch darauf hinzuweisen ist, dass sinkende Durchschnitts- und Grenzkosten nicht regressiv, sondern degressiv genannt werden - HABERSTOCK 2002).

Gesamtkosten	Durchschnittskosten (Stückkosten)	Grenzkosten

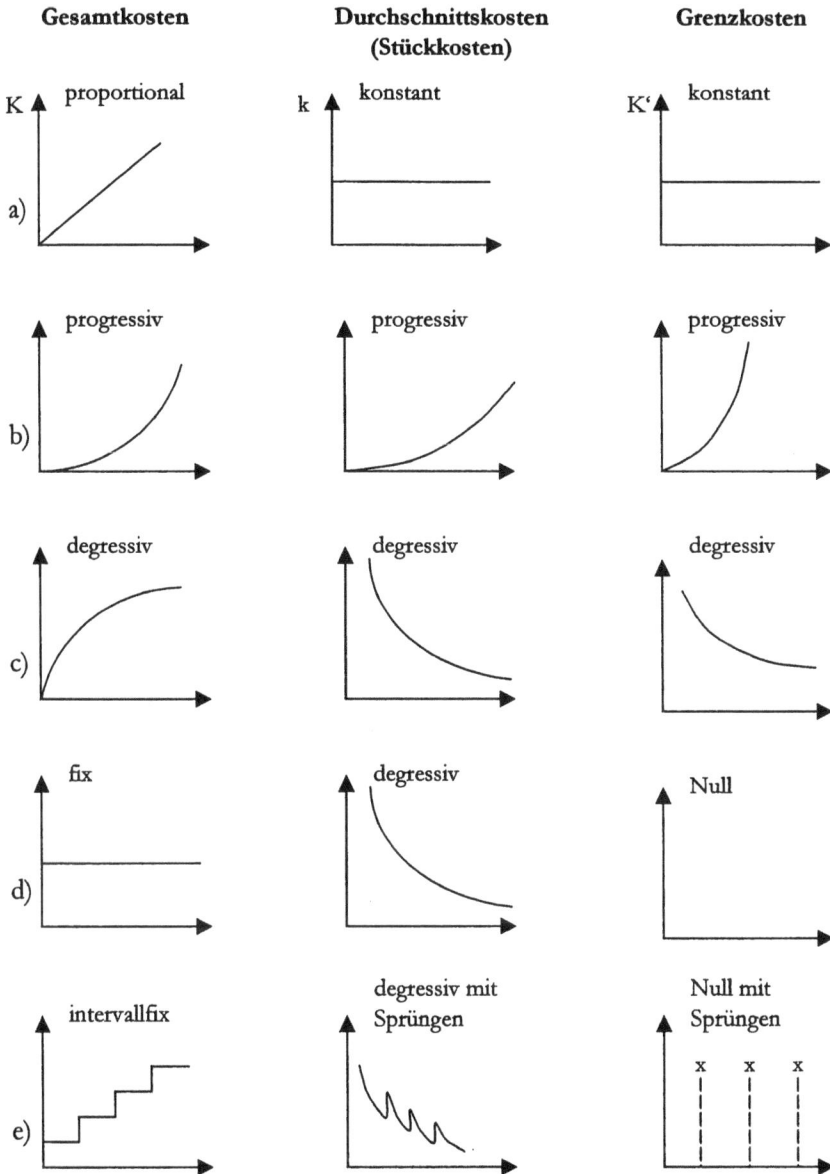

Darst. 4-16: Kostenverläufe in Abhängigkeit von der Ausbringung

In der *Praxis* sind damit durchaus verschiedene Kostenverläufe möglich; welche, ist letztlich eine *empirische* Frage. Für diese Differenzierung bietet auch die *Theorie* Raum; darauf ist nunmehr noch kurz einzugehen.

4.3.2.2 Kostenverläufe spezieller betriebswirtschaftlicher Produktionsfunktionen

Beim Vorliegen der *Produktionsfunktion vom Typ A* ergibt sich das **Vierphasenschema** der **ertragsgesetzlichen Kostenverläufe**, gemäß Darst. 4-17 (a *graphisch*, b als kommentierende Übersicht; s. auch oben, Darst. 4-15 für die Gesamtkosten und 4-9 mit den Ertragskurven).

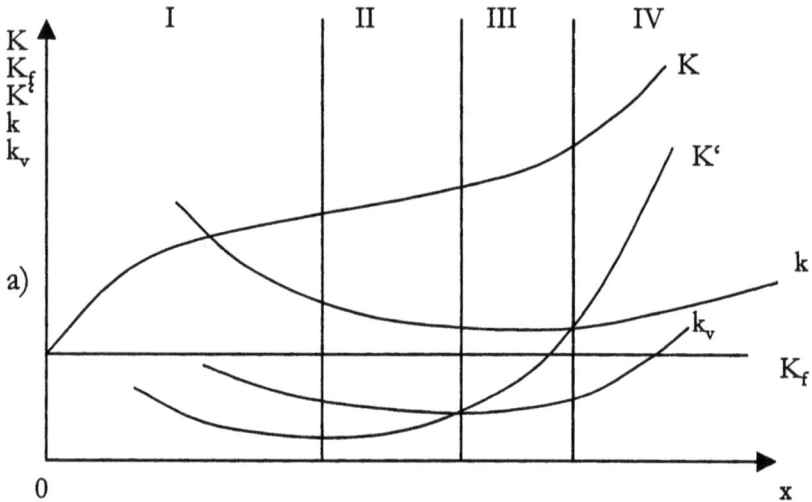

Phase	Gesamt-kosten K	variable Durch-schnitts-kosten k_v	gesamte Durch-schnitts-kosten k	Grenz-kosten K'	Endpunkte
I	positiv steigend	positiv fallend	positiv fallend	positiv fallend bis min	K=Wendepunkt K' = min. K" = 0
II	positiv steigend	positiv fallend bis min.	positiv fallend	positiv steigend K' < k_v K' < k	Minimum der variablen Durchschnitts-kosten
III	positiv steigend	positiv steigend	positiv fallend bis min	positiv steigend K' > k_v K' < k	Minimum der gesamten Durchschnitts-kosten
IV	positiv steigend	positiv steigend	positiv steigend	positiv steigend K' > k_v K' > k	

Darst. 4-17: Vierphasenschema der Kostenkurven (nach *Gutenberg*)

Bei der **Produktionsfunktion vom Typ B** kann man zunächst 2 *Arten der Anpassung* an Beschäftigungsschwankungen unterscheiden:

1. *kurzfristige* Anpassung, bei gegebenem - *konstanten* - Potentialfaktorbestand. Dies führt zur Differenzierung zwischen *zeitlicher* und *intensitätsmäßiger* Anpassung;

2. *langfristige* Anpassung, bei *veränderlichem* Potentialfaktorbestand (*quantitative* Anpassung - mit verschiedenen Unter- bzw. Spezialfällen).

Zu 1: Die *Ausbringung* (der Output) ergibt sich, bei - oben - d = f (x) und mit t für Dauer oder Zeit, als:

$$x = t \cdot d \tag{4.26}$$

(Als *Beispiel*: Bei gegebener Stundengeschwindigkeit resultiert die Anzahl der gefahrenen km aus der Fahrzeit.) Wird nun t variiert, so handelt es sich um rein *zeitliche* Anpassung, bei Veränderung von d um solche *intensitätsmäßiger* Art und bei gleichzeitigem Einfluss von t und d um eine **kombinierte** zeitliche und intensitätsmäßige Anpassung.

Die **zeitliche Anpassung** lässt sich gemäß Darst. 4-18 abbilden - (a) *ohne* und (b) *mit* fixen Kosten -; sie ergibt einen *linearen* Verlauf der variablen Kosten (d.h. auch: konstante Grenzkosten).

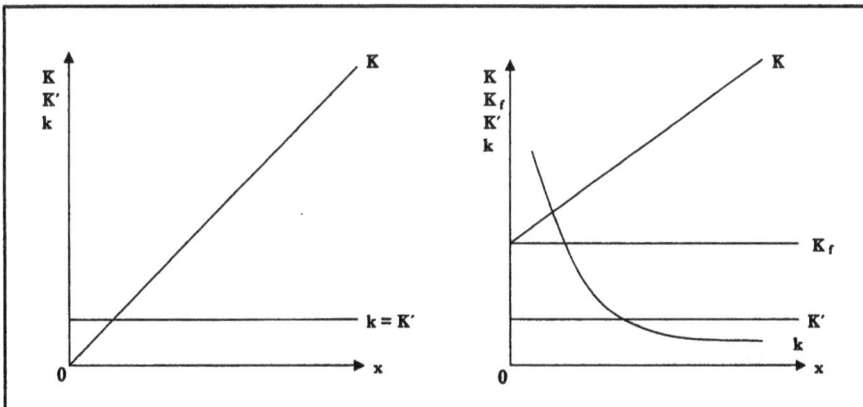

Darst. 4-18: **Kostenverlauf bei zeitlicher Anpassung**

Die **intensitätsmäßige Anpassung** dagegen kann, gemäß auch den früheren Ausführungen, zu Verläufen führen, die jenen des „Ertragsgesetzes" gleichen. Mit anderen Worten: Auch beim Ausgehen von der Produktionsfunktion vom Typ B können sich - via (nicht-lineare) Verbrauchsfunktionen - „ertragsgesetzähnliche" Kostenverläufe ergeben.

Zu 2: Bei **quantitativer Anpassung** sind insbesondere *3 Fälle* zu unterscheiden. (*Wöhe* nennt als Spezialfall noch den „ohne Betriebsgrößenveränderung", d.h., nur die Zahl der im Produktionsprozess *eingesetzten* Potentialfaktoren - nicht der *vorhandenen* überhaupt - wird variiert.)

a) Von **multipler** Betriebsgrößenvariation spricht man, wenn die Verfahrenstechnik *gleich* bleibt, also nur entsprechend *mehr* Aggregate Verwendung finden. K' und k_v werden dann nicht beeinflusst. (Da quasi „zeitliche Anpassung", bei jedem neuen Aggregat, angenommen wird, entwickeln sie sich linear bzw. bleiben konstant.) Eine Veränderung tritt lediglich bei den fixen Kosten auf: Sie stellen sich - analog Darst. 4-16 oben, nur dass eben zusätzlich variable Kosten berücksichtigt werden müssen - als *sprungfix* dar.

b) Verändert sich die Verfahrenstechnik (etwa bei Rationalisierungsinvestitionen), so liegt **mutative** Betriebsgrößenvariation vor. Die Fixkosten sind natürlich auch hier „sprungfix"; zusätzlich werden aber die Grenz- und die variablen Kosten beeinflusst, und zwar in Richtung auf eine *Kostensenkung*. Die einzelnen Kurven (der Gesamtkosten) verlaufen also weniger steil; als „Umhüllungskurve" ergibt sich so letztlich ein *degressiver* Kostenverlauf.

c) Von **selektiver** Anpassung ist dann zu sprechen, wenn die Auswahl der stillzulegenden oder neu einzusetzenden Aggregate nach z.B. ihrer „Wirtschaftlichkeit" erfolgt, sie also *qualitativ* zu *verändern* sind. (Es kann deshalb auch quasi von einer besonderen Form, nämlich *„qualitativer Anpassung"*, geredet werden.) Hier ist die übliche Darstellung der Kostenverläufe in Abhängigkeit von der Ausbringungsmenge besonders schwierig, da zwischen „qualitativen Änderungen im Produktionsgefüge der Betriebe und Änderungen des Beschäftigungsgrades keine eindeutige Beziehung besteht" (GUTENBERG 1983, S. 389).

Zusammenfassung: Produktions- und Kostenplanungs-modelle - „Layoutplanung"

Insgesamt ergibt sich aus den produktions- und kostentheoretischen Über-legungen, dass vieles dafür spricht, im konkreten Falle *lineare* Verläufe zu erwarten. Wie aus dem vorigen Abschnitt hervorgeht, führt eigentlich nur die ausschließlich intensitätsmäßige Anpassung zu nicht-linearen Verläufen. Es verwundert deshalb nicht, dass in der *Kostenrechnung*, innerhalb des Rechnungswesens (s. Teil V), praktisch immer mit solchen Zusammenhängen gearbeitet wird. Auch in komplexen „Produktions- und Kostenplanungs-modellen" - oft als **„Betriebsmodelle"** bezeichnet - ist dies vielfach so, etwa in den frühen sog. *Matrizenmodellen* von PICHLER (1961), WARTMANN (1963-65) und LAßMANN (1968).

Hier soll noch einmal - da in den bisherigen Ausführungen doch stärker die Repetierfaktoren im Vordergrund standen - auf die **Potentialplanung** hingewiesen werden. Sie beinhaltet die *qualitative* und *quantitative* Festlegung der Potentialelemente sowie deren *räumliche* Strukturierung und besteht aus folgenden Teilen:

a) *Grundstücks-Layoutplanung*. Sie geschieht häufig zusammen mit der Standortplanung; s. dazu auch Kap. 8.

b) *Gebäude-Layoutplanung* (evtl. zu untergliedern in *Fabrik-* und *Lagerplanung*).

c) *Arbeitskräfte-Layoutplanung*; s. dazu *Personal(bedarfs)planung* in Kap. 12.

d) Die *Maschinen-Layoutplanung* wird oft auch als „*Layoutplanung im engeren Sinne*" bezeichnet. (Wegen ihrer finanziellen Auswirkungen ist sie in besonderem Maße Gegenstand der *Investitionsplanung*, s. dazu Kap. 15.) Inhaltlich geht es bei der *Werkstattfertigung* um die *Minimierung* der *innerbetrieblichen Transport-kosten* (innerbetriebliche Standortplanung, die etwa mit Operations-Research-Verfahren - „Raumzuordnungsproblem" - angegangen werden kann), bei der *Fließfertigung* um die der *Lagerzeiten* von *Zwischenprodukten*. Es ist dies das Problem der „optimalen *Taktzeiten*" und berührt Fragen der *Prozessplanung*, auf die nunmehr eingegangen werden soll.

4.4 „Throughputplanung": Prozessplanung

In diesem Abschnitt geht es um die Produktionsablaufsplanung, d.h. die Festlegung der *zeitlichen* und *räumlichen* Reihenfolge von *Aktionen* (Be- und Verarbeitung etc.) zur Durchführung von Produktionsentscheidungen bei gegebenem Potentialbestand. *Ziel* ist dabei einerseits die *maximale Kapazitäts-auslastung* (mit „Leerkosten" gegen 0) und andererseits eine *minimale Durchlaufzeit* der Aufträge. Dieser Zielkonflikt ist von Gutenberg als das **Dilemma der Ablaufplanung** bezeichnet worden; es wurde später zum „*Trilemma*" bzw. „*Polylemma*" (durch das Einbeziehen *weiterer* Ziele, wie das Be-streben zur Einhaltung festgelegter *Liefertermine* für die einzelnen Aufträge oder „optimale" *Produktionsverfahren*) erweitert.

Im Folgenden wird nach *Serienproduktion* („auf Lager") und Einzel-/ Auftragsproduktion unterschieden.

4.4.1 Serien-/Lagerproduktion

Nach erfolgter (operativer) *Programmplanung* - s. dazu 4.2 - geschieht, immer im Rahmen von *sukzessiver* Planungsmethodik (und sofern dafür überhaupt ein Spielraum vorhanden ist), die Planung der *Seriengröße* (auch *Auftrags-* oder *Losgröße* genannt) und danach die *Reihenfolge-* und *Termin*planung.

Der Bestimmung der **optimalen Losgröße** wurde insbesondere früher viel Aufmerksamkeit gewidmet. Heute ist man gegenüber der sog. *klassischen Losgrößenformel* (man spricht auch von *Andler-Formel* [ANDLER 1929] oder für den angloamerikanischen Sprachraum von EOQ - Economic Order Quantitity - oder *Harris-Formel* [HARRIS 1913]) skeptischer. Dies hängt mit den z.T. sehr realitätsfernen Prämissen, so etwa des gleichförmigen, *kontinuierlichen* Absatzes für alle Produkte am Lager, der *Zeitlosigkeit* der Produktion und des insgesamt *deterministischen* Charakters, zusammen. Da sie jedoch die theoretische Grundlage - das „*Grundmodell*" - darstellt, soll sie im folgenden kurz erörtert werden:

Ausgangspunkt des Problems ist das Vorliegen von sowohl - in bezug auf die Losgröße - *fixen* als auch *variablen* Kosten, was eine *Fixkostendegression* ermöglicht. Die „*optimale Losgröße*" (x_o) ist also die Losgröße (x), bei der sich die geringsten *Durchschnittskosten* (k) ergeben. Die *Gesamtkosten* eines Loses sind die Summe von *Produktionskosten* (K_P) und *Lagerkosten* (K_L):

$$K = K_P + K_L \qquad (4.27a)$$

mit:

$$K_P = K_f + p \cdot x \qquad (4.27b)$$

(K_f als *fixe* Kosten - *Rüstkosten* - und p als *proportionale* Kosten)

und, bei t = x/M (t für die Periode und M die Absatzmenge in dieser Periode) sowie q als dem - jährlichen - Zins-(und Lagerkosten-)Satz:

$$K_L = \frac{K_P}{2} \cdot q \cdot t \qquad (4.27c)$$

$$K_L = \frac{K_f + p \cdot x}{2} \cdot q \cdot \frac{x}{M} \qquad (4.28)$$

(s. auch A 4-9)

und daraus:

$$k = \frac{K}{x} = \frac{K_f}{x} + p + \frac{K_f + p \cdot x}{2 \cdot M} \cdot q \qquad (4.29)$$

Da es sich um ein Optimierungsproblem handelt, ist die 1. Ableitung (nach x) zu bilden und gleich 0 zu setzen:

$$-\frac{K_f}{x^2} + \frac{p \cdot q}{2 \cdot M} = 0 \qquad (4.30)$$

Daraus folgt:

$$x^2 = \frac{2 \cdot M \cdot K_f}{p \cdot q} \qquad (4.31)$$

und daraus:

$$x_0 = \sqrt[2]{\frac{2 \cdot M \cdot K_f}{p \cdot q}} \qquad (4.32)$$

Wie erwähnt, ist der Einsatz der vorstehenden Formel für die *Praxis* im Grunde problematisch. Es wurde deshalb im Laufe der Zeit eine Vielzahl von *Erweiterungen* des *Grundmodells* vorgenommen. Diese bezogen sich insbesondere auf die Aufhebung des statischen Charakters, also die Entwicklung zu einem *dynamischen* Modell. (Von weiteren grundsätzlichen Varianten, so der Übergang zu - insbesondere in Bezug auf das Lager - *stochastischen* Ansätzen und auch *mehrstufiger* Produktion, wird hier abgesehen.) Die Dynamisierung erfolgte insbesondere durch den Algorithmus von WAGNER/WITHIN (1959); es handelt sich dabei um ein *exaktes* Lösungsverfahren im Rahmen der *Operations*

Research mittels „dynamischer Programmierung". Wegen der Komplexität bestehen offenbar in der Praxis Bedenken gegen die Anwendung; selbst in vielen PPS-Systemen (s. dazu unten, Abschn. 4.5) finden sich entweder *Heuristiken* für die Dynamisierung oder sogar nur das einfache statische Grundmodell bzw. Erweiterungen desselben. (Vgl. dazu ausführlicher bei HOITSCH 1993 oder KISTNER/STEVEN 2001.) Darst. 4-19 gibt zusammenfassend eine Übersicht über einige große Gruppen von Losgrößenmodellen.

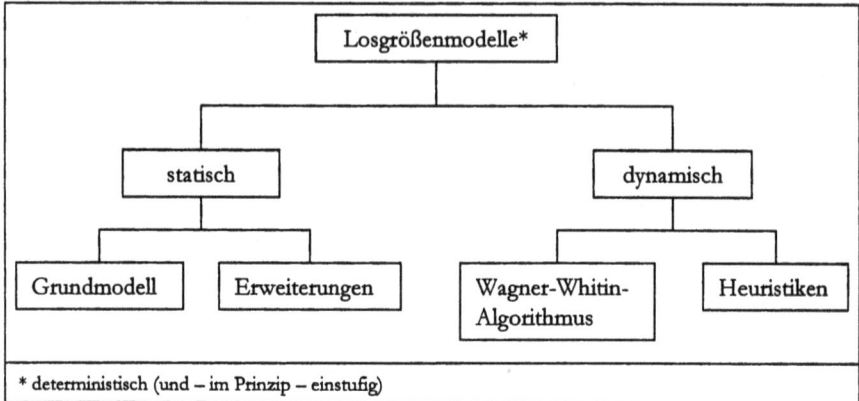

Darst. 4-19: Losgrößenmodelle

Die **Reihenfolge- und Terminplanung** wirft sehr vielfältige Probleme auf. Hier wird zunächst davon ausgegangen, dass die *Reihenfolge* der Bearbeitungsvorgänge *vorgegeben* ist; man spricht auch von „**identical routing**". Liegen zudem nur wenige Aufträge und Bearbeitungsvorgänge vor, so kann das **Maschinenbelegungsproblem** durch **vollständige Enumeration** angegangen werden. Sind z.B. 3 Aufträge A, B und C vorhanden, so gibt es 3! (! lies: „Fakultät") = 6 mögliche Reihenfolgen: ABC, ACB, BAC, BCA, CBA, CAB. Als *Darstellungsmittel* bietet sich das **Balkendiagramm** („Gantt-Chart") an. *Beispiel* (nach REICHWALD/DIETEL 1991): Die erwähnten 3 Aufträge seien auf 4 Maschinen zu bearbeiten; Darst. 4-20 zeigt die dazu benötigten Zeiten (in Tagen).

Maschine \ Auftrag	A	B	C
1	1	2	1
2	2	1	1
3	2	2	3
4	1	1	2

Darst. 4-20: **Prozesszeiten von Aufträgen an Maschinen (Beispiel)**

Darst. 4-21 (folgende Seite) enthält die 6 verschiedenen Maschinenbelegungspläne. Sie beinhaltet jeweils auch die Gesamt-*Maschinenwartezeit* einerseits und die Gesamt-*Zwischenlagerzeit* andererseits. Zählt man zu letzterer die sich als Summe der Einzelzeiten ergebende Durchlaufzeit hinzu (= 19), so ergibt sich die Gesamt-*Durchlaufzeit*. Man kann nun auf die Minimierung dieser (bzw. eben der Zwischenlagerzeit) abstellen oder auf die der Gesamt-*Maschinenwartezeit*. Das Beispiel zeigt, dass beides nicht identisch ist: Wählt man als Kriterium die Maschinenwartezeit, so ist die optimale Reihenfolge CAB, andernfalls CBA.

Aus dem Beispiel wird auch deutlich, dass die vollständige Enumeration rasch an ihre Grenzen stößt. Quasi als anderes Extrem ist deshalb versucht worden, heuristisch, durch sog. **Prioritätsregeln**, zu einer Lösung zu gelangen. Davon gibt es in der *Praxis* sehr *viele* (zumal betriebs*individuell* gestaltbar). So kann die höchste Prioritätenzahl - an den Auftrag in der Warteschlange vor der Maschine - vergeben werden nach:

KOZ   Kürzeste Operationszeit
LOZ   Längste Operationszeit
FIFO   First-in-first-out (auch: FCFS – First-come-first-served)
FFT   Frühester Fertigstellungstermin
LRB   Längste Restbearbeitungszeit
KRB   Kürzeste Restbearbeitungszeit

Diesen Regeln (weitere finden sich etwa bei HANSMANN 2001, S. 351 f., MERTENS 2001, S. 172 - nach HAUPT 1989, S. 3 f. - oder Zäpfel 1982, S. 273 f.) stehen die verschiedenen *Kriterien* - entsprechend dem eingangs erwähnten Dilemma bzw. Polylemma - gegenüber. Generell kann demgemäß keine Regel alle Kriterien erfüllen; die „Bewertungen" schwanken; oft wird jedoch der KOZ-Regel ein gutes Abschneiden bescheinigt (CORSTEN 2000, S. 508 ff.). Natürlich sind auch *Kombinationen* denkbar. Dann entsteht aber zusätzlich das Problem der *Gewichtung*.

Zwischen den genannten beiden Extremen - der vollständigen Enumeration und einer einfachen Heuristik - liegen verschiedene Möglichkeiten. Dazu stehen diverse *Operations-Research*-Methoden zur Verfügung. Insbesondere dann, wenn die Reihenfolge der Bearbeitungsvorgänge *nicht* fest vorgegeben ist, stellt sich die Aufgabe nach der Struktur des sog. *Traveling Salesman-Problems*. (S. dazu etwa die Beispiele bei REICHWALD/DIETEL 1991 oder HOITSCH 1993.)

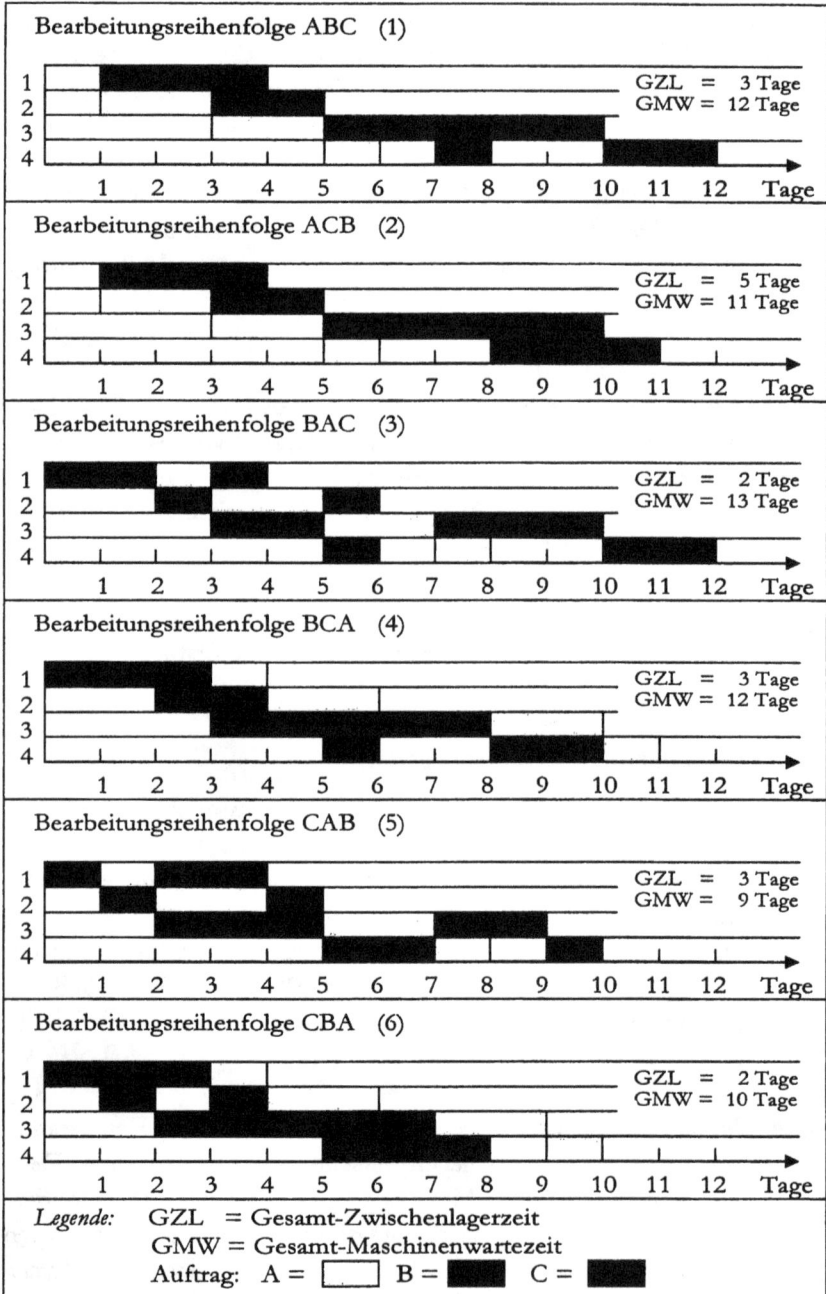

Darst. 4-21: Maschinenbelegungspläne des Beispiels
(nach REICHWALD/DIETEL 1991, S. 571)

4.4.2 Einzel-/Auftragsproduktion

Ein Hilfsmittel zur Terminplanung bei *Groß*-Projekten ist die **Netzplantechnik**. (Man spricht in diesem Zusammenhang auch von *„Projekt-Management"*. S. aber zur eigentlichen Projekt-*Organisation* in Kap. 10.) Bei der Netzplantechnik können, im Unterschied zu den im vorigen Abschnitt behandelten beiden Vorgehensweisen, *mehrere Vorgänge gleichzeitig* erfolgen; mit dem *Identical Routing* hat sie allerdings gemein, dass die *Reihenfolge* fest vorgegeben ist.

Inzwischen gibt es eine große Fülle von *Verfahren* bzw. *Programmen*. Hier soll darauf nicht im Einzelnen eingegangen werden. (Vgl. zur *Netzplantechnik* allgemein z.B. ALTROGGE 1996b und SCHWARZE 2001; einen „Marktspiegel" für „Projektmanagement-Software" gaben DWORATSCHEK/HAYEK 1992.) Vielmehr wird nur das *grundsätzliche Vorgehen* skizziert. Es beginnt mit der *Strukturanalyse*. Deren Ergebnis kann etwa - als *Beispiel* - gemäß Darst. 4-22 veranschaulicht werden.

Arbeits-Gang	Bezeichnung	Nr.	Dauer in Std.	vorhergehender Arbeitsgang	nachfolgender Arbeitsgang
A	Konstruktion, Grobentwurf	5	100	-	B, D, I
B	Detailzeichnungen und -berechnungen	10	100	A	C, E
C	Werkstoffe vorbereiten	15	120	B	F
D	Fremdbezüge bestimmen	20	120	A	G
E	Gussrahmen herstellen	25	70	B	F
F	Einzelteile herstellen	30	170	C, E	H
G	Fremdbezüge beschaffen	35	300	D	H, I
H	Fremdbezüge montieren	40	40	F, G	J
I	Lastversuch vorbereiten	45	120	A, G	K, L
J	Fremdbezüge vorjustieren	50	60	H	K
K	Lastversuch durchführen	55	50	I, J	M
L	Abnahme vorbereiten	60	70	I	N
M	Fremdbezüge entjustieren	65	80	K	N
N	Abnahme	70	20	L, M	-

Darst. 4-22: **Arbeitsgänge (Beispiel für eine Strukturanalyse – nach HOITSCH 1993, S. 442)**

Ein Netzplan besteht nun *formal* aus zwei Elementen: *Knoten* und *Pfeilen* („gerichtete Graphen", auch: „Kanten"). *Inhaltlich* sind dies entweder *Vorgänge* (die „Arbeitsgänge" von Darst. 4-22) oder *Ereignisse* (z.B. „Arbeitsgang A beendet" bzw. „Entwurf fertig"). Daraus ergeben sich auch zwei Darstellungsformen:

1. *Vorgangs-Knoten*-Netzpläne (VKN: die Vorgänge werden in den Knoten dargestellt; z.B. MPM - Metra Potential Method)
2. *Vorgangs-Pfeil*-Netzpläne (VPN) bzw. *Ereignis-Knoten*-Netzpläne (EKN).
   CPM (Critical Path Method) beinhaltet - wie auch MPM - den *deterministischen* Ansatz.

Im Unterschied dazu handelt es sich bei PERT (Program Evaluation and Review Technique) um ein *stochastisches* Modell.

Der Strukturanalyse folgt die *Zeitanalyse*. Im Rahmen der *Vorwärtsterminierung* werden dabei *früheste* Zeitpunkte FZ (mit FAZ und FEZ - A für Anfang und E für Ende) errechnet, bei der *Rückwärts*terminierung *späteste* (SZ: SAZ und SEZ). Von besonderer Bedeutung sind dabei die *Pufferzeiten*. Während die *freie* Pufferzeit FP die Zeit bezeichnet, um die der Beginn eines Vorgangs gefahrlos - für die Nachfolger - verschoben werden kann, bedeutet die Ausnutzung der *Gesamtpufferzeit* GP für mindestens einen Nachfolger die Beseitigung einer Zeitreserve. (Rechnerisch ergibt sich diese Zeit aus der Differenz von SEZ und FEZ bzw. SAZ und FAZ.)

Daraus folgt, dass es sich bei einer Gesamtpufferzeit von 0 um einen *kritischen Vorgang* handelt. Die Abfolge solcher Vorgänge bezeichnet den *kritischen Weg*. Er ist in Darst. 4-23 (auf der folgenden Seite) hervorgehoben. In dieser Abbildung enthält jeder Knoten 9 Eintragungen, nämlich, von links oben nach rechts unten: Vorgangs-Bezeichnung, Dauer (D), FAZ, FEZ, FAZ_N (benennt quasi die minimale Dauer der Nachfolger des betreffenden Vorgangs; beim 1. Knoten ist deshalb hier 50 eingetragen), SAZ, SEZ, GP und FP.

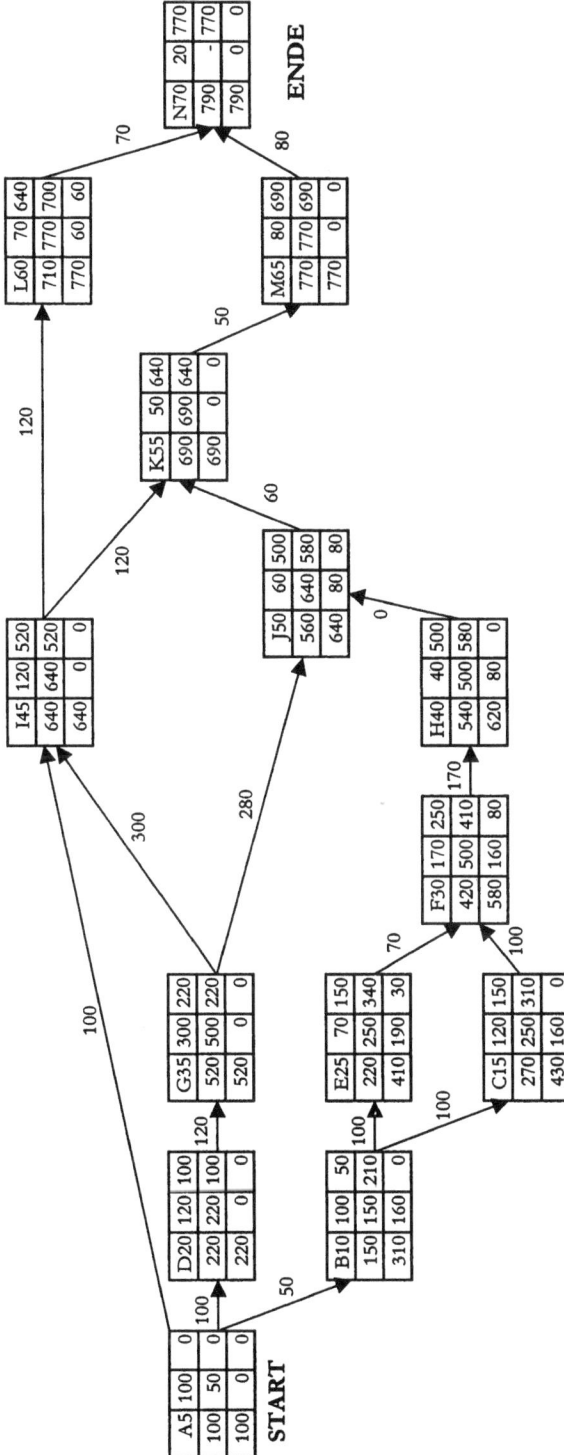

ENDE

N70	20	770
790	-	770
790		0

L60	70	640
710	770	700
770		60

M65	80	690
770	770	690
770		0

K55	50	640
690	690	640
690		0

I45	120	520
640	640	520
640		0

J50	60	500
560	640	580
640		80

H40	40	500
540	500	580
620		80

F30	170	250
420	500	410
580		160	80

G35	300	220
520	500	220
520		0

D20	120	100
220	220	100
220		0

E25	70	150
220	250	340
410		190	30

C15	120	150
270	250	310
430		160	0

B10	100	50
150	150	210
310		160	0

A5	100	0
100	50	
100	100	0

START

Darst. 4-23: **MPM-Netzplan (Beispiel – Hoitsch, 1993, S. 446)**

4.5 „Factory of the Future": von PPS über CAD/CAM zu CIM

Mit der Entwicklung der EDV lag es nahe, zunächst die Ablaufplanung, später aber auch weitere Elemente der Produktionsplanung „computerge-stützt" durchzuführen: Es entwickelten sich PPS-Systeme. Ein solches **PPS** (*Production Planning System* - oder auch: Produktions-Planung und -Steuerung) hat im einzelnen viele „Bausteine". Neben - A - der **Grunddatenverwaltung** kann man - B - fünf *inhaltliche* Bereiche zusammenfassen. Die Gliederung folgt hier der „AWF-Empfehlung CIM" (s. dazu auch unten; AWF = Ausschuss für Wirtschaftliche Fertigung); sie wird in großen Teilen der Literatur zugrunde gelegt. (S. aber tiefer gehend bei WILDEMANN 2003, HANSMANN 2001 oder ZÄPFEL 2000a) Diese Bereiche sind - s. auch unten Darst. 4-24 -:

1. **Produktionsprogrammplanung.**
   S. oben, Kap. 4.2. Für den Fall, dass der *Absatz* prognostiziert werden muss, enthalten die entsprechenden Programme oft auch *Prognoseverfahren* (meist in Form des Exponentiellen Glättens - s. auch Darst. 3-2).
2. **Mengenbedarfsplanung**; s. dazu unter Kap. 6.1.
3. **Termin- und Kapazitätsplanung**; s. oben, „Prozessplanung".
4. **Auftragsveranlassung.**
   Hiermit erfolgt der Übergang von der *Produktionsplanung* zur *-steuerung.* Es geht um die *Realisation* (Phase 2 des Entscheidungsprozesses laut Darst. 3-1), d.h. um die „Auftragsfreigabe", das Erstellen der „Werkstattpapiere" usw.
5. **Auftragsüberwachung.**
   Hierbei handelt es sich um die - laufende - *Kontrolle* (Phase 3 von Darst. 3-1), als „Auftragsfortschrittskontrolle", Terminkontrolle usw.

Kritisch ist nun allerdings leider zu konstatieren: „Die nunmehr fast 30-jährige Erfahrung mit PPS-Systemen zeigt, dass diese Systeme in vielen Fällen nicht in der Lage sind, einen befriedigenden Fertigungsablauf zu gewähr-leisten. Insbesondere treten häufig schlechte Termintreue, hohe Bestände an Halb- und Fertigfabrikaten sowie lange Durchlaufzeiten auf" (ZÄPFEL 2000a, S. 216).

In neuerer Zeit wurden deshalb mehrere Verfahren entwickelt bzw. Vor-schläge zur Verbesserung gemacht. Als solche „*strategische Ansätze*" (MISKA 1989) sind zu nennen:

- MRP II (*Management Ressource Planning;* MRP I ist die Grundidee für PPS-Systeme, ADAM 1998, S. 597)
- OPT (*Optimized Production Technology*)
- KANBAN (ursprünglich aus Japan stammende Prinzipien)
- „*Fortschrittszahlen*"-Konzept
- BoA (belastungsorientierte Auftragsfreigabe)
- RT (Retrograde Terminierung (ADAM 1998, S. 641 ff.)
- JIT (*Just in Time*)

Das letztgenannte Konzept, die „Produktion und Zulieferung auf Abruf" (so der Untertitel von WILDEMANN 2001; vgl. auch FANDEL/FRANCOIS 1989) nimmt insofern eine Sonderstellung ein, als es *umfassend* ist, auch die *Lieferanten* einbezieht. Gerade hierin liegt allerdings ein Ansatz zur *Kritik*: höhere Störanfälligkeit (z.B. durch Streik bei den Zulieferern oder Verkehrsstau [!]). Man kann es deshalb als Oberbegriff zu anderen der vorstehend aufgeführten Ansätze sehen. So definieren KISTNER/STEVEN (2001, S. 273 - und ausdrücklich als „mittlere Position" bezeichnet) „*Just in Time* Production" als „alle Maßnahmen .., die auf eine Reduktion der Durchlaufzeiten der Fertigungsaufträge und der Lagerbestände abzielen" und ordnen ihm - als „operative Aspekte" - KANBAN sowie die *belastungsorientierte Auftragsfreigabe* zu.

Auf letztere soll hier (zumal nicht unumstritten, vgl. z.B. die Diskussion in der ZfB [Kritik *Adam*: 1/88, Erwiderung *Wiendahl*: 5/88, Entgegnung *Adam* 4/89]) nicht näher eingegangen werden. Zu KANBAN (japanisch für „Karte" - da ursprünglich tatsächlich mit [Transport-]Karten gesteuert und. heute unter Zuhilfenahme der EDV) sei noch darauf hingewiesen, dass dieses Verfahren eine „Revolutionierung" des ursprünglichen *Bring*-Prinzips zum *Hol*-Prinzip bzw. von der *Push-* zur *Pull*-Strategie (s. dazu, in anderem Zusammenhang, auch in Kap. 5) bedeutet - allerdings, was nicht verkannt werden sollte, mit der Notwendigkeit *organisatorischer* Veränderungen.

Daraus folgt das Erfordernis einer *flexiblen* Fertigung. (Man spricht auch von *FFS* - Flexible Fertigungs-Systeme [TEMPELMEIER/KÜHN 1993] - bzw. *Fertigungssegmentierung*.) Letztlich wird damit eine Entwicklung zur *hierarchischen Produktionsplanung* (STEVEN 1994) eingeleitet. Diese Ansätze „suchen einen Ausweg aus dem Dilemma, dass optimierende Totalmodelle zwar eine korrekte Abbildung der Situation vornehmen, aber nicht lösbar sind, während die üblichen PPS-Systeme zwar Lösungen liefern, diese jedoch die Zielsetzungen nur unbefriedigend erreichen" (KISTNER/STEVEN 2001, S. 306). Die „hierarchische Produktionsplanung" folgt dabei zwar dem *sukzessiven* Planungskonzept der herkömmlichen PPS-Systeme, zerlegt aber die Gesamtplanung so in Teilprobleme, dass zwischen diesen eine hierarchische Struktur entsteht und damit letztlich auf der obersten Ebene eine *Simultan*planung vorliegen könnte.

Während PPS mehr von der (betriebs)wirtschaftlichen Seite her kam, entwickelte sich **CAD/CAM** eher seitens der Technik. Die einzelnen Bausteine sind - s. auch unten Darst. 4-24 -:

- **CAD** *(Computer Aided Design)*: computergestützte (Entwicklung und) Konstruktion
- **CAQ** *(Computer Aided Quality Control* bzw. *Ensurance)*: (quasi am anderen Ende): dto. Qualitätssicherung
  und dazwischen:
- **CAP** *(Computer Aided Planning)*, als computergestützte Arbeitsplanung, später erweitert (evtl., wie im Schaubild unten, unter Zusammenfassung mit CAQ) zu
- **CAM** *(Computer Aided Manufacturing)*, das praktisch die gesamte Arbeitsvorbereitung und Fertigungssteuerung umfasst.

Ausgehend von den Konstruktionsdaten von CAD, dessen Entstehung wiederum wesentlich beeinflusst wurde durch die Ausbreitung von NC-Maschinen (NC = Numerical Control - numerisch gesteuert -, zunächst auf der Basis von Lochstreifen, später, als CNC und DNC - C für „computerized", D für „direct" -, von Rechnern), erfolgt die Programmierung und Steuerung dieser Maschinen, einschließlich der dabei anfallenden Transportsteuerung usw. Diese *Verbindung* von CAD und CAM, über Daten-Schnittstellen, macht eben CAD/CAM aus.

Ungleich schwieriger stellt sich dagegen die weitere *Integration*, nämlich die von PPS und CAD/CAM zu CIM *(Computer Integrated Manufacturing)*, dar. Darst. 4-24 (nächste Seite) zeigt die Bestandteile schematisch. Die Gliederung der „Bausteine" von PPS folgt dabei, wie erwähnt, der „AWF-Empfehlung CIM", die der von CAD/CAM eher SCHEER 1990. Das Schaubild deutet an, dass CIM mehr ist - oder sein kann - als die bloße Vereinigung von CAD/CAM und PPS. Es ist zu einem Schlag- und Modewort geworden, das auch Raum lässt für die Vision einer „vollautomatischen Fabrik", als „factory of the future", und in gewissem Sinne damit wieder anklingend an die bereits 1959 von BEER skizzierte - vollautomatische - „kybernetische Fabrik". Obwohl natürlich heute die Verwirklichungs*chancen* wesentlich größer - infolge des höheren Entwicklungsstandes der EDV, speziell der Möglichkeiten des

Rechnerverbunds (s. speziell zu - fünf - „Integrationsgraden und -möglich-keiten" von CAD/CAM und PPS bei SCHEER 1990, S. 94) - erscheinen müssen, ist, wie die Praxis zeigt, die *tatsächliche* Realisierbarkeit durchaus nicht als selbstverständlich gegeben.

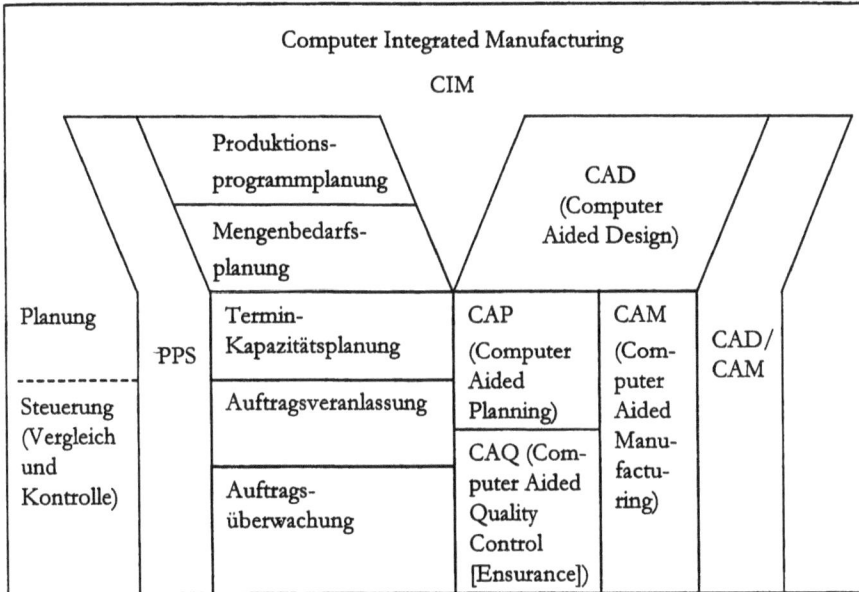

Computer Integrated Manufacturing

CIM

Planung	PPS	Produktions-programmplanung	CAD (Computer Aided Design)		CAD/ CAM
		Mengenbedarfs-planung			
		Termin-Kapazitätsplanung	CAP (Computer Aided Planning)	CAM (Com-puter Aided Manu-factu-ring)	
Steuerung (Vergleich und Kontrolle)		Auftragsveranlassung			
		Auftrags-überwachung	CAQ (Com-puter Aided Quality Control [Ensurance])		

Darst.4-24: **PPS, CAD/CAM und CIM**

Zu weiteren „*CA(x)-Techniken*" zählen etwa:
CAE: *Computer Aided Engineering*
CAL: *Computer Aided Logistics*
CAO Computer Aided Office bzw. *CAA*: *Computer Aided Administration*
CAE (*Computer Aided Industry* - bei Siemens als Bezeichnung einer Konzep-
    tion der Integration aller EDV-Anwendungen einer Unternehmung)
Insbesondere letzteres zeigt, dass der CIM-Gedanke weit über den Bereich der Produktion hinausgreifen kann, hinein - wie schon bei PPS angedeutet - in die Beschaffung (und Lagerung), aber auch in die „allgemeine Verwaltung" und sogar in den Bereich der - im folgenden Kapitel zu erörternden - Absatzwirtschaft (vgl. MERTENS/STEPPAN 1988).

Literaturhinweise

Gesamtdarstellungen der Betriebswirtschaftslehre allgemein - die natürlich auch Fragen der Produktionswirtschaft, eventuell in gesonderten Bänden - behandeln, wurden am Ende von Teil I aufgeführt; sie werden hier (wie auch jeweils in den folgenden Kapiteln) nicht wiederholt. Gesamtdarstellungen speziell der Produktionswirtschaft lassen sich - selbstverständlich nicht „überschneidungsfrei" - in zwei Gruppen einteilen: solche, bei denen die Produktions- und Kosten*theorie* im Vordergrund steht, und jene, die auch *andere Aspekte* behandeln.

Für die *erste* Gruppe, z.T. schon mit „Produktions- und Kostentheorie" im Titel, können genannt werden (unabhängig davon, ob sie bereits im Text erwähnt wurden): ELLINGER/HAUPT 1996; FANDEL 1996; SCHROER 2001; STEFFEN/SCHIMMELPFENG 2002.

Eher zur *zweiten* Gruppe mögen gerechnet werden: ADAM 1998; BLOECH 2001; BLOHM et al. 1997; CORSTEN 2000; DYCKHOFF 2003; EBEL 2003; HAHN/LAßMANN 1999; HOITSCH 1993; KERN 1992; NEBL 2001; SCHNEEWEIß 2002; ZÄPFEL 2000a und b. Für eine Darstellung in deutsch und englisch: NEBL 2002.

Aufgaben

4- 1: *T/F:* Der Deckungsbeitrag ist der die Gesamtkosten überschießende Betrag.   T / F

4- 2: *T/F:* Der Stückdeckungsbeitrag unterscheidet sich vom Gesamtdeckungsbeitrag dadurch, dass er bei jedem Stück (des gleichen Produkts) verschieden sein kann.   T / F

4- 3: Was besagt die Rangordnung in der letzten Spalte von Darst. 4-2?

4-4: *MC*:

Durch die Einführung von Schlupfvariablen (=SV) - für die einzelnen „Bearbeitungsstufen" - im Rahmen der simultanen Produktionsprogrammplanung

o werden die Nebenbedingungen als Ungleichungssysteme formuliert; die SV beinhalten die Kapazitätsgrenze

o werden innerhalb des Simplex-Tableaus Basisvariablen durch Nichtbasisvariablen ersetzt; die SV geben die neuen Werte der Zielfunktion an

o wird das Problem der Serienfertigung im Rahmen der sukzessiven Produktionsprogrammplanung berücksichtigt; die SV geben die Kapazitätsgrenze an

o wird ein mathematisches Problem der sukzessiven Produktionsprogrammplanung in eines der simultanen Planung überführt; die SV ermöglichen die Berücksichtigung ungenutzter Kapazitäten

o werden Ungleichungen hinsichtlich der Zielfunktion und der Nebenbedingungen in Gleichungen umgewandelt; die SV beinhalten die Leerzeiten

4- 5: Handelt es sich bei der „Faktoreinsatzfunktion" um eine „Produktionsfunktion"?

4-6: *MC*:

Ist es möglich, zwei substitutionale Produktionsfaktoren bei gleichbleibendem Ertrag solange gegeneinander auszutauschen, bis die Einsatzmenge eines Faktors auf 0 abgesunken ist, so handelt es sich um

o totale periphere Substitution

o partielle periphere Substitution

o eine ertragsgesetzliche Produktionsfunktion

o alternative Substitution

o nichtlineare Limitationalität

4- 7: a) Was versteht man unter einem Produktionskoeffizienten?

b) Wie lautet dieser im gegebenen Beispiel der (5) Autoreifen für die Produktion eines Autos?

4-8: *T/F*: Im Falle der Produktionsfunktion vom Typ A sind die Grenzkosten nur in einem Punkte gleich den variablen Stückkosten.

T / F

4-9:   Woraus folgt die Division durch 2 in (4.27c)?

4-10: *T/F*: Mit der sog. Andler-Formel kann das „Dilemma der Ablauf-
       planung" gelöst werden.   T / F

4-11: *T/F*: Prioritätsregeln sollen die Reihenfolge der zu bearbeitenden
       Kunden regeln; so besagt die Regel KOZ („Kunden ohne Ziel"),
       dass die Kunden, die ein Zahlungsziel von 0 in Anspruch
       nehmen, vorzuziehen sind.   T / F

Kapitel 5   Leistungsverwertung ("Absatzwirtschaft")

Dieses Kapitel ist in gewisser Weise ähnlich aufgebaut wie Kap. 4 (die "Leistungserstellung"): Einem einführenden 1. Abschnitt über "Grundfragen der Absatzwirtschaft" - in dem auch die Einteilung begründet wird - folgen drei große inhaltliche Bereiche: Informationen (5.2), Strategien (5.3) und Instrumente (5.4).

5.1 Grundfragen der Absatzwirtschaft

Wie bei der Produktion, der Leistungserstellung, steht auch hier beim Absatz, der Leistungsverwertung, der **Prozess** im Vordergrund. Betrachtet man hingegen nur das **Ergebnis** dieses Prozesses, so wird verschiedentlich zwischen *Absatz*, dem *mengen*mäßigen Ergebnis, und *Umsatz*, als *wert*mäßiges Ergebnis, differenziert. Letzteres, das Produkt aus Preis (p) und "Menge" (m oder x), bezeichnet man auch als *Erlös* (E).

Historisch gesehen, stand der **Handel** im Mittelpunkt des Interesses. Wie in Kap. 1 bereits erwähnt, gab dies der ganzen Disziplin den Namen ("Handlungswissenschaft"). Aber auch in der aufkommenden "Betriebswirtschaftslehre" war das zunächst noch der Fall. So unterschied J. HELLAUER ("System der Welthandelslehre" - 1. Aufl. 1910) zwischen Handels*betriebs*- und *-verkehrslehre*. Erstere beschäftigte sich mit dem Handel im **institutionellen** Sinne; dagegen umschloss der Handel im **funktionellen** Sinne mehr, eben auch den "Handelsverkehr". Zunächst befasste man sich dabei stärker mit den - oft so genannten - *Hilfsbetrieben* des Handelsverkehrs: Kommissionäre, Agenten usw. (S. dazu noch kurz unter 5.4.4.) Später trat dann immer stärker der *industrielle* **Absatz** bzw. **Vertrieb** hervor: Man musste die hergestellten Waren auch "vertreiben" und sich damit wissenschaftlich auseinandersetzen. (Vgl., als Beispiel, die Werke von W. KOCH: Grundlagen und Technik des Vertriebes, 1. Aufl. 1950, und E. SCHÄFER: Die Aufgabe der Absatzwirtschaft, 1. Aufl. 1943.) Auf die Bezeichnung "Vertrieb" kann - zumal missverständlich - verzichtet werden; die Ausdrücke "Absatz" bzw. "Absatzwirtschaft" setzten sich durch. (Vgl. dazu auch das weit verbreitete Buch von NIESCHLAG/DICHTL/

HÖRSCHGEN 2002, das 1968 unter dem Titel „Einführung in die Absatzwirtschaft" herauskam.)

In den 50er und insbesondere 60er Jahren trat dann immer stärker der Begriff „*Marketing*" in Erscheinung. (Der Ursprung wird in den *USA* General Electric - 1952 - zugeschrieben; als deutscher Popularisator ist vor allem der Journalist *Herbert Groß* zu nennen.) An Definitionsversuchen hat es nicht gefehlt. Dabei stand zunächst die Auffassung als **Konzeption** im Vordergrund, dass: „Marketing ... eine unternehmenspolitische *Konzeption* ist, deren Inhalt gesehen werden kann in der Ausrichtung der gesamten betrieblichen Tätigkeit auf den Absatzmarkt" (HÜTTNER 1966, S. 277). Dieses „Denken im Absatzmarkt und Handeln auf diesen Absatzmarkt hin" (DISCH 1964), diese „marktorientierte Unternehmensführung" (JIRASEK/MÜNZEL 1964) wurde mit aller Deutlichkeit von BIDLINGMAIER (1973, S. 15 - im Original hervorgehoben) zum Ausdruck gebracht: „Marketing ist eine Konzeption der Unternehmensführung, bei der im Interesse der Erreichung der Unternehmensziele alle betrieblichen Aktivitäten konsequent auf die gegenwärtigen und künftigen Erfordernisse der Märkte ausgerichtet werden."

Später erfuhr der Begriff eine **Ausweitung**. (In den USA wird auch von „*broadening*" und „*deepening*" gesprochen.) Dabei lassen sich *drei Aspekte* voneinander unterscheiden. Die *erste* Untergruppe ist dadurch gekennzeichnet, dass lediglich eine Erweiterung innerhalb des „profit sectors" erfolgt (z.B., als Übertragung auf bisher vernachlässigte Gebiete: „*Freiberufler-Marketing*"). Die *zweite* Untergruppe lässt sich dadurch charakterisieren, dass eine inhaltliche Änderung erstrebt oder - von außen - erzwungen werden soll; hierzu zählt etwa das „human concept" von Dawson oder der sog. Konsumerismus. Die *dritte* Untergruppe schließlich zeichnet sich dadurch aus, dass eine Übertragung auf andere Bereichen erfolgt, von der Einbeziehung der „öffentlichen Anbieter" („Marketing für öffentliche Güter") über die aller nicht-kommerziellen Organisationen („Marketing für non-profit organizations") bis zum *generischen Konzept* KOTLERS.

Es wurde ursprünglich vorgestellt bei KOTLER 1972. KOTLER 2003 unterscheidet zwischen einer Sozial- und Managementsicht bei der Definition von Marketing. Während die Managementsicht Marketing als „the art of selling products" beschreibt, versteht KOTLER unter Marketing „a societal process by which individuals and groups obtain what they need and want through creating, offering, and freely exchanging products and services of value with others." (2003, S. 9)

Dieses Konzept kommt auch deutlich zum Ausdruck in der Definition, welche die AMA (American Marketing Association) 1985 verabschiedete: „Marketing ist der Prozess der Planung und Durchführung von Gestaltung, Preisfestlegung, Promotion und Distribution von Ideen, Sachgütern und Dienstleistungen zur Schaffung solcher Austauschbeziehungen, die die Ziele von Individuen und Organisationen befriedigen." (Übers. d. Verf.; Original: „Marketing is the process of planning and executing the conception, pricing, promotion and distribution of ideas, goods, and services to create exchanges that satisfy individual and organizational objectives.")

In dieser Definition tritt der **instrumentelle Charakter** des Marketing wieder deutlich hervor (mit vier Gruppen von „*Mitteln*"; s. dazu auch später): das „Spannungsverhältnis" von „Marketing als *Konzeption*" (oder mit NIESCHLAG/ DICHTL/HÖRSCHGEN 2002: „*Maxime*") und „Marketing-Konzeption" (als „Mittel"). Letztere bringt den „treibenden" Aspekt des Marketings zum Ausdruck; sie besteht in der Konzeption des „Marketing-Mix", mit gezieltem Einsatz des „absatzpolitischen Instrumentariums". Anders formuliert: Während *eine* Kritik am „Marketing" dahin gehen kann, dass die Überbetonung des konzeptionellen Charakters zur Vernachlässigung der konkreten Tätigkeit führt, kritisiert die andere gerade die Überbetonung des instrumentellen Aspekts. Dies zielt zunächst darauf, dass vielfach eben das „absatzpolitische Instrumentarium" den Kern der Betrachtungen bildet (und insofern die Bezeichnung der Kreislauf-Funktion „Absatz" mit „Marketing" eigentlich weniger begründet erscheint). Eine etwas andere Akzentuierung besteht in dem Vorwurf, dass strategische Fragen in der „klassischen, instrumental-orientierten Marketinglehre bisher eher vernachlässigt worden sind" (BECKER 2002, S. VI).

Nun wäre es sicher überzogen, davon auszugehen, dass bei der instrumental-orientierten Behandlung ausschließlich taktisch-operative Entscheidungen betrachtet werden. Man könnte im Gegenteil leicht zeigen, dass auch bisher schon - etwa im Rahmen der Produktpolitik - strategischen Problemen (z.B. der Programmplanung) große Bedeutung zukam. Diese wurden jedoch quasi isoliert betrachtet; sinnvoll dürfte es deshalb sein, einer zusammenfassenden Erörterung der *Instrumente* (in Abschnitt 4) eine ebensolche der *Strategien* (in 3) gegenüberzustellen. Vorher aber sind, im folgenden Abschnitt, die *Informationen* zu behandeln (da sie für beides, für Strategie-Entscheidungen wie für solche über den Einsatz des Instrumentariums, erforderlich sind).

5.2 Informationen für Marketing-Entscheidungen: Marktforschung

Geht man von der Definition: „Marktforschung ist der systematische Prozess der Gewinnung und Analyse von Daten für Marketing-Entscheidungen" (HÜTTNER/SCHWARTING 2002, S. 1) aus - „Informationen" und „Daten" werden hierbei, mit DWORATSCHEK 1989, gleichgesetzt -, so kann man diesen *Prozess*-Charakter zunächst (ähnlich wie in Kap. 3 den „Entscheidungsprozess") durch Stadien beschreiben, die *„5 D's der Marktforschung"*: Definition - Design - Datengewinnung - Datenanalyse - Dokumentation (HÜTTNER/SCHWARTING 2002, S. 17).

Die erste Phase besteht in der *Definition* und Klärung des konkreten Markt-forschungs-Problems, d.h. der Einbettung in den größeren und um-fassenderen Rahmen des Marketing-Problems, innerhalb dessen es auftritt. Anschließend kann es in Einzelprobleme zerlegt und festgestellt werden, welche Informationen wie zu beschaffen sind; so ergibt sich das Design der Untersuchung. Das zu lösende Marketing-Problem bestimmt aber letztlich auch die letzte Phase, die Dokumentation, d.h. Präsentation und eventuell Abgabe von Anwendungsempfehlungen. Die beiden großen Anwendungs-bereiche für Marketing-Informationen wurden bereits am Schluss des vorigen Abschnitts erwähnt, nämlich - mehr im Bereich der Instrumente - die Wirkung des Einsatzes der absatzpolitischen Mittel und - stärker auch im Bereich der Strategien - die Analyse und Prognose der Entwicklung des Marktes. Mehr dazu soll hier nicht gesagt werden (s. aber auch die Literaturhinweise am Kapitelschluss); etwas näher ist jedoch noch auf die Methoden der Marktforschung, in den Stadien der *Datengewinnung* und der Daten*analyse*, einzugehen:

5.2.1 Datengewinnung

Die Daten*gewinnung* (oder *-kollektion*) kann auf zweierlei Weise geschehen: als Primär- und als **Sekundär**forschung. Bei letzterer wertet man lediglich bereits vorhandenes Material für die Untersuchung aus. Dabei spielen natürlich die verschiedenen *internen* und *externen* Quellen eine große Rolle (bei letzteren zunehmend auch „externe Datenbanken" bzw. das „Internet").

Primärforschung liegt vor, wenn Material eigens für die Zwecke der Untersuchung erhoben wird. (Hier passt dann auch der Ausdruck „Daten*erhebung*".) Die beiden *Grundmethoden* hierzu sind *Befragung* und *Beobachtung*. Das **Experiment** dagegen kann im Grunde nicht als eigenständige Methode angesehen werden; vielmehr lassen sich die beiden Grundmethoden jeweils auch „experimentell" (und eben „normal", nicht-experimentell) anlegen.

Die **Befragung** ist die bei weitem wichtigste Methode. Ihre Arten können gemäß Darst. 5-1 veranschaulicht werden. (Diese folgt der bei der Beobachtung angewandten Systematik, weicht also insofern etwas von der bei HÜTTNER 1979 und HÜTTNER/SCHWARTING 2002, S. 68, noch ab.)

Lfd. Nr.	Kriterium	Einteilung
1	grundsätzliche Anlage	experimentell - nichtexperimentell
2	Form der Datenkollektion (Erhebungsmodus)	schriftlich – telefonisch – (persönlich-) – mündlich ("Interview")
3	Befragungsstrategie	standardisiert – nicht standardisiert
4	Befragungstaktik	direkt – indirekt
5	Adressatenkreis	Experten – Händler – Verbraucher
6	Zahl der Untersuchungsthemen	Spezialbefragung – Omnibusbefragung ("Mehr-Themen-Umfrage")

Darst. 5-1: **Arten der Befragung**

Ergänzend zur Darstellung selbst (vgl. im übrigen die Literatur) sei nur darauf hingewiesen, dass „standardisierte Befragung" die mittels Fragebogen bedeutet. Zur „nicht-standardisierten" gehören verschiedene sog. qualitative Verfahren (wie z.B. auch die diversen Varianten von Gruppeninterviews). Andererseits ist zu bedenken, dass die Einbringung psychologischer Ansatzpunkte eben nicht nur über die Befragungsstrategie, sondern auch die Befragungstaktik: durch *indirekte Befragungsweise*, erfolgen kann.

Insgesamt sind im Laufe der Zeit recht *verschiedene Arten von Fragen* entwickelt worden. Dieses reichhaltige „Frageinstrumentarium" vermag in unterschiedlicher Weise gegliedert zu werden; Darst. 5-2 gibt eine Übersicht über die Einteilung nach der Antwortmöglichkeit (Quelle: HÜTTNER/SCHWARTING 2002, S. 100).

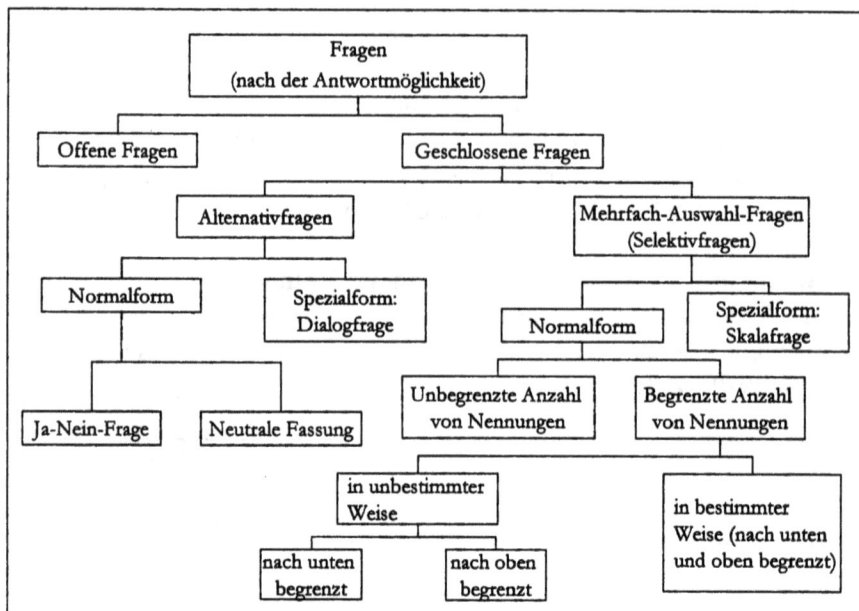

Darst. 5-2: **Einteilung der Fragen nach der Antwortmöglichkeit**

Auf die einzelnen Arten kann hier nicht eingegangen werden; allein die „Skalierungstechniken" machten umfangreiche Ausführungen erforderlich. Aus dem Bereich der Letzteren sei lediglich - zumal hierauf des öfteren zurückgegriffen werden muss - auf die Profil-Darstellungen hingewiesen: Das *Polaritätsprofil* (nach *Hofstätter*) besteht in seiner Grundform darin, dass der Befragte für eine Serie von Gegensatzpaaren („Polaritäten") - zumeist auf einer mehrstufigen Skala - die Lage eines Meinungsgegenstandes (z.B. eines Produkts) anzugeben hat; die Verbindung dieser Punkte ergibt dann das „Profil".

Die **Beobachtung** spielt in der Marktforschung eine weit geringere Rolle. Ihre Arten ergeben sich aus Darst. 5-3 (auf der folgenden Seite, Quelle: HÜTTNER/SCHWARTING 2002, S. 159).

Das **Panel** stellt eine besondere Form dar. Man versteht darunter einen bestimmten, gleich bleibenden, repräsentativen Kreis von Auskunftspersonen, der über einen längeren Zeitraum hinweg fortlaufend oder in gewissen Abständen bezüglich im Prinzip des gleichen Gegenstandes befragt oder beobachtet wird. Eine Befragung trifft - stellt man nur auf zwei der diversen *Arten* von Panels ab (s. dazu etwa Darst. 7-1 bei HÜTTNER/SCHWARTING 2002,

Lfd. Nr.	Kriterium	Einteilung
1	grundsätzliche Anlage	experimentell - nichtexperimentell
2	Form der Datenkollektion	Beobachter und technische Einrichtungen (sowie: Bestandsaufnahmen und „Spurenanalysen")
3	Beobachtungsstrategie	standardisiert – nicht standardisiert
4	Bedingungen, unter denen sich das Beobachtungsobjekt befindet	normales Umfeld: Feldbeobachtung künstlich geschaffene Bedingungen: Laboratoriumsbeobachtung
5	Erhebungssituation	offen – nichtdurchschaubar – quasibiotisch – biotisch
6	Partizipationsgrad	teilnehmende – nichtteilnehmende Beobachtung

Darst. 5-3: **Arten der Beobachtung**

S. 184) - nur zu beim *Haushalts*-Panel; sie wird in großem Umfange ergänzt durch die Feststellung von Sachverhalten quasi durch Beobachtung beim *Einzelhandels*-Panel. Aufgrund der durch die Scanner-Technik eröffneten Perspektiven ist auch eine Verbindung beider Arten möglich.

In der Praxis erfolgt die Datengewinnung zumeist auf der Basis von **„Stichproben"**. Damit die schließlich der Datenanalyse unterziehbaren Elemente der Grundgesamtheit „repräsentativ" für diese stehen, bedarf es sorgfältiger Überlegungen über die anzuwendenden **Auswahlverfahren** bzw. **-techniken**. Darauf kann hier nicht näher eingegangen werden (s. aber z.B. Darst. 4-12 bei HÜTTNER/SCHWARTING 2002, S. 124, mit einer Übersicht); vielmehr sollen noch einige Betrachtungen zu eben der Analyse der Daten erfolgen:

5.2.2 Datenanalyse

Nach der *Erfassung* der Daten und ihrer *Eingabe* kann ihre Analyse erfolgen. Dazu ist es zweckmäßig, von der sog. **Datenmatrix** auszugehen. Sie enthält in der einen Dimension - meist den *Spalten* - die erhobenen *Merkmale*, die

„Variablen", in der anderen - meist den *Zeilen* - die *Elemente* (oder *„Fälle"*), gemäß Darst. 5-4.

Variable / Elemente	1 ... j ... n
1 ⋮ i ⋮ m	

Darst. 5-4: Datenmatrix

Die Datenanalyse-Methoden können nach der *Anzahl* der untersuchten Variablen unterschieden werden. Eine **univariate** Analyse liegt vor, wenn nur eine Spalte, also eine Variable, herausgegriffen und ihre Verteilung über die einzelnen Elemente untersucht wird. **Bivariate** Analyse bedeutet die gleichzeitige Untersuchung von zwei Spalten der Datenmatrix. Als „subjektive" Form davon kann die **Kreuztabulierung** (oder **-auswertung**) angesehen werden: die gemeinsame Darstellung der Verteilung in einer Tabelle. „Einfache Häufigkeitsanalyse" und „Kreuztabellen" charakterisierten lange den - datenanalytischen - Stand der Marktforschung.

Später kam es dann zur sog. multivariaten Revolution (SHETH 1971). Von **multivariater** Analyse spricht man zumeist - vereinfachend - schon dann, wenn die gegenseitigen Beziehungen zwischen mindestens drei Variablen untersucht werden. Im Laufe der Zeit sind eine ganze Anzahl solcher Verfahren entwickelt worden. Ihr gemeinsames *Ziel* kann darin gesehen werden, maximale Datenreduktion bei minimalem Informationsverlust zu erreichen. Ihre Unterschiede bzw. *Besonderheiten* ergeben sich aus einer Reihe von Merkmalen; die wichtigsten *Einteilungskriterien* lassen sich jedoch aus der obigen Datenmatrix ableiten:

1. *Richtung* der Datenkompression: (mehr) auf Variablen oder auf Elemente gerichtete Verfahren.
2. *Partitionierung* der Datenmatrix, in der Weise, dass einer oder mehreren Variablen andere gegenübergestellt und die Einflüsse dieser untersucht werden. Es geht hier also darum, die *Abhängigkeit (Dependenz)* von Größen von mehreren anderen zu analysieren. Fehlt diese Partitionierung, wird also nur die Wechselwirkung der Variablen untereinander untersucht, so spricht man von *Interdependenz*-Analyse.

Auf eine Übersicht über wichtige multivariate Methoden nach beiden vorstehenden Einteilungen muss hier verzichtet werden. (Vgl. dazu die Darstellung bei HÜTTNER/SCHWARTING 2002, S. 215.) Stattdessen sei nur auf die letztgenannte rekurriert. Danach können zur **Dependenz-Analyse** gerechnet werden die (multiple) *Regression*, die *Varianz-* (und Kovarianz-)Analyse und die *Diskriminanz-*Analyse, zur **Interdependenz**-Analyse die (multiple) *Korrelation*, die (R- und Q-)*Faktoren*analyse, die *MDS* (multidimensionale Skalierung) und die *Cluster*analyse. Dazu kommen noch „**allgemeine Ansätze**", die schwer zugeordnet werden können. Dazu zählen das *Conjoint Measurement* und die *Kovarianzstrukturanalyse* (man spricht auch von „Kausal"- oder „Struktur-gleichungsmodellen" oder einfach, nach einem weit verbreiteten Programm, von „LISREL-Modellen").

Die anfängliche Euphorie gegenüber den multivariaten Verfahren ist inzwischen einer gewissen Ernüchterung gewichen. Außer Frage steht jedoch, dass sie für viele Marketing-Entscheidungen wertvolle Informationen liefern können, z.B. die Multidimensionale Skalierung bei „Positionierungsstudien", für die Produktentwicklung, oder die Clusteranalyse für die „Marktsegmentierung". Auf derartige Strategien ist nunmehr einzugehen.

5.3 Marketingstrategien/Strategisches Marketing

5.3.1 Allgemeines

Bereits früher, in Kap. 3, wurde auf die Differenzierung - quasi nach der Reichweite - zwischen *strategischen* und *taktischen* bzw. *operativen* Entscheidungen hingewiesen. *Langfristig* gilt es ja im Allgemeinen, das Überleben der Organisation „Betrieb" zu sichern. Es verwundert deshalb nicht, dass mit dem Auftreten von „Turbulenzen" bzw. „Diskontinuitäten", d.h. Abweichungen vom Pfad des „immerwährenden Wachstums" (an das viele wohl noch in den 60er Jahren geglaubt hatten), *strategische* Fragen in den Blickpunkt rückten. Sprach man zunächst eher von Strategischer Unternehmensplanung, so erweiterte sich diese später zur Strategischen Unternehmensführung (vgl. etwa HINTERHUBER 1996/97 oder auch schon ANSOFF 1965). Sie bezieht auch Fragen der Führung in einem engeren Sinne ein und wird insoweit in Kap. 11 behandelt.

Hier ist darauf hinzuweisen, dass sich in jüngerer Zeit zunehmend die Auffassung herausschälte, den *Kern* strategischer Unternehmensführung bilde das **Strategische Marketing**. Es handelt sich quasi um den „Engpass"-Sektor, der die anderen Bereiche dominiert, so das Leistungsprogramm - das „Sortiment" im Handel - oder die Produktionsplanung (s. Kap. 4). Damit ergab sich die Notwendigkeit, das Problem „Marketingstrategien" nicht bloß mit den *Instrumenten*, von der Konzeption des Marketing-Mix her, anzugehen, sondern stärker systematisch. Mit BECKER (2002, S. 352ff.) lassen sich die *Arten* und *Ausprägungen* der Marketingstrategien - zusammenfassend: die Strategie*alternativen* - gemäß Darst. 5-5 unterscheiden.

Strategienart	Einteilungs-kriterium	Strategieausprägungen
Marktfeld-strategien	Produkt-Markt-Kombination	Marktdurchdringung - Marktentwicklung - Produktentwicklung - Diversifikation
Marktstimu-lierungs-strategien	Art und Weise der Marktbeein-flussung	Präferenzstrategie - Preis/Mengenstrategie
Marktparzel-lierungs-strategien	Art bzw. Grad der Marktbearbeitung	Massenmarkt – Marktsegmentierung
Marktareal-strategien	räumliche Einteilung	lokal - regional - überregional - national - multinational - inter-national - Weltmarkt

Darst. 5-5: **Marketingstrategien**

Die Markt*areal*strategien bedürfen in diesem Zusammenhang wohl keiner besonderen Behandlung. Sie liefern im Übrigen die Grundlage für die Einteilung in *nationales* - die ersten 3 - und *internationales Marketing* - die letzten 3, evtl. in anderer Gliederung; (s. dazu HÜTTNER/VON AHSEN/SCHWARTING 1999, S. 85). Auf die Markt*stimulierungs*strategien ist bei den Instrumenten, in Abschnitt 4, ausführlich einzugehen. Die Markt*feld*- und die Markt*parzellie-rungs*strategien werden in den folgenden beiden Unterabschnitten diskutiert.

An dieser Stelle seien lediglich noch die drei **Wettbewerbsstrategien** nach PORTER (1999) erwähnt: umfassende Kostenführerschaft - Differenzierung - Konzentration auf Schwerpunkte („Fokussierung"). Sie stellen, so BECKER (2002, S. 372 - Hervorhebung dort z.T. verschieden), „im Grunde nichts wesentlich anderes dar als die kunden- bzw. abnehmerorientierten Basis-strategien von *Kotler*: undifferenziertes, differenziertes und konzentriertes Marketing. „Beiden strategischen Unterscheidungen ist im übrigen gemein-sam, dass sie Aspekte der ... Marktstimulierungsstrategien ... sowie der ... Marktparzellierungsstrategien ... vermischen bzw. verwischen." (BECKER 2002, S. 372)

Wenn deshalb auch die Wettbewerbs*strategien* im folgenden unberücksichtigt bleiben, ist doch darauf hinzuweisen, dass der Wettbewerbs*analyse* (oder „Konkurrenzforschung") im Kontext des Strategischen Marketing neue Aufgaben zuwachsen. Man kann nämlich versuchen, der Festlegung der eigenen **Strategie-Kombinationen** im „Strategie-Raster", der „Box der strategischen Bauelemente", das **Strategie-Profil** wichtiger Wettbewerber gegenüberzustellen, analog Darst. 5-6.

--- eigenes Unternehmen   —— wichtiger Wettbewerber

Darst. 5-6: **Strategieprofil des eigenen Unternehmens im Vergleich zu einem wichtigen Wettbewerber (Modellbeispiel – nach BECKER 2002, S. 356)**

5.3.2 Marktfeldstrategien - „Portfolio-Analyse"

Nach ANSOFF 1965 lässt sich die sog. Produkt-Markt-Matrix aufstellen, gemäß Darst. 5-7.

Produkt \ Markt	gegenwärtig	neu
gegenwärtig	Marktdurchdringung (-penetration)	Marktentwicklung
neu	Produktentwicklung	Diversifikation

Darst. 5-7: **Produkt-Markt-Matrix**

Die vier Produkt-Markt-Kombinationen werden auch als *„Marktfelder"* bezeichnet. Sie gelten für ein Produkt. Da jedoch in der Praxis, wie wiederholt erwähnt, meist *mehrere* Produkte hergestellt werden, empfiehlt sich eine Zusammenfassung zu sog. **Geschäftsfeldern** (oder **Strategischen Geschäftseinheiten - SGE**). Die Zusammenfassungs- bzw. Abgrenzungskriterien (z.B. „eigene Konkurrenten") sind schwierig und beinhalten auch organisatorische Fragen (z.B. „eigenständige Führung"); s. dazu etwa HINTER-HUBER 1996/97 oder HENZLER 1978.

Auf der Basis solcher SGEs - oder einfach Produktgruppen bzw. Produkte - lässt sich eine sog. **Portfolio-Analyse** durchführen. Inzwischen existieren mehrere solcher „Portfolios" (s. dazu auch in Kap. 7); Darst. 5-8 (auf der folgenden Seite) enthält nur das 4-Felder-Schema, die **Marktwachstums-Marktanteils-Matrix.**

Das „4-Felder-Portfolio" wurde von der Boston Consulting Group (BCG) entwickelt. Die *empirische* Basis - *theoretisch* wurde von der Gültigkeit der *„Erfahrungskurve"* (s. dazu etwa HENDERSON 1984) und des *Produktlebenszyklus* (s. in Kap. 7) ausgegangen - bildet das sog. *PIMS*-Projekt (Profit Impact of Market Strategy). Dort ergab sich u.a. eine direkte, lineare Beziehung zwischen Marktanteil und Gewinn. Als, gemäß Schema, *relativer* Marktanteil wird zumeist definiert das Verhältnis des eigenen Marktanteils, d.h. des Anteils des eigenen Umsatzes am Gesamtumsatz der Branche, zu dem des stärksten Konkurrenten. (Er kann also >1 sein!) Der Gewinn wird dargestellt in Form des ROI - Return On Investment, s. (10.1).

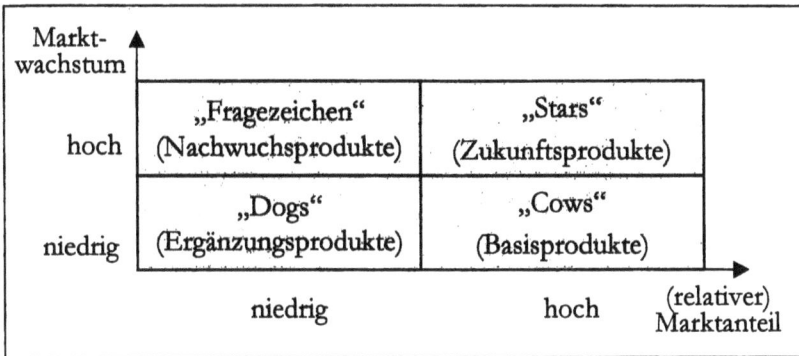

Darst. 5-8: **Marktwachstums-Marktanteils-Matrix**

Demgegenüber geht etwa PORTER (1999) gerade nicht von einem linearen Zusammenhang, sondern - mit dem ROI auf der Ordinate - einer „U-Kurve" aus. (Auch manche anderen Kritikpunkte wurden laut.) Aus diesem Grunde hat die BCG eine „neue Matrix" entwickelt, worin die lineare Beziehung - und damit letztlich die ursprüngliche Matrix - nur als „Spezialfall" erscheint. (S. die *graphische* Darstellung bei HAX/MAJLUF 1991, S. 177f.) Auch sie enthält 4 Felder, die entstehen aus den beiden Dimensionen „Anzahl der Möglichkeiten, Wettbewerbsvorteile zu erzielen" (Abstufung: „viele"/„wenige") und „Größe der Wettbewerbsvorteile" („klein"/„groß"). Nur im Feld „hoher Umsatz" - große Wettbewerbsvorteile, bei wenigen Möglichkeiten, solche zu erzielen - wird die lineare Beziehung zugrunde gelegt. (In etwa die „U-Kurve" gilt für den Fall der „Spezialisierung"; die anderen Felder heißen „Zersplitterung" und „Patt".)

5.3.3 Marktparzellierungsstrategien – „Marktsegmentierung"

Gemäß Darst. 5-5 oben ist eine der beiden Ausprägungen der „Marktparzellierungsstrategie" die **Massenmarktstrategie**; man spricht auch von *„undifferenziertem* Marketing" (KOTLER), „Markt-Unifizierung" (BAUER 1977) oder *„Schrotflinten-*Konzept". Darst. 5-9a (auf der folgenden Seite) veranschaulicht diesen Fall (nach KOTLER/BLIEMEL 2001, S. 417 - die Punkte symbolisieren „Bedarfsträger"). Eine „Marktsegmentierung" findet nicht statt.

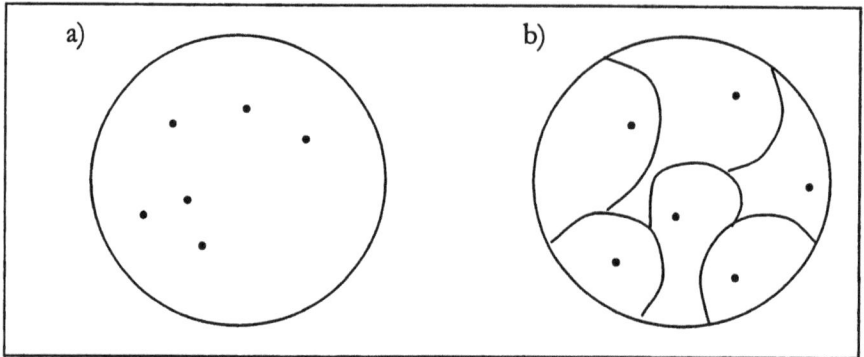

Darst. 5-9: **Massenmarkt- und Marktsegmentierungsstrategie**

Dagegen enthält Darst. 5-9b eine *vollständige* **Marktsegmentierung** - in dem Sinne, dass jeder Bedarfsträger quasi ein eigenes Marktsegment bildet. In der organisatorischen Konsequenz führt dies zum *Kunden(gruppen)-* oder *„Key Account"*-Management; s. auch zum *Produkt*-Management in Kap. 10. „Vollständig" in diesem Sinne ist jedoch zu unterscheiden von der in Darst. 5-6 oben anklingenden Einteilung in „total" und „partial"; Letzteres bezieht sich darauf, dass immer - ohne oder mit Marktsegmentierung - nur ein Teil des gesamten Marktes bearbeitet wird.

In der Praxis ist allerdings die Zahl der möglichen Käufer meist so groß, dass man nicht jeden einzelnen als besonderes Marktsegment betrachten kann. Gerade umgekehrt ist für eine sinnvolle Marktsegmentierung - die ja im Prinzip für jedes Segment ein spezielles „Marketing-Mix" bedeutet - eine der **Voraussetzungen** eine bestimmte *Segmentstärke*. Ist diese nicht gegeben, erscheint also die Bearbeitung eines bestimmten Marktsegments wirtschaftlich nicht sinnvoll, so kann dies zur Entstehung von *Marktnischen* führen, die Raum für Spezial-Anbieter, oft kleinere, „mittelständische" Unternehmen, lassen.

Eine *zweite* Voraussetzung ist, dass das jeweilige Marktsegment auch *separat* erreicht werden kann. *Drittens* schließlich müssen seine Merkmale relativ leicht *messbar* sein. Diese drei Anforderungen führen schon dazu, dass nicht alle aus der Vielzahl der möglichen Marktsegmentierungs**kriterien** in Betracht kommen. Deren Systematisierung erfolgt in der Literatur nicht einheitlich; hier sollen nur zwei große Gruppen betrachtet werden:

Von **sozio-demographischer Segmentierung** kann man dann sprechen, wenn sozialökonomische Merkmale, wie Beruf, Einkommen, oder rein demographische Merkmale, wie Alter, Geschlecht, allein oder in Kombination verwandt werden. Darst. 5-10 zeigt, in Fortführung von Darst. 5-9, zwei Segmentierungen nach nur einem Merkmal und eine nach zwei gemeinsam; Darst. 5-11 enthält das Beispiel einer Segmentierung nach drei Merkmalen (Quelle: BECKER 2002, S. 254).

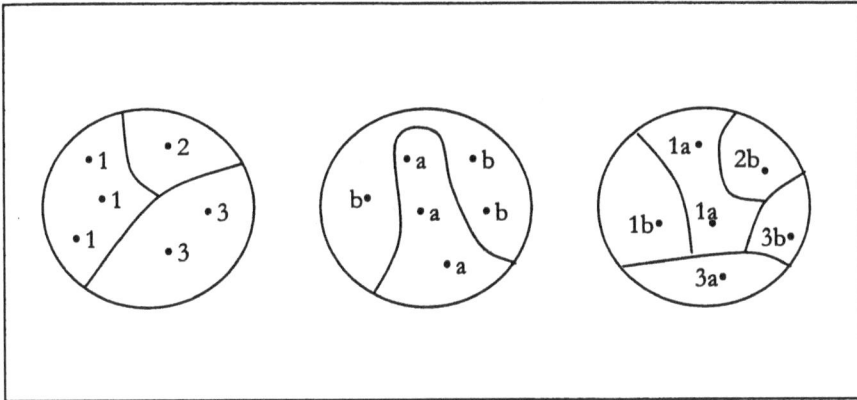

Darst. 5-10: **Marktsegmentierung nach einem bzw. zwei soziodemographischen Merkmalen**

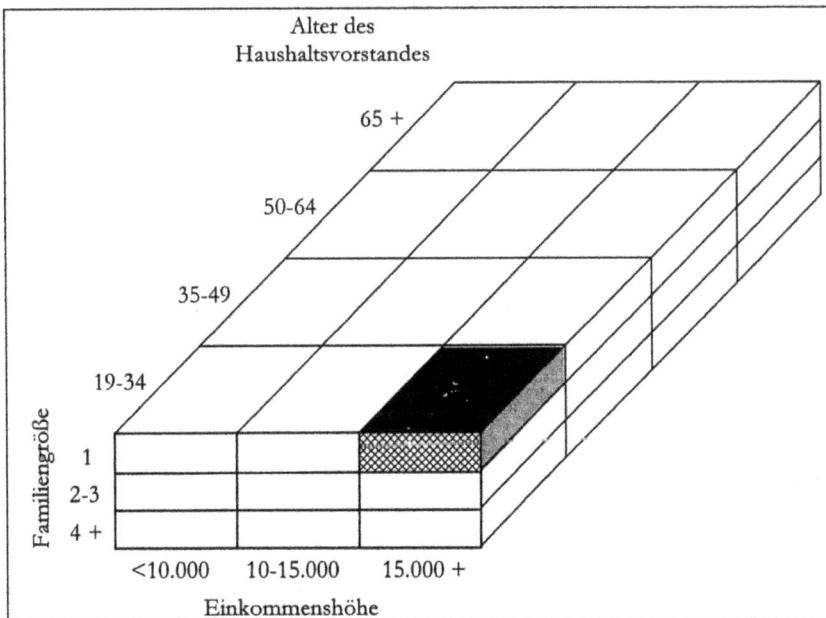

Darst. 5-11: **Marktsegmentierung nach drei soziodemographischen Merkmalen**

Die **psychographische** Segmentierung geht hingegen davon aus, dass die Abgrenzung von Marktsegmenten nicht allein aufgrund von - meist leichter messbaren - soziodemographischen Merkmalen erfolgen kann. Vielmehr müsse die Herausarbeitung von *„Verbrauchertypen"* (formal wesentlich mittels der - im vorigen Abschnitt erwähnten - Clusteranalyse) über psychologische Faktoren, wie z.B. Einstellungen, geschehen. Als *spezieller* Ansatz dieser Art - neben der über *allgemeine* Persönlichkeitsmerkmale - hat sich herausgebildet einerseits die „*Benefit*-Segmentation" (den Ausgangspunkt bilden die *Nutzenerwartungen* der Konsumenten - methodisch erfassbar etwa mit dem „Conjoint Measurement") und andererseits das sog. *Life-Style*-Konzept, die Vorstellung, dass Konsumentengruppen über ihren „Lebensstil", zum Ausdruck kommend in den Lebens- und Verbrauchsgewohnheiten, gebildet werden können.

5.4 Absatzpolitisches Instrumentarium

Den absatzpolitischen Instrumenten wurde, wie erwähnt, traditionell breiter Raum gewidmet. Das ist schon deshalb verständlich, weil es davon eine große Anzahl gibt. So spricht MELLEROWICZ (1971 - Bd. 3, S. 245) von „unendlich vielen Teilaktionen", die er zu acht „Schwerpunkten der Vertriebspolitik" zusammenfasst. Andere Autoren definieren andere Gruppen und nehmen andere Zurechnungen vor. So unterscheidet BANSE 1962 nur zwei große Gruppen: „Preispolitik" und „Präferenzpolitik" (oder „Qualitätspolitik i.w.S."); das entspricht der im vorigen Abschnitt erwähnten Einteilung in Präferenz- und Preis-Mengen-Strategie. GUTENBERG prägte den Begriff des „absatzpolitischen Instrumentariums" und nahm eine Zusammenfassung zu vier Gruppen vor. Diese entsprechen dem weit verbreiteten Brauch in der amerikanischen Literatur; man redet hier von den *4 P's des Marketing: Product, Price, Promotion, Place* (aus Verkäufersicht). Aus Käufersicht ist jedes Marketinginstrument dazu gedacht, einen Kundennutzen zu generieren. Insofern könnten mit den *4 P's* der Verkäufer die *4 C's* der Kunden korrespondieren: *Customer solution, Customer cost, Convenience, Communication* (KOTLER 2003, S. 17).

Es ist zweckmäßig, mit der großen Mehrzahl der Literatur der Vierteilung (*Product, Price, Promotion, Place*) auch hier zu folgen. Allerdings kommt man angesichts der - oben angedeuteten - Vielzahl der Instrumente ohne eine weitere Unterteilung nicht aus. Diese ist durchaus nicht einfach (und aus verschiedenem Blickwinkel her angreifbar). HÜTTNER/VON AHSEN/SCHWARTING (1999, S. 118) geben dafür die Übersicht gemäß Darst. 5-12.

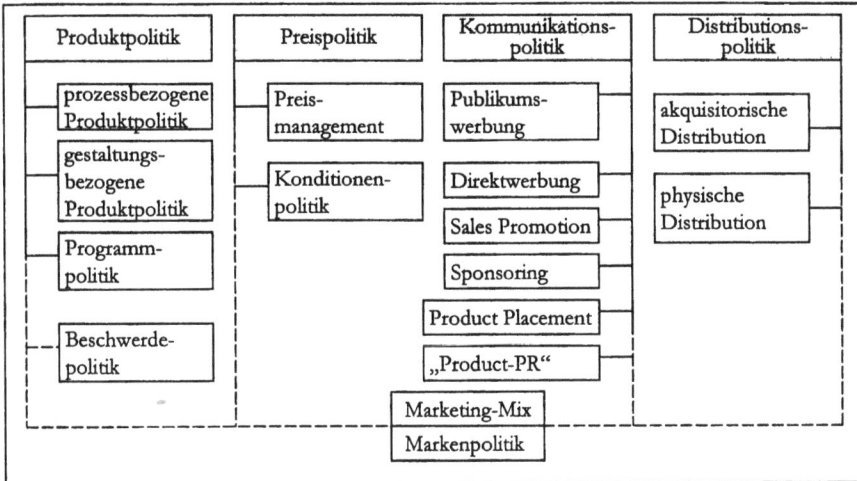

Produktpolitik	Preispolitik	Kommunikations-politik	Distributions-politik
prozessbezogene Produktpolitik	Preis-management	Publikums-werbung	akquisitorische Distribution
gestaltungs-bezogene Produktpolitik	Konditionen-politik	Direktwerbung	physische Distribution
Programm-politik		Sales Promotion	
		Sponsoring	
Beschwerde-politik		Product Placement	
		„Product-PR"	
		Marketing-Mix	
		Markenpolitik	

Darst. 5-12: Marketing-Instrumentarium

Dieser Unterteilung der 4 Hauptgruppen kann nachstehend, schon aus Raumgründen, nicht im Einzelnen gefolgt werden. So geschieht bei der *Produktpolitik* im Wesentlichen eine Beschränkung auf die *prozessbezogene*. Einige Hinweise zur - ohnehin, wie die Strichelung in der Abbildung andeutet - schwer zurechenbaren „*Beschwerde*politik" erfolgen im Anschluss an die Behandlung der *Preispolitik*. Deren Erörterung erfordert breiteren Raum, zumal hier, aus der - speziell neoklassischen - Volkswirtschaftslehre stammend, eine weit entwickelte „Preistheorie" vorliegt. Wieder kürzer ist dann der dritte Unterabschnitt, die *Kommunikationspolitik*. Dabei werden etwas ausführlicher nur die sog. *klassische Werbung* und - eingeschränkt - auch die *Verkaufsförderung* diskutiert. Beim letzten Bereich, der *Distribution*spolitik, steht im Vordergrund die Behandlung der akquisitorischen Distribution. Das Problem des (optimalen) „Marketing-Mix" wird - nachdem Aspekte der *Preis*politik bei *Marken* schon vorher angesprochen worden waren - nur mehr als „Resümee" diskutiert.

5.4.1 Produktpolitik

BIDLINGMAIER (1973 - Bd. 2, S. 231) unterschied drei Formen der Produktpolitik: Produktinnovation, -variation und -elimination. Diese Kategorisierung gilt ausschließlich für die *prozessbezogene* Produktpolitik, die - wie erwähnt - auch hier nur erörtert werden soll. Allerdings erweist sich dabei eine etwas andere Einteilung als zweckmäßig: In der genannten Dreiteilung erscheint zwar die Produkt*variation* als eigene Gruppe, nicht aber die -*differenzierung*. Letztere wird vielmehr zumeist als Untergruppe der Produkt*innovation* gesehen. Besser dürfte es allerdings sein, neben dieser (und natürlich der -*elimination*) eine eigene Gruppe „Produkt*modifikation*" zu bilden, der außer der - „unstetigen", eher in größeren Abständen auftretenden - Produkt*differenzierung* und -*variation* (zu den Unterschieden s. unten) auch noch die - kontinuierliche - „Produkt*pflege*" zugerechnet werden soll.

Der **Produktinnovation** (s. dazu und überhaupt zum „Innovationsmanagement" auch Kap. 7) kommt besondere Bedeutung zu: Infolge des Wirkens des „Produktlebenszyklus" müssen ständig neue Produkte entwickelt werden. Der Produktentwicklungsprozess ist oft zeitlich langwierig und bedarf der Abstimmung der einzelnen Phasen; formales Hilfsmittel dazu kann die Netzplantechnik (s. dazu in Kap. 4) sein. Inhaltlich lassen sich verschiedene Stadien unterscheiden. Ihre Anzahl und Bezeichnung ist in der Literatur nicht einheitlich. Hier (s. auch HÜTTNER 1986 bzw. HÜTTNER/SCHWARTING 2002) soll von folgenden ausgegangen werden:

1. Ideengewinnung,
2. „Screening",
3. (detaillierte) wirtschaftliche Analyse,
4. Produktentwicklung und Produkttest,
5. Test auf simulierten und realen Märkten,
6. Markteinführung.

Zu 1: Die „Quellen" für **Produktideen** sind vielfältig (und die empirischen Befunde über ihre Bedeutung uneinheitlich). Unterscheidet man nach der *Herkunft* der Ideen („intern" vs. „extern") und dem *Vorgang* der Ideengewinnung („systematisch" vs. „unsystematisch"), so kann man zu einer Matrix gemäß Darst. 5-13 (auf der folgenden Seite) gelangen.

Herkunft der Ideen	Vorgang der Ideengewinnung	
	systematisch	unsystematisch
intern	Forschung & Entwicklung Marktforschung Außendienstbefragung	Brainstorming Synektik betriebl. Vorschlagswesen
extern	Marktforschungsauftrag an Institute Forschungs- und Entwicklungsauftrag Expertenbefragung	Erfindermessen Patent- und „Neuheiten"- Übersicht Anregungen von Kunden oder Lieferanten

Darst. 5-13: **Quellen der (Produkt-)Ideengewinnung**

Zu 2: Die hier mit **Screening** bezeichnete Phase ist die der *Vor-* bzw. *Grob*auswahl der Produktideen. Dabei können schon Tests (bei ausgewählten Verbrauchern) stattfinden; sie werden als *Konzepttests* bezeichnet. Zur *vorläufigen* wirtschaftlichen Analyse dienen vor allem *Punktbewertungsverfahren*. Sie sind stärker formalisiert (s. dazu das Beispiel in Kap. 8 - Darst. 8.1 -; vgl. auch das ausführliche Exempel bei HÜTTNER/VON AHSEN/SCHWARTING (1999, S. 153) als einfache *Checklists*. Ein Beispiel für letztere zeigt Darst. 5-14 (worin auch schon die anschließend zu besprechende „Break-even-Analyse" erwähnt ist). Dabei kann eine gewisse Formalisierung erfolgen, indem Fragen so formuliert werden, dass nur eine „Ja/Nein-"Beantwortung geschehen kann und anschließend das Verhältnis der beiden Antwortkategorien ermittelt (und evtl., bei mehreren Alternativen, als Entscheidungskriterium verwendet) wird.

Unternehmen

1.   Passt die Idee zur Zielsetzung des Unternehmens?
2.   Passt die Idee zur Corporate Identity?
3.   Welche Auswirkungen ergeben sich für das Image des Unternehmens (und des Programms)?
4.   Passt die Idee in das Verkaufsprogramm?
5.   Passt die Idee in das Produktions- und Beschaffungsprogramm?
6.   Umsatzerwartung
7.   Deckungsbeitragserwartung
8.   Wann kann Break-even erreicht werden?
9.   Welche eigenen Produkte werden substituiert (Kannibalismus)?
10. In welcher Größenordnung sind Investitionen erforderlich?

Zielgruppe

11. Welche Kunden- bzw. Verbraucherwünsche erfüllt die Idee?
12. Ist die Idee geeignet, Eigenständigkeit oder sogar Alleinstellung im Markt zu erreichen?
13. Wird die Idee eine faszinierende Wirkung auf die Zielgruppe ausüben?
14. Können mit der Idee Präferenzen aufgebaut werden?

Wettbewerb

15. Wurde die Idee schon von der Konkurrenz verwirklicht?
16. Birgt die Idee Wettbewerbsvorteile?

Handel

17. Ist die Idee für den Handel attraktiv?

Markt

18. Marktanteilserwartung
19. Distributionserwartung
20. Welche Lebensdauer wird erwartet?
21. Wie wird sich der Lebenszyklus entwickeln?
22. Ist die Idee auch für Auslandsmärkte geeignet?

Umwelt

23. Wie ist die Umweltfreundlichkeit?
24. Kann die Idee ökologisch verträglich realisiert werden?
25. Gibt es rechtliche Probleme?

Darst. 5-14: **Checklist für die Vorauswahl von Produktideen (nach HÜTTEL 1998, S. 120)**

Zu 3: Der (detaillierten) **wirtschaftlichen Analyse** dient die Break-even-Analyse. Damit kann der „tote Punkt" (SCHÄR 1911), die „Gewinnschwelle", also der Mindest-Absatz x_{BEP}, bei dem die Kosten gedeckt sind, ermittelt werden. Es ergibt sich:

$$p \cdot x_{BEP} = K_f + K_v \tag{5.1a}$$

daraus folgt (Linearität der Kosten - und feste Preise (p) - unterstellt)

$$K = K_f + k_v \cdot x_{BEP} \tag{5.1b}$$

und daraus (nach einigen Umformungen - s. dazu A 5-3)

$$X_{BEP} = \frac{K_f}{p - k_v}$$ (5.1c)

Darst. 5-15 veranschaulicht den Sachverhalt; die schraffierte Fläche bildet den *Gewinn.*

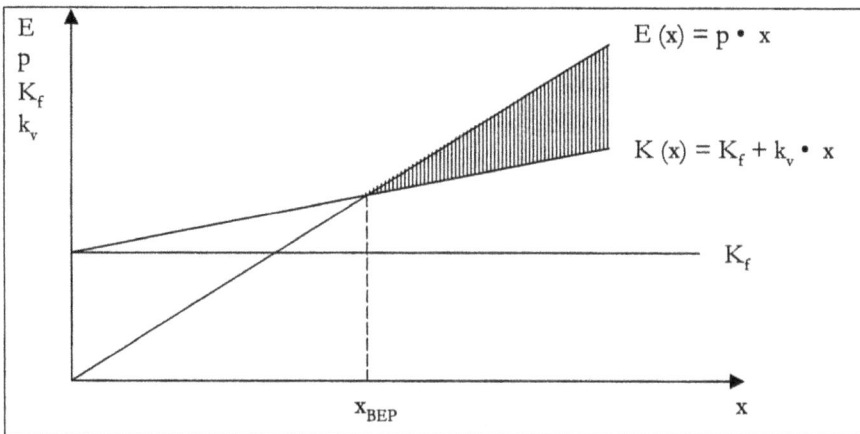

Darst. 5-15: **Gewinnschwelle (Break-even-Punkt)**

Die *Entscheidungsregel* für die STOP/GO-Entscheidung lautet also (mit x für den erwarteten Absatz): STOP (NO) bei x < x_{BEP}, GO bei x > x_{BEP}. Allerdings ist zu bedenken, dass hier vereinfachende Annahmen vorliegen; zu einer weit differenzierteren Betrachtung s. etwa SCHWEITZER/TROßMANN 1998.

Zu 4 bis 6: Stop/Go-Entscheidungen fallen auch in den weiteren Stadien des Produktentwicklungsprozesses an. Nachdem die detaillierte wirtschaftliche Analyse ergeben hat, dass ein Produkt (oder mehrere bzw. Varianten davon) zumindest die Kosten zu decken verspricht, erfolgt die konkrete **Produktentwicklung** und der empirische bei ausgewählten Käufern - **Produkttest**. Verläuft dieser erfolgversprechend, kann die Fertigung über „Prototypen" hinausgehen und auf **realen** oder - heute stärker, auch wegen der Kosten – **simulierten Testmärkten** getestet werden. Ist auch dieses Stadium erfolgreich durchlaufen, geschieht schließlich die **Markteinführung**, auch sie begleitet von Hochrechnungen bzw. *Prognosen*, die - aufgrund der sog. frühen

Absatzdaten („early sales based") - immer noch eine frühzeitige Stop-
Entscheidung ermöglichen.

Wie eingangs dieses Abschnitts bereits dargelegt, soll hier der Produkt*innovation* als zweite Gruppe die **Produktmodifikation** gegenübergestellt
werden. Sie beinhaltet neben der - wohl keiner weiteren Erörterung be-
dürfenden - kontinuierlichen *Produktpflege* die Produktvariation und die
Produktdifferenzierung. Der Unterschied zwischen beiden kann darin gesehen werden, dass die *Produktdifferenzierung* meist in den frühen Phasen
eines - erfolgreichen - Produktlebenszyklus auftritt und dazu dient, das neue
Produkt weiteren Anwenderkreisen zu erschließen. (Sie unterscheidet sich
damit vom „differenzierten Marketing", der Marktsegmentierung, dadurch,
dass letztere mehr vom *Markt* - und nicht so sehr dem Produkt - her zu sehen
ist). Dagegen tritt die *Produktvariation* eher in späten Lebenszyklus-Phasen
auf und hat das Ziel, den Schrumpfungsprozess zu verlangsamen oder gar
zum Stillstand zu bringen. Man spricht in diesem Zusammenhang auch von
Relaunch(ing) - zumeist dann, wenn mit dem Erscheinungsbild des Produkts
auch das gesamte absatzpolitische Instrumentarium verändert wird. (Stärker
formal kann damit der Unterschied auch darin gesehen werden, dass bei der
Produkt*differenzierung* eine *Ergänzung* der ursprünglich nur einen Ausführung
durch andere erfolgt, bei der Produkt*variation* dagegen der *Ersatz* des alten
durch das „neue" Produkt.)

Mitunter gelingt es, den Produktlebenszyklus auf diese Weise - u.U. erheblich,
wenn man speziell an bestimmte Marken denkt - zu verlängern. Gleichwohl
besteht natürlich im Prinzip dauernd die Notwendigkeit der **Produktelimination**. Allgemein wird man sagen können, dass diese dann zu erfolgen
hat, wenn der Schrumpfungsprozess so weit fortgeschritten ist, dass sich die
Beibehaltung des Produkts nicht mehr „lohnt". Konkret kann jedoch das
Kriterium dafür sehr strittig sein. Schon die rein *quantitative* Betrachtung ist
nicht selbstverständlich; so kann man etwa ein Produkt noch beibehalten
wollen, wenn es zwar keinen Gewinn mehr liefert, aber immer noch einen
positiven Deckungsbeitrag. Andererseits sind auch *qualitative* Aspekte zu
beachten, z.B. *Verbundeffekte*, die eine „*Mischkalkulation*" (durch Ausgleich der
fehlenden Gewinne bei einem Produkt durch höhere bei einem anderen) nahe
legen.

5.4.2 Preispolitik

Wie bereits erwähnt, befindet sich die mikroökonomische *Preistheorie* auf einem außerordentlich hohen Entwicklungsstand. Selbstverständlich ist es nicht möglich (und auch nicht beabsichtigt), sie im hier gegebenen Rahmen einigermaßen ausführlich zu erörtern. Vielmehr soll - im ersten Unterabschnitt - nur eine ganz grobe Skizzierung erfolgen; es wird hier also in ganz besonderem Maße auf die Literatur verwiesen. Im zweiten Unterabschnitt sind dann noch einige Fragen der Preisbildung in der *Praxis* kurz zu erörtern.

5.4.2.1 Theorie der Preisbildung

Normalerweise wird man erwarten können, dass - rationales Verhalten unterstellt - die einzelnen Nachfrager nach einem Produkt bei *höherem* Preis *weniger* kaufen und bei *niedrigerem mehr*. Die „*Nachfragekurve*" oder, im hier gegebenen Zusammenhang, (*„konjekturale"* - vermutete oder mutmaßliche) **Preis-Absatz-Funktion** wird also Idealerweise den in Darst. 5-16 abgebildeten Verlauf haben.

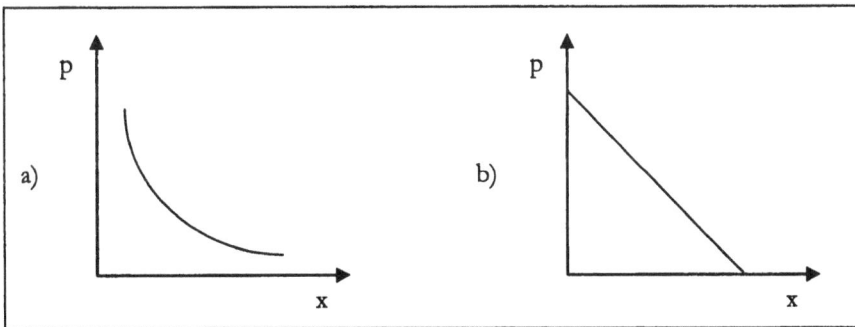

Darst. 5-16: Preis-Absatz-Funktion

Dabei unterscheidet sich a) von b) dadurch, dass letztere eine *lineare* Beziehung beinhaltet. Die „*Marktreaktionsfunktion*" könnte also in diesem Falle einfach durch die Koeffizienten einer linearen Regression dargestellt werden. Bei a) ist dies nicht möglich. Zwar könnte hier mit einer nicht-linearen Regressionsfunktion zu arbeiten versucht werden. Die Preistheorie hatte aber stattdessen ein anderes Konzept entwickelt: das der **Preiselastizität** (der

Nachfrage). Dabei stellt der *Elastizitätskoeffizient* e nur eine Punktelastizität dar (d.h., ist normalerweise an jedem Punkte der Kurve anders), formal:

$$(-) \; \frac{\text{prozentuale Mengenänderung}}{\text{prozentuale Preisänderung}} \tag{5.2a}$$

$$e = (-)\frac{\Delta x}{x} \div \frac{\Delta p}{p} = (-)\frac{\Delta x}{\Delta p} \cdot \frac{p}{x} \tag{5.2b}$$

Das Minuszeichen vor dem Bruch wird oft gesetzt, um im Ergebnis einen *positiven* Koeffizienten zu erhalten.

Als *Grenzfälle* (von *Sonder*fällen, bei „anomaler Reaktion", wie dem *Veblen-* oder *Snob-Effekt*, wird hier abgesehen) ergeben sich einmal der der „vollkommen *elastischen*" Nachfrage (sie „verschwindet" schon bei der geringsten Preiserhöhung - a) von Darst. 5-17), zum anderen der „vollkommen *unelastischen*" Nachfrage (sie bleibt „starr", z.B. bei tatsächlich oder vermeintlich lebensnotwendigen Gütern - b) von Darst. 5-17).

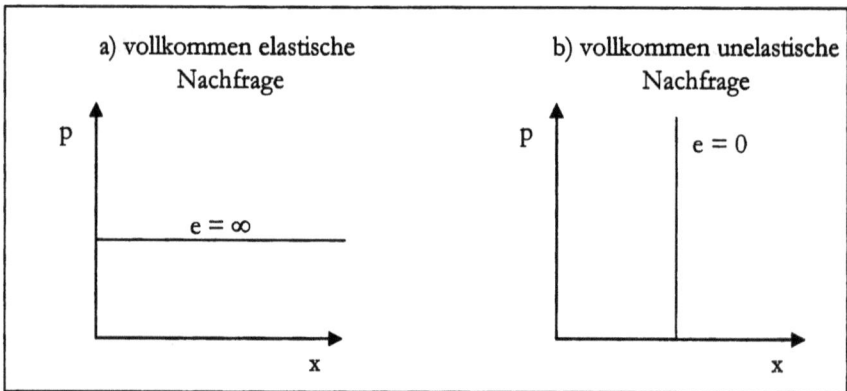

a) vollkommen elastische Nachfrage

$e = \infty$

b) vollkommen unelastische Nachfrage

$e = 0$

Darst. 5-17: **Grenzfälle der Preiselastizität der Nachfrage**

Die *Messung* der Preiselastizität ist schwierig. Selbst wenn der Fall vorliegt, dass in der Vergangenheit verschiedentlich Preisänderungen stattfanden, also Daten über zu verschiedenen Preisen abgesetzte Mengen vorliegen, verletzen diese - wegen des zeitlichen Auseinanderfalls - die ceteris-paribus-Bedingung („unter sonst gleichen Umständen"). Regressionsanalytische Verfahren sind also nicht unbedenklich; auch Verbraucherbefragungen (mittels „Preistests") können Einwänden begegnen; möglicherweise haben Expertenbefragungen eine gewisse Relevanz.

Die Schwierigkeiten der Messung werden potenziert bei der sog. **Kreuz-preiselastizität:**

$$e_{AB} = \frac{\text{prozentuale Mengenänderung des Gutes A}}{\text{prozentuale Preisänderung des Gutes B}} \tag{5.3}$$

Dieses Maß (es wird auch als *Triffin'scher Koeffizient* bezeichnet) könnte Vorliegen von **Substitutionalität** oder **Komplementarität** indizieren. Erstere ist gegeben, wenn ein Gut - hier: bei steigendem Preis - durch ein anderes ersetzt wird („Blumenkohl statt Broccoli"), letztere dann, wenn der Mehrverbrauch eines Gutes auch den eines anderen zur Folge hat. Allerdings ist zu bedenken, dass in einem weiteren Sinne alle Güter miteinander konkurrieren, um die Kaufkraft des Verbrauchers (speziell die „freie Spitze", die nicht gebundene sog. vagabundierende Kaufkraft).

Der Verlauf der Preis-Absatz-Funktion ist von großer Bedeutung für die vom anbietenden Betrieb zu ergreifenden *Aktionen*. Seine Aktions*parameter* sind - im hier gegebenen Zusammenhang - Preise *und* Mengen. (Busse von COLBE et al. 1992 - Bd. 2 - sprechen deshalb auch von „integrierter Produktions- und Absatzplanung".) Dabei wird das Streben nach *Gewinnmaximierung* unterstellt. Um nun aber diese „gewinnmaximalen Aktionen" ableiten zu können, bedarf es der Berücksichtigung der **Marktformen.** Unter **Markt** wird ganz allgemein das Zusammentreffen von Angebot und Nachfrage verstanden. Dabei geht man zunächst vom sog. **vollkommenen** Markt aus.

Er ist - formal - einfach dadurch gekennzeichnet, dass ein „homogenes Gut" mit einem *einheitlichen* Preis vorliegt. Fragt man weiter danach, unter welchen **Voraussetzungen** das der Fall sein kann, so ist dies (1) das *Fehlen von Präferenzen*: Die Verbraucher sollen keinerlei „Vorlieben" für einen Anbieter entwickelt haben, weder aus *sachlichen* Gründen (grüne statt rote Farbe des Produkts!), noch *zeitlich* (Heizöl im Sommer genauso hoch geschätzt wie im Winter!), *persönlich* (besonders nette Bedienung!), oder *räumlich* (nahe gelegen!). Darüber hinaus wird oft noch gefordert (2) vollständige *Markttransparenz*, (3) unendlich große *Reaktionsgeschwindigkeit* (Anpassungsprozesse haben keinen Zeitbedarf) und (4) alleiniges *Gewinn- bzw. Nutzenstreben* sowohl bei Produzenten als auch Konsumenten. Nach der *Anzahl der Marktteilnehmer* (ohne Berücksichtigung von deren Größe) kann man dann die Marktformen gemäß Darst. 5-18 (auf der folgenden Seite) unterscheiden.

Berücksichtigt man auch noch die *Größe* der Anbieter, so gelangt man - hier nur bezogen auf das Angebot - zu solchen Formen wie *Teilmonopol* (*ein Großer und* daneben noch *Kleine*) bzw. *Teiloligopol* (*mehrere Große* und daneben noch *Kleine*).

Angebot / Nachfrage	viele	wenige	einer
viele	vollständige Konkurrenz	Angebots-Oligopol	Angebots-Monopol
wenige	Nachfrage-Oligopol	bilaterales Oligopol	beschränktes Angebots-Monopol
einer	Nachfrage-Monopol	beschränktes Nachfrage-Monopol	bilaterales Monopol

Darst. 5-18: **Marktformen**

Ein gewisser Streit war darüber entstanden, ob nicht die Einteilung nach einem anderen Kriterium, nämlich der *Verhaltensweise*, richtiger ist. Dazu sei nur angemerkt, dass vordergründig natürlich diese in Erscheinung tritt, sie letztlich aber vielfach durch die Anzahl der Marktteilnehmer determiniert wird: Ein „Monopolist" kann sich eben erfolgreich nur dann als solcher verhalten, wenn er tatsächlich ein „Monopol" hat - und sei es auch nur (s. dazu unten) ein „Meinungsmonopol"! (Auf eine weitere Einteilung, die nach dem Grad des Vorhandenseins von Konkurrenz aufgrund der „Triffin'scher Koeffizienten", sei hier ebenfalls nicht weiter eingegangen.)

Im weiteren Verlauf wäre nun die Bestimmung des **Gewinnmaximums** (das Eintreten in die „Gewinnzone" wird auch als - wie oben schon - „Gewinn-schwelle" oder „Nutzschwelle", das Austreten als entsprechende „-grenze" bezeichnet) in den verschiedenen Marktformen zu erörtern. Dabei könnte nach Vorliegen der Produktionsfunktion vom Typ A und B (s. Kap. 4) unterschieden werden wie auch der Darstellung als „Gesamtverlauf" - z.B. Gesamtkosten, Gesamterlös - oder auch per Stück („Durchschnittskosten" usw.). Das ergäbe für jede Marktform bereits 4 Darstellungen und sprengt damit bei weitem den hier gegebenen Rahmen. Stattdessen sei zunächst nur das **allgemeine** Prinzip benannt: Entsprechend dem Grundgedanken der *Marginalanalyse* (s. Kap. 3) ist das Gewinnmaximum dann erreicht, wenn die *Grenzkosten* (die Kosten der letzten produzierten Einheit) gleich dem *Grenz-*

erlös (Erlös der letzten abgesetzten Einheit) werden: Solange der *Kostenzuwachs* niedriger ist als der *Erlöszuwachs*, lohnt sich die Ausdehnung des Angebots.

Der Grenzerlös muss nicht gleich dem *Preis* sein. Im **Monopol**, wo der Preis nicht direkt vom Markt her determiniert wird, sondern allenfalls indirekt über die - im folgenden stets als gegeben angenommene - Preis-Absatz-Funktion (der Monopolist wirkt als „*Preisfixierer*") ist der *Grenzerlös* stets *niedriger* als der *Preis*. Das rührt einfach daher, dass man sich auf der Preis-Absatz-Funktion „vorwärts", d.h. in Richtung sinkender Preise, bewegt. Sind zum *Beispiel* bisher 25 Einheiten zu einem Stückpreis von 20,- € abgesetzt worden und bringt die Erhöhung des Angebots auf 26 Einheiten einen Rückgang des Preises auf 19,75 € mit sich, so steht einem Gesamterlös von früher 25 Stück · 20 €/Stück = 500 € jetzt ein solcher von 26 Stück · 19,75 €/Stück = 513,50 € gegenüber. Der Erlöszuwachs von 13,50 € bildet den Grenzerlös; er ist damit niedriger als der Preis. Dies ist auch nicht verwunderlich, sondern bei einer Preissenkung, die durch eine Absatzsteigerung hervorgerufen wurde, immer der Fall (HEUER 2000).

Der Grenzerlös E' kann selbstverständlich auch *negativ* werden. Das ist der Fall bei einer Preiselastizität von <1; im Bereich >1, also bei „elastischer Nachfrage", ist E' positiv, bei e = 1 Null. Dieser Zusammenhang von Preiselastizität und Erlös ist in der sog. *Amoroso-Robinson-Formel* erfasst worden:

$$E' = p \cdot \left(1 - \frac{1}{e}\right) \hspace{4cm} (5.4)$$

(S. dazu A 5-4.) Daraus folgt, dass das Monopol um so wirksamer sein kann, je geringer die Preiselastizität ist.

Bei einem Grenzerlös von Null erreicht der *Gesamterlös* sein Maximum. Gesucht ist aber nicht das Erlös-, sondern das Gewinnmaximum. Bereits 1838 (deshalb wurde hier auch das Monopol zuerst behandelt) hat nun *Cournot* gezeigt, dass - entsprechend dem erwähnten allgemeinen Prinzip - dieses Maximum erreicht ist im Schnittpunkt der Grenzerlös- mit der Grenzkostenkurve (D in Darst. 5-19, auf der folgenden Seite). Ihm zu Ehren wurde der entsprechende Punkt auf der Preis-Absatz-Funktion als **Cournot'scher Punkt** (C) bezeichnet; die dazugehörige *Menge* ist die „Cournot'sche Menge". Der entsprechende „Cournot'sche Preis" ist der *Monopol-Preis*.

Da der Schnittpunkt nur vom Verlauf der Grenzkostenkurve abhängt, folgt, dass C von einer Veränderung der Fixkosten unberührt bleibt. Verändert sich dagegen der Verlauf der variablen Kosten, so verändert sich auch C. Sinken diese - was bei Gültigkeit der „Erfahrungskurve" der Fall sein müsste -, so erhöht sich der Monopolgewinn. Andererseits gilt auch: Je höher der Monopolgewinn, desto höher der Anreiz für „Newcomer" bzw. „Outsider".

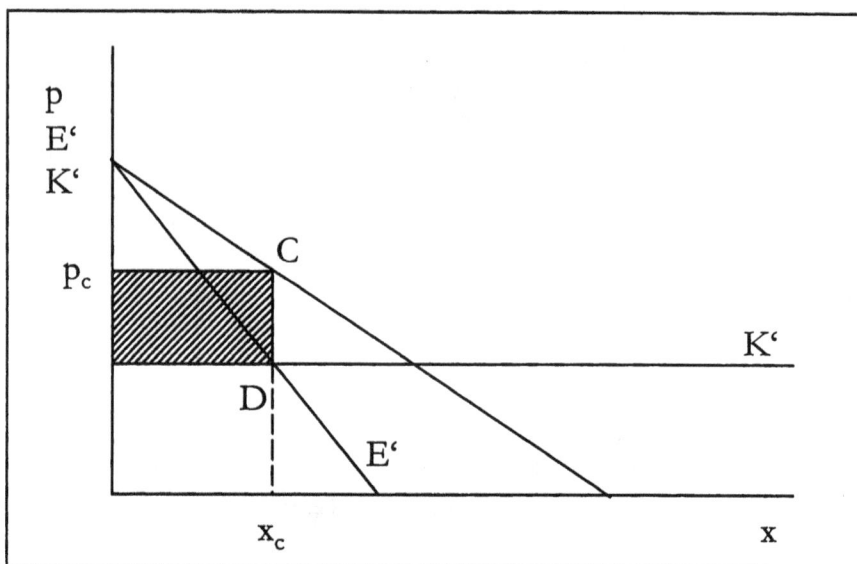

Darst. 5-19: **Gewinnmaximum im Angebotsmonopol**

Zudem wirkt die generelle Substitutionskonkurrenz. Je „offener" ein Markt, je geringer also die Markteintrittsbarrieren (s. hierzu auch PORTER 2000), z.B. in Bezug auf Patente oder die Finanzierungsinstrumente, desto schwerer wird es, eine Monopolstellung auf die Dauer aufrechtzuerhalten. (S. dazu auch unten, „Meinungsmonopol".)

Bei **vollständiger Konkurrenz**, im „Polypol", ist der Preis - vom Markt - gegeben; der Betrieb kann sich nur als „*Mengenanpasser*" verhalten. Entsprechend der obigen allgemeinen Regel wird er sein Angebot so weit ausdehnen, bis der *Grenzerlös* - er ist hier *gleich* dem *Preis* - den *Grenzkosten* entspricht. Bei **linearem Kostenverlauf** existiert nun aber kein solcher Schnittpunkt der beiden Kurven. Das wird schon aus der *Gesamtbetrachtung* gemäß Darst. 5-15 oben deutlich. Zwar gibt es hier eine „*Nutzschwelle*" N$_S$ - eben den „Break-even-Punkt" -, aber keine *Nutzgrenze* (N$_G$). Sie kann allerdings in der *Kapazitätsgrenze* gesehen werden. Betrachtet man das Ende der

Abszisse in 5-15 als solche Grenze, so stellt die schraffierte Fläche den Gesamtgewinn dar. Der gleiche Sachverhalt ist in *Durchschnitts-* oder *Stück-*Betrachtung in Darst. 5-20a wiedergegeben. b enthält die Durchschnitts-Betrachtung bei **nicht-linearem** Kostenverlauf (entsprechend dem „Ertragsgesetz"). Man sieht, dass hier ein *gewinnoptimaler* Punkt, eben der Schnittpunkt von Grenzerlös- und Grenzkostenkurve (G, bei der Ausbringung x_0), existiert. Er wird auch als *Betriebsoptimum* bezeichnet. Dieses ist nicht mit dem *Kostenminimum* (M, als Punkt der niedrigsten Durchschnittskosten) identisch. Als *Betriebsminimum* wird dagegen - hier nicht eingezeichnet - das Minimum der *variablen* Durchschnittskosten, k_v, bezeichnet.

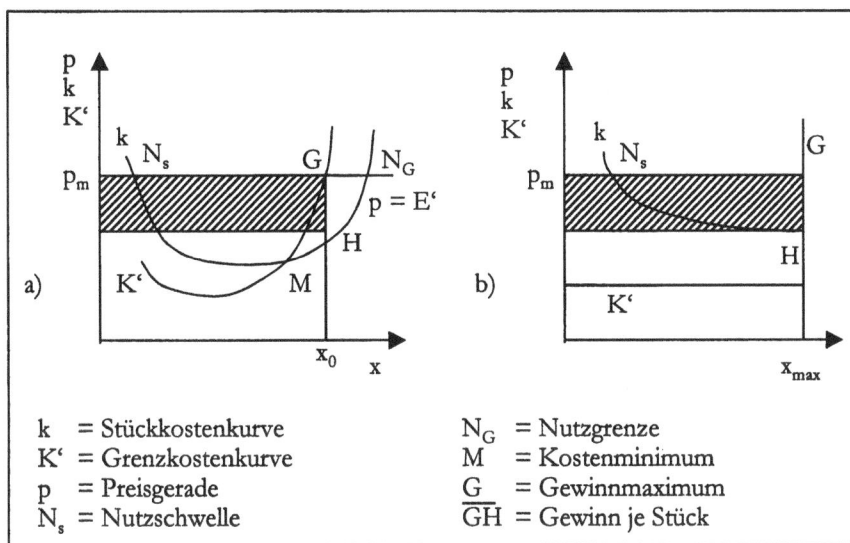

k   = Stückkostenkurve N_G = Nutzgrenze
K' = Grenzkostenkurve   M   = Kostenminimum
p   = Preisgerade   G   = Gewinnmaximum
N_s = Nutzschwelle $\overline{GH}$ = Gewinn je Stück

Darst. 5-20: **Gewinnmaximum bei vollständiger Konkurrenz**

Diese Minima spielen eine Rolle bei der Frage, wie weit der Preis sinken kann, bis man als Anbieter ausscheiden muss. Man bezeichnet dies als **Preisuntergrenze.** *Langfristig* ist das sicher eben M, der Punkt, bei dem im Preis gerade noch *sämtliche* Kosten, die fixen und die variablen, gedeckt sind. *Kurzfristig* muss man jedoch davon ausgehen, dass die *fixen* Kosten ohnehin anfallen; jeder Preis, der über den *variablen* Kosten liegt, liefert also noch einen Beitrag zur Deckung der fixen Kosten („Deckungsbeitrag"). Bei *linearem* Kostenverlauf (Darst. 5-19) sind die variablen Durchschnittskosten k_v gleich den Grenzkosten (und schon deshalb nicht eingezeichnet): Jeder Auftrag kann bei einem Preis über diesen angenommen werden; eine Grenze bildet wiederum nur die Kapazität. Bei *nicht-linearem* Kostenverlauf (entsprechend dem Ertragsgesetz) muss man zwischen Grenz- und variablen Durchschnittskosten differenzieren: Nur wenn der Preis letztere mindestens deckt, kann man einen positiven Deckungsbeitrag erhalten. Die Preisuntergrenze liegt also hier im Minimum von k_V, dem „Betriebsminimum". (S. dazu, da in Darst. 5-20 ebenfalls nicht eingezeichnet, Darst. 4-17, Übergang Phase II/III.) Die Kenntnis des *tatsächlichen* Kostenverlaufs hat insofern weitreichende Konsequenzen.

Auf die Preisbildung im **Oligopol** soll im hier gegebenen Rahmen nicht im Detail eingegangen werden. Das hängt damit zusammen, dass bei der - hier nur erörterten - *mikroökonomischen* Preistheorie weitere Annahmen eingeführt werden müssen und verschiedene Fälle denkbar sind. Zunächst kann man nach dem **Wettbewerbsverhalten** differenzieren in die Suche um *Verständigung* (sie führt zum *Kartell*, s. dazu unter 9.3), der *Kampfsituation* (sie führt zum „ruinösen Wettbewerb" und im Ergebnis letztlich ebenfalls zum *Monopol*) und dem „geordneten Wettbewerb mit friedlichen Mitteln". Bei *totaler* Interdependenz - bei dem bisher ja nur in Betracht gezogenen „vollkommenen Markt" - kommt es dann auf die **Reaktionsverbundenheit** der Oligopolisten an: Bei „autonomer Mengenpolitik" ergibt sich das sog. *Cournot'sche Dyopol* (oder „Duopol", mit nur 2 Anbietern als Grenzfall des Oligopols), bei *„autonom-konjekturaler Mengenpolitik"* entweder das symmetrische *Bowley'sche* Dyopol (beide streben nach dem „Unabhängigkeits-Angebot") oder das asymmetrische *Stackelberg'sche* Dyopol (einer ist „Mengenfolger") und - drittens - bei „heteronom-konjekturaler Preispolitik" das *Launhardt'sche* Dyopol.

Abschließend sei noch kurz auf **unvollkommene** Märkte abgestellt. Der vollkommene Markt war ja definiert durch Fehlen von *Präferenzen*. Sind nun aber solche vorhanden - oder gelingt es, mittels *Präferenzpolitik*, sie aufzubauen -, so eröffnet sich die Möglichkeit der **Preisdifferenzierung**. Dabei wird davon ausgegangen, dass - infolge der Präferenzen - *unterschiedliche* Preiselastizitäten vorliegen. Das wird ausgenutzt, indem Gruppen weitgehend *homogenen* Käuferverhaltens gebildet und für diese unterschiedliche Preise gefordert werden: sog. *horizontale* Preisdifferenzierung. Darst. 5-21 zeigt dies für 3 Marktsegmente, etwa die Einkommensgruppen in Darst. 5-11. (S. zur Kommentierung auch A 5-7.)

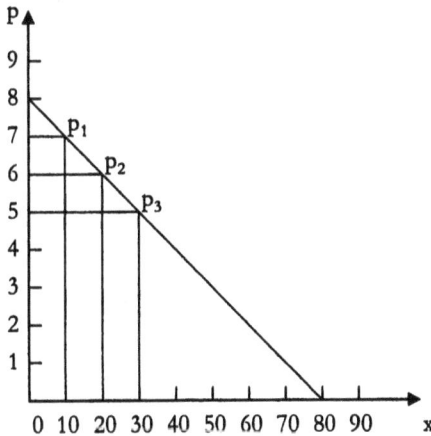

Darst. 5-21: Horizontale Preisdifferenzierung

Lassen sich diese „Marktsegmente" nicht irgendwie separieren, so kann man sich zumindest eine *zeitliche* Abfolge vorstellen - dergestalt, dass zunächst mit einem relativ hohen Preis die Käufergruppe angesprochen wird, die bereit ist, diesen zu zahlen, dann eine Preissenkung erfolgt usw. (Abschöpfung der *Konsumentenrente*).

Im Unterschied hierzu geschieht bei der **vertikalen** Preisdifferenzierung die Teilmarktbildung so, dass auf *jedem* davon *mehrere* „Preisschichten" (häufig mit bestimmten Bereichen der Preisbereitschaft) vorhanden sind. Im einfachsten Falle, der *räumlichen* Preisdifferenzierung zwischen *In-* und *Ausland*, bedeutet dies eben, dass sowohl im In- wie auch im Ausland nur jeweils ein einheitlicher Preis gefordert wird. Im Zusammenhang niedriger Preise für das Ausland spricht man ja auch von *Dumping*. Zumal oft als Vorwurf benutzt, kann man den Begriff der Preisdifferenzierung schärfer zu fassen versuchen, indem man darunter nur Preisunterschiede versteht, die über Kostenunterschiede hinausgehen.

Die anderen **Formen** der Preisdifferenzierung - neben der *räumlichen* - kann man nach den oben erwähnten verschiedenen Präferenzen gliedern. So spricht man etwa von *zeitlicher* Preisdifferenzierung, wenn nach den zeitlichen Präferenzen - z.B. Kinovorstellung am Nachmittag oder am Abend - eine Preisabstufung erfolgt. Damit verlässt man aber im Grunde schon den strengen Rahmen der Theorie (da man durchaus die Auffassung vertreten kann, dass gerade Nachmittags- und Abend-Kinovorstellung verschiedene „Güter" sind) und kommt, wie auch bei anderen Formen der Preisdifferenzierung, etwa nach dem *Verwendungszweck* oder der *Abnahmemenge*, zu Problemen der Preisbildung in der Praxis:

5.4.2.2 Preispolitik in der Praxis

„Praxis" soll hier nicht als Gegensatz zu „Theorie" verstanden werden, sondern im Sinne der Aufhebung der - oft „heroischen" - Voraussetzungen der Theorie und Annäherung an die praktischen Gegebenheiten. Bleibt man zunächst, wie bisher, bei der reinen **Preisgestaltung** („Preismanagement" in Darst. 5-12), so kann man grundsätzlich zwei Aspekte unterscheiden: *Kosten-* und *Markt*orientierung. Hinsichtlich letzterer lassen sich darüber hinaus die beiden Marktseiten, die (übrigen) Anbieter und die Nachfrager, als Orientierungsgrößen heranziehen, so dass hier eine weitere Differenzierung in *Konkurrenz-* und *Nachfrage*orientierung vorgenommen werden kann.

Die **nachfrageorientierte** Preisgestaltung folgt noch am ehesten dem Muster der Theorie, bezieht aber eben auch die Marktsegmentierung und damit Preisdifferenzierung, gemäß Obigem, ein. Auch die **konkurrenz**orientierte Preisgestaltung - aufgrund von z.B. Betriebsvergleichen oder „Preismeldestellen" - scheint noch nicht unverträglich mit der Theorie. Nicht selten ist jedoch auch eine ausschließlich **kosten**orientierte Preisgestaltung anzutreffen, z.B. dort, wo kein „Markt" existiert, etwa im Bereich von Aufträgen der Öffentlichen Hand; hier entsteht dann auch das Problem des „angemessenen Gewinns". Regelungen hinsichtlich der Kalkulation enthalten die LSP – „Leitsätze für die Preisermittlung auf Grund von Selbstkosten" (Anlage zur Verordnung PR 30/53 vom 21. November 1953 über die Preise bei öffentlichen Aufträgen, zuletzt geändert durch Verordnung 1/89 vom 13. Juni 1989). Hierbei handelt es sich um eine Verordnung zur Preisbestimmung bei öffentlichen Aufträgen, sofern sich keine Marktpreise, z.B. mangels Vergleichbarkeit eines einmaligen Projekts, abzeichnen. Demnach müssen die Selbstkosten als Behelfspreise für die Abrechnung herangezogen werden. Das Bundesministerium für Wirtschaft und Arbeit (BMWA) ist das Bundesressort, das für die Grundsätze und Regelungen des öffentlichen Auftragswesens verantwortlich ist. Zu diesem Rechtsgebiet gehören auch das Vergaberecht und das Preisrecht bei öffentlichen Aufträgen.

Aber auch da, wo im Grunde Konkurrenz vorhanden ist, erfolgt mitunter - aus „Gewöhnung" - eine solche kostenorientierte Preisbildung, etwa im

Einzelhandel, in der einfachsten Form: Einkaufspreis + Kalkulations*auf*schlag (vs. der „Handelsspanne", auch: Kalkulations*zu*schlag, die - gemäß auch dem Beispiel in Kap. 17 - in % des Verkaufspreises gemessen wird).

Als *Sonderform* der Preisgestaltung kann die Gewährung von *Rabatten* bezeichnet werden. Bezieht man auch die **Konditionen** sonstiger Art - als weitere quasi „indirekte" Formen der Preisgestaltung - mit ein, so kann man, wie in Darst. 5-12 geschehen, die *Konditionen*politik dem „*Preis*management" gegenüberstellen.

Solche Konditionen können sich zunächst auf die **Lieferbedingungen** beziehen, z.B. wer die *Porto-* und *Verpackungskosten* zu tragen hat usw. Vielfach haben sich dafür *Handelsklauseln* herausgebildet, im *Binnenhandel* z.B. „ab Werk" oder „frei Haus", im *Außen*handel - insbesondere *Seeverkehr* - etwa fob: „free on board" oder cif: „cost, insurance, freight" (zusammengestellt in den INCOTERMS - letzte Fassung: 2000 (ICC publication No. 560) - der Internationalen Handelskammer [International Chamber of Commerce] in Paris). Eine andere Gruppe bilden die **Zahlungs**bedingungen, z.B. die Art und Weise der „Zielgewährung" (der Einräumung eines „Zahlungszieles", d.h. der Gewährung von Kredit - *Lieferantenkredit*; s. auch in Kap. 15). Die Zielgewährung ist oft verbunden mit der Einräumung eines *Skontos* bei früherer Zahlung. (Beispiel: „60 Tage netto, bei Zahlung innerhalb von 14 Tagen 2% Skonto".) Der oben erwähnte *Rabatt* ist dagegen meist ein Nachlass für die Bestellung größerer Mengen („Mengenrabatt"); auch „Treue-Rabatte" - und weitere Arten - sind üblich. Vom *Bonus* unterscheiden sich diese Formen im Prinzip darin, dass jener nachträglich gewährt wird.

Damit ist schon erkennbar, dass solche Maßnahmen - wie etwa „Treuerabatte" - über den Rahmen der eigentlichen Preispolitik hinausgehen und dem Aufbau von Präferenzen dienen sollen. Noch deutlicher wird dies bei der **Kundendienstpolitik** (die man deshalb auch, wie bei HÜTTNER/VON AHSEN/SCHWARTING [1999, S. 121] geschehen, zur - gestaltungsbezogenen - Produktpolitik zählen kann). Hierzu ist neben der Garantieleistung im engeren Sinne überhaupt der Aufbau eines Kundendienst-Netzes und die dabei angewandte Entgelt-Gestaltung zu rechnen. Dabei kann es durchaus so sein, dass der Kundendienst mindestens kostendeckend arbeitet oder sogar die Führung als „profit center" erlaubt.

Neuerdings wird zunehmend auch von **Beschwerdepolitik** gesprochen. Ziel ist der Aufbau einer Infrastruktur, welcher den Kunden Möglichkeiten gibt,

Beschwerden zu äußern. In manchen Branchen, wie z.B. dem gesetzlich geregelten Altenpflegemarkt ist sogar das Einrichten eines Beschwerde- management gesetzlich vorgeschrieben (HEUER/WILKEN 2001). Das Unter- nehmen erhält dadurch Chancen zur Reaktion. In die gleiche Richtung zielt die **Kundenzufriedenheit**. Sie wird erfasst durch die Marktforschung (HÜTTNER/SCHWARTING 2002) Sie hängt zum einen von der angebotenen Leistung bzw. Qualität ab, zum anderen von der Erwartung des Kunden vor dem Kauf (WEIS 2001, S. 32). Sicherlich steckt in der Kundenzufriedenheit noch erhebliches Entwicklungspotential, auch aus betriebswirtschaftlicher Sicht. Durch Messen der Kundenzufriedenheit zeigt sich erst, wie viel mehr noch auf den Kunden eingegangen werden kann. Auch die in Kap. 4 erwähnte **Lieferzeitpolitik** - bei Nicht-Vorrats-Produktion - bildet quasi ein selbständiges Instrument (und macht damit nochmals die eingangs diskutierte Abgrenzungsproblematik deutlich).

Ein besonderer Spielraum eröffnet sich der Preispolitik in der Praxis bei **Markenartikeln**. Früher pflegte man als einen wichtigen Bestandteil der Definition eines solchen den *einheitlichen Preis* anzusehen. Dieses Kriterium entfiel, nachdem die sog. *Preisbindung der zweiten Hand* (oder *vertikale Preisbin- dung*), d.h. die Verpflichtung des Handels zur Einhaltung der vom Hersteller vorgeschriebenen Endverbraucherpreise, nicht mehr zulässig ist (von Ausnahmen abgesehen – z.B. bestimmte Medikamente). Bedient man sich nicht besonderer - im konkreten Falle möglicherweise rechtlich umstrittener - Maßnahmen, wie Agentur- oder Kommissions-Verträge, so bleibt nur das Instrument der - *unverbindlichen* - *Preisempfehlung*. In der Werbung wird deshalb vielfach auf Preisangaben verzichtet; gleichwohl ist kaum zu bestreiten, dass viele der beworbenen Produkte als „Markenartikel" empfunden werden. (Meist handelt es sich dabei um *Hersteller*-Marken. Daneben gibt es „echte" *Handels*marken; die Bedeutung der „no names", der Gattungsmarken oder auch „weißen Ware", scheint dagegen weniger groß zu sein, als man anfangs glauben konnte.) Der Begriff des Markenartikels hat also offenbar mehr mit der *Qualität* usw. zu tun; man kann ihn deshalb auch eher vom Konsumenten her sehen wollen - indem es gelungen ist, Präferenzen für das Produkt aufzubauen und damit ein **Meinungsmonopol** zu schaffen, das innerhalb gewisser Grenzen eine autonome Preispolitik gestattet. Wesentliche Bedeutung für den Aufbau eines solchen Meinungsmonopols kommt, wie angedeutet, sicher der Werbung zu, auf die nunmehr einzugehen ist.

5.4.3 Kommunikationspolitik

Zur „Kommunikationspolitik" gehört zunächst die **Werbung**. Gemeint ist damit in erster Linie die sog. **klassische** Werbung; sie wird auch - gemäß Darst. 5-12 oben - als *Publikums*-Werbung bezeichnet, da sie sich allgemein an das „Publikum" (zwar an bestimmte Zielgruppen, gemäß der grundlegenden Marketingstrategie - s. oben -, aber eben nicht an bestimmte Individuen) wendet. Der unmittelbare Gegensatz hierzu, die **Direktwerbung**, hat - im Zusammenhang allgemein mit der Entwicklung des **Direktmarketing** - in den letzten Jahren einen großen Aufschwung erfahren; sie wird im Folgenden aber nicht weiter behandelt. Dagegen findet eine andere, in den letzten Jahrzehnten stark hervorgetretene Art, **Sales Promotion**, unten noch kurz Erörterung. Überhaupt nicht zur Kommunikationspolitik (sondern zur - akquisitorischen - Distribution, s. im nächsten Abschnitt) gerechnet wird hier der *persönliche Verkauf*, die direkte Kontaktaufnahme zu möglichen Abnehmern. Ebenfalls keine weitere Behandlung erfährt **Public Relations**: Es ist zwar nicht zu bestreiten, dass die sog. *Öffentlichkeitsarbeit* für die *Absatz*wirtschaft Bedeutung haben kann; im Prinzip ist sie jedoch nicht darauf beschränkt und wendet sich auch an andere Gruppen („Teil-Öffentlichkeiten"), z.B. die Aktionäre, Lieferanten, öffentliche Institutionen (und wäre damit - mit Ausnahme eben, gemäß Darst. 5-12 oben, der *Produkt-PR* -, als *allgemeines* Instrument der Unternehmensführung eher unter diesem Rubrum zu diskutieren). Auch auf andere in jüngerer Zeit hervorgetretene Formen, wie das **Sponsoring** (das - in Anlehnung an Bruhn (2003)- Zurverfügungstellen von finanziellen bzw. materiellen Mitteln für Personen/Organisationen im sportlichen, kulturellen oder sozialen Bereich) oder das **Product-Placement** (in Fernsehsendungen usw.), soll hier nicht weiter eingegangen werden.

Ein *erster* **Entscheidungstatbestand** innerhalb der (klassischen) **Werbung** ist die Festlegung des **Werbebudgets** (oder „-etats"). Nicht zuletzt wegen dessen oft relativ beachtlichen Höhe kommt dieser Entscheidung im Grunde große Bedeutung zu. Die *theoretisch* exakten Möglichkeiten (z.B. der *marginalanalytische* Ansatz - allgemein gesprochen: Ausdehnung des Werbe*aufwands* solange, wie der Werbe*erfolg* noch größer ist, bis also die „Grenzkosten" der Werbung gleich ihrem „Grenzerlös" werden) sind im Allgemeinen nicht operational genug (etwa, weil der ökonomische Werbeerfolg - s. unten - nicht messbar oder genauer: nicht zurechenbar ist). Als *heuristische* Möglichkeiten bieten sich z.B. an:

a) die Festlegung als Anteil am Umsatz:

   (1) der *Vergangenheit* (etwa des letzten Jahres), als *fester Satz*.
   Diese in der Praxis nicht selten angewandte Möglichkeit ist abzulehnen;
   sie führt zu *prozyklischem* Verhalten (also etwa verringerter Werbung bei
   zurückgehendem Umsatz!).

   (2) Positiver zu beurteilen wäre ein *antizyklisches* Vorgehen. Dies würde
   vorliegen, wenn der Anteil *variabel* ist, und zwar dergestalt, dass bei
   zurückgehendem Umsatz der Werbeanteil erhöht wird. Zur genaueren
   Fixierung müsste aber auch dazu die Beziehung zwischen Werbung
   und Umsatz - eben der „ökonomische Werbeerfolg" - bekannt sein.

b) Die Kenntnis der Werbewirkung (s. dazu auch noch unten) ist im Grunde
   auch erforderlich bei der Festlegung des Werbeetats nach den *Werbezielen*.
   Man kann damit „den *Prozess* der Werbung in zwei Stadien zerlegen: 1. die
   Bestimmung der Werbeziele, 2. die *Realisierung* (und *Kontrolle*) der Werbeziele"
   (HÜTTNER/SCHWARTING 2002, S. 401).

Die *Realisierung* der Werbeziele erfolgt über die *Allokation* des Werbeetats,
über dessen *Streuung*, in *zeitlicher* Hinsicht („*Timing*") und *inhaltlich*, über die
einzelnen Medien. Das Ziel dabei sind „*optimale* Streupläne"; man kann dies
mit (computergestützten) „*Mediaselektionsmodellen*" zu erreichen versuchen; die
anfängliche Euphorie diesbezüglich ist jedoch inzwischen etwas verflogen.
Diese Entscheidung für die einzelnen „Medien", die Werbeträger, bildet also
einen *zweiten* Entscheidungstatbestand. **Werbeträger** sind (als Gattung)
Zeitungen und *Zeitschriften, Rundfunk-* und *Fernsehsender* usw. Im Zusammenhang
damit steht - als *Drittes* - die Entscheidung über die Gestaltung der
Werbemittel: Anzeigen, TV-Spots usw.

Für alle diese Entscheidungen bedarf es im Grunde, wie bereits angedeutet,
der Messung der **Werbewirkung**. Sie erfolgt durch die *Werbeforschung* („Advertising Research"). In Bezug auf die Medien spricht man von **Werbeträger-
Forschung**, etwa als *Hörer- und Seherforschung* (letztere großenteils als „Meterforschung": über ein mit einem Fernsehapparat verbundenes Zusatzgerät, das
die Sehbeteiligung misst) oder als *Leserschaftsforschung*, z.B., in großem Stil, über
die „Medienanalyse (MA)" der AG.MA - „Arbeitsgemeinschaft Medienanalyse" - mit im Ergebnis solchen *Kennzahlen* wie LpN (Leser pro Nummer),
„Tausendleserpreis" (oder „Tausenderpreis"), „Reichweite" usw.

Da, wie bereits gesagt, der *ökonomische Werbeerfolg* wegen des Zurechnungs-
problems (Wirken anderer Effekte, auch *zeitlicher* Art - „carry-over-Effekt")
schwer messbar ist, beschränkt man sich vielfach auf den sog.

außerökonomischen Werbeerfolg (den *kommunikativen* Werbeerfolg bei MEFFERT 2000 oder *vorökonomischen* bei HÜTTNER/VON AHSEN/SCHWARTING 1999). Man geht dabei vielfach von einer *Stufen*-Konzeption aus, definiert also die Messung von *Teilzielen*, etwa nach der altbekannten AIDA-Formel (Attention, Interest, Desire, Action) bzw. als Aufmerksamkeitswirkung, Gedächtniswirkung, Einstellungs(veränderungs)wirkung und Handlungswirkung. Zumal sich auch nach der *zeitlichen* Dimension in *Pre-* und *Posttests* (oder „Werbeerfolgs-*prognose*" und „*-kontrolle*") unterscheiden lässt, ergibt sich eine große Fülle von - z.T. recht umstrittenen - Verfahren der **Werbemittelforschung**.

Wie bereits einleitend erwähnt, ist in den letzten Jahrzehnten **Sales Promotion** („**Verkaufsförderung**") stärker in den Vordergrund getreten. In jüngster Zeit sind jedoch gelegentlich Zweifel an der Zweckmäßigkeit mancher Aufwendungen entstanden, denn auch hier besteht natürlich - wie bei der klassischen Werbung - das Problem der *Messung* des *Erfolgs*.

Es ist üblich geworden, zwischen Außendienst-, Händler- und Verbraucher-Promotions zu unterscheiden. Dies scheint aus der Sicht der Hersteller von *Konsumgütern* auch zweckmäßig. (In Bezug auf *Investitions*güter - und andere Bereiche - ist die Differenzierung zwischen „Händler" und „Verbraucher" allerdings kaum erforderlich; hier kann dann - wie bei HÜTTNER 1964 - zwischen nach innen und nach außen gerichteten Maßnahmen unterschieden werden.) Zu den **Außendienst-Promotions**, den „auf den Verkaufsaußendienst gerichteten Maßnahmen" (ebenda), zählen dessen *Unterstützung* in Form von „Verkaufshandbüchern" (Sales Manuals) usw. und insbesondere seine *Schulung* durch „Verkaufstrainer" etc. Bei den **Händler-Promotions** handelt es sich zunächst um das große Gebiet der „*Verkaufshilfen*" (Ständer, Regale, Display-Material aller Art), aber auch Preisnachlässe bzw. Naturalrabatte (z.B. zwei Stücke kostenlos für je 1 Dutzend verkaufte) und die Schulung des *Händler-Verkaufspersonals* etc. **Verbraucher-Promotions** sind etwa:
- Produktproben, eventuell durch „Propagandist(inn)en" - gekoppelt mit Verkäufen - als Spezialform des oben erwähnten „persönlichen Verkaufs"
- Gewinnspiele
- Sonderaktionen (mit „Aktionspreisen")
- Platzierungsmaßnahmen am „PoP" (Point of Purchase)/„PoS" (Point of Sales)

5.4.4 Distributionspolitik

Allgemein wird, gemäß auch Darst. 5-12 oben, zwischen „akquisitorischer"
und „physischer" Distribution unterschieden. Ein Hauptproblem der
akquisitorischen Distribution ist das der *Absatzwege*; man spricht auch von
„marketing channels" („Marktkanäle") oder „Absatzketten". *Seyffert* benutzte
die Bezeichnung *Handelskette* und entwickelte ein Schema zu deren
empirischer Erfassung. Danach ist Anfangsglied einer solchen Kette immer
ein Hersteller („Erzeuger" oder, im Schema unten, „Produzent"), Endglied
stets ein Verbraucher („Konsument"). Befinden sich dazwischen keine
weiteren - selbständigen - Handelskettenglieder, so bezeichnet man dies als
direkten Absatzweg. Dagegen wird vom **indirekten** Absatzweg dann
gesprochen, wenn zwischen Anfangs- und Endglied eigenständige
Handelskettenglieder - *Handel* im *institutionellen* Sinne - eingeschaltet sind. Dabei unterscheidet man im Allgemeinen zwischen Groß- und Einzelhandel
(GH, EH). Darst. 5-22 zeigt dies schematisch, mit einigen praktisch wichtigen
Formen.

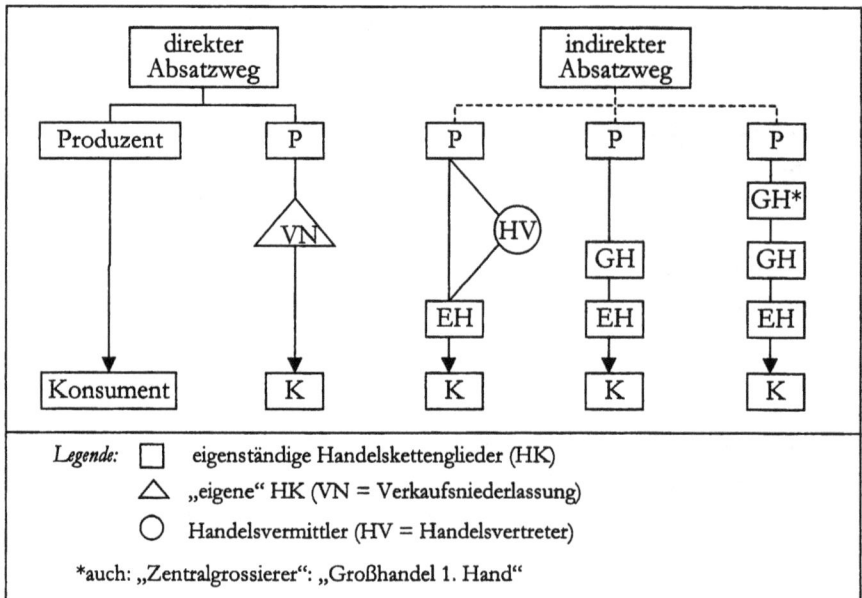

Darst. 5-22: **Direkter und indirekter Absatzweg**

Die *Abgrenzung* von Groß- und Einzelhandel ist schwierig. *Generell* könnte
allerdings der **Großhandel** als „Handel unter Kaufleuten definiert werden"

(NIESCHLAG/DICHTL/HÖRSCHGEN 2002, S. 434). Er kommt im hier betrachteten Zusammenhang (vom „kollektierenden" oder *Aufkauf*-Großhandel wird
abgesehen) in zwei Formen vor: als „*Produktionsverbindungs*handel" und als
„*Absatz*-Großhandel". Insbesondere bei ersterem spielt das sog.
Streckengeschäft eine große Rolle: Die Ware wird nicht „auf Lager" genommen,
sondern nur „disponiert". Beim *Lager*geschäft hat heute die *Selbstbedienung*, in
Gestalt der *Cash- und Carry-Betriebe*, eine gewisse Bedeutung erlangt.

Auch der **Einzelhandel** kommt in verschiedenen Formen vor. Man be-
zeichnet sie zumeist - obwohl nicht überschneidungsfrei (da verschiedene
Abgrenzungskriterien verwandt werden können) - als „**Betriebsformen**". Als
besondere Formen - neben der quasi „traditionellen" oder Normalform, dem
selbständigen Ladengeschäft - sind im Laufe der Zeit z.B. aufgetreten:
- Warenhäuser
- Versandgeschäfte
- Einheits- bzw. Kleinpreisgeschäfte
- Massenfilialbetriebe
- Discounter
- Einkaufszentren (Shopping Centers)

Nieschlag hat diesbezüglich das „Gesetz von der *Dynamik der Betriebsformen*"
formuliert. Es kann als „Lebenszyklus" interpretiert werden (schon viel früher
sprach *McNair* vom „wheel of retailing"), wird heute allerdings etwas
skeptischer betrachtet - obwohl die Grundtendenz, dass sich ursprünglich
„neue", in bezug auf den Preis aggressive Betriebsformen allmählich „saturie-
ren" und den anderen Formen angleichen (*„trading up"*), offensichtlich nicht
ganz von der Hand zu weisen ist.

Quasi zusätzlich zu den bisher betrachteten Stufen: „Hersteller - Großhändler
- Einzelhändler" können weitere (im juristischen Sinne: selbständige)
„kaufmännische Hilfsgewerbe" auftreten, im hier gegebenen Zusammenhang
insbesondere Kommissionäre und Handelsvertreter (als *„Handelsvermittler"*).
Stellt man - vereinfachend - nur darauf ab, in wessen *Namen* und für wessen
Rechnung gehandelt wird, so ergibt sich folgende *Abgrenzung:* Der (Groß- oder
Einzel-)*Händler* handelt im eigenen Namen und für eigene Rechnung, der
Kommissionär im eigenen Namen, aber für fremde Rechnung und der
Vertreter im fremden Namen und auf fremde Rechnung. Im Unterschied
dazu weist der (Handels-)**Makler** nur die Gelegenheit zum Abschluss von
Geschäften nach und hat lt. HGB (Handelsgesetzbuch) die Interessen *beider*
Partner wahrzunehmen.

Kein selbständiger Kaufmann, sondern Angestellter ist der **Reisende**. Im Prinzip drückt sich dies darin aus, dass der Reisende nur Gehalt als „*Fixum*", der Vertreter nur *Provision* erhält. In der Praxis   finden sich vielfältige Mischformen, meist dergestalt, dass - aus Anreiz-Gründen - dem Reisenden eine Umsatzprovision zugebilligt wird. Erhält auch der Vertreter ein - meist niedrigeres - Fixum (f_V - f_R für den Reisenden), so kann der Vorteilhaftigkeitsvergleich gemäß Darst. 5-23 erfolgen: Ab einem Umsatz nach dem Schnittpunkt (U_k, als „kritischer Umsatz") wird der Reisende vorteilhafter, vorher ist es der Vertreter.

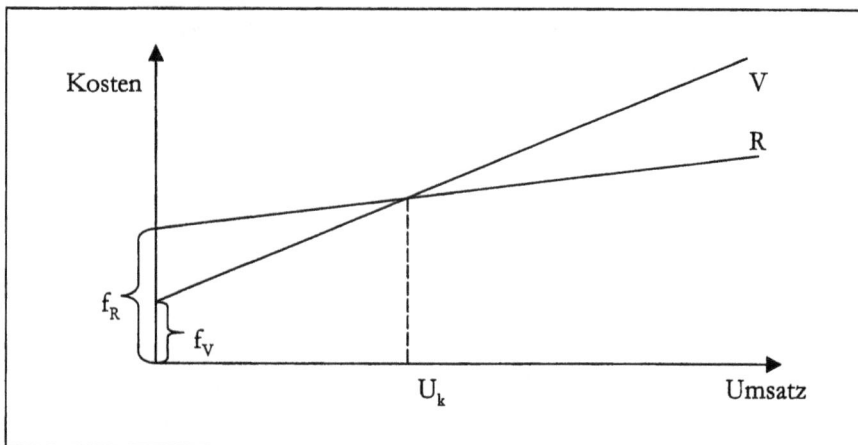

Darst. 5-23: **Vorteilhaftigkeitsvergleich Reisender/Vertreter**

Der Reisenden-Einsatz wirft verschiedene *Probleme* auf. Einer dieser „außendienstlichen Entscheidungstatbestände" (MEFFERT - andere sind: Bildung von Verkaufsbezirken, Bestimmung der Zahl der Mitarbeiter, deren Schulung usw.) ist die *Tourenplanung* (in der Operations-Research-Literatur als „*Traveling-Salesman*"- oder „Rundreise"-Problem bezeichnet - s. auch Kap. 4).

Eine Sonderstellung innerhalb der akquisitorischen Distribution nimmt das in den letzten Jahren zunehmend geübte **Franchising** ein. Man versteht darunter ein Vertriebssystem, bei dem der *Franchise-Geber* - oft ein Hersteller - mit einer Anzahl von Franchise-*Nehmern* auf vertraglicher Basis zusammenarbeitet; diese handeln zwar auf eigenes Risiko, aber in der durch den Vertrag bestimmten Namensgebung, Ausstattung usw. (sind also in dem Falle, dass zusätzlich vom Hersteller auch eigene Filialen betrieben werden, von diesen praktisch nicht zu unterscheiden – Bsp. *McDonald´s*).

Der Absatzweg-Entscheidung kommt große Bedeutung zu: Insbesondere die für den *direkten* Weg hat beinahe schon „konstitutiven Charakter" (s. Kap. 8-10), da sie nur sehr schwer zu revidieren ist. Beim *indirekten* Absatz kann man nach dem „Arbeitsschwerpunkt" der Strategie unterscheiden: **Pull-Strategien** sollen über die „Bearbeitung" des *Verbrauchers* (durch „klassische Werbung" usw.) einen *Nachfragesog* beim Handel bewirken, **Push-Strategien** über Promotions-Maßnahmen etc. beim Handel einen *Angebotsdruck* auf den Verbraucher.

Aufgabe der **physischen Distribution** ist es, die *tatsächliche* Verteilung der Waren vom Hersteller an den Verbraucher vorzunehmen. Ein besonderes Gewicht kommt dabei der Sicherstellung der *Lieferbereitschaft* zu; insofern hat die Organisation der physischen Distribution auch *akquisitorische* Aspekte. Sie umfasst damit auch *Transport-* und *Lagerentscheidungen* (z.B. *Verfahrensvergleiche* eigene vs. fremde Transportmittel oder Eigen- vs. Fremd-Lagerung); man spricht auch von **Marketing-Logistik**. Darauf ist im nächsten Kapitel zurückzukommen; vorher soll noch kurz das Problem der *optimalen Kombination* der absatzpolitischen Instrumente angesprochen werden:

Resümee: Problem der optimalen Kombination des absatzpolitischen Instrumentariums („Marketing-Mix")

Die konkrete Festlegung des Aktivitäts*niveaus*, von Art und Umfang des Einsatzes der absatzpolitischen Instrumente, bezeichnet man auch als **Marketing-Mix**. Dies beinhaltet ein sehr schwer zu lösendes Problem, da es, wie aus den bisherigen Ausführungen deutlich geworden sein dürfte, im Grunde eine außerordentliche Vielzahl von absatzpolitischen Mitteln gibt. Man kann deshalb zunächst eine Stufe tiefer anzusetzen versuchen, beim einzelnen **Sub-Mix**. Gelegentlich werden dabei - wie oben schon angedeutet - die Sub-Mixe: „Produktmix", „Kommunikationsmix", „Distributionsmix" zum „Leistungsmix" zusammengefasst und dem „Preismix" gegenüber gestellt.

Die *allgemeine* **theoretische Lösung** des Problems erfolgt nach dem *Marginalprinzip*: Einsatz solange, bis die Grenzkosten gleich dem Grenzerlös werden. Eine *spezielle* Lösung liefert das sog. *Dorfman-Steiner-Theorem*: Aus den Annahmen über die Absatz-, die Produktionskosten-, die Produkt-Deckungsbeitrags-, die Preiselastizitäts-Funktion und den Grenzerlös der Werbung folgt, dass sich das absatzpolitische Instrumentarium „dann optimal gestaltet, wenn der Grenzerlös der Distributionsaufwendungen gleich dem der Kommunikationsaufwendungen sowie dem negativen Wert der Preiselastizität der Nachfrage bzw. gleich dem Quotienten aus Preis und Stückdeckungsbeitrag ist" (BÖCKER/HELM 2003, S. 110 - hier ohne Hervorhebungen).

Heute versucht man die *empirische Messung* von **Marktreaktionsfunktionen**, formal, mit x für die Absatzmenge und r_i den Instrumenten-Einsatz:

$$x = f(r_1, \dots, r_n) \tag{5.5}$$

Die einzelnen Funktionen (z.B.: *Preis-Absatz-Funktion*, insbesondere aber etwa: *„Werbewirkungskurve"*) sind aber nicht einfach zu messen, zudem oft nichtlinear bzw. multiplikativ miteinander verknüpft.

Demgegenüber beschreiben HILL/RIESER (1993) eine **pragmatische Vorgehensweise**:

1. Bestimmung der *Ausgangslage*,
2. Erarbeitung alternativer *Grobkonzepte*,
3. *Bewertung* und *Auswahl* der Grobkonzepte,
4. *Konkretisierung* und *Feinabstimmung* des ausgewählten Grobkonzepts sowie Erarbeitung alternativer *Detailkonzepte* für dessen verschiedene Aspekte,
5. *Bewertung* und *Auswahl* der Detailkonzepte,
6. *Feinabstimmung* und Aufstellung eines detaillierten Marketing-*Budgets*.

Literaturhinweise

Als - *neuere* - *Gesamtdarstellungen* der *Absatzwirtschaft* (des „Marketing") sind etwa zu nennen: BÄNSCH 1998; BERNDT 1995/96; BÖCKER 2003; HILL/RIESER 1993; HÜTTNER/VON AHSEN/SCHWARTING 1999; KOTLER/BLIEMEL 2001; MEFFERT 2000 und 2001; NIESCHLAG/DICHTL/HÖRSCHGEN 2002; SCHEUCH 1996; WEIS 2001. An der Schnittstelle zwischen Produktion und Absatz (schon im Titel): BERNDT/CANSIER 2002.

Daneben existiert natürlich eine Fülle von *spezieller* Literatur. Davon sollen hier nur zwei Gruppen Erwähnung finden: einmal die Literatur zur *Marktforschung* (Abschnitt 2), als doch - insbesondere methodisch - ausgesprochenes *Sondergebiet*, zum anderen, wegen ihres Umfangs, zum *absatzpolitischen*

Instrumentarium (Abschnitt 4). Zur ersten Gruppe: „Marktforschung" sei - neben HÜTTNER 1979 und HÜTTNER/SCHWARTING 2002 - genannt: BEREKOVEN/ ECKERT/ELLENRIEDER 2001; BÖHLER 1992; GREEN/TULL 1982; HAMMANN/ ERICHSON 2000; KAMENZ 2001; MEFFERT 1992.

Bezüglich der zweiten Gruppe: „absatzpolitisches Instrumentarium" können angeführt werden:
- zur *Produktpolitik*: BROCKHOFF 1999b; HÜTTEL 1998
- zur *Preispolitik*: DILLER 2000; SIMON 1992
- zur *Kommunikationspolitik*: BRUHN 2003; HUTH/PFLAUM 2001; SCHMALEN 1992
- zur *Distributionspolitik*: AHLERT 2002; SPECHT 1998

Aufgaben

5-1: *T/F*: Ein Panel (in der Marktforschung) ist ein bestimmter, gleich bleibender Kreis von Herstellern, die sich gegenseitig (über „Preismeldestellen") über ihre Preise informieren.   T / F

5-2: *T/F*: Sog. *Cows* sind durch einen hohen relativen Marktanteil und ein geringes Marktwachstum gekennzeichnet, so dass erhebliche Einzahlungsüberschüsse erwirtschaftet werden können.   T / F

5-3: Vollziehen Sie den Übergang von (5.1a) zu (5.1c)!

5-4: a) Verifizieren Sie anhand von (5.4), dass bei einer Preiselastizität von 1 der Grenzerlös 0 wird!
    b) Wie hoch ist E'
       (1) bei e = 2,0
       (2) bei e = 0,5?

5-5: *MC*:
    Der Cournot'sche Punkt (C) ist
    o der Punkt, der bei einer Punktwolke genau in der Mitte zwischen A und B liegt
    o der Punkt des Gewinnmaximums; er ergibt sich aus dem Schnittpunkt der Grenzerlöskurve mit der Ordinate
    o der Punkt des Gewinnmaximums; er ergibt sich aus dem Schnittpunkt der Grenzerlöskurve mit der Grenzkostenkurve

o der für den Monopolisten optimale Preis

o die für den Monopolisten optimale Menge

5-6: *T/F:* Der Gewinn eines Monopolisten wird auch jenseits des
      Schnittpunktes von Grenzkosten- und Grenzerlöskurve - also bei
      Grenzerlösen, die niedriger sind als die Grenzkosten - nicht
      reduziert, wenn weiterhin die Absatzmenge steigt.   T / F

5-7: Kommentieren Sie die Preisdifferenzierung gemäß Darst. 5-21 im
      Vergleich zum „Einheitspreis" bei p_3!

5-8: *T/F:* Vertikale Preisdifferenzierung ist (im Gegensatz zur horizontalen)
      nur im unelastischen Bereich der Preis-Absatz-Funktion möglich.
                                                               T / F

5-9: *T/F:* AG.MA bedeutet „Arbeitsgemeinschaft für Markenartikel". T / F

5-10: *T/F:* Der sog. *Tausender-Preis* gibt die Reichweite eines Printmediums in
      Tausender-Schritten an.   T / F

5-11: *MC:*

      Unter „Franchising" versteht man

      o eine Kooperation zwischen Hersteller und einigen Händlern, bei der
         festgelegt ist, dass ein einzelner Händler exklusiv die Produkte des
         Herstellers vermarktet

      o eine Kooperation zwischen verschiedenen Einzelhändlern, die ein
         einheitliches Marketing betreiben

      o eine Kooperation von z.B. einem Hersteller und verschiedenen
         Händlern, wobei ersterer in einem vertraglich festgelegten Umfange
         über die Absatzpolitik des jeweiligen Händlers (mit)entscheidet

      o eine Kooperation von mehreren Großhändlern, die eine einheitliche
         Absatzpolitik verfolgen

      o eine Kooperation zwischen einem Hersteller und einem Händler, bei
         der letzterer den Alleinvertrieb übernimmt

Kapitel 6   Bereitstellungs- und Lagerwirtschaft („Beschaffung" und „Logistik")

Die *Bereitstellung* der für den Produktionsprozess erforderlichen Produktionsfaktoren wurde bereits in Kap. 4, bei der *Inputfaktorplanung*, angesprochen. Dabei ging es allerdings mehr um grundsätzliche Probleme der Produktionstheorie bzw. spezielle Produktionsfunktionen (im Einzelfall jedoch, etwa im Rahmen des „Gozinto-Modells", schon um konkrete Festlegungen). Hier steht dagegen mehr die Frage im Vordergrund, wann, wie, in welchen Mengen usw. tatsächlich *beschafft* werden soll.

Von daher könnte das „Beschaffungswesen" (im Einklang mit der bisherigen - und auch späteren - Terminologie wird im Folgenden, vielleicht etwas ungewöhnlich, von **Beschaffungswirtschaft** gesprochen) der Produktion zu-, vor- oder auch untergeordnet werden. Dabei ist aber zweierlei zu bedenken: Einmal ist der Begriff der Beschaffung stärker *markt*gerichtet; man kann vom „Beschaffungsmarkt" reden. (Auf die - bisweilen gebrauchte - Bezeichnung Beschaffungs*marketing* wird dagegen verzichtet: „Marketing" soll dem *Absatz*bereich vorbehalten bleiben.) Andererseits werden auch Maschinen, Arbeitskräfte, finanzielle Mittel „beschafft". Dies soll hier nicht behandelt werden. (Zu Maschinen s. „Investitionsplanung", zu finanziellen Mitteln „Finanzplanung" - beide in Teil IV - ; „Personalplanung" wird in Kap. 12.1 - im III. Teil - erörtert.) Hier geht es lediglich um die Beschaffung von Roh-, Hilfs- und Betriebsstoffen, also den Produktionsfaktor „Werkstoffe", insofern Beschaffung im *engeren Sinne*. (S. auch Darst. IVE-1 - im IV. Teil.)

Deshalb wurde oben von *Bereitstellung* gesprochen. Gelegentlich wird ferner der Begriff **Materialwirtschaft** verwandt. Er dürfte insofern etwas unklar sein, als in ihm anklingt, dass auch die **Lagerwirtschaft** einbezogen ist. Der *markt*gerichtete Aspekt scheint dann verloren zu gehen. Im Folgenden wird deshalb darauf verzichtet. Vielmehr werden beide Aspekte getrennt behandelt: im ersten Abschnitt Grundfragen der Beschaffungswirtschaft, im zweiten solche der Lagerwirtschaft.

In Bezug auf letzteres soll es sich allerdings nur um die *Beschaffungs*- oder *„Eingangs"*-Läger - zuzüglich eventueller *Zwischen*läger - handeln, nicht jedoch um *Absatz*- oder *„Ausgangs"*-Läger. Solche wurden zum Bereich der

„physischen Distribution" gerechnet; s. dazu auch, in Kap. 5, den Begriff „*Marketing-Logistik*". Allerdings wird heute bisweilen die Bezeichnung **Logistik** sehr umfassend gebraucht, im Sinne nicht nur *aller* Läger, sondern insbesondere auch sämtlicher - inner- und außerbetrieblicher - *Transport*-Vorgänge. „Logistik" erscheint dann als alle „Kreislauf"-Funktionen überdeckende und sehr umfassende Querschnitts-Funktion (mit allerdings recht heterogenen Bestandteilen - von anspruchsvollen mathematischen Lagerhaltungsmodellen bis zu einer einfachen „Transportkunde").

6.1 Grundfragen der Beschaffungswirtschaft

Im Grunde analog zum Absatz, benötigt man auch über den Beschaffungsmarkt *Informationen*. Man könnte deshalb auch hier von „**Marktforschung**" sprechen. Dies ist nicht selten der Fall; einer der Verf. hatte es ebenfalls noch in der 3. Auflage seiner „Grundzüge der Marktforschung" getan, in einem eigenen Abschnitt - S. 282ff. Hier soll allerdings davon abgesehen werden, und zwar hauptsächlich deshalb, weil eine professionelle Ausprägung als „Beschaffungsmarktforscher" kaum stattgefunden hat (die Funktion also im Allgemeinen eher sporadisch, als „Markterkundung", ausgeübt wird).

Vor dem Einsatz der einzelnen beschaffungspolitischen Instrumente sind **strategische Fragen** zu klären. Dazu soll hier nicht so sehr die Entscheidung der *„Synchronisation" vs. „Emanzipation"* (KERN 1992) gerechnet werden: Ersteres läuft letztlich auf „*JIT*" hinaus, auf dessen Vor- und Nachteile bereits in Kap. 4 eingegangen wurde. In vielen Fällen wird deshalb eine „*Vorratsbeschaffung*" erfolgen; auf die Probleme dabei und die verschiedenen „Lagerhaltungspolitiken" ist unten noch zurückzukommen. Auch mögliche *„Beschaffungsportfolios"* sollen hier nicht weiter erörtert werden; vgl. dazu REICHWALD/DIETEL 1991, aber auch die entsprechende Darstellung bei HOITSCH 1993, S. 149ff. Eingegangen werden soll dagegen noch kurz auf die Entscheidung *Eigen- oder Fremdbezug* („Make or Buy"), heute - unter Betonung des letzteren - auch unter dem Begriff *Outsourcing* diskutiert. (Auf „Single" und „Global Sourcing" ist unten noch zurückzukommen.) Lange Zeit ging es dabei im Kern um einen *Kostenvergleich* (und dabei wiederum - im Hinblick auf die *Fristigkeit* - die Frage, ob die *fixen* Kosten zu berücksichtigen seien oder nicht). Da bei den Kosten *qualitative* Aspekte kaum zum Tragen kommen, wurden später *Scoring-Modelle* (s. auch das Beispiel für ein solches in Darst. 8-1) vorgeschlagen. In neuerer Zeit wird verstärkt versucht, auf dem *Transaktionskostenansatz* von *Coase* aufzubauen. (S. zu diesem - kurz - in Kap. 14; vgl. auch - im hier gegebenen Zusammenhang - die ausführliche Darstellung bei Sell 2002, S. 30ff. und speziell 38ff.)

In Analogie zum „absatzpolitischen Instrumentarium", in Kap. 5, erscheint die Bündelung der verschiedenen beschaffungspolitischen Mittel zum **beschaffungspolitischen Instrumentarium** sinnvoll. Bildet man hier ebenfalls vier Gruppen, so kann die Bezeichnung von zweien davon übernommen werden: *Preispolitik* und *Kommunikationspolitik*. Der Ausdruck „Produktpolitik" ist dagegen nicht zweckmäßig: Auch dort ging es im Grunde ja um das Produktions*programm* (s. auch die Verwendung dieses Begriffes in Kap. 4); hier kann deshalb ähnlich - zum letztlich noch weiteren Begriff des „Absatzprogramms" (nämlich um „Handelsware", hinzugekaufte Fertigwaren, ergänzt) - von *Beschaffungsprogrammpolitik* gesprochen werden. Analog zu „Distributionspolitik" kann man - verwendet man die von *Seyffert*, im „Handelskettenschema" (s. Kap. 5), geschaffene Entgegensetzung von „distribuierend" zu „kollektierend" - von *Kollektionspolitik* reden. Im Folgenden wird auf diese 4 Gruppen noch etwas näher eingegangen:

Die **Beschaffungsprogrammplanung** beruht auf dem **Bedarf.** Soweit dieser *deterministisch* ist, resultiert er aus den *Stücklisten*. Davon gibt es verschiedene Arten. So kann etwa die *Direktbedarfsmatrix* des Gozinto-Verfahrens - in Kap. 4 - als *Baukasten*-Stückliste in den Spalten (für jede übergeordnete Einheit sind die direkt in sie eingehenden Bauteile bzw. -gruppen ausgewiesen - die *Zeilen* stellen „*Teileverwendungsnachweise*" in Baukastenform dar) interpretiert werden; die *Mengenübersichtsmatrix* bildet analog in den Spalten eine „*Mengenübersichts*"- oder „*Aufzählungs*"-Stückliste ab. Ist der Bedarf dagegen *stochastisch*, so muss er prognostiziert werden. Meist finden dabei nur relativ einfache Verfahren, wie gleitende Durchschnitte oder Exponential Smoothing (s. dazu die Systematik der Prognosemethoden in Darst. 3-2) Anwendung. Als Resultat erhält man in beiden Fällen - „deterministisch" wie „stochastisch" - zunächst den *Brutto*-Bedarf. Nach Vergleich mit dem *Lagerbestand* ergibt sich der *Netto*-Bedarf.

Ein Instrument zur Analyse des mengenmäßigen Bedarfs ist die **ABC-Analyse**. Sie basiert auf der Überlegung - und Erfahrung - , dass die Teile mit *hohem* Wert, die *A*-Teile, in der Regel nur einen kleinen Anteil an der Gesamtzahl aller zu beschaffenden Teile (vielfach etwa 20%), aber einen hohen Anteil am Gesamtbeschaffungswert (80%) haben, während umgekehrt die *C*-Teile, solche mit *niedrigem* Wert, einen hohen Mengen- und kleinen

Wertanteil aufweisen (70% vs. 5%); dazwischen liegen die Teile mit *mittlerem*
Wert (*B*-Teile: 10 vs. 15% - also in etwa ausgeglichen). *Graphisch* lässt sich dies
auch in einer „Konzentrationskurve" (Lorenzkurve) darstellen. Die *Konsequenz*
muss sein, der großen Masse der C-Teile weniger Aufmerksamkeit und damit
Kosten zuzuwenden (z.B. Zusammenfassung der Bestellungen zu Gruppen -
mit höherem Sicherheitsbestand, gemäß unten). Umgekehrt verdient die
wichtige Gruppe der A-Teile höhere Aufmerksamkeit mit exakter Disposition
und Bestandsführung und individueller Festlegung von Bestellmenge und
-bestand, gemäß unten. (Während bei der ABC-Analyse die „Wertigkeit" -
genauer: das Preis-/Mengenverhältnis - im Vordergrund steht, wird bei der
sog. *XYZ-Analyse* auf die *Prognosegenauigkeit* - mit bei X-Teilen *höherer* Genauig-
keit - abgestellt.)

Insbesondere ist auf die A-Teile das - als auf die qualitätsmäßige Komponente des Bedarfs bezogene Konsequenz - Instrument der **Wertanalyse**
anzuwenden. Nach DIN 69910 handelt es sich dabei um „das systematische
analytische Durchdringen von Funktionsstrukturen mit dem Ziel einer
abgestimmten Beeinflussung von deren Elementen (z.B. Kosten, Nutzen) in
Richtung einer Wertsteigerung." Während früher die *ingenieurmäßige* Betrachtung - mit der Betonung auf den *Kosten* (der Herstellung und Beschaffung) - im Vordergrund stand, tritt heute, im Zusammenhang mit dem
Total Quality Management (s. dazu auch noch - ganz kurz - im Exkurs im
Anschluss an Kap 11) mit der Betonung des *Nutzens*, die absatzpolitische
Bedeutung stärker hervor.

Im Rahmen der hier so genannten **Kollektionspolitik** kommt es zunächst -
wie beim Absatz - auf den *Beschaffungsweg* an: *direkte* Beschaffung (vom
Produzenten) oder *indirekte* (über den Großhandel - als Aufkauf- oder als
Produktionsverbindungshandel). *Organisatorisch* bleibt zu entscheiden, ob eine
eigene Beschaffungs- (bzw. Einkaufs-)*Abteilung* gebildet werden - unabhängig
davon, also *zusätzlich*, oder auch als *Ersatz* dafür, *überbetrieblich* (z.B. über im
Handel weit verbreitete „Einkaufsgenossenschaften") - oder betriebs*fremde*
(über „Einkaufsagenten" usw.) Beschaffung erfolgen soll. Daneben tritt das
Problem der *Lieferantenstruktur* auf, d.h., ähnlich der oben erwähnten ABC-
Analyse, die Analyse ihrer Anzahl und größenmäßigen Verteilung. Eine
Konzentration auf einige wenige Lieferanten hat *Nachteile* („Abhängigkeit"), aber
auch *Vorteile*: Kostenersparnis und Preiszugeständnisse. Heute werden
letztere stärker betont, im Sinne der Hinwendung zum *Single Sourcing*. (Von
Global Sourcing spricht man oft schon dann, wenn die Auswahl der Lieferanten
weltweit erfolgt.)

Damit ist schon der Bereich der **Preispolitik** angesprochen; darüber soll hier nichts weiter ausgeführt werden, da sie quasi nur das Pendant zur Preispolitik der Anbieter ist. Über die **Kommunikationspolitik** soll ebenfalls nicht viel gesagt werden: Eine eigene „Beschaffungswerbung" kommt wohl selten vor; dafür spielen besondere Instrumente, wie etwa auch die - im Prinzip wohl mehr dem *Absatz*bereich zuzuordnende - „*Referenzpolitik* ": die Art und Weise, wie der Lieferant den eigenen Betrieb als Referenz benennt, eine Rolle.

6.2 Grundfragen der Lagerwirtschaft

Bei der Herleitung der Formel für die *optimale Losgröße* in Kap. 4 war angenommen worden, dass sich der Absatz bzw. Verbrauch *gleichmäßig* über die Periode verteilt (s. auch A 4-9). *Graphisch* lässt sich dies gemäß Darst. 6-1a veranschaulichen. Zu den Zeitpunkten t_1 und t_2 wäre der Bestand auf 0 abgesunken und würde dann wieder „aufgefüllt", jeweils in Höhe von x: dort die Losgröße, hier die *Bestellmenge*. (t heißt auch Bestell*termin*.) Ein solches Absinken der Vorräte - im Sinne der *Vorratsbeschaffung* gemäß oben, 1. Abschnitt - auf 0 ist jedoch nicht hinnehmbar, da unvorhergesehene Verzögerungen bei der Lieferung dann zu Produktionsstockungen führen müssen (die „Bereitstellungsfunktion" wäre nicht erfüllt). Für solche Fälle muss also eine Reserve gebildet werden; sie wird als *eiserner Bestand* - e in Darst. 6-1b - bezeichnet. Allerdings kann das Erreichen dieses nicht abgewartet werden, da die Bestellung und insbesondere Lieferung Zeit benötigt; es muss deshalb ein *Melde-* oder *Bestellbestand* s eingeführt werden, dessen Erreichen zur Auslösung der Bestellung führt

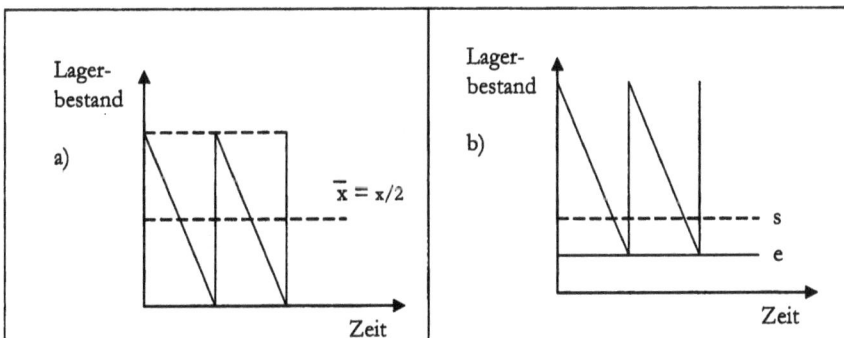

Darst. 6-1:   a) Verlauf des Lagerbestandes bei gleichmäßigem Absatz/Verbrauch
              b) dto. mit eisernem und Meldebestand

.Für die **optimale Bestellmenge** x_0 ergeben sich die gleichen Überlegungen und Ableitungen wie bei der optimalen Losgröße; Formel (4.32) gilt also auch hier:

$$x_{1,2} = \pm \sqrt[2]{\frac{2 \cdot M \cdot f}{p \cdot q}} \qquad (6.1)$$

Lediglich die Interpretation der Größen im *Zähler* ist geringfügig anders: M steht nunmehr für die *Verbrauchsmenge* der Periode, f für die *auftrags-* oder *bestellfixen* Kosten. (Zu den *Nenner*-Größen s. auch A 6-3.)

In der Praxis werden die Lagerentnahmen jedoch zumeist nicht kontinuierlich erfolgen, sondern *diskontinuierlich* (hinsichtlich von Entnahme*zeit* und *-menge*). Daraus - und anderen Prämissen-Veränderungen - ergibt sich eine Fülle möglicher **Lagerhaltungsmodelle** oder **-systeme** (im folgenden als *Politiken* bezeichnet). Nachstehend werden nur einige grundsätzliche Möglichkeiten aufgezeigt; die Benennung richtet sich nach den Größen, die *konstant* bleiben:

1. **(s,x)-Politik** (Darst. 6-2): Der Lagerbestand wird nach *jeder* Entnahme überprüft; das Erreichen von s löst die Bestellung einer konstanten Menge x aus. Es *variieren* also die Bestelltermine und der maximale Lagerbestand.

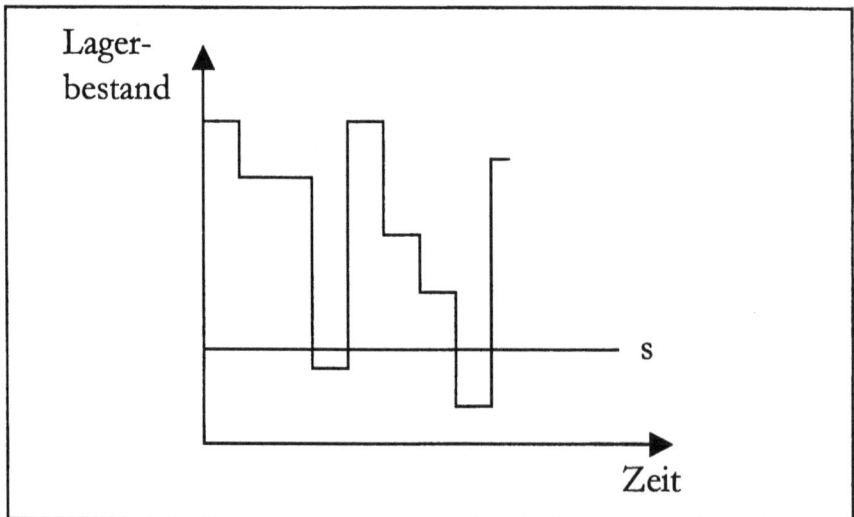

Darst.6-2: Verlauf bei (s,x)-Politik

2. Wird ein Sollbestand S eingeführt und dieser, zusammen mit dem Meldebestand, als konstant angenommen, so handelt es sich um eine (s,S)-Politik). Gemäß Darst. 6-3 schwankt nunmehr neben dem Bestelltermin die Bestellmenge.

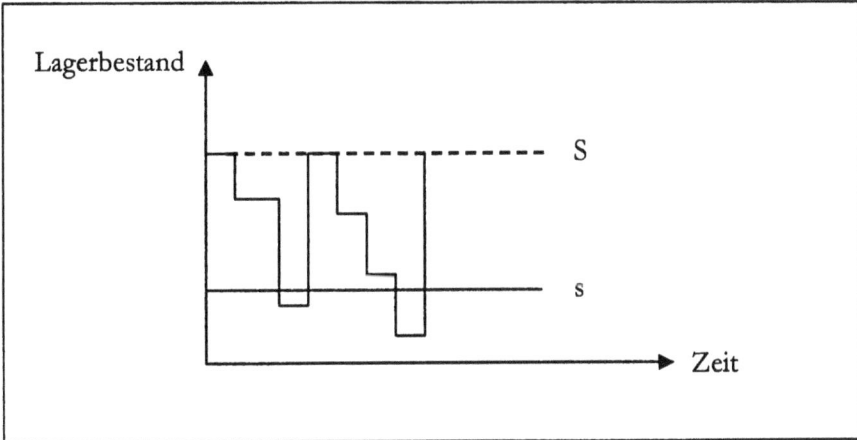

Darst. 6-3: **Verlauf bei (s,S)-Politik**

3. Bei der **(t,S)-Politik** - Darst. 6-4 - wird der Lagerbestand in regelmäßigen Intervallen auf den Sollbestand aufgefüllt. Einen Meldebestand gibt es nicht, die Bestellmenge variiert.

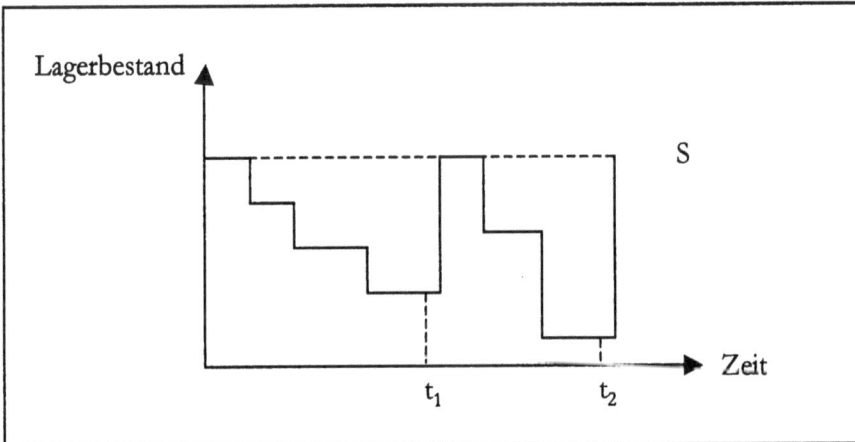

Darst. 6-4: **Verlauf bei (t,S)-Politik**

Hierbei handelt es sich um ein **Bestellrhythmusverfahren**; die vorher genannten Politiken gehören zu den Bestell**punkt**verfahren.

Literaturhinweise

Monographien bzw. Lehrbücher, die das in diesem Kapitel behandelte Gebiet insgesamt abdecken, sind nicht sehr zahlreich. (Unverkennbar ist bisweilen auch die Nähe zur „Praktiker-Literatur".) Zu nennen wäre am ehesten HARLANDER/PLATZ 1996 und ARNOLDS/HEEGE/TUSSING 1998.

Zur „Logistik" hat sich ein spezielles Schrifttum entwickelt; s. vor allem PFOHL 2000 und IHDE 2001.

Aufgaben

6-1: *T/F*: Es kann nicht von einem indirekten Beschaffungsweg gesprochen werden, wenn ein produzierendes Unternehmen seine Einsatzstoffe über eine Handelsorganisation beschafft, die sich mehrheitlich im Besitz dieses Unternehmens befindet.   T / F

6-2: *T/F*: Mit „Bestellmenge" wird der Lagerbestand bezeichnet, bei dessen Erreichen eine Nachbestellung erfolgt.   T / F

6-3: Was bedeuten die *Nenner*-Größen in Formel (6.1)?

Kapitel 7 Forschung und Entwicklung - „Innovationsmanagement"

Im Kap. 5 wurde bereits verschiedentlich der „Produktlebenszyklus" erwähnt. Auf dieses Konzept und seine Erweiterungen sowie die sich in diesem Zusammenhang ergebenden Konsequenzen für „F&E" soll nun in diesem Kapitel etwas näher eingegangen werden.

7.1 Produktlebenszyklus

Die Idee des **Produktlebenszyklus** geht davon aus, dass auch Produkte dem Prozess des „Werdens und Vergehens" unterliegen: Nach der *Marktreife* ergibt sich zunächst ein Wachstum, danach eine Schrumpfung und schließlich eine *Marktsättigung*. Bei Gütern, deren *Lebensdauer* nicht vernachlässigbar gering ist, also z.B. bei Gebrauchsgütern, kann man darüber hinaus zwischen *Neu-* und *Ersatz*nachfrage unterscheiden. Damit ist auch, wie in Darst. 7-1 (auf der folgenden Seite, aus HÜTTNER/SCHWARTING 2002 - 1. Aufl. HÜTTNER 1965), die Differenzierung zwischen *Bestands-* und *Absatz*entwicklung möglich.

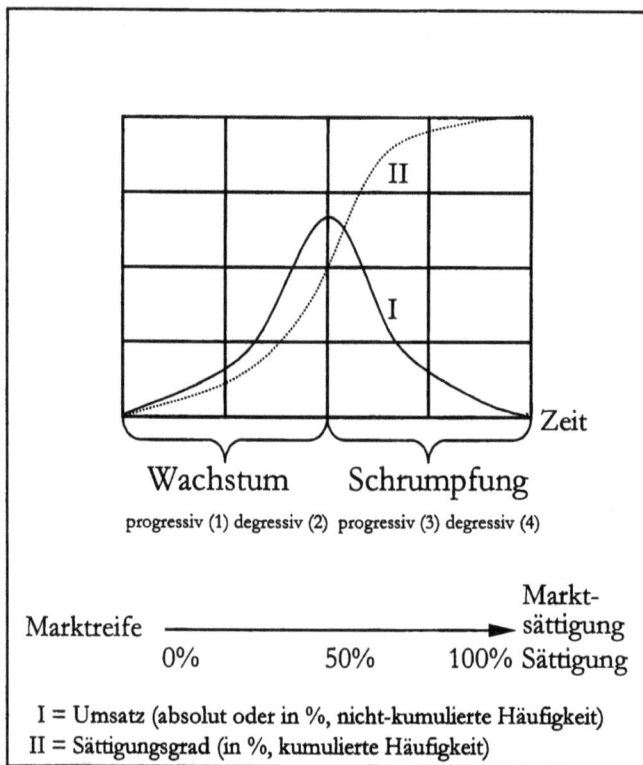

Darst. 7-1:   Marktwachstum und Marktsättigung
(4-Phasen-Schema des Produktlebenszyklus)

Für *empirische* bzw. *Prognosezwecke* ist oft die Bestandskurve wichtig. Bei den *theoretischen* Betrachtungen in der Literatur wird dagegen meist nur auf die Umsatzkurve abgestellt. Dabei findet sich vielfach ein 5phasiger Produktlebenszyklus; auch andere Phasenbildungen kommen vor. Dies wie auch empirische Befunde weisen darauf hin, dass es einen *allgemeingültigen* Produktlebenszyklus *nicht* gibt. Das relativiert zugleich die *praktische* Bedeutung. (Diesbezüglich ist es natürlich auch von Relevanz, ob es sich tatsächlich um eine *Markt-* oder bloß eine *Betriebs*neuheit handelt.) Als *allgemeines* Konzept dürfte es jedoch durchaus - auch *didaktisch* - sinnvoll sein. Dabei liegt es dann nahe, eine Phaseneinteilung zu verwenden, die zumindest *theoretisch* begründbar ist. Das trifft beim 4-Phasen-Schema zu, durch die von ROGERS (1995, 1. Aufl. 1962) herausgearbeitete „Diffusion von Innovationen", mit den „Innovatoren" bzw. „frühen Übernehmern", der „frühen Mehrheit", der „späten Mehrheit" und den „Nachzüglern".

7.2 Innovationsprozess

Das Konzept des Produktlebenszyklus verweist insbesondere - wie verschiedentlich erwähnt - darauf, dass ständig neue Produkte entwickelt werden müssen; es bedarf also eines **Innovationsprozesses** und des **Innovationsmanagements**. Dabei kann Innovation in einem engeren und einem *weiteren* Sinne verstanden werden. Darst. 7-2 zeigt, in Anlehnung an BROCKHOFF (1999a, S. 38), einen Abgrenzungsversuch.

Forschung und Entwicklung	Invention	Innovation i.w.S.
Entwicklung der „Marktreife"	Innovation i.e.S.	
Marktdurchsetzung	Diffusion	
Konkurrenz durch Nachahmung	Imitation	

Darst. 7-2: **Innovationsbegriffe**

Zur *weiteren Abgrenzung* sei noch darauf hingewiesen, dass hier nur auf *Produkt*innovationen abgestellt wurde. Diese bilden zusammen mit den *Verfahrens-* oder *Prozess*innovationen die *technologischen* Innovationen. Zu den nicht-technischen Innovationen gehören z.B. solche *organisatorischer* Art. (Eine etwas andere Darstellung findet sich in der Abb. 11 bei HAUSCHILDT 1997, der auch darauf hinweist, dass insofern sowohl „F&E-Management" als auch „Technologie-Management" nicht identisch mit „Innovationsmanagement" sind. - Zu einer weiteren Unterscheidung vornehmlich der Produkt-Innovationen s. am Kapitelschluss.)

Durch die Einbeziehung von Forschung und Entwicklung in den Innovationsprozess muss auch die obige Fassung des Produktlebenszyklus als sehr *eng* erscheinen. Er kann mehr nur als *Marktzyklus* angesehen werden. Dazu kommen dann noch - in zwei Erweiterungsstufen - der *Entstehungs-* und der *Beobachtungszyklus*. Darst. 7-3 (auf der folgenden Seite) versucht eine Abgrenzung.

Marktzyklus = Produktlebenszyklus i.e.S.	Erweiterter Produktlebens- zyklus	Integriertes Produktlebens- zykluskonzept
Entstehungszyklus		
Beobachtungszyklus		

Darst. 7-3: **Erweitertes und Integriertes Produktlebenszykluskonzept**

Während der **Beobachtungszyklus** - im strengen Sinne kein „Zyklus", sondern eine fortdauernde Aufgabe - das wissenschaftlich-technologische Vorfeld, als entscheidungsrelevantes „Beobachtungsfeld", bezeichnet, beinhaltet der **Entstehungszyklus** die einzelnen Phasen der Produktentwicklung. Diese sind, wie bereits in Kap. 5 erwähnt, recht unterschiedlich. (Vgl. dazu z.B. die bei BROCKHOFF/URBAN 1988 wiedergegebene Zusammenstellung - mit teilweise auch verschiedener Benennung - für einzelne Unternehmen bzw. Branchen, unter Angabe der „typischen Entwicklungsdauer".) Es wird deshalb auf die in Kap. 5 vorgenommene Einteilung und Diskussion der einzelnen Stadien verwiesen. Ergänzt sei lediglich, dass die *Entwicklungskosten* mit zunehmender Entwicklungsdauer stark - oft progressiv - steigen.

Es bedarf deshalb der Entwicklung von alternativen **Strategien**. Diese können sich zunächst mehr am *Markt* orientieren. Entsprechend den 4 Phasen des oben - enger, als Markt-Zyklus - wiedergegebenen „Produktlebenszyklus" kann man dabei für die 4 Felder der BCG-Portfolio-Matrix laut Darst. 5-8 folgende Strategien unterscheiden:

1. *Offensiv*-Strategie für die *Nachwuchs*produkte („Fragezeichen")

2. *Investitions*-Strategie für die *Zukunfts*produkte („Stars")

3. *Defensiv*-Strategie für die *Basis*produkte („Cows")

4. *Desinvestitions*-Strategie für die *Ergänzungs*produkte („Dogs")

Diese Strategien lassen sich noch kompakter darstellen in einem *9-Felder*-(Markt)-*Portfolio*, das jeweils nunmehr in *Dreier*-Teilung (und gemessen über „Punktbewertungsmodelle" - s. dazu ausführlich bei HINTERHUBER 1996) auf der Ordinate die *Marktattraktivität* und auf der Abszisse die *relativen*

Wettbewerbsvorteile (Stärken) zeigt und auf die Unternehmensberatung McKinsey zurückgeht. Gemäß Darst. 7-4 resultieren 3 Strategie-Typen: *Investitions-* bzw. *Wachstums*strategien und *Abschöpfungs-* bzw. *Desinvestitions-*strategien sowie - quasi im indifferenten Bereich - *selektive* Strategien.

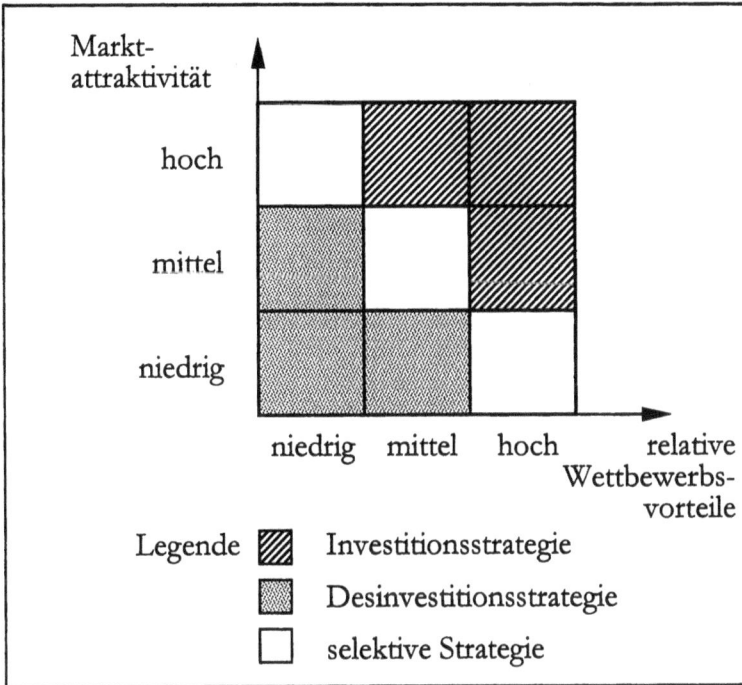

Darst. 7-4: (9-Felder-)Markt-Portofolio

Im Prinzip die *gleichen Strategietypen* ergeben sich beim mehr an der Technologie orientierten **Technologie-Portfolio** (zurückgehend auf Pfeiffer - s. PFEIFFER et al. 1991), mit den Dimensionen *Technologieattraktivität* und *Ressourcen-Stärke* gemäß Darst. 7-5 (auf der folgenden Seite).

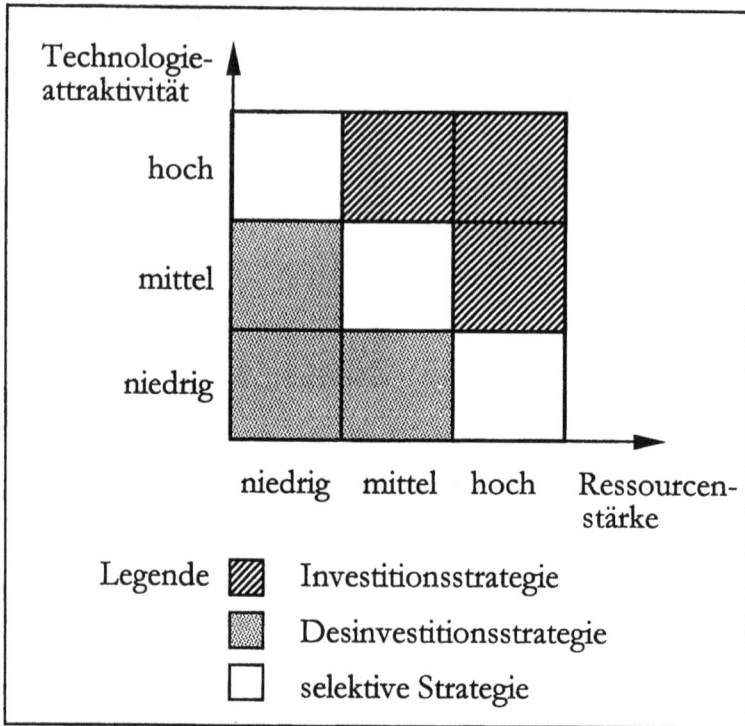

Darst. 7-5: **Technologie-Portfolio**

Diese Gegenüberstellung von *Markt-* und *Technologie-*Portfolio zeigt schon die problematische Stellung von *Forschung und Entwicklung* zwischen *Produktion* und *Marketing* (die sich auch in der gelegentlich anzutreffenden Einteilung der Produkt-Innovationen in „demand *pull*" und „technology *push*" widerspiegelt). Sie erfordert eine *Abstimmung* bzw. *Koordination* und damit nicht zuletzt *organisatorische* Konsequenzen, etwa ein „**Schnittstellen-Management**". (S. dazu BROCKHOFF 1989. Zur „Integration von Technologie- und Marktplanung" mit „Innovations[feld]portfolios" s. SPECHT/MICHEL 1988.)

Literaturhinweise

Dieses Kapital berichtet über eine relative junge Disziplin. Deshalb ist die Literatur noch eher überschaubar. Auf folgende Titel soll zusätzlich zu den bereits im Text erwähnten hingewiesen werden: ALBERS 2001; DOLD/GENTSCH 2000; HÜBNER 2002, MÖHRLE/ISENMANN 2002; SPECHT/MÖHRLE 2002.

Teil III Unternehmensführung

Wie im Teil I dargelegt, wird hier die Betriebswirtschaftslehre nicht mit „Managementlehre" gleichgesetzt; vielmehr bildet die „Unternehmensführung" nur eine - wenn auch sehr wichtige - (Querschnitts-)Funktion. Sie ist Gegenstand dieses Teiles. Auf die verschiedenen „Führungstheorien", „Führungsmodelle" usw. und auch die „Mitbestimmung" wird in Kap. 11 eingegangen. Dies alles muss im „Personalwesen" seinen Ausdruck finden, das in Kap. 12 behandelt wird. Da aber die Unternehmens- und Menschenführung im Betrieb nicht unabhängig von dessen Organisations- und Rechtsform sind, wird beides - als „konstitutive Entscheidungen" - in den Kapiteln 9 und 10 diskutiert. In diesem Zusammenhang ist auf eine dritte derartige Entscheidung, die Standortwahl, noch vorher - kurz - im folgenden Kap. 8 einzugehen. Im Kapital 13 wird dann das Controlling erörtert, inzwischen ein in den meisten Unternehmen unverzichtbarer Bestandteil der Unternehmensführung.

Kapitel 8 Konstitutive Entscheidungen I: Standortwahl

Die zumindest bei der Gründung eines Unternehmens fälligen - und oft nur schwer korrigierbaren - Entscheidungen werden als *konstitutiv* bezeichnet. Zu ihnen gehört neben der Wahl der *Rechts-* und *Organisationsform* (und in gewisser Weise der Festlegung des *Produktionsprogramms* bzw. des *Sortiments*) auch die *Standortwahl*. Diese greift über rein betriebswirtschaftliche Entscheidungstatbestände hinaus und ist auch von gesamt- bzw. gesellschaftspolitischer Bedeutung (z.B. Umweltbelastung!). Entsprechend heterogen sind auch die Lösungsansätze: Neben rein *quantitativen*, mathematischen Modellen stehen sehr viele *qualitative*, mehr „deskriptive" - im Sinne von „beschreibend" - Betrachtungen. Im folgenden wird auf all dies nur recht kurz eingegangen. Im ersten Abschnitt werden dabei die Einflussgrößen der Standortentscheidung zu systematisieren versucht, im zweiten einige Verfahren zur Standortbestimmung aufgeführt.

8.1 Einflussgrößen der Standortentscheidung

Während die klassische, „reine" Theorie allein auf die Minimierung der *Transportkosten* abstellte, ist heute - wie bereits einleitend bemerkt - klar, dass auf die Standortentscheidung mannigfache Einflussgrößen einwirken. So übt auch der „Staat", in Gestalt der verschiedenen Gebietskörperschaften (bis hin zu den Städten und Gemeinden - Kommunen) einen wesentlichen Einfluss aus: „negativ", durch gesetzliche Bestimmungen usw., aber auch „positiv", durch „Wirtschaftsförderung" in vielerlei Formen (nicht zuletzt wegen des Gewerbesteuer-Aufkommens). Es ist deshalb zweckmäßig, sich zunächst einen Überblick über diese Einflussgrößen zu verschaffen. Dabei erfolgt (entsprechend Kap. 4) eine Gliederung in in-, out- und throughput-bezogene „Standortfaktoren":

1. Zu den *inputbezogenen Standortfaktoren* gehören:
    -   Grund und Boden
    -   Arbeitskräfte-Reservoir
    -   Staatsleistungen (einschl. von Steuern etc., als „negative" Staatsleistungen bzw. Entgelt für „positive")
    -   Verkehrsverbindungen
    -   Nachrichtenverbindungen
    -   Bankverbindungen

    Insbesondere letzteres findet sich bevorzugt in „*Ballungsgebieten*"; man spricht auch von „*Agglomerationstendenz*".

2. *Throughput*bezogene Faktoren sind z.B.:
    -   klimatische bzw. Umwelt-Bedingungen
    -   sozialpolitische Bedingungen

3. Als *output*bezogene Faktoren sind etwa zu nennen:
    -   Absatzmarkt(-Nähe)
    -   Konkurrenz(-Ferne)

Welche *Bedeutung* diese Faktoren im Allgemeinen haben (zu ihrer Bewertung im konkreten Fall s. im nächsten Abschnitt), ist *empirisch* nicht ganz geklärt. Immerhin geht jedoch aus einer Zusammenstellung von 4 - teils älterer - Untersuchungen bei STEINER (1998, S. 133) hervor, dass dabei unter den ersten drei Rängen immer sowohl „Boden" als auch „Arbeitskräfte" war.

8.2 Verfahren der Standortbestimmung

Man kann zwei Gruppen von Verfahren unterscheiden: *analytische* und *heuristische*. Bei **analytischen Methoden** wird bekanntlich versucht, eine mathematisch-exakte Lösung zu finden. Dazu gehört das Standort-Modell von Alfred WEBER (1909): das Auffinden des *transportkostenoptimalen* Standorts. Die Transportkosten sind auch bei anderen Modellen von großer Bedeutung. So liefert das *Transport-Modell* des Operations Research zwar zunächst nicht die hier gesuchte Lösung. (Aufgrund einer *gegebenen* „Transportkostenmatrix", zwischen festen Standorten, soll vielmehr die kostenoptimale *Verteilung* der Gesamtproduktion auf die einzelnen Standorte gefunden werden.) Es kann jedoch als *Standort-Modell* umformuliert werden. Geht man dabei von der rein *kontinuierlichen* Lösungsmöglichkeit - wie noch bei Weber (d.h. Entscheidung für jeden *beliebigen* Standort im Raum) - ab und zu *diskontinuierlichen* über, so führt dies zur *gemischt-ganzzahligen* Programmierung (Mixed Integer Linear Programming - MILP); s. dazu die Literatur am Kapitelschluss.

Mathematische Modelle sind bisweilen - zumindest in „vernünftiger" (Rehen-)Zeit - exakt nicht lösbar; man wendet sich deshalb oft Verfahren zu, die sich mit einem „*lokalen*" (statt einem „globalen") *Optimum* begnügen. Auch dieses Vorgehen kann zu den **heuristischen** Methoden gerechnet werden. Zumeist meint man damit aber, zumindest im hier gegebenen Zusammenhang, recht einfache Vorgehensweisen. So erfolgt in der Praxis oft die Anwendung des **Checklist**-Verfahrens, indem ein „Standortfaktorenkatalog" (gemäß Abschnitt 1) aufgestellt und nur eine Ja-Nein-Beantwortung: „erfüllt"/„nicht erfüllt" vorgenommen wird.

Etwas anspruchsvoller sind **Punktbewertungs**verfahren („*Scoring*-Modelle"). Darauf ist schon verschiedentlich hingewiesen worden. Hier soll deshalb eine etwas ausführlichere Darstellung geschehen, zumal dieses Verfahren als das „in der industriellen Praxis gebräuchlichste Bewertungsverfahren" – HANSMANN 2001, S. 76 - angesehen werden kann.

Zunächst wird das *allgemeine Vorgehen* geschildert, in Anlehnung an HÜTTNER 1986, S. 283 (mit ganz geringfügigen Änderungen, die erforderlich wurden, weil es dort um die Entscheidung für ein bestimmtes Prognoseverfahren ging):

1. Die Auswahl*kriterien* („Standortfaktoren") werden festgelegt.

2. Den einzelnen Kriterien werden *Gewichte* zugeordnet.

3. Die - gemeinsame - *Skala* für die Kriterien wird definiert.

4. Die überhaupt in Betracht kommenden *Standorte* werden festgelegt.

5. Den einzelnen Standorten und Kriterien werden *Punkte* zugeordnet; die Multiplikation mit den Kriteriengewichten und Aufsummierung ergibt die Gesamtpunktzahl; die Alternative mit der höchsten Punktzahl wird gewählt.

In Darst. 8-1 erfolgt die Veranschaulichung an einem Beispiel. Dabei wird (im Unterschied zu HÜTTNER 1986) die Terminologie der **Nutzwertanalyse** verwandt. Diese ist weitgehend ähnlich. Ein Unterschied mag darin gesehen werden, dass die theoretisch-formale Ausformulierung stärker, und damit auch allgemeiner, ist. (So können neben der im Beispiel benutzten - und oben verbal beschriebenen - „Additionsregel" auch andere „Nutzenfunktionen" bzw. „Verknüpfungsregeln" Verwendung finden. Andererseits: Das einfache Punktbewertungsmodell erlaubt ebenfalls die Heranziehung eines „Killer-Kriteriums": Nicht-Vorhandensein „führt zur Abwertung"! - S. zur Nutzwertanalyse insbesondere ZANGENMEISTER 1976.) Die *Skala* in Darst. 8-1 reicht von 0 bis 9 und ist diskret: „sehr gut" 9, „gut" 6 usw. Im *Ergebnis* wäre also der Standort A zu bevorzugen (sofern nicht ein - darüber liegender - „Schwellen-Nutzwert" festgelegt wurde und deshalb nach einer neuen Standort-Alternative Ausschau gehalten werden muss).

Standortanforderungen – Zielkriterien Z_i	Kriterien-gewichte g_i	Standortalternativen A_j			
		Standort A		Standort B	
		Teil-nutzen n_{ij}	gewichtete Teilnutzen $n_{ij} \cdot g_i$	Teil-nutzen n_{ij}	Gewichtete Teilnutzen $n_{ij} \cdot g_i$
Z_1: Transportbedingungen	0,2	9	1,8	3	0,6
Z_2: Verfügbarkeit von Arbeitskräften	0,3	3	0,9	6	1,8
Z_3: Räumliche Expansions-möglichkeiten	0,3	9	2,7	6	1,8
Z_4: Nähe zum Arbeitsmarkt	0,1	6	0,6	3	0,3
Z_5: Öffentliche Förderung	0,1	0	0	6	0,6
Nutzwerte N_j			6,0		5,1

Darst. 8-1: **Nutzwertanalyse bei der Standortwahl (Beispiel)**
(nach STEINER 1998, S. 118)

Analog den oben, in Kap. 4 bzw. 7, dargestellten (Markt- und Technologie-)-Portfolios ist auch - von LÜDER 1982 - ein **Standort-Portfolio** entwickelt worden (Darst. 8-2).

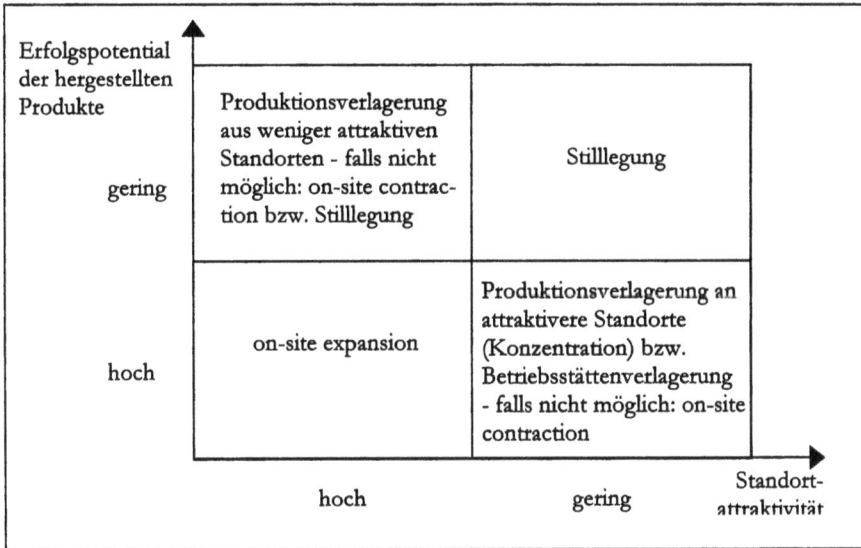

Erfolgspotential der hergestellten Produkte		
gering	Produktionsverlagerung aus weniger attraktiven Standorten - falls nicht möglich: on-site contraction bzw. Stilllegung	Stilllegung
hoch	on-site expansion	Produktionsverlagerung an attraktivere Standorte (Konzentration) bzw. Betriebsstättenverlagerung - falls nicht möglich: on-site contraction
	hoch	**gering** Standort-attraktivität

Darst. 8-2: **Standort-Portfolio (nach ZÄPFEL 2000a, S. 150 – Quelle: LÜDER 1982)**

Damit wird die Standort-Entscheidung quasi „dynamisiert": Die bisherigen Standorte (für z.B. Produktionsstätten) werden in der Matrix vermerkt; daraus resultieren *Standort-Strategien*; die Eintragungen in die 4 Felder der Matrix lt. Darst. 8-2 bezeichnen die „*Standard*strategien". („On-site" meint Kapazitäts-auf- bzw. -abbau am *gegebenen* Standort.)

Literaturhinweise

Das Schrifttum zur Standortpolitik allgemein ist nicht eben zahlreich. Neben älteren Darstellungen, z.B. eher „qualitativ" BEHRENS 1971 und mehr „quantitativ" BLOECH 1970, kann noch HUMMELTENBERG 1981 und DOMSCHKE/DREXL 1990 und - wie erwähnt - STEINER 1998 genannt werden.

Aufgaben

8-1: Was versteht man unter einem „Standortfaktorenkatalog"?

8-2: Wie kann ein solcher zur Entscheidung für einen bestimmten Standort herangezogen werden?

8-3: Worin liegt der prinzipielle Unterschied zwischen dem vorgenannten Verfahren und „Scoring-Modellen"?

Kapitel 9 Konstitutive Entscheidungen II: Rechts- und Unternehmensformen

Gegenstand dieses Kapitels sind die Rechts- bzw. Unternehmensformen. Zwischen beiden kann ein gewisser Unterschied gesehen werden: **Rechtsform** bezeichnet die rein *juristische* Fassung, sei es des *Privat*rechts oder des *Öffentlichen* Rechts. (Letzteres weist schon darauf hin, dass auch „öffentliche Betriebe" hier einbezogen sind.) Der Begriff **Unternehmensform** dagegen soll den Einfluss *wirtschaftlicher* Überlegungen zum Ausdruck bringen. Er äußert sich darin, dass einerseits *vorhandene* Rechtsformen von der Wirtschaftspraxis nicht oder wenig genutzt werden (z.B. die KGaA - Kommanditgesellschaft auf Aktien), andererseits *neue* aus der Praxis heraus *entstehen* (z.B. die „GmbH & Co KG"). Letzteres ist möglich, da es sich beim „Unternehmensrecht" zumeist um **dispositives Recht** handelt. Man versteht hierunter, dass seine Regelungen nur dann Geltung erlangen, wenn nichts (anderes) vereinbart wurde. Zumal die Wahl der Rechtsform überhaupt - von wenigen Ausnahmen abgesehen - freigestellt ist, besteht insgesamt weitgehende *Gestaltungsfreiheit*, d.h. ein großer *Spielraum* bei den Entscheidungen bezüglich der Rechts- bzw. Unternehmensform.

Letztere umschließt - als weitere Unterscheidung zum engeren Begriff der *Rechts*form - auch die Kooperations- und Konzentrationsformen. Sie werden in Abschnitt 3 behandelt. Gegenstand des 4. Abschnitts sind die „öffentlichen Betriebe". Rechtsformen privater Betriebe finden im 2. Abschnitt Erörterung. Vorher, im 1. Abschnitt, ist auf die Einflussgrößen der Rechtsformentscheidung einzugehen:

9.1 Einflussgrößen der Rechtsformentscheidung

Die Einflussgrößen auf die Entscheidung über die Wahl und Ausgestaltung der Rechtsform sind vielfältig. Sie ergeben sich einmal aus den Charakteristika der Rechtsform selbst, die in der jeweiligen **Rechtsgrundlage** - zwingend oder dispositiv - enthalten ist. Diese bildet damit *ein* Merkmal in der unten folgenden vergleichenden Übersicht, in Darst. 9-3. (Auch die weiteren sind im nachstehenden durch Hervorhebung gekennzeichnet.) Allerdings sei daran erinnert, dass sich manche konkreten Formen aus der Praxis heraus entwickelt haben und später durch die Rechtsprechung lediglich sanktioniert worden, nicht aber in einer besonderen Gesetzesvorschrift geregelt sind.

Stärker inhaltlich sind als weitere Merkmale von Bedeutung:
- Vorschriften bezüglich der **Gründung**: Form derselben und insbesondere Anzahl der Gründer (speziell, ob trotz Charakters als „Gesellschaft" schon bei der Gründung nur 1 Person erforderlich zu sein braucht; in der Literatur wird zumeist - nicht geschlechtsneutral! - von „*Einmanngesellschaft*" gesprochen).
- ob und in welcher Weise die **Eintragung** einer „*Firma*" erfolgt. Die Firma ist der feststehende Name eines „Kaufmanns" (s. dazu unten), unter dem die Handelsgeschäfte betrieben und Unterschriften abgegeben werden. Sie ist damit unabhängig von den jeweiligen Inhabern. Die Eintragung erfolgt in das beim zuständigen Amtsgericht geführte „Register" (*Handels*- oder *Genossenschafts*register).
- etwaige Vorschriften über das **Mindestkapital**;
- Regelung der **Geschäftsführungs**- und **Vertretungs**befugnis (nach innen und außen). Bei der Schaffung einer eigenen Rechtspersönlichkeit, der sog. „*juristischen Person*" - als Gegensatz zur „natürlichen" -, bedarf es dazu besonderer *Organe*.
- Vorschriften über die **Haftung**;
- Vorschriften über die **Gewinn**- und **Verlustverteilung**.

Wesentlicher Einfluss auf die Rechtsformentscheidung geht aber nicht nur von den - durch die Rechtsgrundlage oder Rechtsprechung geschaffenen - Rechtscharakteristika aus, sondern auch von der **laufenden Besteuerung**. In Darst. 9-3 unten ist dazu meist nur die betreffende Steuerart - in abgekürzter Form - angegeben; s. dazu ausführlicher Kap. 18 „Steuern".

Schließlich sind für die Rechtsformentscheidung sicher auch die Bestimmungen über die **Prüfungspflicht** und die **Publizität** von Bedeutung. Während die Pflicht zur Prüfung des Jahresabschlusses in der Regel schon in der „Rechtsgrundlage" verankert war (ihr verdanken immerhin ganze Berufszweige - wie Wirtschaftsprüfer oder genossenschaftliche Prüfungsverbände - ihre Entwicklung), sind die Vorschriften über dessen Offenlegung zunehmend erst später erfolgt („Publizitätsgesetz" von 1969 - s. auch unten) und haben möglicherweise manche Umgründung veranlasst.

Abschließend sei darauf hingewiesen, dass von Einfluss auf die Wahl der Rechtsform sicher auch die konkrete Ausgestaltung der „*Mitbestimmung*" ist; s. dazu in Kap. 11.

9.2 Rechtsformen privater Betriebe

Darst. 9-1 gibt eine Übersicht über die Rechtsformen privater Betriebe.

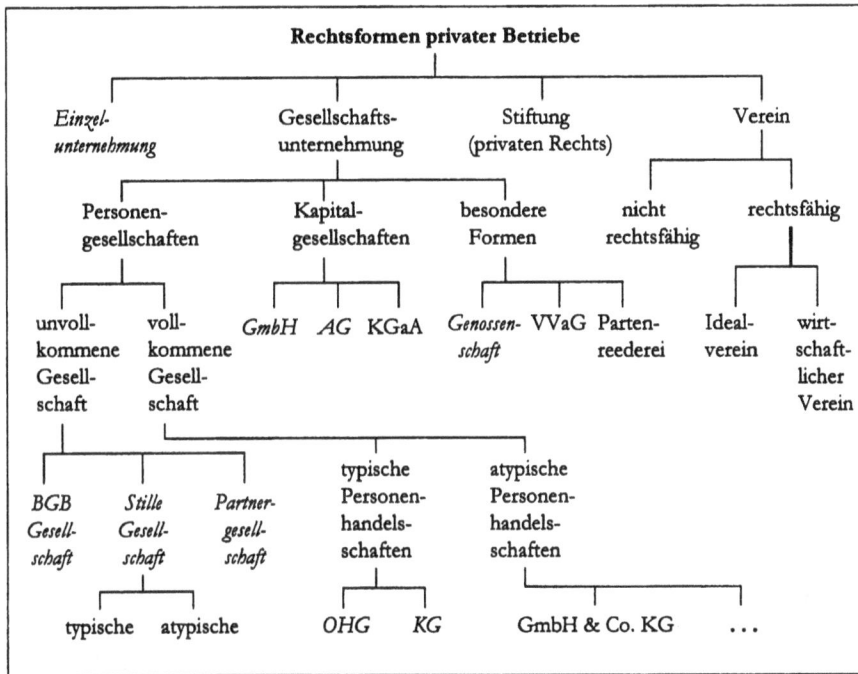

Rechtsformen privater Betriebe

- *Einzel-unternehmung*
  - Personen-gesellschaften
    - unvoll-kommene Gesell-schaft
      - *BGB Gesell-schaft*
      - *Stille Gesell-schaft*
        - typische
        - atypische
      - *Partner-gesell-schaft*
    - voll-kommene Gesell-schaft
      - typische Personen-handels-schaften
        - *OHG*
        - *KG*
      - atypische Personen-handels-schaften
        - GmbH & Co. KG
        - . . .
- Gesellschafts-unternehmung
  - Kapital-gesellschaften
    - *GmbH*
    - *AG*
    - *KGaA*
- Stiftung (privaten Rechts)
  - besondere Formen
    - *Genossen-schaft*
    - *VVaG*
    - Parten-reederei
- Verein
  - nicht rechtsfähig
    - Ideal-verein
  - rechtsfähig
    - wirt-schaft-licher Verein

Darst. 9-1: **Rechtsformen privater Betriebe***
* bezüglich der *kursiv*gedruckten Formen s. auch Darst. 9-3

Einzelkaufleute und Gesellschaftsunternehmungen sowie die „besonderen Formen" werden in den folgenden Unterabschnitten noch näher erörtert. Für die anderen in der Übersicht enthaltenen Formen sei bezüglich der **Stiftung** hier zunächst nur (s. aber auch unten, am Schluss von 9.2.2) darauf hingewiesen, dass diese in den §§ 80ff. des Bürgerlichen Gesetzbuches (BGB) geregelt ist. Auch der **Verein** wurde im BGB geregelt. Dabei wird streng zwischen **rechtsfähigem** (§§ 21 ff. BGB) und **nicht rechtsfähigem** (§ 54 BGB) Verein unterschieden. Letzterer gilt als bloße Personenmehrheit; für ihn finden die Vorschriften über die (BGB-)Gesellschaft Anwendung. Der rechtsfähige Verein ist dagegen „juristische Person" (und insofern Basisform der Kapitalgesellschaft). Einem **wirtschaftlichen** Verein muss die Rechtsfähigkeit staatlicherseits verliehen werden („Konzessions-System"). Der „nicht auf einen wirtschaftlichen Geschäftsbetrieb gerichtete" sog. **Ideal**-Verein erlangt dagegen Rechtsfähigkeit durch die *Eintragung* (in das *Vereins*register, ebenfalls beim zuständigen Amtsgericht). Für ihn sind die steuerlichen Bestimmungen über die sog. *Gemeinnützigkeit* (§ 52 iVm §§ 60 ff. AO) oft von großer (wirtschaftlicher) Bedeutung.

9.2.1 Personengesellschaften (und Einzelkaufleute)

Die *Rechtsgrundlage* für die **Einzelunternehmung** (Ziff. 1 von Darst. 9-3 - nachstehend werden sämtliche Rubriken besprochen, bei den anderen Formen nicht) sind §§ 1-104 des Handelsgesetzbuches (HGB). Die *Gründung* kann formfrei geschehen; beteiligt ist nur 1 Person.

Die *Firma-Eintragung* hat nicht mehr als „Personenfirma", d.h. „Familiennamen mit mindestens einem ausgeschriebenen Vornamen" (§ 18 HGB alte Fassung) zu erfolgen, sondern muss „zur Kennzeichnung des Kaufmanns geeignet sein und Unterscheidungskraft besitzen" (§ 18 HGB). Die Abgrenzung zwischen *Voll-* und *Minderkaufmann* ist mit Abschaffung des Letzteren durch Gesetz vom 22.6.1998 (BGBl I S. 1474) aufgehoben. Diese Unterscheidung liegt auf anderer Ebene als die zwischen Muss-, Kann- und Form-Kaufleuten. § 1 HGB definiert die „*Muss*kaufleute"; das sind diejenigen, die ein „Handelsgewerbe" betreiben. Handelsbetrieb ist jeder Gewerbebetrieb, der einen „in kaufmännischer Weise eingerichteten Geschäftsbetrieb" erfordert" (§ 1 Abs. 1 HGB. Die vormals – nun aber nicht mehr ausreichenden - im Einzelnen aufgeführten Arten von Geschäften sind entfallen. Somit ist der *Sollkaufmann* zum *Musskaufmann* geworden.)

Nicht verpflichtet, aber berechtigt zur Eintragung ins Handelsregister ist der *Kann*kaufmann („Nebengewerbe des land- oder forstwirtschaftlichen Betriebes", z.B. Brennereien). Gewerbliche Unternehmen, die nicht unter § 1 HGB fallen, aber bereits eingetragen sind, gelten als Kaufmann. Sie sind „berechtigt, aber nicht verpflichtet" Kaufmann zu werden bzw. zu bleiben und können, soweit sie nicht inzwischen unter § 1 HGB fallen, auch die Firma löschen. Sie haben also die Wahl, Kaufmann zu werden. Insofern kann auch vom *Kann-* bzw. *Wahl*kaufmann nach § 2 HGB gesprochen werden. Firmen, die durch Eintragung ins Handelsregister den Eindruck erwecken, Kaufleute zu sein, müssen sich als solche behandeln lassen, sog. *Schein*kaufmann (§ 5 HGB). Kaufmann schon aufgrund ihrer (Rechts-)*Form* sind die „Handelsgesellschaften", sog. *Form*kaufmann (§ 6 HGB).

Ein *Mindestkapital* ist bei der Einzelunternehmung nicht vorgeschrieben. Die *Geschäftsführung* und *Vertretung* obliegt dem Einzelkaufmann allein; er kann allerdings Prokura (und Handlungsvollmacht) erteilen. Die *Haftung* kommt ebenfalls dem Einzelkaufmann allein (und unbeschränkt) zu, wie auch jeder *Gewinn* und *Verlust*. Die Gewinne werden, im Rahmen der *laufenden Besteuerung*, bei ihm persönlich der Einkommensteuer (ESt) unterworfen; daneben ist Gewerbesteuer (GewSt) zu zahlen. Eine *Prüfungspflicht* besteht nicht; eine *Publizitätsverpflichtung* kann sich allenfalls, bei entsprechender Größe, aus dem Publizitätsgesetz („PublG" - s. unten) ergeben.

„Handelsgesellschaften" des HGB kommen als Kapital- und als **Personengesellschaften** vor. Bei letzteren, die in diesem Abschnitt noch besprochen werden sollen, gilt diese Charakterisierung - als „Handelsgesellschaft" - allerdings nicht, sofern es sich um eine sog. **unvollkommene Gesellschaft** handelt. Gemäß Darst. 9-1 zählt dazu zunächst die **BGB-Gesellschaft** (möglich bei „Nicht-Handelsgewerben" - vgl. § 1 HGB; s. diesbezüglich Ziff. 2 in Darst. 9-3 unten. Bei der **Stillen Gesellschaft** kann man zwischen **typischer** und **atypischer** unterscheiden. Bei ersterer nimmt der Stille Gesellschafter (es können auch mehrere sein!) nur am Gewinn, und - sofern nicht ausgeschlossen - Verlust teil; im übrigen ist im Insolvenzfalle seine Einlage eine Forderung als Insolvenzgläubiger. Bei der atypischen Stillen Gesellschaft gilt dies nicht; der Stille Gesellschafter ist eine Art „Mitunternehmer" und hat auch einen Anspruch auf die „stillen Reserven". (S. dazu auch in Kap. 14.) Auch die steuerliche Behandlung ist unterschiedlich und erfolgt bei der atypischen Beteiligung wie bei der OHG und KG (STEHLE/STEHLE 2001, S. 48). S. im übrigen Ziff. 3 in Darst. 9-3. Ergänzend sei dazu noch erwähnt, dass man stiller Gesellschafter auch bei einer *juristischen* Person sein kann (das Gesetz spricht nur vom „Inhaber" - eines Handelsgeschäfts); dies führt etwa zur - in der Literatur so genannten - „GmbH & *(atypisch) Still*".

Seit 1.7.1995 gibt es die **Partnergesellschaft (PartG)**. Die Partnergesellschaft ist eine neue Rechtsform für Angehörige *freier Berufe*. Es handelt sich dabei um eine Art OHG, bei der als *Partner* nur Freiberufler zugelassen sind. Bisher gelten die freien Berufen nicht als Handelsgewerbe nach § 1 HGB. Voraussetzung für diese Gesellschaftsform ist, dass mindestens zwei freiberuflich qualifizierte Partner - möglich ist auch eine Kombination unterschiedlicher freier Berufe - sich zur Ausübung ihrer Berufe zusammenschließen. Nach dem PartG-Gesetz (PartGG) ist der Abschluss eines *Partnerschaftsvertrags* erforderlich. Die Gründung einer Partnergesellschaft erfordert zudem die Anmeldung beim Registergericht und den Eintrag in das *Partnerschaftsregister.*

Grundsätzlich gilt, dass alle Partner zur Geschäftsführung berechtigt und verpflichtet sind, sofern nicht abweichende Regelungen im Partnerschaftsvertrag festgehalten werden. Jeder Partner haftet als Gesamtschuldner für die Verbindlichkeiten der Partnerschaft. Allerdings ist eine *Haftungsbeschränkung* für Schäden wegen fehlerhafter Berufsausübung auf den die Leistung erbringenden Partner *möglich.* Eine Fortführung der PartG nach Tod oder Kündigung eines Partners kann vertraglich vorgesehen werden. Bei einer Zweipersonen-Partnerschaft hingegen endet die Partnerschaft mit dem Ausscheiden eines Gesellschafters.

Gerade das Abstellen auf eine *juristische* Person etwa als „Komplementär" bei der KG (s. unten) - macht bei der **vollkommenen Gesellschaft** den Unterschied zwischen typischen und **atypischen Personengesellschaften** aus: Letztere sind „Grundtypen-Vermischungen", etwa als „GmbH & Co KG" (s. dazu noch unten). **Typische** Personengesellschaften stellen die KG und die **OHG** („offene Handelsgesellschaft") dar.

Bei Letzterer sind alle Gesellschafter - im Prinzip - gleichberechtigt und -verpflichtet, haften also auch „unmittelbar" (ein Gesellschafter kann nicht einen Gläubiger darauf verweisen, erst an einen anderen Gesellschafter heranzutreten) und „solidarisch" (jeder Gesellschafter auch für Geschäfte aus der Geschäftsführung eines anderen). *Einzel*-Geschäftsführung und -Vertretung - in der entsprechenden Spalte bei Ziff. 4 von Darst. 9-3, auf die im übrigen verwiesen wird, angegeben - bedeutet nämlich, dass im Prinzip jeder Gesellschafter für sich allein geschäftsführungsberechtigt ist. Der Ausdruck „Gesellschaftszusatz" in der Spalte Firma-Eintragung soll besagen, dass der Firmenname eine entsprechende Kennzeichnung als *Gesellschaft* enthalten muss, z.B. „Gebr(üder)", „& Co" usw.; die ausdrückliche Benennung als OHG ist dagegen nicht erforderlich.

Bei der **KG** („Kommanditgesellschaft") sind schon erste Elemente der Kapitalgesellschaft erkennbar: Es gibt nunmehr zwei Arten von Gesellschaftern: den *Komplementär* oder „Vollhafter" - meist ist nur einer davon vorhanden - und den *Kommanditisten* oder „Teilhafter" (meist mehrere, u.U. viele). S. im übrigen Ziff. 5 von Darst. 9-3.

9.2.2 Kapitalgesellschaften

Kapitalgesellschaften sind - im Grundsatz - dadurch charakterisiert, dass bei ihnen die Person als solche in den Hintergrund tritt; interessant ist nur deren Kapital(-Beteiligung). Dieses Prinzip scheint am reinsten verwirklicht bei der **AG** (das der Personengesellschaft bei der OHG). Zu ihrer *Gründung* - s. im übrigen auch Ziff. 6 von Darst. 9-3 - ist seit dem „Gesetz für kleine Aktiengesellschaften und zur Deregulierung des Aktienrechts" vom 2.8.1994 nur noch - ähnlich wie bei der GmbH, s. unten - 1 Person erforderlich. Das Mindest-*Grundkapital* beträgt € 50.000 – (§ 7 AktG - geändert durch Gesetz vom 9.6.1998). (Bei *Bar*einlagen braucht der Gegenwert allerdings nicht sofort voll eingezahlt zu werden.) Die *Firma* ist grundsätzlich frei wählbar, sie muss aber auf jeden Fall „die Bezeichnung 'Aktiengesellschaft' oder eine allgemein verständliche Abkürzung dieser Bezeichnung enthalten" (§ 4 AktG).

Der Mindestnennbetrag einer *Aktie* (s. zu verschiedenen Arten: „Stammaktien" usw., unter 13.3.2.1) ist mit 1 Euro (§ 8 Abs. 2 Satz 1 AktG) niedrig gehalten, um eine Beteiligung und damit insgesamt die Aufbringung großer Kapitalien zu erleichtern. Bei weit gestreutem Aktienbesitz - mit vielen, meist anonymen „Kleinaktionären" - spricht man auch von *Publikumsgesellschaften*. Der Einfluss des Einzelnen in der Versammlung der Aktionäre, der *Hauptversammlung*, ist dann gering. Abgestimmt wird - im Prinzip (s. aber die erwähnten Sonderformen) - nach Kapitalanteilen. Da zudem viele Aktionäre nicht erscheinen und sich auch nicht vertreten lassen, genügt in praxi eine weit geringere Beteiligungsquote als 50%, um Einfluss auszuüben. (S. zu den verschiedenen „Beteiligungsarten" auch unten, im 3. Abschnitt.) Die Vertretung der Aktionäre geschieht sehr oft über das sog. *Depotstimmrecht*. (Daneben gibt es auch bei uns die Erscheinung, dass „Aktionärs(schutz)-vereinigungen" oder „Opponenten" schlechthin sich um die Stimmen von Kleinaktionären bemühen.) Dieses kommt dadurch zustande, dass die Aktien meist nicht als „Brief", sondern nur buchmäßig, als „Depot", bei der „Hausbank", gehalten werden. Das Depotstimmrecht führt speziell bei

Großbanken, mit vielen Zweigstellen, zu einer u.U. beachtlichen „Stimm-rechtskonzentration" und ist deshalb oft kritisiert worden; im Laufe der Zeit sind daher gewisse Einschränkungen (schriftliche Vollmacht, Abstimmungs-vorschlag bzw. Berücksichtigung von Weisungen usw.) erfolgt.

Die Hauptversammlung, als Versammlung aller Kapitaleigner, wählte ursprünglich allein den *Aufsichtsrat*, durch die „Mitbestimmung" (s. dazu unter 11.2) sind hierbei allerdings gewisse Beschränkungen eingetreten. Die *Größe* des Aufsichtsrats hängt ab von der Höhe des Grundkapitals. Seine *Aufgabe* ist die Bestellung, Überwachung und gegebenenfalls auch Abberufung des Vorstandes. Ob und in wessen Interesse er dieser Aufgabe nachkommen kann, ist von seiner Zusammensetzung abhängig und diese wiederum von der Art der Rekrutierung der Arbeitnehmervertreter und natürlich der der Kapi-taleigner; ist ein Großaktionär vorhanden, hat dieser selbstverständlich wesentlichen Einfluss darauf.

Dem *Vorstand* obliegt die eigentliche Geschäftsführung und Vertretung. Seine Stellung (und die des Aufsichtsrats, gegenüber der Hauptversammlung) war - in Verfolg des „Führerprinzips" - durch das Aktiengesetz von 1937 wesentlich gestärkt worden, insbesondere durch das Recht zur *Feststellung* des Jahresgewinns; dagegen beschließt die Hauptversammlung lediglich über die *Verwendung* des Gewinns. Die unter Umständen gegensätzlichen Interessen (der Vorstand möchte im Zweifel mehr vom Gewinn in der Unternehmung gehalten, die Aktionäre mehr ausgeschüttet sehen) führten bei der „Aktien-rechtsreform" 1965 zu einer Art Kompromiss. Er bezieht sich auf die sog. *freien* Rücklagen; daneben muss eine *gesetzliche* Reserve gehalten werden; s. dazu unter 13.3.1.1.

Der *laufenden Besteuerung* unterliegt sowohl die Gesellschaft als solche als auch der einzelne Aktionär. Das führte speziell bei den „Gewinnsteuern" früher zur *Doppelbelastung*: Der Gewinn wurde - mit differenzierten Sätzen, je nachdem, ob er ausgeschüttet wird oder nicht (s. unter Kap. 15.3.1.1) - zunächst bei der Gesellschaft besteuert und dann, sofern ausgeschüttet, nochmals als „Einkunftsart" beim Aktionär. Diese Form der „Doppel-besteuerung" ist seit 1977 dadurch beseitigt, dass die gezahlte Körperschaft-steuer im Rahmen der Einkommensteuererklärung des Aktionärs voll an-rechnungsfähig ist.

Während die *Prüfungspflicht* und *Publizität* ursprünglich nur - aus „Gläu-bigerschutz"-Gründen - für die Aktiengesellschaft galt, ist, wie angedeutet, schon durch das Publizitätsgesetz 1969 („Gesetz über die Rechnungslegung von bestimmten Unternehmen und Konzernen") eine *rechtsformenunabhängige* Gestaltung geschehen. Damals wurden drei *Größen*-Kriterien eingeführt: *Bilanzsumme* 125 Mio. DM (63.911.485 €), *Umsatzerlöse* 250 Mio. DM (127.822.970), *Beschäftigtenzahl* 5000. (S. auch die Diskussion zur „Betriebsgröße" in Kap. 2.) Waren jeweils zwei dieser Kriterien an zwei aufeinanderfolgenden Bilanzstichtagen erfüllt, so besteht „Rechnungslegungspflicht" unabhängig von der Rechtsform.

Damit war aber die Publizität einer **GmbH** (*Gesellschaft mit beschränkter Haftung*) nicht größer als die z.B. einer Einzelunternehmung. In Verfolg der Umsetzung der „4. EG-Richtlinie" wurden deshalb Überlegungen zunächst darauf ausgerichtet, bei dieser Rechtsform stärker zu differenzieren, zwischen „großer", „mittlerer" und „kleiner" GmbH. Dabei erfolgte auch eine Differenzierung der „Publizität": überhaupt *keine*, nur *Einreichung* des Jahresabschlusses zum Handelsregister und darüber hinaus (mit gewissen zusätzlichen Konkretisierungen) *Veröffentlichung* desselben. Im Hinblick auf die „Rechtsformunabhängigkeit" wurde schließlich mit dem *Bilanzrichtliniengesetz 1986*, dessen zweiter Schwerpunkt die Umsetzung der „7. EG-Richtlinie" (sog. Konzernbilanzrichtlinie; 83/349/EWG), mit Bezug auf den Konzernabschluss, ist, von der Spezifizierung auf die GmbH abgesehen und eine Gültigkeit für alle Kapital(handels)gesellschaften, also auch die AG und die KGaA (s. dazu unten), postuliert, mit den in Darst. 9-2 zusammengefassten Abgrenzungskriterien. Es gibt damit nun z.B. auch eine „kleine AG".

Kriterium / Größenklasse	Beschäftigte	Umsatz (in €)	Bilanzsumme (in €)
klein	bis 50	bis 6.875.000	bis 3.438.000
mittel	über 50 bis 250	über 6.875.000 bis 27.500.000	über 3.438.000 bis 13.750.000
groß	über 250	über 27.500.000	über 13.750.000

Darst. 9-2: **Größenklassen der Kapitalgesellschaften nach § 267 HGB***
* zwei Kriterien genügen zur Zuordnung

Unabhängig von dieser Abgrenzung und mehr von der Idee her, konnte man früher die GmbH quasi als „kleine AG" bezeichnen. Diese Charakterisierung ergibt sich gerade aus der *Haftungsbeschränkung*. (Allerdings ist die Namensgebung insofern nicht ganz korrekt, als eben nur die Gesellschafter beschränkt haften und nicht die Gesellschaft an sich; sie haftet „voll", mit dem gesamten Geschäftsvermögen, der Gesellschafter dagegen nur mit seiner Einlage; jedoch kann eine „Nachschusspflicht" bestehen.) Im übrigen kommen - s. auch Ziff. 7 von Darst. 9-3 - *andere* Elemente vor. So kann die *Firma* auch eine „Personenfirma" sein, in jedem Falle aber mit einem die Rechtsform kennzeichnenden Zusatz. (Zumindest also: m.b.H.). Das *Kapital* heißt hier *Stamm*kapital und muss mindestens 25.000 € (§ 5 GmbHG) betragen (und braucht ebenfalls nicht sofort in bar voll eingezahlt zu werden). Statt „Aktien" gibt es „*GmbH-Anteile*"; sie sind allerdings nicht in ähnlicher Weise handelbar, also zumeist nicht leicht veräußerlich. *Geschäftsführungs-* und *Vertretungsorgan* sind (der oder die) Geschäftsführer; die Kapitaleigner bilden die *Gesellschafterversammlung*, ein Aufsichtsrat ist nur bei bestimmter Größe (aus Gründen der „Mitbestimmung", s. 11.2) erforderlich. Eine etwaige *Gewinnausschüttung* - nach der Bildung *freier* Rücklagen (*gesetzliche* sind *nicht* vorgeschrieben) - erfolgt im Verhältnis der Kapitalanteile. Die *Besteuerung* geschieht wie bei der AG.

Die **KGaA** („Kommanditgesellschaft auf Aktien") ist eine künstliche Schöpfung des Gesetzgebers, mit der versucht wurde, die Grund-Prinzipien von Personen- und Kapitalgesellschaft zu vereinen: Es gibt einerseits *Komplementäre*, mit voller Haftung wie bei OHG und KG; sie bilden den Vorstand. Nur mit ihrer Einlage haftend sind die *Kommanditaktionäre*. „In der Hauptversammlung haben die persönlich haftenden Gesellschafter nur ein Stimmrecht für ihre Aktien. Sie können das Stimmrecht weder für sich noch für einen anderen ausüben" (§ 285 AktG) für eine ganze Reihe von Vorgängen. So bestimmen die Kommanditaktionäre allein - von „Mitbestimmung" jetzt abgesehen - den Aufsichtsrat. Es ergibt sich also ein großes Spannungsverhältnis zwischen den Organen (die KGaA ist „juristische Person"): Die „Vollhafter" werden überwacht von Leuten, die ausschließlich von den „Teilhaftern" gewählt werden! Das ist wohl ein wesentlicher Grund dafür, dass nur vergleichsweise wenige Firmen (dazu zählt etwa Henkel, Düsseldorf - „Persil") in dieser Rechtsform geführt werden.

Im Unterschied hierzu ist die sog. **GmbH & Co KG** aus der Praxis heraus entstanden und später von der Rechtsprechung sanktioniert worden. Sie stellt - im Gegensatz zur KGaA, die „Kapitalgesellschaft" ist - eine Personengesellschaft, eben eine Kommanditgesellschaft, dar. Die „GmbH" in dieser Firma fungiert als Vollhafter. Man kann sich den Vorgang vereinfacht so vorstellen: Zunächst wird (etwa von den Gesellschaftern A, B und C) eine GmbH gegründet und deren Geschäftsführer bestellt. Dieser gründet sodann (für die GmbH als juristische Person) mit anderen Personen - gegebenenfalls wieder A, B und C - die KG; letztere sind Teilhafter, die GmbH fungiert als Komplementär. Damit wird erreicht, dass einerseits die Haftung - auf die Kommandit- und GmbH-Einlagen - beschränkt bleibt und andererseits die Unternehmung die Vorteile einer Personengesellschaft nutzen kann. Das war früher vor allem die Vermeidung der Doppelbesteuerung. Nach Wegfall dieser sind die Vorteile wesentlich kleiner geworden. Mit Kapitalgesellschaften- und Co-Richtlinie-Gesetz (KapCoRiLiG) werden daneben auch Offene Handelsgesellschaften (OHG) und Kommanditgesellschaften (KG) den Kapitalgesellschaften gleichgestellt, wenn sie keine natürliche Person als persönlich haftenden Gesellschafter haben, d.h. gewisse Erleichterungen bezüglich der Publizität bzw. der Aufstellung des Jahresabschlusses verschwinden. Damit müssen sich auch diese Gesellschaftsformen mit der Einführung eines Risikofrüherkennungssystems nach dem im Mai 1998 verabschiedeten Artikel-Gesetz zur Kontrolle und Transparenz im Unternehmensbereich (KonTraG) befassen (s. dazu auch in Kap. 16).

Auch „**Abschreibungsgesellschaften**" werden oft in der Rechtsform der GmbH & Co KG geführt. Ihr Kern besteht im Zuweisen hoher Verluste. Gehen sie über die Einlagen hinaus, so wird dies allein durch die Steuerersparnis „lohnend". (Vereinfachtes *Beispiel*: Bei einer „Verlustzuweisung" von 200% ergibt sich - bei einem Spitzensteuersatz von über 50% - bereits ein „Gewinn".) Durch die Begrenzung der Verlustzuweisung schwand die Attraktivität. Das gilt auch für das - früher weit verbreitete - „*Bauherrenmodell*".

Natürlich kann selbst eine AG als „Vollhafter" in eine Kommanditgesellschaft eintreten: **AG & Co KG**. Neuerdings ist zunehmend auch die **Stiftung & Co KG** anzutreffen. Das hängt damit zusammen, dass - gemäß § 80 BGB - „zur Entstehung einer rechtskräftigen Stiftung ... außer dem Stiftungsgeschäfte die staatliche Genehmigung erforderlich ist." Vorbehalte gegenüber der „Staatsaufsicht" wie auch die Flexibilität des GmbH-Rechts generell mögen die *gemeinnützige GmbH* als Alternative zur Stiftung erscheinen lassen. In ähnlicher Weise ist natürlich die „Stiftung & Co KG" als Personengesellschaft flexibler; gegenüber der „GmbH & Co KG" weist sie zudem die Eigenschaft auf, nicht in gleichem Maße der „Mitbestimmung" (s. 11.2) zu unterliegen.

9.2.3 Besondere Formen

Abschließend sei auf einige spezielle Rechtsformen hingewiesen, die sich in den bisherigen Rahmen nicht einfügen lassen. Davon ragt besonders die **(eingetragene) Genossenschaft** heraus. Zu ihrer Gründung sind 7 Personen erforderlich (die im Grundsatz auch dauernd vorhanden sein müssen - s. auch oben, „Verein"). Die Sachfirma trägt den Zusatz „eG" (o.ä. - und wird ins *Genossenschafts*register eingetragen). *Organe* sind Vorstand, Aufsichtsrat und Generalversammlung; bei Genossenschaften mit mehr als 1.500 Mitgliedern kann das Statut bestimmen, dass die Generalversammlung aus Vertretern der Genossenschaft – Vertreterversammlung - besteht (§ 43a GenG). Ein *Mindest*-kapital ist *nicht* vorgeschrieben, wohl aber in jedem Falle die Mindestbeteiligung („*Geschäftsanteil*") bzw. die darauf zu leistende Einzahlung („*Mindestein-lage*"). Letztere verändert sich durch Gewinn-Gutschriften (bis der Geschäftsanteil erreicht ist) bzw. Verlust-Lastschriften. Die jeweilige Höhe bildet das „*Geschäftsguthaben*"; im Verhältnis dazu werden Gewinne verteilt. Die „*Haftsumme*" - der Betrag, mit dem der Genosse höchstens haftet - kann davon verschieden sein (aber nicht niedriger als der zu übernehmende Geschäftsanteil). Die *laufende Besteuerung* entspricht im Prinzip der der Kapitalgesellschaften; jedoch bestanden (bestehen) gewisse - im Zeitablauf sich wandelnde - Vorteile (die auch Gegenstand von Kritik waren bzw. sind). S. auch Ziff. 8 von Darst. 9-3.

Andere Sonderformen sind der „**Versicherungsverein a.G.**" („auf Gegenseitigkeit"; natürlich werden auch viele Versicherungsunternehmen als AG - „Aktiengesellschaft" - geführt!) und die **Partenreederei**; zumindest die Seeschifffahrt wird heute allerdings in der Regel in einer anderen Rechtsform (meist: AG) betrieben. Darst. 9-3 (auf der folgenden Seite) gibt eine Zusammenstellung wichtiger Rechtsformen (in Darst. 9-1 *kursiv* gedruckt) nach einigen Kriterien.

Bisher wurde allein die Rechtsform nach *nationalem* Recht betrachtet. Im Zuge der fortschreitenden europäischen Zusammenarbeit entsteht aber auch das Bedürfnis nach *supranationalen* Formen. Dabei wurde zunächst die Einrichtung einer „*Europäischen Aktiengesellschaft*" (*Societas Europaea - SE*) diskutiert. Nach über 20jähriger Diskussionszeit tritt die SE nun zum 8. Oktober 2004 in kraft. Diese Gesellschaftsform kann – muss aber nicht – gewählt werden, wenn ein Unternehmen mindestens eine Tochtergesellschaft in einem *anderen Staat* der EU hat bzw. mindestens zwei Unternehmen aus mindestens zwei Staaten der EU sich zusammenschließen.

Lfd. Nr.	Rechts-form	Rechts-grundlage	Gründung	Firma und Eintragung	Mindest-kapital	Geschäftsführung und Vertretung, Organe	Haftung	GuV-Beteiligung	Laufende Besteuerung
1	Einzel-unter-nehmung	§§ 1-104 HGB	formfrei 1 (höchstens)	Personen- oder Sachfirma	nicht vorgeschrieben	Einzelkaufmann allein	Einzelkaufmann allein und unbeschränkt	Einzelkaufmann allein	ESt, GewSt
2	BGB-Gesell-schaft	§§ 705-740 BGB	formfrei 2	nein	nicht vorgeschrieben	gemeinschaftliche Geschäftsführung und Vertretung	unbeschränkt, unmittelbar und solidarisch ("gesamtschuldnerisch")	Gleichverteilung ("nach Köpfen")	ESt bei Gesellschaftern GewSt bei Gesellschaft
3	Stille Gesell-schaft	§§ 230-237 HGB	formfrei 2	nein	nicht vorgeschrieben	Inhaber allein	Inhaber allein	"angemessen" (Ausschluss der Verlustbeteiligung möglich)	ESt bei stillem Gesellschafter; (ggf.) GewSt bei "Gesellschaft"
4	OHG	§§ 105-160 HGB, ergänzend: Vorschriften §§ 705 ff. BGB	formfrei 2	Personen- oder Sachfirma mit Gesellschafts-zusatz	nicht vorgeschrieben	Einzelgeschäfts-führung und -vertretung	unbeschränkt, unmittelbar und solidarisch	Gewinn: 4% Vorabverzinsung, Rest nach Köpfen; Verlust nur nach Köpfen	ESt bei Gesellschaftern GewSt bei Gesellschaft
5	KG	§§ 161-177a HGB, ergänzend: Vorschriften über OHG	formfrei, 1 Komplementär, 1 Kommanditist	Personen- oder Sachfirma mit Gesellschafts-zusatz (Komplementär)	nicht vorgeschrieben	Einzelgeschäfts-führung und -vertretung durch Komplementär(e)	Komplementär: wie OHG-Gesellschafter; Kommanditist: nur Einlage	Gewinn: wie OHG, Rest in "angemessenem Verhältnis"; Verlust nur nach Kapitalanteil	wie OHG
6	AG	AktG	notarielle Beurkundung 1	Personen- oder Sachfirma (mit Gesellschaftszusatz)	Grundkapital: mind. 50.000,-€ Aktie: mind. 1,- €	Organe: Vorstand, Aufsichtsrat, Hauptversammlung	beschränkt auf Gesellschafts-vermögen	im Verhältnis der Aktiennennbeträge (nach "Gewinnfeststellung" und Bildung von Rücklagen)	KSt, GewSt bei Gesellschaft ESt bei Gesellschaftern
7	GmbH	GmbHG	notarielle Beurkundung 1	Personen- oder Sachfirma (mit Gesellschaftszusatz)	Stammkapital: mind. 25.000,-€ (GmbH-Anteil: mind. 100,- €)	Organe: Geschäftsführer, Gesellschafterversammlung (sowie ggf. Aufsichtsrat)	beschränkt auf Gesellschafts-vermögen	im Verhältnis der Anteile	wie AG
8	eG	GenG	Schriftform 7	Sachfirma (mit Gesellschaftszusatz)	nicht vorgeschrieben	Organe: Vorstand Aufsichtsrat, General-versammlung (bzw. Vertreterversammlung)	beschränkt auf Gesellschafts-vermögen (bzw. "Haftsumme")	im Verhältnis der Geschäftsguthaben	wie Kapital-gesellschaften (mit gewissen Besonderheiten)
9	PartG	PartGG	Schriftform 2 (nur natürliche Pers.)	Name eines Partners mit Zusatz	nicht vorgeschrieben	Einzelgeschäfts-führung und -ver-tretung	unbeschränkt, unmittelbar und solidarisch	nicht vorge-schrieben	ESt bei Gesellschaftern

Darst. 9.3: **Vergleichende Zusammenstellung einiger wichtiger Rechtsformen**

Aus anfänglich 400 Artikeln sind in der jetzt aktuellen Verordnung noch 70 Artikel verblieben, so dass wohl noch erheblicher Regelungsbedarf in der nächsten Zeit besteht (NEYE 2003). Fest steht, das *Kapital der SE* beträgt mindestens 120.000 €. Die *Organe* der SE sind die Hauptversammlung, Aufsichts- und Leitungsorgan, d.h. Aufsichtsrat und Vorstand im *dualistischen* System sowie Verwaltungsorgan mit Verwaltungsrat im *monistischen* System. Das bedeutet für das deutsche Gesellschaftsrecht, dass nun *beide* Systeme angeboten werden müssen. Deutschland verfuhr bisher nach dem dualistischen System, d.h. der Vorstand führt die Geschäfte und der Aufsichtsrat kontrolliert. Im monistischen System gibt es diese Unterscheidung so nicht. Gleichzeitig resultieren dafür auch für deutsche Unternehmen eine größere Flexibilität und Auswahl bei der Wahl der Rechtsform.

Schon vorher gelang dagegen die Schaffung einer „**Europäischen Wirtschaftlichen Interessenvereinigung (EWIV)**": Die entsprechende EG-Verordnung (vom 25.7.85 - mit Geltung zum 1.7.89) wurde durch das deutsche „Ausführungsgesetz" (vom 14.4.88) konkretisiert. Dabei handelt es sich, wie der Name schon andeutet, mehr um eine Kooperationsform (im Sinne der im nächsten Abschnitt zu besprechenden Unternehmenszusammenschlüsse). Die einzelnen Mitglieder sollen dabei selbständig bleiben; die EWIV soll nur eine „Hilfstätigkeit" ausüben; die Gewinne sollen den Mitgliedern - aus mindestens zwei EU-Staaten - „zugerechnet" werden. Der Sitz muss in der EU liegen. Die Haftung ist unbeschränkt (gesamtschuldnerisch; sie könnte aber dadurch eingeschränkt werden, dass die Mitglieder „juristische Personen" (z.B. auch über die Gründung einer deutschen EWIV-Beteiligungs-GmbH) sind.

9.3 Unternehmenszusammenschlüsse

Der Begriff **Unternehmenszusammenschluss** (mitunter wird auch von *Unternehmens-* oder *Betriebsverbindung* gesprochen) umschließt *Kooperation* und *Konzentration*; dazu tritt noch das „*Wachstum*". Darst. 9-4 versucht eine Abgrenzung.

Unternehmenszusammenschlüsse			
Kooperation (i. w.S.)	externes Wachstum = Konzentration i.e.S.	internes Wachstum	
		disproportional	proportional
Konzentration i.w.S.			
Unternehmenswachstum			

Darst. 9-4: **Kooperation, Konzentration und Wachstum**

Für die Differenzierung zwischen Kooperation und Konzentration ist der Einfluss auf die wirtschaftliche und rechtliche *Selbständigkeit* einer Unternehmung entscheidend. Wird, auf *vertraglichem* Wege, nur die *wirtschaftliche* Handlungsfreiheit in begrenztem Umfang *eingeschränkt*, so liegt **Kooperation** vor. (In Darst. 9-4 ist der Zusatz „i.*w.*S." gebraucht, weil man auch von der „Kooperation" in einem *engeren* Sinne, als spezielle Form, sprechen kann; s. dazu unten.) Erfolgt dagegen eine weitgehende *Aufgabe* der wirtschaftlichen und darüber hinaus eventuell auch noch der rechtlichen Selbständigkeit, so entsteht **Konzentration**, und zwar im *engeren* Sinne, nur das **externe Wachstum** umfassend. Von Konzentration im *weiteren* Sinne kann man reden, wenn auch das **interne** Unternehmenswachstum einbezogen wird: Sofern es **disproportional** ist, also nicht **proportional** zu dem anderer Betriebe erfolgt, verändert es den „Konzentrationsgrad".

Die **Gründe** für Unternehmungszusammenschlüsse sind vielfältig: Neben den auf die einzelnen betrieblichen *Funktionen* (Beschaffung, Produktion, Absatz etc.) gerichteten Zielen können auch solche *steuerlicher* oder *sonstiger* Art („Betriebsvergleich"!) vorliegen. Dementsprechend gibt es sehr verschiedene **Formen**. Darst. 9-5 (auf der folgenden Seite) zeigt die wichtigsten davon, untergliedert nach Kooperations- und Konzentrationsformen. Sie werden nachstehend in der angegebenen Reihenfolge besprochen.

1. stillschweigende Kooperation/ abgestimmtes Verhalten	
2. Interessengemeinschaft	
3. Konsortium	
4. Partizipation	Kooperations- formen
5. Kooperation i.e.S.	
6. Wirtschaftsverband	
7. Kartell	
8. Gemeinschaftsunternehmen	
9. Konzern	Konzentration- formen
10. Eingliederung	
11. Fusion (Verschmelzung)	

Darst. 9-5: **Formen von Unternehmenszusammenschlüssen**

1. **Stillschweigende Kooperation** liegt vor, wenn sich mehrere Unternehmen - ohne schriftliche oder mündliche Absprachen - *gleichförmig* verhalten. Von „**aufeinander abgestimmtem Verhalten**" im Sinne des § 25 GWB (Gesetz gegen Wettbewerbsbeschränkungen; s. auch unten) spricht man dann, wenn ein bewusstes und gewolltes Zusammenwirken zum Zwecke der *Wettbewerbsbeschränkung* erfolgt.

2. Die **Interessengemeinschaft** (im *engeren* Sinne, etwa der früheren „IG Farben") stellt eine *Gewinn*-Gemeinschaft („Ergebnis-*Poolung*") dar. Im *weiteren* Sinne könnte man auch „*Arbeitsgemeinschaften*" usw. dazu rechnen.

3. Die eben erwähnten „*Arbeitsgemeinschaften*" zählen zu den **Konsortien**. Es sind dies „Gelegenheitsgesellschaften" (in der Form der BGB-Gesellschaft), die etwa bei der Ausgabe („Emission") von Wertpapieren - als „Banken-Konsortium" - oder im Bausektor - als „Arbeitsgemeinschaften" - vorkommen.

4. Bei der **Partizipation** handelt es sich ebenfalls um eine „Gelegenheitsgesellschaft" in der Form der BGB-Gesellschaft, die aber - im Unterschied zum Konsortium - als solche nach außen nicht in Erscheinung tritt.

5. Als **Kooperation** im *engeren* Sinne werden die Formen freiwilliger Zusammenarbeit meist „mittelständischer" Unternehmen bezeichnet, z.B. mit Bezug auf gemeinsame Werbung oder Sortimentsgestaltung. (S. auch „*Mittelstandsempfehlungen*" des § 22 Abs. 2 GWB und der „*Wettbewerbsregeln*" gemäß §§ 24ff. GWB.)

6. Auch die **Wirtschaftsverbände** können zu den Kooperationsformen gezählt werden, da sie freiwillige Zusammenschlüsse von Unternehmen zwecks gemeinschaftlicher Erfüllung bestimmter betrieblicher Teilaufgaben (Interessenvertretung, Öffentlichkeitsarbeit, Informationssammlung usw.) darstellen. Neben die sog. *Elementar-* oder *Grund*verbände treten die Verbände *höherer Ordnung*, als *Ober*verbände (der die einzelnen Betriebe nur indirekt, über ihre Grundverbände, angehören - z.B.: Gesamtverband der Textilindustrie, „Gesamttextil") oder *Spitzen*verbände, als Zusammenschluss von - meist - Oberverbänden (z.B. BDI: Bundesverband der Deutschen Industrie).

Neben den sog. Fachverbänden gibt es die Arbeitgeberverbände (heute oft auch: Unternehmensverbände - s. aber etwa „Gesamtmetall" [Gesamtverband der metallindustriellen Arbeitgeberverbände]), als Pendant zu den Gewerkschaften. Letztere stellen im hier besprochenen Sinne keine Verbände dar, da sie kein Zusammenschluss von Unternehmen sind. Ebenfalls würden die (Industrie- und) Handelskammern nicht hierzu zählen, sofern ihnen das Merkmal der Freiwilligkeit fehlt: Es handelt sich zumeist um „Körperschaften des öffentlichen Rechts" (s. Abschnitt 4), mit – inzwischen allerdings stark umstritten - Zwangsmitgliedschaft.

7. Kartelle können definiert werden als vertragliche Zusammenschlüsse von Unternehmen zum Zwecke der Wettbewerbsbeschränkung. Das Ausmaß dieser variiert sehr stark mit der Art des Kartells. Die verschiedenen Kartellarten könnten zunächst separat dargestellt werden; wegen des unterschiedlichen Grades der Wettbewerbsbeschränkung ist jedoch auch die gesetzliche Regelung verschieden, so dass es zweckmäßig erscheint, beides zusammen zu behandeln. Im Übrigen hat diese gesetzliche Regelung eine wechselvolle Geschichte, mit der Diskussion „Missbrauchs-" vs. „Verbotsprinzip":

Die „Kartelldiskussion" begann in Deutschland im Wesentlichen mit einer beim Reichsgericht anhängigen Entscheidung: Eine Papierfabrik hatte sich

nicht an die Preisabsprachen gehalten und war - von anderen Kartell-
mitgliedern - daraufhin verklagt worden; die Frage war, ob die Klage nicht
deshalb erfolglos bleiben musste, weil der zugrunde liegende Vertrag von
vornherein - nach BGB - nichtig sei. Das Reichsgericht hat in seiner
Entscheidung jedoch die „Kartellierung" für zulässig gehalten - womit
weiterer Kartell-Gründungen Tür und Tor geöffnet war. Im Jahre 1923
wurde deshalb die sog. Kartell-Verordnung erlassen; sie beruht auf dem
Missbrauchsprinzip, d.h. Kartelle waren grundsätzlich und solange erlaubt,
wie ihnen nicht „Missbrauch" nachgewiesen werden konnte. Nach dem 2.
Weltkrieg galten Kartelle aufgrund des „Potsdamer Abkommens" und der
entsprechenden „Kontrollrats"-Gesetzgebung als grundsätzlich verboten.
Zwecks Ablösung der Alliierten-Regelungen musste deutsches Recht
geschaffen werden. Nach jahrelangem heftigem Streit kam schließlich 1957
das „Gesetz gegen Wettbewerbsbeschränkungen" zustande (mit
inzwischen mehreren „Novellen"; 1966, 1973, ...). Es enthält zwar in § 1
den „Verbotsgrundsatz", zugleich aber im Folgenden viele Ausnahmen:

(1) *Grundsätzlich verboten* sind folgende *Kartell-Arten*:
- *Preis*-Kartell.
    Dies stellt quasi die - historische - „Grundform" dar: Die Unternehmen
    schließen sich zwecks Preissetzung (als Mindest- oder als Festpreis)
    zusammen.
- *Gebiets*-Kartell: die Absatzgebiete werden aufgeteilt.
- *Syndikat*: Zentralisierung der Absatz-Funktion, durch Gründung eigener
    „Verkaufskontore" usw. (Historisches *Beispiel*: „Reichskalisyndikat",
    „Reichskohlesyndikat" bzw. später: GEORG - „Gemein-
    schaftsorganisation Ruhrkohle".)
- *Submissions*-Kartell: Absprachen über Angebote bei - meist öffentlichen
    - *Ausschreibungen*.

(2) *Ausnahmen* sind:
a) „*Widerspruchs*-Kartelle" (das „Kartellamt" - in Berlin - kann innerhalb
    von 3 Monaten widersprechen):
    - „*Normen- und Typen*kartell" (§ 2 Abs. 1 GWB)
    - „*Konditionen*kartell" (§ 2 Abs. 2 GWB)
    - „*Spezialisierungs*kartell" (§ 3 GWB)
    - „*Mittelstands*kartell" (§ 4 GWB)
b) „*Erlaubnis*-Kartell" (genehmigungspflichtig):
    - *Rationalisierungs*kartell (§ 5 GWB)
    - *Strukturkrisen*kartell (§ 6 HGB)
    - *Sonstige* Kartelle (§ 7 GWB)
    - *Ministererlaubnis*-Kartelle (§ 8 GWB).

8. Als **Gemeinschaftsunternehmen** werden solche Unternehmen bezeichnet, an denen mehrere Unternehmen mit mindestens jeweils 25% beteiligt
sind (Prototyp: „50:50-Beteiligung"). Im internationalen Kontext wird die
Bezeichnung **Joint Venture** verwandt; sie hat in der letzten Zeit eine
Ausweitung erfahren, beinhaltet im engeren Sinne wohl aber immer noch
eine Kapitalbeteiligung der Partner, mit der Aufteilung der Geschäftsführung und des Risikos zwischen ihnen.

9. Beim **Konzern** als Zusammenschluss von - rechtlich selbständig bleibenden - Unternehmen kommt es nach § 18 AktG auf die *einheitliche Leitung*
an. (Das *Aktiengesetz* von 1965 ist zwar durch das *Bilanzrichtlinien-Gesetz* von
1985 ebenfalls geändert worden, nicht aber in diesem Punkt. Das hat zur
Folge, dass derzeit der Konzernbegriff im Sinne der Konzern*rechnungslegung*
[s. dazu auch im V. Teil] nicht voll mit dem hier erörterten Konzernbegriff
kompatibel ist. Das *Steuer*recht kennt den Begriff „Konzern" überhaupt
nicht; s. zu den dort benutzten Termini noch kurz unten.) Das Mittel zur
Konzernbildung stellt in der Regel die *Aktienbeteiligung* dar. Man kann folgende
Beteiligungsarten unterscheiden (gemäß Darst. 9-6):

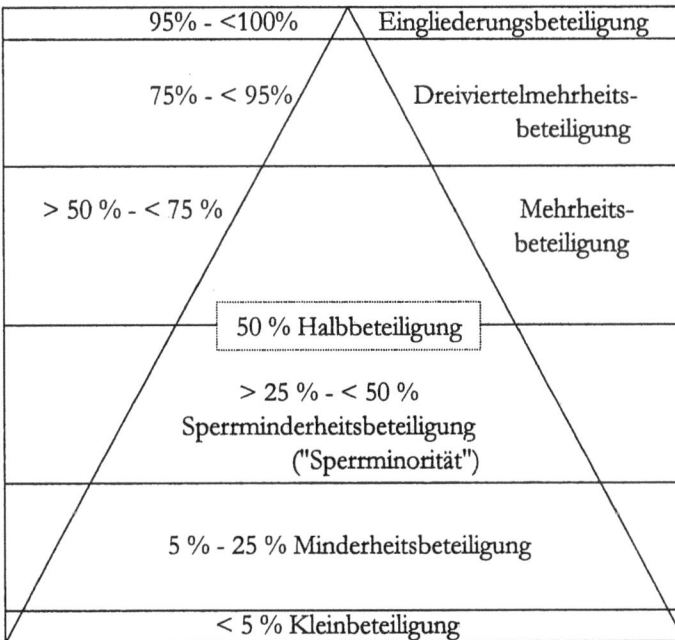

Darst. 9-6: **Arten von Beteiligungen**

Bei *Mehrheits*beteiligung (die anderen Beteiligungsarten - s. dazu aber auch schon oben und noch unten - haben z.T. eine rechtliche Konsequenz, deshalb die unterschiedliche Handhabung der „Grenze") wird gemäß § 17/18 AktG ein Konzern- bzw. abhängiges Unternehmen „vermutet". Bei der *Konzern*eigenschaft kommt es, wie erwähnt, auf die *einheitliche Leitung* an. (Liegt ein *Beherrschungsvertrag* oder *Eingliederung*, gemäß unten 10, vor, so wird diese - unwiderlegbar - angenommen.) Ist auch der Tatbestand der Abhängigkeit gegeben, so handelt es sich um einen *Unterordnungs*-Konzern, bei Existenz nur von einheitlicher Leitung um einen *Gleichordnungs*-Konzern; ist allein Abhängigkeit vorhanden, so handelt es sich eben um kein „Konzern-", sondern ein „abhängiges Unternehmen"; Darst. 9-7 veranschaulicht die Zusammenhänge. (S. auch A 9-6).

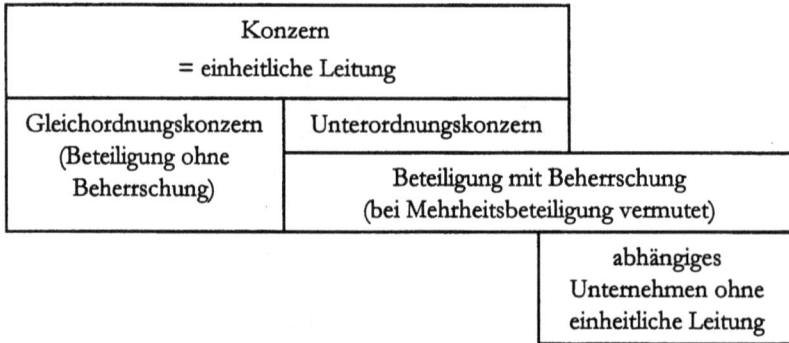

Konzern = einheitliche Leitung		
Gleichordnungskonzern (Beteiligung ohne Beherrschung)	Unterordnungskonzern	
	Beteiligung mit Beherrschung (bei Mehrheitsbeteiligung vermutet)	
		abhängiges Unternehmen ohne einheitliche Leitung

Darst. 9-7: **Konzern- und abhängiges Unternehmen**

Der *Unterordnungs*konzern kann *mehr*stufig sein: Beherrscht etwa A (als „Muttergesellschaft") die „Tochter" B und diese wiederum den „Enkel" C, so liegt ein *zweistufiger* Konzern vor. B ist natürlich auch „Mutter" von C und wird deshalb mitunter auch als „Zwischenholding" bezeichnet. Der Begriff *Holding* ist im Übrigen kompliziert und meint oft eine „*Dach*gesellschaft" (im Sinne einer reinen *Verwaltungs*-Gesellschaft).

Bei den Ausdrücken *Organschaft* und *Schachtel* handelt es sich um solche *steuerrechtlicher* Art; erstere liegt vor bei völliger „finanzieller, wirtschaftlicher und organisatorischer" Zuordnung und erfordert zumindest eine Mehrheitsbeteiligung; eine „Schachtelbeteiligung" kann dagegen schon ab 10% gegeben sein.

10. Die Eingliederung ist die weitestgehende Form des Zusammenschlusses zweier selbständig bleibender Unternehmen; sie erfordert - gemäß oben - eine Beteiligung von mindestens 95%.

11. Geht dagegen die rechtliche Selbständigkeit mindestens eines Unternehmens verloren, so spricht man von Verschmelzung („Fusion").

Abschließend sei darauf hingewiesen, dass auf den Begriff „Trust" hier verzichtet wurde, da er schwer zu fassen ist. So werden etwa auch die verbreiteten (Aktien- oder Renten-)„Fonds" als Investment-Trusts bezeichnet.

9.4 Öffentliche Betriebe

Eine besondere Rechtsform „öffentlicher Betrieb" o.ä. existiert (bisher) nicht. Sofern öffentliche Betriebe überhaupt eine **eigene Rechtspersönlichkeit** bilden sollen, müssen sie sich der Formen des **Privatrechts** (meist: AG oder GmbH - als „juristische Person") oder des **Öffentlichen Rechts** bedienen. Bei letzterem ist zu unterscheiden zwischen **Körperschaften** - z.B., wie erwähnt, Industrie- und Handelskammern -, **Anstalten** und **Stiftungen** - „Stiftung Warentest" - jeweils Öffentlichen Rechts. (Bekanntlich gibt es - s. Darst. 9-1 - auch Stiftungen privaten Rechts.)

Öffentliche Betriebe existieren jedoch vielfach auch **ohne** eigene Rechtspersönlichkeit: Als **Regiebetriebe** sind sie im Grunde *Teil* der Öffentlichen Verwaltung, mit *allen* Einnahmen und Ausgaben, und bedingen deshalb im Prinzip die sog. *kameralistische Buchführung*. Dagegen erscheinen **Eigenbetriebe** (und sog. **Sondervermögen**) nur mit einem „Saldo" im Haushalt und ermöglichen damit eine *kaufmännische* Buchhaltung und Betriebsführung. Darst. 9-8 (auf der folgenden Seite) gibt einen zusammenfassenden Überblick.

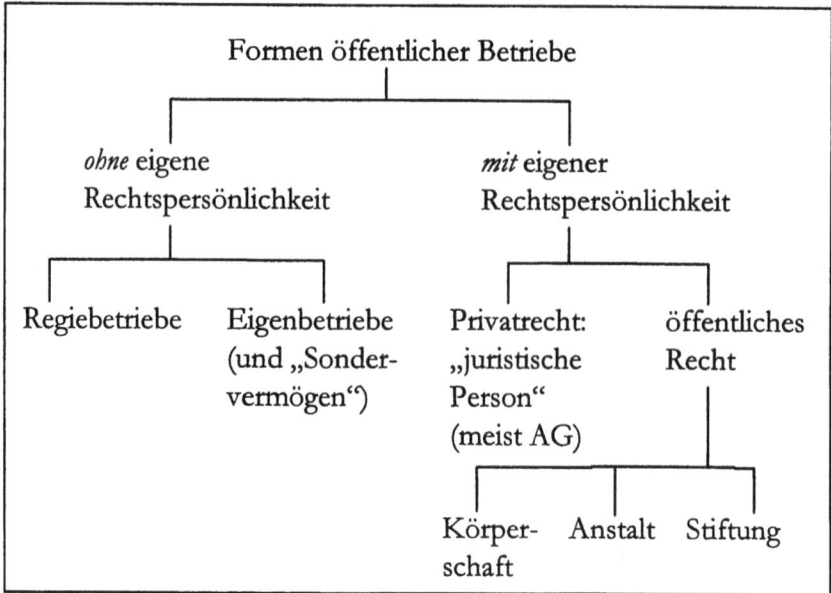

Darst. 9-8: Formen öffentlicher Betriebe

Exkurs: Auflösung des Betriebes

Analog dem „Produktlebenszyklus" (s. dazu in Kap. 7 und auch Kap. 5) könnte man vom „Lebenszyklus des Betriebes" reden. Sieht man nur mehr *formal* den *Beginn* und das *Ende*, so handelt es sich um „Gründung" und „Auflösung". Auf wesentliche Entscheidungen bei der *Gründung* - „konstitutive Entscheidungen" - wurde bereits, in Kap. 8, eingegangen; hier sollen noch kurz einige Betrachtungen zur *Auflösung* erfolgen:

Natürlich kann die Auflösung zunächst - mehr oder weniger - *freiwillig* vorgenommen werden. *Formal* geschieht das durch das „*Erlöschen*" der Firma im Handelsregister. Zumeist erfolgt dies im Wege der „**Liquidation**": Es werden „Liquidatoren" bestellt, die „Firma" erhält einen entsprechenden Zusatz („Liquidationsfirma" - § 153 HGB), etwa „i.L.", „in Liquidation". Bei *Kapital*gesellschaften - meist AGs - sowie Genossenschaften ist auch die **Verschmelzung** (s. oben, „Fusion") möglich.

Da die „Firma" im Grunde „auf Dauer" angelegt ist, geschieht die Auflösung zumeist auch eher *zwangsweise* (bei „Überschuldung" oder „Zahlungsunfähigkeit"). Das schon alte Mittel dazu ist der **Konkurs**: Die „*Konkursordnung*" datiert bereits - zurückgehend auf die „Preußische Konkursordnung" von 1855 - aus dem Jahre 1877 und wurde verschiedentlich novelliert. Später kam es zu Bestrebungen, die Möglichkeit der Weiterführung des Betriebes vorzusehen: Der - *gerichtliche* - **Vergleich** wurde eingeführt, mit der „*Vergleichsordnung*" aus dem Jahr 1935. (Natürlich besteht daneben auch die Möglichkeit eines *außergerichtlichen* Vergleichs, durch Schuldenerlass oder Zahlungsaufschub - „Moratorium".

Dieses Nebeneinander verschiedener „Ordnungen", in Verbindung mit der Tatsache, dass immer mehr Konkursverfahren „mangels Masse" gar nicht erst eröffnet werden konnten, führte schon lange zu Diskussionen um eine Neuregelung. Befördert wurde diese durch den Umstand, dass in den Neuen Bundesländern ein noch anderes System, die „*Gesamtvollstreckungsordnung*" galt. Nach langen Diskussionen und Auseinandersetzungen zwischen Bundestag und Bundesrat konnte schließlich im Sommer 1994 das neue **Insolvenzrecht** („*Insolvenzordnung*") verabschiedet werden, das am 1.1.1999 in Kraft trat. Es beseitigt den bisherigen Dualismus zwischen „Konkurs" und „Vergleich" und ist damit stärker „ergebnisoffen". Dies soll auch gefördert werden durch eine zeitliche Vorverlegung mittels eines neuen Eröffnungsgrundes: *drohende* Zahlungsunfähigkeit, § 18 InsO, (neben gegebene Zahlungsunfähigkeit, § 17 InsO, und – bei juristischen Personen – Überschuldung, § 19 InsO. Darüber hinaus soll die „Massearmut" der früheren Verfahren, nicht zuletzt durch den Abbau von „Gläubigervorrechten", gemildert werden. Wesentlich neu - und ein Grund für die erwähnten Auseinandersetzungen – ist auch dass nunmehr ein *Verbraucherentschuldungsverfahren* eingeführt wurde (die Möglichkeit zur „Entschuldung", wie beim früheren Vergleich, also auch Privatpersonen unter bestimmten Voraussetzungen gesetzlich eingeräumt wird).

Literaturhinweise

Bei vielen der in diesem Kapitel erörterten Tatbestände handelt es sich um *Rechtsfragen*; als Quellen kommen deshalb in erster Linie die Gesetzestexte selbst bzw. die entsprechenden Kommentare dazu in Betracht. Einen - lehrbuchartigen - Überblick über das *Gesellschaftsrecht* gibt KLUNZINGER 2002; „*vergleichende Tabellen*" über die rechtlichen und steuerlichen Merkmale der verschiedenen Gesellschaftsformen finden sich bei STEHLE/STEHLE 2001.

Unternehmenszusammenschlüsse behandeln KORNDÖRFER 1993, aus steuerlicher Sicht: WÖHE 1997, Bd. II/2.

Aufgaben

9-1: Muss eine OHG immer - d.h. auch: ohne Rücksicht auf ihren Umfang - als solche gekennzeichnet sein? Erläutern Sie Ihre Antwort!

9-2: *T/F*: Zu den Kapitalgesellschaften gehören folgende Unternehmens-formen: Aktiengesellschaft (AG), Kommanditgesellschaft auf Aktien (KGaA), AG & Co KG.   T / F

9-3: Gibt es bei der „GmbH & Co KG" auch einen „Vollhafter", und wer könnte das gegebenenfalls sein?

9-4: Was versteht man unter einem „Konsortium"?

9-5: *T/F*: Kartelle sind vertragliche Zusammenschlüsse von Unternehmen zum Zwecke der Wettbewerbsbeschränkung, die immer erlaubt sind.   T / F

9-6: 1. Ist es möglich (in welchem Falle?), dass es sich trotz Mehrheitsbe-teiligung um kein
a) Konzernunternehmen
b) abhängiges Unternehmen
handelt?

2. Kann es sich (in welchem Falle?) trotz fehlender Mehrheitsbeteiligung um ein Konzernunternehmen handeln?

Kapitel 10 Konstitutive Entscheidungen III: Organisation

Als letzte der „konstitutiven" - also im Grunde nur einmalig, bei Betriebsgründung, bzw. in größeren Abständen zu treffenden - Entscheidungen wird in diesem Kapitel die *Organisation* erörtert. Dabei geht es im ersten Abschnitt, in einer Art Einführung, zunächst um den *Begriff* bzw. die verschiedenen *Ansätze*. Im zweiten Abschnitt werden die *Elemente* von Organisationssystemen behandelt und im dritten schließlich die Organisations*struktur* bzw. *Aufbau*organisation. (Die *laufende* Regelung der Beziehungen der „Organisationsmitglieder" - im Gegensatz zur strukturellen - ist Gegenstand der *Ablauf*organisation und fällt insofern nicht unter das Rubrum „konstitutiv"; s. dazu auch den Exkurs „*Organisationsentwicklung ...*", im Anschluss an Kap. 11.)

10.1 Organisationslehre, -theorie und -forschung

Lange Zeit stand im Vordergrund eine **Organisationslehre**, die im wesentlichen *Praxis*-Regeln bzw. -Empfehlungen zusammenfasste. Dabei wurde davon ausgegangen, dass die *Tätigkeit* des *Organisierens* eine *Struktur* schafft: **funktioneller Organisationsbegriff**. („Der Betrieb *wird* organisiert.") Das Ergebnis dieser Tätigkeit war eben die „Organisation": **instrumenteller** Organisationsbegriff. („Der Betrieb *hat* eine Organisation.") *Kritisch* dazu ist etwa anzumerken, dass dabei die Beziehungen zwischen *Stelleninhabern* ohne (eigenständige) Bedeutung waren.

Die **Organisationstheorie** berücksichtigt diese Beziehungen. Den Ausgangspunkt bildet dabei, dass der *Betrieb* - wie auch z.B. Kirchen oder karitative Verbände - eine „Organisation" *ist* (**institutioneller** Organisationsbegriff). Ersetzt man demgemäss in Darst. 2-3 „Betrieb" durch „Organisation", so ergibt sich - vereinfachend - Darst. 10-1.

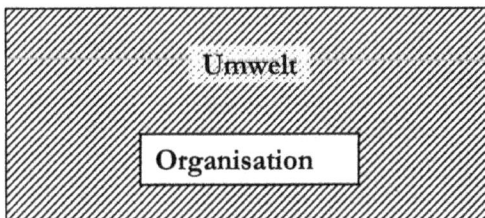

Darst. 10-1: **Organisation und Umwelt**

Dabei lassen sich *mehrfache* Beziehungen ausmachen: Einerseits unterhält die *„Organisation"* **formale** Beziehungen zu ihrer *„Umwelt"* (i.e.S.: Kunden, Lieferanten; i.w.S.: die Gesellschaft überhaupt). Die Organisation als solche besteht jedoch aus *Organisationsmitgliedern* (oben: „Stelleninhabern"). Diese unterhalten ihrerseits **informelle** Beziehungen einerseits zur Umwelt (in den verschiedenen „Rollen", die sie spielen [müssen]: als Familienmitglied, als Verbraucher, in der Freizeit usw.), andererseits auch untereinander, die die Gegebenheiten der *formalen* Organisation des Betriebes überdecken bzw. konterkarieren können. (Es vermögen sich „Schlüsselpositionen" ohne eigentliche formale Kompetenz, allein aufgrund besonderer informeller Beziehungen - etwa im Hinblick auf Informationen - herauszubilden.) Die *Bedeutung* der informellen Beziehungen ist dabei ambivalent: Sie müssen nicht zwangsläufig *störend* wirken, sondern können auch *fördernd* sein. (Im Extrem „funktionieren" manche Organisationen nur deshalb, weil bei Versagen der formellen Beziehungen informelle zumindest teilweise an deren Stelle treten.)

Die Feststellung des Vorliegens und der Art der Beziehungen ist also sehr wichtig. Es ergibt sich die Forderung nach einer *empirischen* **Organisationsforschung**, die - unter Rückbesinnung auf die alte „Organisationslehre" - auf der Basis der Organisationstheorie reale Organisationsstrukturen empirisch zu erfassen sucht. (Man könnte auch vom **integrativen** Organisationsbegriff sprechen.)

Inzwischen ist die Zahl der Ansatzpunkte, von denen aus man das Phänomen „Organisation" zu erfassen gesucht hat, recht groß. Darst. 10-2 gibt eine Übersicht über organisationswissenschaftliche Ansätze. (Sie folgt im

- *physiologischer* Ansatz (Scientific Management – Taylor)
- *bürokratisch-administrativer* Ansatz
  a) *bürokratische* Variante (Max Weber)
  b) *administrative* Variante (Fayol)
- *motivationsorientierter* Ansatz
  a) *Human-Relations*-Variante (Mayo)
  b) *motivationsorientierte* Variante ([Maslow], Likert)
- *entscheidungsorientierter* Ansatz
  a) *mathematische* Variante (Marschak)
  b) *verhaltenswissenschaftliche* Variante ([Cyert]/March; Simon)
- *systemorientierter* Ansatz
  a) *organisationssoziologische* Variante (Parsons)
  b) *systemtheoretisch-kybernetische* Variante (Ackoff; Beer)
  c) *integrierendes Konzept* des sozio-technischen Systems

Darst. 10-2: **Organisationswissenschaftliche Ansätze**
              (nach HILL/FEHLBAUM/ULRICH 1994/98)

wesentlichen HILL/FEHLBAUM/ULRICH 1994/98. Eine auf diesen aufbauende, aber um den sog. *situativen Ansatz* - in einer *analytischen* und *pragmatischen* Variante - erweiterte Zusammenstellung gibt WITTLAGE 1998. Demgegenüber ist die Systematik bei VOßBEIN 1989 eine etwas andere.)

10.2 Elemente von Organisationssystemen

Das kleinste Element im Organisationssystem ist die **Stelle** - der „*Job*" -, als Ergebnis der „Zuordnung von (Teil-)Aufgaben und gegebenenfalls von Sachmitteln auf einen ... menschlichen Aufgabenträger" (BÜHNER 1999, S. 65). Im Sinne der - in Kap. 4 erwähnten - Gutenberg'schen Unterscheidung zwischen dispositiver und ausführender Arbeit kann man dabei nach *Leitung* und *Ausführung* differenzieren. Dies geschieht nach den **Kompetenzen**: *Entscheidung* einerseits, *Ausführung* andererseits. Dazu ist jedoch anzumerken, dass erstens - je nach der Definition der einzelnen Stadien des Entscheidungsprozesses (s. Darst. 3-1) - *weitere* Abstufungen erfolgen können. So wird man die Entscheidungs*vorbereitung*, aber auch die *Kontrolle* dazuzählen müssen; ferner kann man nach „Information - Beratung - Entscheidung" differenzieren. (S. auch unten bzw. das „Funktionendiagramm" in Darst. 12-1.) Zweitens kann es natürlich mehrstufige Unterstellungsverhältnisse geben - man spricht dann auch von *Linie* -, so dass eine mittlere Leitungsstelle sowohl einerseits - nach unten - „leitend" als auch - von oben - „ausführend" ist. Als *Zwischen*form hat sich - neben „Leitung" und „Ausführung" - die „*Stab*stelle" herausgebildet: nicht bloß ausführend, sondern eher beratend bzw. entscheidungsvorbereitend, aber *ohne* formelle Anweisungsbefugnis. (S. auch unten.)

Die Zusammenfassung mehrerer Stellen unter einheitlicher Leitung bezeichnet man als **Abteilung**. Bei der Abteilungsbildung treten vor allem zwei Probleme auf: einerseits das *Gliederungsprinzip* (meist „funktional" - s. auch noch unten), andererseits das der *Größe*. Man spricht in diesem Zusammenhang auch von *Kontroll-* (oder *Leitungs-* oder *Subordinations-)-Spanne* und meint damit die Abteilungsgröße, die unter Effizienzgesichtspunkten „optimal" ist.

Eine andere - oft praktisch quer dazu liegende (s. auch unten, Projekt-Organisation) - Form ist das **Team** (oder „*Kollegium*"). In der Praxis bestehen hier sehr vielfältige Ausprägungen, mit unterschiedlicher Aufgaben- und Kompetenz-Gestaltung: „Ausschuss", „Kommission", „Konferenz", „Projektgruppe" usw. Selbst die *Unternehmensspitze* („*Top-Management*" oder im

Folgenden auch: Unternehmens*leitung*) kann nach dem *Kollegial*-Prinzip - als Gegensatz zum *Direktorial*-Prinzip, bei dem nur *einer* entscheidet -, mit *gemeinsamer* Entscheidung, organisiert sein.

10.3 Organisationsstruktur/Aufbauorganisation

10.3.1 Leitungssysteme

Die **reinen Formen** von Leitungssystemen können gemäß dem linken Teil von Darst. 10-3 veranschaulicht werden.

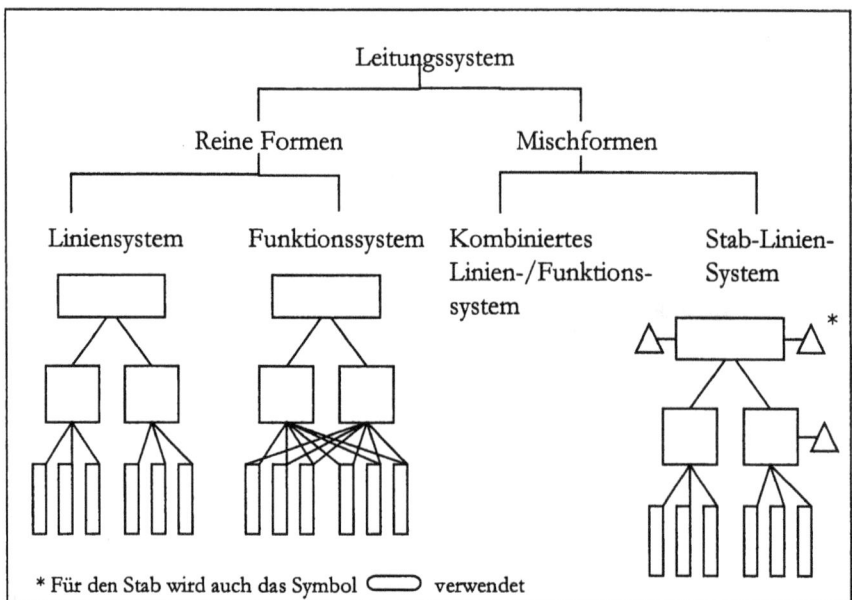

Darst. 10-3: **Formen von Leistungssystemen**

Solche Darstellungen einer Organisationsstruktur werden als **Organigramm** („Organisationsschaubild", „-plan") bezeichnet. Die Praxis kennt noch andere Darstellungsformen, recht häufig auch die *Säulen*form (wie etwa in Darst. 10-6 unten).

Das **Funktionssystem** ist nach dem Beispiel des Taylor'schen *Funktionsmeisters* benannt, wonach *ein* Arbeiter *verschiedenen* Meistern zugeordnet ist, je nach der jeweiligen Funktion (z.B. „Prüfmeister", „Instandhaltungsmeister"), und wird deshalb auch als „*Mehr*liniensystem" bezeichnet. (Für das **Linien**system ist darum ebenfalls der Ausdruck „*Ein*liniensystem" gebräuchlich.) Es kann allerdings leicht zu Konflikten führen, da der Ausführende *Anweisungen* von *mehreren* Stellen erhält und damit die *Verantwortung* unklar wird: Der *Grundsatz der Übereinstimmung von Aufgabe, Kompetenz und Verantwortung* wird verletzt. Es ist deshalb in der Praxis - wenn überhaupt - eher in der **Mischform** (rechte Seite von Darst. 10-3) des **kombinierten Linien-/Funktions-**Systems anzutreffen.

Sehr häufig findet man jedoch das **Stab-Linien**-System. Wie aus der Darstellung ersichtlich, können dabei *Stäbe* auf *mehreren Ebenen* der Linie vorkommen; ebenso kann *eine Linieninstanz mehrere* Stäbe haben. Das Prinzip stammt aus dem Militärwesen. In den Stäben soll quasi die *Fachkompetenz* „gebündelt" werden. Dies geht jedoch einher mit einer geringen *formellen Entscheidungs*kompetenz: Der Weg der Verwirklichung von Vorschlägen des Stabes führt im Prinzip nur über die zugehörige Linie. Es kann jedoch auch zu einer *Stabshierarchie* kommen: wenn bei mehreren fachlich gleichartigen Stabsstellen auf verschiedener Hierarchie-Ebene (z.B. Marktforschungs-abteilung in der „Zentrale" und in den „Filialen") die - zumeist nur fachliche - Weisungskompetenz nicht indirekt über die zugehörigen Linieninstanzen, sondern direkt „von Stab zu Stab" geht. Eine solche fachlich begrenzte Weisungsbefugnis wird auch als *Dotted-line-Prinzip* bezeichnet (weil in den entsprechenden Diagrammen, in Darst. 10-3 z.B. zwischen den beiden Stäben rechts, als „gestrichelte" - und nicht als durchgezogene - Linie symbolisiert).

Das Stab-Linien-System enthält auch Probleme: Es kann einerseits zu Frustrationen bei den *Stabs*-Mitarbeitern führen, wenn etwa ihren Vor-schlägen kaum gefolgt wird. Andererseits stehen aber oft auch die *Linien*-Manager in einem Spannungsverhältnis zu ihren Stabsleuten - sei es, dass ihnen deren Vorschläge zu „weltfremd", „theoretisch" usw. erscheinen, sei es, dass sie einfach „Angst" vor den - mitunter großen - Stäben und ihrem „geballten Sachverstand", mit ihrer oft starken *faktischen* Kompetenz, haben. In der Praxis arbeitet das System deshalb nicht ohne Reibungsverluste. Es spricht allerdings manches dafür, dass diese in der Zukunft eher kleiner statt größer werden, da mit der fortschreitenden „Akademisierung" der Betriebe und damit auch des Linien-Managements dessen Fachwissen größer und somit auch die Notwendigkeit zum Aufbau personell starker (und damit auch entsprechend teurer!) Stäbe etwas geringer wird. Häufiger ist sogar eine partielle (Re-)Integration der Stabsaufgaben in das Linienmanagement feststellbar.

10.3.2 Aufbauorganisation

Die vorstehend erörterten *Leitungssysteme* beziehen sich quasi nur auf die *formale* Seite der Organisationsstruktur. *Inhaltlich* kann die Abteilungsbildung nach *verschiedenen Kriterien* erfolgen: nach den betrieblichen *Funktionen*, nach Gruppenbildungen des Leistungsprogramms, den „*Divisionen*" (s. zu diesem Begriff auch noch unten), und nach den Absatzgebieten, auf denen man tätig wird, den *Regionen*. Geschieht der Aufbau der Organisation nur nach einem dieser Kriterien (und werden die anderen beiden diesem untergeordnet), so spricht man von *ein*dimensionaler Organisation, andernfalls *mehr*dimensionaler (in Gestalt der Matrix- oder Tensor-Organisation). Darst. 10-4 gibt eine Übersicht über ihre *reinen Formen*. Sie werden zunächst erörtert, unter Abstellen auf das Einlinien-Leitungssystem. Da in der Praxis häufig *Misch*- und *Sonderformen* (auch durch Mischformen bei den Leitungssystemen) vorkommen, werden einige davon anschließend diskutiert.

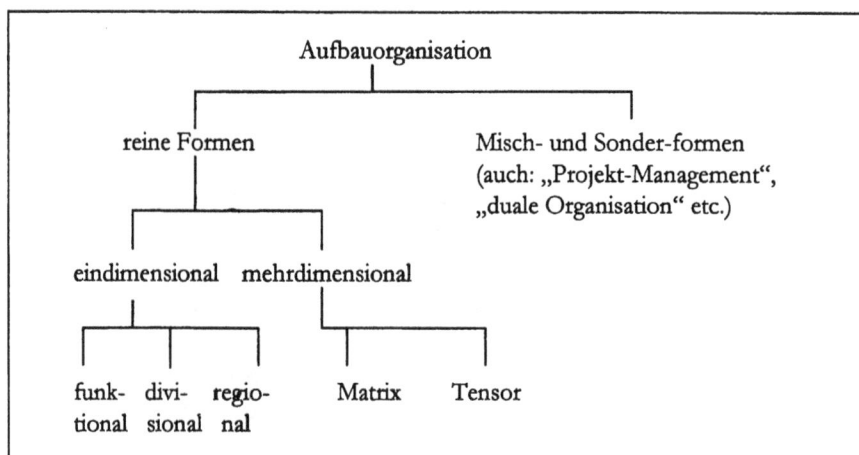

Darst. 10-4: **Formen der Aufbauorganisation**

Als **reine Form** einer **eindimensionalen Organisationsstruktur** bietet sich zunächst die **funktionale Organisation** an. Werden etwa die betrieblichen Funktionen gemäß Darst. 2-7 als abteilungsbildend zugrunde gelegt, so resultiert Darst. 10-5.

```
                    ┌─────────────────────────┐
                    │   Unternehmensleitung    │
                    └─────────────────────────┘
```

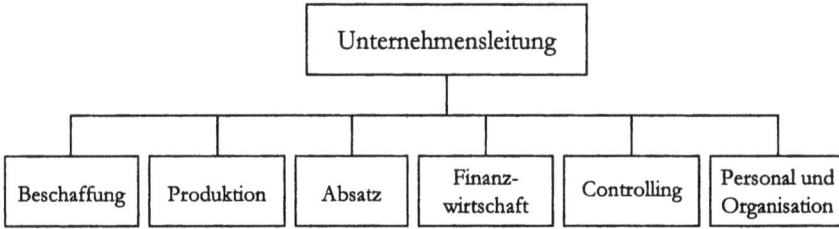

Darst. 10-5: Funktionale Organisation

Zumindest bei *Produktion* und *Absatz* ergibt sich aber wohl die Notwendigkeit einer weiteren Untergliederung. Bei der Produktion kann dies nach Gruppen des Leistungsprogrammes geschehen; auch beim Absatz erscheint das sinnvoll. (Hier könnte zudem eine Gliederung nach anderen Kriterien erwogen werden; s. dazu noch unten.) Erhebt man diese Gliederung nach Produktgruppen zum Prinzip, so ergibt sich die **divisionale Organisation** gemäß Darst. 10-6.

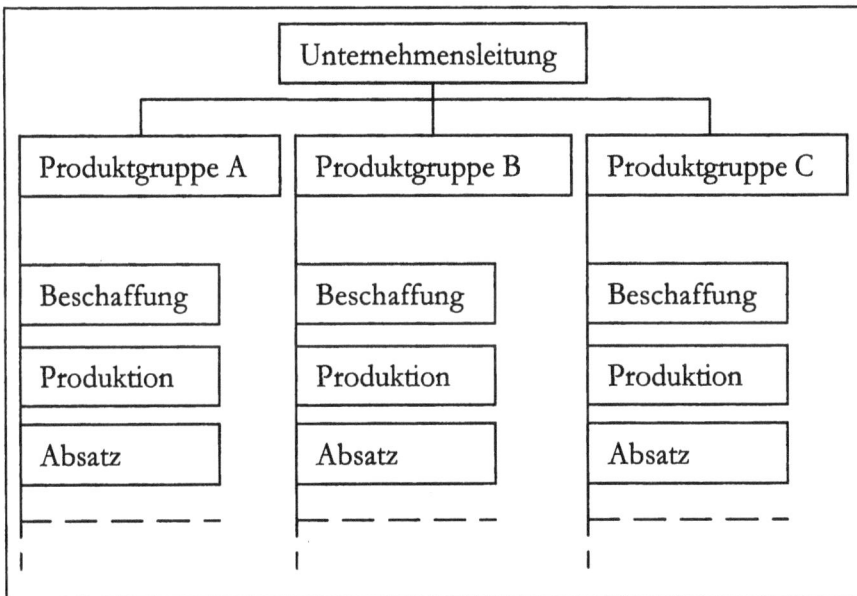

Darst. 10-6: Divisionale Organisation

Die - insbesondere ältere - deutsche Organisationsliteratur gliedert teilweise etwas anders: Der *verrichtungs*bezogenen oder *funktionalen* Organisation wird die *objekt*bezogene gegenübergestellt und diese auch als *divisionale* bezeichnet. Die an *Produktgruppen* orientierte erscheint dann nur als *eine* Unterart; eine andere ist etwa die *regionale*. Im reinen Wortsinne kann natürlich „Division" mit „Abteilung" gleichgesetzt werden und bezeichnet dann jedwede Form der organisatorischen Untergliederung.

Die *divisionale* Organisation ist in den letzten Jahren stark in den Vordergrund getreten. Sie hat den *Vorteil*, dass sie in besonderem Maße dem *Marketing*-konzept, dem Ausrichten auf die Kundenbedürfnisse (vorausgesetzt, dass die Bildung von Produktgruppen an diesen orientiert - also etwa auf bestimmte Marktsegmente ausgerichtet - ist), entspricht und damit auch dem Gedanken einer *strategischen* Unternehmensführung. Geschieht die Differenzierung mehr in Richtung *selbständiger* und *Gewinn* erwirtschaftender Einheiten, so spricht man auch von **Profit Center**. Wird stärker auf die Eigenverantwortlichkeit für *Investitionen* und damit deren *Rentabilität* abgestellt, so ist der Ausdruck **Investment Center** gebräuchlich.

Die Investitions-Rentabilität kommt zum Ausdruck im *ROI* (Return On Investment); er entsteht durch „Erweiterung" der Formel für die Rentabilität (Gewinn/eingesetztes Kapital) mit dem Umsatz:

$$ROI = \frac{Gewinn}{Umsatz} \cdot \frac{Umsatz}{eingesetztesKapital} \tag{10.1}$$

$$= Umsatzrentabilität \cdot Kapitalumschlagshäufigkeit$$

Da der ROI im PIMS-Projekt, damit auch in der Portfolio-Analyse und somit der Strategischen Unternehmensführung überhaupt (s. dazu in Kap. 5, 7 und auch noch 11) eine Rolle spielt - wobei man allerdings auf seine genaue Definition achten muss -, wird oft eine Zusammenfassung zu **Strategischen Geschäftseinheiten**: SGE vorgenommen. Kulminieren würde die Organisationsform (s. aber auch zu einer bloß „gedanklichen" Zusammenfassung unten) in der Bildung einer *eigenen Rechtsform*.

Eine eigene Rechtsform, in Gestalt von z.B. ausländischen Tochtergesellschaften, kann auch bei der **regionalen Organisation** vorkommen. Darst. 10-7 zeigt diese im Prinzip.

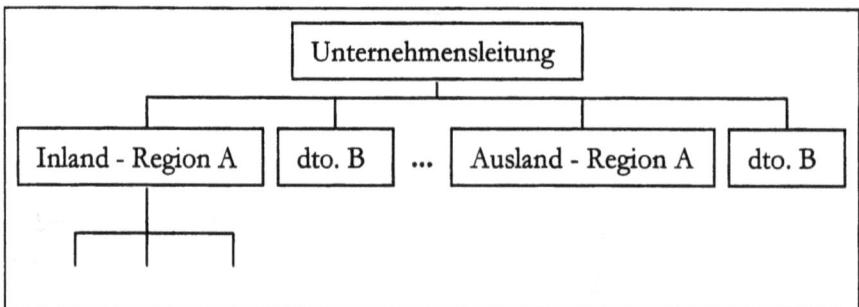

Darst. 10-7: **Regionale Organisation**

In den letzten beiden Darstellungen ist bereits angedeutet, dass jeweils eine weitere Untergliederung zu erfolgen hat: bei der „divisionalen" Organisation nach Funktionen und/oder Regionen, bei der regionalen nach Funktionen und/oder Produktgruppen. Jeweils *ein* Kriterium dominiert also die beiden *anderen*. Dem kann durch **mehrdimensionale Organisationsstrukturen** abzuhelfen versucht werden. Die theoretisch sauberste Lösung, die Gleich-berechtigung aller drei Dimensionen, wäre in der **Tensor-Organisation** verwirklicht. Sie ist jedoch überaus problematisch und in der Praxis kaum vorzufinden; auf eine Darstellung wird deshalb hier verzichtet. Dagegen erfolgt, in Darst. 10-8, eine Veranschaulichung der **Matrix-Organisation**. Sie ist dadurch gekennzeichnet, dass - als *Vorteil* - die gleichberechtigte Verwirk-lichung zweier Kriterien geschieht. Noch immer aber bleibt - als *Nach*teil - eines unberücksichtigt; außerdem stellt sich auf diese Weise ein Zwei-Liniensystem her (mit den Nachteilen von Mehr-Liniensystemen).

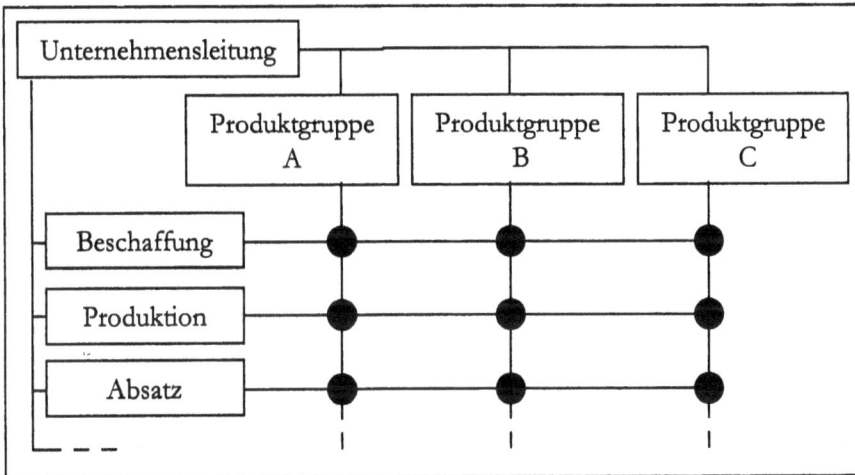

Darst. 10-8: **Matrix-Organisation**

Die *reine* Verwirklichung einer Matrix-Organisation ist deshalb in der Praxis eher selten. Matrixorganisation haben solch beträchtliches Konfliktpotential in den Schnittstellen zwischen Sparten und Funktionen, dass immer mehr Unternehmen sie deshalb beseitigt haben (SCHMALEN 2002, S. 174f.). Vielmehr kommt es oft zu **Mischformen**. Das wird etwa beim **Produktmanagement** deutlich, der - in den 60er Jahren aus den USA vordringenden - Idee, dass der Gewinn, in Form von „Deckungsbeiträgen", letztlich über den Produktabsatz erwirtschaftet werden und dies in der Organisation seinen Ausdruck finden muss. Zwei „*reine*" Formen der organisatorischen Verwirklichung wären die

Divisionalisierung nach Darst. 10-6 oder die Matrix-Organisation nach Darst.
10-8. (Zu einer auf den *Absatz*-Bereich eingeschränkten Form der letzteren s.
A 10-3.) Als *Misch*form kann etwa eine Organisation nach Darst. 10-9 erfolgen. (Der „Stab" mag z.B. die Marktforschung beinhalten.)

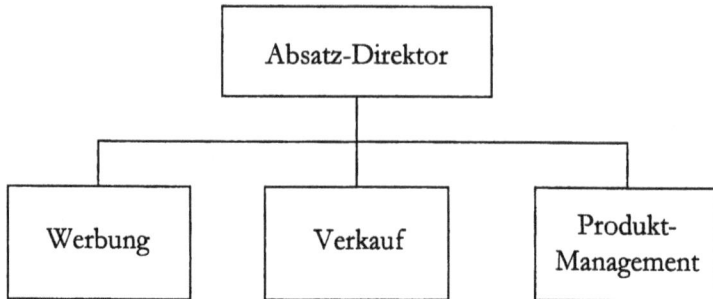

Darst. 10-9: **Produkt-Management als Mischform**

Dabei wird es natürlich notwendig, das Produktmanagement mit gewissen
Rechten, im Sinne von Kompetenzen, auszustatten, um ihm überhaupt
irgendeinen - *formalen* - Einfluss auf Werbung und Verkauf (und auch die
Marktforschung) zu geben. Ein solches „Kompetenzbild eines Produkt-
Managers", mit A für Auftragsrecht, E Entscheidungsrecht, EG Einspruch-
und Genehmigungsrecht, I Informationsrecht, K Kontrollrecht, V Vor-
schlags-, Vortrags-, Beratungsrecht, W Weisungsrecht - also viel weiterge-
hender als oben, unter 10.2, erörtert -, zeigt KRÜGER 2002, S. 114.

Im *Absatz*bereich ist nun aber neben die diskutierte Ausrichtung auf das
Produkt in Gestalt des *Produkt*managements und die erwähnte regionale
Einteilung (man spricht bisweilen auch von *Markt*management) eine weitere
Orientierung getreten: auf Großkunden oder Kundengruppen. Man bezeichnet dies auch als *Kunden*(gruppen)management oder **Key-Account-Management** („Schlüsselkunden"-Management). Sollen allerdings - wie es eigentlich
sinnvoll wäre - alle 3 dieser Orientierungen (Produkte, Kunden, regionale
Märkte) *gleichzeitig* verwirklicht werden, so entstehen eventuell nicht unbeacht-
liche *Koordinations*-Probleme.

Die drei eben genannten Kriterien können theoretisch ebenfalls der „Divisionalisierung" dienen. In der Praxis ist diese allerdings, wie erwähnt,
zumeist auf Produkte ausgerichtet. Gelegentlich verwendet man die Bezeichnung im Sinne einer quasi eigenständigen Organisationsform (als
„Misch-Form"), der „Organisation nach dem Ausgliederungsprinzip" oder

auch (*Sparten-* bzw.) **Geschäftsbereich-Organisation**: In die *Geschäfts-*
bereiche werden nur die *Längsschnitt*-Funktionen einbezogen; die *Querschnitts-*
Funktionen „ressortieren" als *Zentral*bereich bei der Unternehmensleitung.
Darst. 10-10 zeigt ein Beispiel.

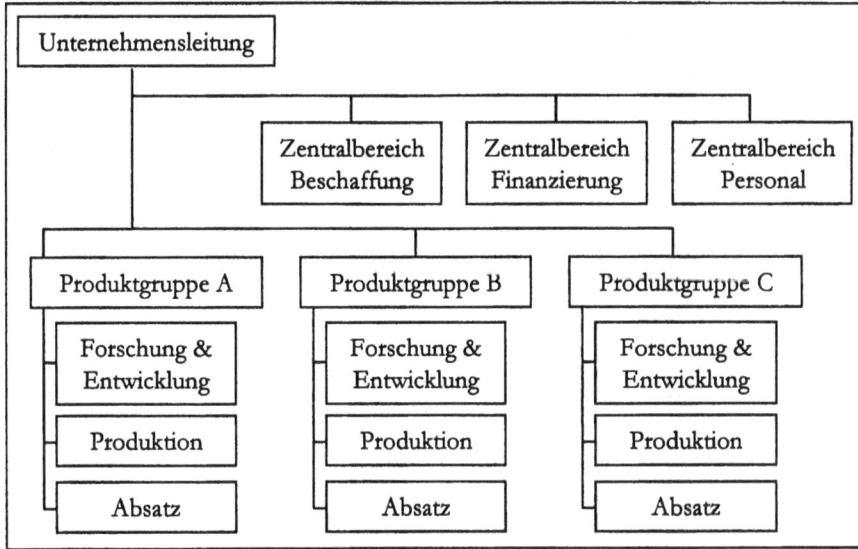

```
┌──────────────────────────────────────────────────────────────────────┐
│  ┌─────────────────────┐                                               │
│  │ Unternehmensleitung │                                               │
│  └─────────────────────┘                                               │
│                                                                        │
│              ┌──────────────┐  ┌──────────────┐  ┌──────────────┐      │
│              │ Zentralbereich│ │ Zentralbereich│ │ Zentralbereich│     │
│              │ Beschaffung   │ │ Finanzierung  │ │ Personal      │     │
│              └──────────────┘  └──────────────┘  └──────────────┘      │
│                                                                        │
│  ┌────────────────┐    ┌────────────────┐    ┌────────────────┐        │
│  │ Produktgruppe A│    │ Produktgruppe B│    │ Produktgruppe C│        │
│  └────────────────┘    └────────────────┘    └────────────────┘        │
│    ┌─────────────┐       ┌─────────────┐       ┌─────────────┐          │
│    │ Forschung & │       │ Forschung & │       │ Forschung & │          │
│    │ Entwicklung │       │ Entwicklung │       │ Entwicklung │          │
│    └─────────────┘       └─────────────┘       └─────────────┘          │
│    ┌─────────────┐       ┌─────────────┐       ┌─────────────┐          │
│    │ Produktion  │       │ Produktion  │       │ Produktion  │          │
│    └─────────────┘       └─────────────┘       └─────────────┘          │
│    ┌─────────────┐       ┌─────────────┐       ┌─────────────┐          │
│    │ Absatz      │       │ Absatz      │       │ Absatz      │          │
│    └─────────────┘       └─────────────┘       └─────────────┘          │
└──────────────────────────────────────────────────────────────────────┘
```

Darst. 10-10: **Geschäftsbereich-Organisation**

Als **Sonderform** kann die **Projekt(gruppen)organisation** erwähnt werden.
Es handelt sich hierbei um *team*-orientierte Organisationsstrukturen (s. oben,
unter 10.2), die nur *auf Zeit*, zur Verwirklichung bestimmter *Projekte* (wie etwa
die Einführung der EDV generell oder besonderer Formen - z.B. CIM)
gebildet werden. Dies bedeutet letztlich die Verwirklichung einer **dualen
Organisation**, wie das etwa auch bei der Strategischen Unternehmensführung der Fall sein kann: *formale* (Aufbau-)Organisation zur Erfüllung der
operativ-taktischen Aufgaben, bloß *gedankliche* - bzw. eben „projekt-artige" -
in Bezug auf die strategische Ebene, z.B. auch für SGEs. (Wegen *neuerer*
Diskussionen s. auch den „Exkurs: Organisationsentwicklung und (Business)
Reengineering" im Anschluss an Kap. 11.)

Literaturhinweise

Die Literatur zu *allgemeinen* Organisationsfragen ist sehr reichhaltig. Ein Teil davon bezieht sich - entsprechend der älteren Auffassung - schwerpunktmäßig auf die *Technik* und *Methoden* des „Organisierens"; darauf wird hier verzichtet. Auch die - mehr soziologisch ausgerichtete - *theoretische Grundlagen*-Literatur soll hier nur mit einem (berühmten) Autor vertreten sein: SCOTT 1985. Im folgenden sind einige - neuere - *Lehrbücher* aufgeführt, die mehr oder weniger *umfassend* informieren: BLEICHER 1991; BOKRANZ/KARSTEN 2003; BÜHNER 1999; FRESE 2000; GROCHLA 1995; HILL/FEHLBAUM/ULRICH 1994/98; KIESER/KUBICEK 1992; KRÜGER 2002; PICOT/DIETL/FRANCK 2002; REMER 1989; SCHULTE-ZURHAUSEN 2002; VOßBEIN 1989; WEINERT 2002.

Speziell zu in der Praxis anzutreffenden *Misch- und Sonderformen* sei zunächst auf eine Schrift zum *Produkt*-Management hingewiesen: SCHWARTING 1993. Auch das *Key-Account*-Management wird stärker diskutiert; s. z.B. EBERT 1991. Eine zunehmende Diskussion ist bezüglich des *Projekt*-Managements festzustellen; s. etwa MADAUSS 2000. Dabei wird das Thema oft sehr breit gefasst; es geht weit über rein organisatorische Fragen hinaus und betrachtet den gesamten Prozess (etwa in den 4 Phasen: Projekt-Definition, -Planung, -Kontrolle und -Abschluss) oder erörtert es eher - so der Untertitel von HEINTEL/KRAINZ 2000 - als „eine Antwort auf die Hierarchiekrise". Mit neuen Organisationsformen beschäftigt sich BULLINGER 2000.

Aufgaben

10-1: *T/F:* „Organisationsentwicklung" ist ein verkürzter Ausdruck für die Entwicklung einer Organisationsstruktur in Form eines Organigramms.   T / F

10-2: Welche (reinen) Formen *ein*dimensionaler Organisation kann man unterscheiden?

10-3: Geben Sie eine auf den *Absatz*bereich beschränkte Darstellung der Matrix-Organisation für 3 Produkte (wie in Darst. 10-8) und 2 Funktions-Abteilungen (gemäß Darst. 10-9)!

Kapitel 11 Unternehmensführung und Partizipation („Unternehmensführungskonzepte")

Wie bereits mehrfach erwähnt, wird hier nicht die Gleichsetzung von „Betriebswirtschaftslehre" mit einer „Führungs- oder Managementlehre" vertreten. Vielmehr ist „Führung" im engeren Sinne - als Gegenstand dieses III. Teiles (und gemäß Darst. 2-7) - verstanden, im Sinne von „leadership" und auch „Personal" (Kap. 12), „Organisation" (Kap. 10) und „Controlling" (Kap. 13) einschließend. In diesem Kapitel 11 erfolgt eine noch engere Fassung, in bezug auf Unternehmensführungkonzepte. Gegenstand des 1. Abschnittes sind dabei - in mehr traditionellem Sinne - „Führungstechniken", „Führungsstile" usw. (Auf Konzepte, die - wie das „(Business) Reengineering" – vor einiger Zeit von sich reden machten, wird in dem an dieses Kapitel anschließenden „Exkurs" eingegangen.)

Insoweit sind die Betrachtungen mehr auf die Entscheidungsträger „Eigenkapitalgeber" bzw. „Management" ausgerichtet. Wie in Kap. 3 bereits erwähnt, ist im Laufe der Entwicklung jedoch ein drittes „Willensbildungszentrum" entstanden, in Form der Mitbestimmung. Diese wird im 2. Abschnitt behandelt.

11.1 Führungstheorie und Führungsmodelle

Wie in der obigen Vorbemerkung zu diesem Kapitel bereits angedeutet, existieren in Verbindung mit dem Begriff „Führung" verschiedene Bezeichnungen. In der Überschrift zu diesem Abschnitt ist eine Beschränkung auf „Führungstheorie" einerseits und „Führungsmodelle" andererseits erfolgt. Dieser Unterscheidung liegt der Gedanke zugrunde, dass „Führungsmodelle" eine theoretische Basis haben sollten. Eine **Führungstheorie** in diesem Sinne hätte dann - vornehmlich *verhalten*swissenschaftlich, auf *empirischer* Grundlage - Fragen nach den Bedingungen erfolgreicher (Menschen-)Führung zu klären. Darauf wird hier nicht weiter eingegangen; s. auch die Literaturhinweise am Kapitelschluss. (Vgl. auch NEUBERGER 1995 - mit seinem bezeichnenden Titel - und die dort gegebene „Chronologie" von Führungstheorien.)

Führungsmodell ist hier umfassend, quasi als Sammelbegriff für „Prinzipien", „Systeme" usw. verstanden. Es beschränkt sich - wie unten noch deutlich werden wird - damit nicht auf *Personal*führungsfragen, sondern schließt auch mehr *sachlich* orientierte Konzeptionen ein. Zugunsten einer stärkeren Systematik in den folgenden Ausführungen hätte sogar erwogen werden können, diese danach - formal - zu gliedern. Darauf ist verzichtet worden, da die Übergänge doch recht fließend sind; im Prinzip wird aber danach vorgegangen.

In einem etwas engeren Sinne bezieht sich der Ausdruck „Führungsmodell" auf so etwas wie das - unten zu erwähnende - „Harzburger Modell". In dieser Hinsicht lässt er dann noch Raum für den Begriff „Führungsstile". Darauf ist sogleich zurückzukommen. Vorher sei noch erwähnt, dass auf solche Bezeichnungen wie „Führungs*technik*", „Führungs*mittel*" und „Führungs-*instrumente*" hier nicht weiter eingegangen wird; man kann darunter - mehr personell gesehen - z.B. „Stellenbeschreibungen" (s. dazu in Kap. 12) oder - stärker sachlich - „Kennzahlen" aller Art (s. dazu in Kap. 13) verstehen.

Führungsstile lassen sich in verschiedener Weise kennzeichnen. *Max Weber* unterschied, nach dem Kriterium der „Legitimation", zwischen *traditionellem*, *charismatischem* und *bürokratischem* Stil. Heute differenziert man meist nur zwischen *autoritärem* und *kooperativem* Führungsstil (quasi - wie schon von TANNENBAUM/SCHMIDT 1958 aufgezeigt und ähnlich unten bei den „Management by-Techniken" - als Enden eines Kontinuums, in das sich auch andere Stile einordnen lassen). Der **kooperative Führungsstil** lässt sich nach NEUBERGER 1972 und PULLIG 1980, S. 58, etwa wie folgt charakterisieren: Der Vorgesetzte partizipiert stark an Gruppenprozessen, dirigiert und kontrolliert die Aktivitäten der Gruppe aber nur möglichst wenig; er delegiert die Entscheidungsgewalt an die Mitglieder und aktiviert ihre Mitarbeit. Ein solcher Führungsstil wird heute meist angestrebt. Dabei kann man - sowohl im Hinblick auf das gesetzte Ziel als auch empirisch, bezüglich dessen Verwirklichung - einerseits *mehrere Kriterien*, andererseits bei jedem mehrere *Ausprägungsstärken* unterscheiden. Man kommt dann, gemäß dem unter 5.2.1 erwähnten „Polaritätsprofil", zu einem *Profil* des Führungsstils: mit, als *Beispiel*, den *Polaritäten* „individuell" und „kollegial" beim *Kriterium* „Art der Willensbildung" auf einer - für alle weiteren Polaritäten und Kriterien geltenden - Skala von 1 bis 7; vgl. dazu BAUMGARTEN 1977.

Breiten Raum nehmen in der Diskussion die verschiedenen „**Management by-Techniken**" ein. Sie lassen sich gemäß Darst. 11-1 auf einem

Kontinuum von „Einzelrezepten" bis zu mehr oder weniger geschlossenen „Systemen" einordnen.

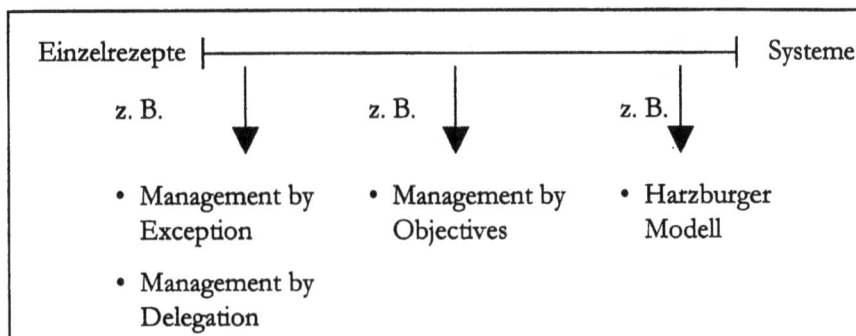

```
Einzelrezepte ├──────────┬──────────┬──────────┤ Systeme

      z. B.    │           z. B.  │         z. B.  │
               ▼                  ▼                ▼

   • Management by      • Management by      • Harzburger
     Exception            Objectives           Modell

   • Management by
     Delegation
```

Darst. 11-1: **Einordnung von „Management by-Techniken"**
              (nach PULLIG 1980, S. 59)

Aus der Abbildung ist schon ersichtlich, dass es recht verschiedene „Management by-Techniken" gibt; sie lassen sich wie folgt kennzeichnen (zum „Harzburger Modell" s. nachstehend):

- Management by Exception	Führung durch Ausnahmeregelung (mit Eingriffsrecht des Vorgesetzten)
-	Delegation	dto. Delegation von Verantwortung
-	Objectives	dto. Zielvorgabe oder -vereinbarung
-	Decision Rules	dto. Entscheidungsregeln
-	Results	dto. Ergebnisorientierung (Zielerreichung)

...

(und wie folgt karikieren:

Management by	Helikopter:	Über allem schweben, von Zeit zu Zeit auf den Boden kommen, viel Staub aufwirbeln, und dann wieder ab nach oben
	Jeans:	An den wichtigsten Stellen sitzen die größten Nieten
	Champignon:	Die Mitarbeiter im Dunkeln lassen, mit Mist bestreuen; wenn sich Köpfe zeigen, sofort absägen
	Potato:	Rein in die Kartoffeln, raus aus den Kartoffeln
	Pingpong:	Jeden Vorgang solange zurück- oder weitergeben, bis er sich von selbst erledigt
	Nilpferd:	Erst Maul aufreißen, dann untertauchen
	Känguru:	Mit leerem Beutel große Sprünge machen
	Robinson:	Alle warten auf Freitag.

Die - im vorstehenden anklingende - *Kritik* an den „Management by"-Regeln richtet sich weniger gegen deren sachlichen Inhalt als einerseits ihre *Inflationierung* und andererseits *Verabsolutierung*. Demgegenüber stellte das **Harzburger Modell** ein *umfassendes* Regelwerk dar. (Es wird von 315 Organisationsregeln berichtet; vgl. zur *Darstellung* - vom „Begründer" - HÖHN 1977, auch mit *Kritik* GUSERL 1973; im übrigen scheint selbst die Bezeichnung nicht mehr recht treffend, da die „Akademie" in Bad Harzburg heute einen anderen Träger hat.) Das Kernstück bildet jedoch die „*Führung im Mitarbeiterverhältnis*", die wiederum wesentlich durch die *Delegation* von Verantwortung und, im Zusammenhang damit, das Instrument der *Stellenbeschreibung* (s. dazu auch in Kap. 12) bestimmt wird.

Die (Mitarbeiter-)Führung kann in **Führungsgrundsätzen** ihren Ausdruck finden. (So spricht KORNDÖRFER [1999b, S. 238], von 4 Säulen eines [Personal]Führungssystems: Management-[by]-Prinzipien, Führungsstile, Führungsmittel und eben Führungsgrundsätze.) Sie beziehen sich - so BECKER 2002, S. 28 - auf Organe und Aufbau der Führung und „Führungsverhalten". Sie können erweitert werden, in bezug auf gesellschaftspolitisches Engagement und prinzipielle Verhaltensweisen gegenüber Kunden, Lieferanten usw., aber auch der Gesellschaft, zu **Unternehmensgrundsätzen**. Diese äußern sich - mehr „innerlich" (und „noch nicht ganz griffig" resp. „unglücklich gewählt" bezeichnet – STÜDEMANN 1993, S. 226) - in der **Unternehmenskultur** (BECKER 2002, S. 50; oder allgemeiner: „*Organisationskultur*"). Eher „äußerlich" finden sie ihren Ausdruck im Erscheinungsbild des Unternehmens, der sog. **Corporate Identity**. (Das **Corporate Design** - als „Schlüsselbild" - macht nur einen Teil davon aus.) All dies ist letztlich Ausdruck der **Unternehmensphilosophie** - die wesentlich in der Ausrichtung auf eine konsequente *Kundenorientierung* besteht.

Diese Kunden- bzw. Markt-Orientierung bedeutet aber „Marketing"; damit ist man wieder bei der **Strategischen Unternehmensführung** angelangt (deren Kern, gemäß Kap. 5, das Strategische Marketing bildet). Das *sachliche Analyse*-Instrument dazu war ganz wesentlich die *Portfolio-Matrix* (s. etwa Darst. 5-8); zum *Führungs*instrument wird es dadurch, dass man auf der Basis des *Ist-Portfolios* das *Soll*-Portfolio aufstellt. Aus diesem ergeben sich dann für die einzelnen SGEs (Strategische Geschäftseinheiten) weitere Konsequenzen. Sie bestehen in den einzuschlagenden *Strategien*. Ihnen folgen die *funktionalen Politiken*, also Folgerungen nicht nur für die Absatzpolitik, sondern auch alle anderen funktionalen Bereiche. Letzteres umschließt ebenfalls die Gestaltung der *Organisation*; sie ist - nicht zuletzt wegen ihrer besonderen Bedeutung im

hier gegebenen Kontext der „Führung" - in Darst. 11-2 besonders hervorgehoben; diese enthält eine Art „Regelkreis". (Vgl. auch - weit differenzierter -
HINTERHUBER 1996, S. 39ff.)

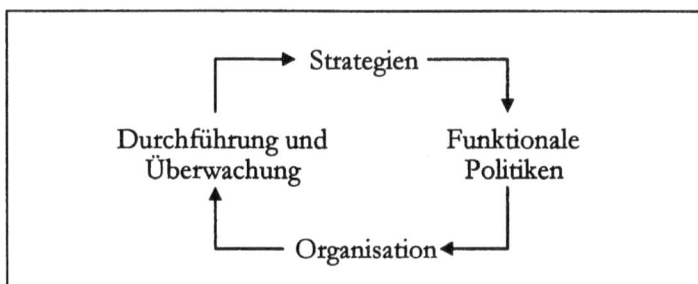

Darst. 11-2 „ Regelkreis" der Strategischen Unternehmensführung

Die Abbildung beinhaltet auch *Durchführung und Überwachung*. Letztere wird
üblicherweise unterteilt in *Kontrolle* und *Prüfung* (*Revision* - im
Angloamerikanischen: *„audit"*). Der Unterschied liegt im Prinzip darin, dass
die Prüfung von *außerhalb* des Verantwortungsbereiches, der Gegenstand der
Überprüfung ist, Stehenden durchgeführt wird. Für die sog. *Interne Revision*
bedeutet dies, dass sie organisatorisch getrennt und in der Regel direkt der
Unternehmensleitung unterstellt werden muss.

11.2 Mitbestimmung

Die „Partizipation" der Arbeitnehmer und ihrer Vertreter kann mit verschiedenen Argumenten zu begründen und auch zu widerlegen versucht
werden. Darauf wird hier nicht weiter eingegangen. (S. aber zum sog.
„Property Rights"-Ansatz noch kurz in Kap. 12.) Auch von den unterschiedlichen Partizipations-Ebenen wird abgesehen: Abgestellt ist nur auf die
betriebliche Mitbestimmung - diese nicht als notwendigerweise „paritätisch"
definiert -, in den Betrieben selbst und ihren Organen, gemäß Darst. 11-3 (auf
der folgenden Seite).

```
                        ┌──────────────────────┐
                        │     Mitbestimmung    │
                ┌───────────────┼───────────────┐
           freiwillige    tarifvertragliche   gesetzliche
                                          ┌─────────────┴─────────────┐
                                   arbeitsrechtliche          gesellschafts-
                                   (in den Betrieben          rechtliche
                                   durch „Betriebsräte"       (in den Unter-
                                   etc.)                       nehmungs-
                                                               organen)
```

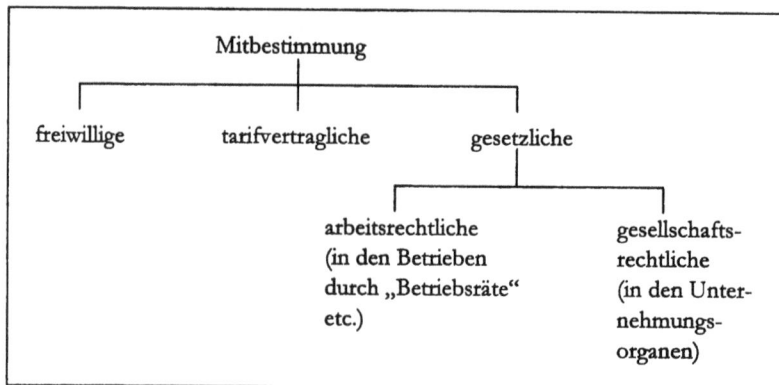

Darst. 11-3: **Arten der Mitbestimmung**

Im Folgenden wird nur die **gesetzliche** Mitbestimmung betrachtet. Deren
arbeitsrechtliche Form, die durch *Betriebsräte*, ist schon recht alt. (Sehr viel
später wurden auch für den *Öffentlichen Dienst* sog. *Personalräte* geschaffen.) In
der Bundesrepublik fand sie durch das *Betriebsverfassungsgesetz* (BetrVG - von
1952, mit diversen Änderungen) ihre rechtliche Regelung. Darin sind Vertretungen der Arbeitnehmer ab 5 Beschäftigten vorgesehen: nur 1 Person, der
sog. *Betriebsobmann*, bis 20 Beschäftigte und von da an mit steigender Mitglie-
derzahl (sowie mit „Freistellungs"-Regelungen). Die regelmäßigen Betriebs-
ratswahlen finden alle vier Jahre in der Zeit vom 1. März bis 31. Mai statt. Sie
sind zeitgleich mit den regelmäßigen Wahlen nach § 5 Abs. 1 Sprecheraus-
schussgesetzes einzuleiten (§ 13 BetrVG). Die Zahl der für Wahlvorschläge
erforderlichen Unterschriften beträgt regelmäßig 5% der Belegschaft,
mindestens aber drei wahlberechtigte Arbeitnehmer (in Betrieben bis 20
Angestellte genügen zwei). Die Unterstützung von 50 Arbeitnehmern reicht
in jedem Fall; jeder Wahlvorschlag einer Gewerkschaft muss von zwei
Beauftragten unterzeichnet sein (§ 14 BetrVG).

Analog dazu sind gemäß *Gesetz über Sprecherausschüsse* aus dem Jahre 1988 auch
„*Sprecherausschüsse*" der *Leitenden Angestellten* zu wählen (sofern ein Betrieb
mindestens 10 davon hat, ggf. sind leitende Angestellte für diese Vorschrift
dem nächst gelegenen Betrieb des Unternehmens zuzurechnen, § 1 SprAuG).
Die Zahl der Mitglieder steigt von einem bei zehn leitenden Angestellten bis
zu sieben bei über 300 leitenden Angestellten (§ 4 SprAuG). Wer „Leitender
Angestellter" ist, richtet sich nach der Funktion und dem Gehalt; dabei
kommt es sehr darauf an, inwieweit frei von Weisungen gehandelt wird (siehe
auch § 5 Abs. 3 BetrVG). Da diese Gruppe ebenfalls bei der unternehmens-
rechtlichen Mitbestimmung (s. dazu unten) eine Sonderrolle spielt, kann es

leicht Gegenstand von Auseinandersetzungen sein, ob jemand dazuzurechnen ist oder nicht.

Diese „Sprecherausschüsse" sollen allerdings die Arbeit der Betriebsräte nicht blockieren können; ihre Rechte liegen mehr in Richtung Information und Beratung. Die des *Betriebsrates* gehen darüber hinaus und können nach ihrer *Stärke* in zwei Gruppen eingeteilt werden: Die 1. Gruppe, die Mit*wirkungs*-rechte, umfassen a) Information, b) Anhörung und c) Beratung, die 2., die Mit*bestimmungs*rechte, a) Veto, b) Zustimmung und c) das sog. Initiativrecht. *Inhaltlich* kann man nach dem Gegenstand differenzieren: *wirtschaftliche, soziale* und *personelle* Angelegenheiten. Im Prinzip am geringsten ausgeprägt sind die Rechte in wirtschaftlichen Angelegenheiten (hier werden in größeren Betrieben - ab 100 Beschäftigte - spezielle *Wirtschaftsausschüsse* eingerichtet), am stärksten in personellen Fragen. Zur Beilegung von Meinungsver-schiedenheiten kann eine *Einigungsstelle* gebildet werden; ansonsten ist das *Arbeitsgericht* zuständig.

Die **gesellschaftsrechtliche** Mitbestimmung erfolgt in den **Organen** des Unternehmens, vornehmlich im *Aufsichtsrat*. (Ist ein solcher nicht von vornherein - wie bei der AG - vorhanden, muss er gegebenenfalls - wie bei der GmbH - extra eingerichtet werden.) Es existieren hierfür 3 unter-schiedliche gesetzliche Regelungen:

1. Am schwächsten ausgeprägt ist der *Stimmenanteil* in dem Gesetz, das auch die Betriebsrats-Regelung enthält: dem **Betriebsverfassungsgesetz**. Hier stellen die Arbeitnehmervertreter - die durch *Urwahl* zu wählen sind - nur *ein Drittel*. Dafür ist der *Geltungsbereich* weiter: Im Prinzip werden *GmbH* und *AG* sowie *Genossenschaften* ab *500 Arbeitnehmer* erfasst (§ 76 Abs. 6 BetrVG).

2. Nach jahrelanger Diskussion wurde 1976 das **Mitbestimmungsgesetz** (MitbestG) verabschiedet. Es gilt im Prinzip für *Kapitalgesellschaften* ab *2000* Arbeitnehmer. (Insofern ist sein Geltungsbereich *enger, weiter* wird er dadurch, dass eben auch die KGaA und überhaupt eine KG, sofern der Komplementär Kapitalgesellschaft ist, erfasst werden.) Der *Stimmenanteil* ist - formal - *paritätisch*: Je die Hälfte der Aufsichtsratsmitglieder wird von den „Kapitaleignern" und der „Arbeitnehmerseite" entsandt. Die Bank der Letzteren kann auch *Gewerkschafts*vertreter enthalten; deren Verhältnis zu den „Betriebsvertretern" ist festgelegt, ebenso die Verteilung der Letzteren auf Arbeiter und Angestellte; die Gruppe der „Leitenden Angestellten" (s. oben) muss mindestens 1 Sitz erhalten.

Damit es nicht zu einer Blockade kommen kann, genügt für die *Beschlussfähigkeit* die Hälfte der Mitglieder. Die Auflösung von *Pattsituationen* erfolgt dadurch, dass bei der Abstimmungs-Wiederholung die Stimme des Vorsitzenden entscheidet (d.h., er hat bei nochmaligem Patt 2 Stimmen). Insofern ist *praktisch keine* Parität gegeben: Der Wahl des Aufsichtsrats-vorsitzenden kommt somit große Bedeutung zu. Sie erfolgt mit Zweidrit-tel-Mehrheit; kommt diese nicht zustande, so wählen die Anteilseigner allein.

Die Mitbestimmung wirkt sich auch *direkt* auf den *Vorstand* aus: Ihm muss - bei Aktiengesellschaften und Gesellschaften mit beschränkter Haftung - ein *Arbeitsdirektor* angehören; er ist für das Personal- und Sozialwesen zuständig.

3. Die Institution des *Arbeitsdirektors* war durch das **Montanmitbestim-mungsgesetz** (Montan-MitbestG) 1951 eingeführt worden. Entsprechend seinem ausführlichen Titel „Gesetz über die Mitbestimmung der Arbeit-nehmer in den Aufsichtsräten und Vorständen der Unternehmen des Bergbaus und der eisen- und stahlerzeugenden Industrie" galt es für den Bereich der Montan-Industrie (im Zusammenhang mit der damals ge-gründeten „Montan-Union", dem Vorläufer der EWG und EG bzw. EU). Im Unterschied zum „Mitbestimmungsgesetz" kann die Wahl des Arbeitsdirektors nicht gegen die Stimmen der Mehrheit der Arbeitneh-mervertreter erfolgen. (S. dazu auch A 11-4.) Ein weiterer Unterschied liegt im *Stimmenanteil:* Zwar besteht insofern Parität, als gleich viele Vertreter beider Seiten vorhanden sind; zusätzlich ist aber ein „Neutraler" vorgesehen. (Im Falle maximaler Aufsichtsrats-Größe würde also das Ver-hältnis 10 : 10 : 1 betragen.) Seiner Wahl kommt somit entscheidende Be-deutung zu. Sie erfolgt auf Vorschlag des Aufsichtsrats durch die Haupt-versammlung (oder das sonstige Wahlorgan). Dieser Vorschlag bedarf der Mehrheit aller Stimmen (jedoch mindestens je 3 Stimmen von jeder Seite). Kommt kein Vorschlag zustande, so wird ein „Vermittlungsausschuss" eingerichtet. Nur für den Fall, dass auch dies erfolglos bleibt, entscheidet die Hauptversammlung allein; das scheint aber bisher noch nicht vorgekommen zu sein.

Die Montan-Mitbestimmung ist durch das Mitbestimmungsgesetz nicht abgeschafft worden. Sie droht jedoch von sich aus durch Wegfall der Vor-aussetzungen - über die Bildung von Konzern-Obergesellschaften ohne eigene (Montan-)Produktion - zu entfallen. Schon durch das „Mitbestimmungsergänzungsgesetz" von 1956 und das „Mitbestimmungsfortgeltungsgesetz" von 1971 mussten entsprechende Regelungen getroffen werden. Nach langer Diskussion wurden ab 1990 die Voraussetzungen erneut geändert. Eine Konzernobergesellschaft bleibt nun solange montan-mitbestimmt, wie die montan-mitbestimmte Tochtergesellschaft insgesamt mindestens 20% der „Konzern-Wertschöpfung" erzielt oder mehr als 2000 Arbeitnehmer beschäftigt. Gleichzeitig wurde auch das Wahlverfahren bzw. die Sitzverteilung verändert: Die Zahl der Betriebsvertreter wird - zu Lasten der Gewerkschaftsvertreter - erhöht; die Belegschaft kann selbst entscheiden, ob die Wahl direkt oder, wie bisher, durch Delegierte erfolgt.

Exkurs: „Organisationsentwicklung" und „(Business) Reengineering"

Wie bereits im „Exkurs" in Kap. 9 angedeutet, könnte man - analog dem „Produktlebenszyklus" (s. dazu Kap. 7 und auch 5) - vom „Lebenszyklus des Unternehmens" sprechen. Dort war dies allerdings mehr *formal* (Gründung - Auflösung) gemeint. Stärker *inhaltlich* kann man verschiedene *Phasen* im „Leben" eines Unternehmens unterscheiden. GREINER entwickelte dementsprechend schon 1967 eine Darstellung, bei der sich, in Abhängigkeit von *Alter* (der Organisation - oder einfach Zeit: t) und *Größe* (z.B. gemessen am Umsatz), eine Abfolge von „evolutionären" und „revolutionären" Phasen, letztere mit „Organisationskrisen" - und den Möglichkeiten zu ihrer Bewältigung - ergab. (Vgl. zu einer ähnlichen, wenngleich andersartigen Darstellung, zurückgehend auf BLEICHER – 6. Aufl. - 2002 auch GOMEZ/ZIMMERMANN 1997, S. 157.)

Die sich daraus ergebende Notwendigkeit des *(geplanten) organisatorischen Wandels* wurde bei uns zum Schlagwort „Organisationsentwicklung". Betrachtet man dabei den *ersten* der beiden großen *inhaltlichen Bereiche*, zu denen sich die entsprechenden Vorschläge zusammenfassen lassen (zum *zweiten* s. unten), so scheint dieser - schon aus Kostengründen - eher auf eine *vorübergehende* Tätigkeit hinzudeuten: die Einschaltung eines **Change Agent** (meist empfohlen: eines *externen* Beraters, evtl. in Gestalt einer - großen - *Unternehmensberater*-Firma). Er soll zwischen das betriebliche *Management* und die - etwa von einem neuen Organisationskonzept - *Betroffenen* treten. Letztere bilden gewissermaßen seine „Klientel" (oder seine „Patienten", die er - als

„Arzt" - betreut); aus der Rolle des bloßen Trainers kann die Arbeit hinauswachsen in die eines - im Interesse *beider* Seiten handelnden - Beraters.

Der zweite große Bereich ist der der „**Interventionen**". Nach dem Interventions*objekt* („*what* approach") kann man dabei - nicht überschneidungsfrei! - eine Zuordnung der diversen Interventions*methoden* („*how* approaches") vornehmen. Auf der *Ebene* des *Individuums* kommt so etwa ein Verhaltenstraining in Betracht, auf der der *Gruppe* die „Team-Entwicklung" und „Prozessberatung" (z.B. Analysehilfen) und auf der der *Gesamtorganisation* das *Survey-Feedback*: „Die mittels standardisierter Befragung gewonnenen Analysedaten (Survey) über wichtige Eigenschaften der Organisation, wie z.B. Betriebsklima, Arbeitszufriedenheit und Führungsstil, werden an die Betroffenen zurückgespielt (Feedback) und dort ausführlich analysiert. In einer Vielzahl von Gruppensitzungen werden dann Änderungsmaßnahmen entwickelt". (LASSER 1989, S. 204. Vgl. im Übrigen - quasi als „Standardwerk" – FRENCH/BELL 1994.) Auf der Ebene der *Arbeitsorganisation* werden solche Maßnahmen wie Job-Rotation, -Enlargement, -Enrichment (s. Kap. 12) oder auch das „Management by Objectives" (Kap. 11) vorgeschlagen. Man sieht hieraus die Nähe zu einem *generellen* Entwicklungs- und Führungskonzept.

Damit erhebt sich auch die Frage nach den *Zielen*. Sie lassen sich im Grunde auf *zwei* reduzieren: das der „*Humanisierung der Arbeit*" (aufbauend auch auf Gedanken von *Levin* - „soziales Feld" - und *Likert*) und der Erhöhung der *Leistungsfähigkeit* einer Organisation (vor allem in Richtung *Flexibilität* und *Innovationsbereitschaft*). Die *Beziehungen* zwischen diesen Zielen - s. dazu auch in Kap. 3 - sind aber nicht notwendigerweise komplementär, sondern umgekehrt eher *konfliktär*. Dies ist auch, neben einer gewissen „Verschwommenheit" und, im Zusammenhang damit, fehlender Möglichkeit der *Erfolgsmessung*, einer der Haupt*kritik*punkte. So wird vom „bloßen Etikett" gesprochen (oder auch vom „Change Agent" als „Wanderer zwischen den Welten eines Management-Beraters und Sozialreformers").

Betrachtet man „Organisationsentwicklung" als *ständige* Aufgabe, so besteht eigentlich wenig Unterschied zur (japanischen) Management-Philosophie des **Kaizen** (vgl. etwa IMAI 2001). Es besagt, dass es nichts gibt, was nicht verbessert werden könnte, und beinhaltet insofern das Prinzip der *permanenten Verbesserung*. Auch das Konzept des **Lean Management** (vgl. etwa BÖSENBERG/METZEN 1993) liegt nicht viel anders, betont aber - speziell auch durch „Verschlankung der betrieblichen Hierarchien - die Zeit- und Kostenoptimierung. Auch das **TQM: Total Quality Management** (vgl.

etwa OESS 1993) gehört in diesen Zusammenhang, hebt aber - wie schon der Name sagt - mehr, im Sinne der *Kundenzufriedenheit,* die Qualität ab (quasi als *qualitätsorientierte Unternehmensführung).*

Benchmarking (vgl. etwa WATSON 1993) dagegen hat eine etwas andere Perspektive: Es geht nicht so sehr darum, insgesamt „Branchenbester" zu werden, sondern - etwas weiter gefasst - „Klassen-" bzw. „Weltbester", dies aber sachlich eher eingeschränkt in bezug auf einzelne (Teil-)Funktionen, durch Orientierung am derzeit „Besten", durchaus - konkret eines bestimmten Teil-Prozesses, z.B. einer bestimmten Logistik-Aufgabe - auch in einer anderen Branche.

Während die vorgenannten Konzepte, insofern übereinstimmend mit dem der „Organisationsentwicklung", vom gegebenen Zustand ausgingen (und diesen zu verbessern suchten), beruht die Idee des **Business Reengineering** eher auf der Vorstellung eines *Bruchs* mit dem Bisherigen: HAMMER/CHAMPY 1994 sprechen, im Einklang auch mit dem deutschen Untertitel ihres Buches: „Die Radikalkur für das Unternehmen", vom „leeren Blatt Papier", das es neu zu beschreiben gelte. Der Unterschied in der *Praxis* des Vorgehens - mit Hilfe von Unternehmensberatungen - liegt wohl hauptsächlich darin, dass die anderen Konzepte eine *Vorlaufphase* vorsehen, die eine Unterrichtung und weitgehende Erzielung eines Einverständnisses der Betroffenen, im Sinne eines *Commitment,* d.h. „verpflichtenden Verständnisses", beinhaltet. Der Verzicht auf eine solche Phase bedeutet natürlich zumindest *Zeit*gewinn; andererseits besteht die Gefahr eines „abgehobenen" Vorgehens. (Tatsächlich scheinen - aus diesen und anderen Gründen - nicht wenige Projekte zu scheitern; vgl. HALL/ROSENTHAL/WADE 1993.)

Gemeinsam ist *allen* diesen Ansätzen eine *prozessorientierte* Sichtweise. Das hat zur Forderung nach der **Prozessorganisation** (vielleicht präziser auch: Prozessketten- oder prozessorientierte Organisation - oder allgemeiner: *Prozessmanagement* [KUNESCH 1993]) geführt. *Theoretisch* scheint dies aber wenig durchdrungen; das gilt wohl auch für die - vom Ansatz her verwandte - **Cluster**-Organisation nach MILLS 1991. (So könnte man fragen wollen, ob diese nicht nur eine - konsequent weitergeführte - Form der *divisionalen* Organisation bilden?)

Literaturhinweise

Allgemein mit Fragen der „*Unternehmensführung*" bzw. des „*Management*" beschäftigen sich - neben, wie erwähnt, KORNDÖRFER 1999b - etwa HUMMEL/ ZANDER 2002, MACHARZINA 2003, SPECHT 2001, STAEHLE 1999, STEINMANN/ SCHREYÖGG 2000 und ULRICH/FLURI 1995 (speziell mit der kundenorientierten Unternehmensführung HINTERHUBER/MATZLER [HRSG.] 2002). Etwas enger auf *Personal*führung ausgerichtet ist HENTZE/BROSE 1997. Mit der Führungs*forschung* – so auch im Untertitel - befasst sich NEUBERGER 2002.

Die mehr *sach*bezogenen Führungskonzeptionen differieren inhaltlich stärker; auch schwillt hier die Literatur beachtlich an. Mit der *Strategischen Unternehmensführung* allgemein befasst sich etwa - neben, wie erwähnt, HINTERHUBER 1996/97 - KREIKEBAUM 1997. Zu „*Unternehmenskultur*", „*Corporate Identity*" usw. sei nur hingewiesen auf BIRKIGT/STADLER/FUNCK (Hrsg.) 2002 und HEINEN/FANK 1997.

Bezüglich der *Mitbestimmung* wird auf die Gesetzestexte selbst bzw. die *Kommentare* dazu verwiesen. S. auch WÄCHTER 1983.

Aufgaben

11-1: Worin liegt - kurz gesagt - der Unterschied zwischen Management „by objectives" und „by exception"?

11-2: Wodurch unterscheiden sich Kontrolle und Prüfung?

11-3: T/F: Das Betriebsverfassungsgesetz (BetrVG) schreibt eine paritätische Besetzung der Aufsichtsräte mit Arbeitnehmervertretern vor; zur Auflösung von Patt-Situationen ist ein neutrales Mitglied vorgesehen, auf das sich die Parteien einigen müssen.   T / F

11-4: Wie kann beim Mitbestimmungsgesetz - im Unterschied zur Montan-Mitbestimmung - die Wahl des Arbeitsdirektors gegen die Mehrheit der Stimmen der Arbeitnehmervertreter erfolgen?

Kapitel 12 Personalwirtschaft

In diesem Kapitel wird, als weiterer Teil der Querschnittsfunktion „Führung" (gemäß auch Darst. 2-6), die *Personalwirtschaft* behandelt. Im Abschnitt 1 ist dabei zunächst auf Charakter und Struktur des betrieblichen Personalwesens einzugehen. Daraus ergibt sich dann die Abfolge der weiteren Abschnitte: 2 Personalplanung, 3 Personalbeschaffung und -auswahl, 4 betriebliche Entgelt- und Sozialleistungspolitik und schließlich 5 Personalentwicklung.

12.1 Charakter und Struktur des betrieblichen Personalwesens

Aus dem „Produktionsfaktor-Ansatz" von *Gutenberg* folgt quasi eine *mechanistische* Vorstellung von der Arbeit im Betrieb: Sie - und damit auch der Mensch als ihr Träger - ist Input, Produktionsfaktor, dessen Einsatz (wie der aller anderen) unter dem Aspekt der „maximalen Ergiebigkeit" erfolgt. Dabei herrscht, ähnlich wie in der „wissenschaftlichen Betriebsführung" *Taylor*s, die Prämisse vor, dass der arbeitende Mensch *nur* auf monetäre Anreize reagiert.

Demgegenüber haben MARCH und SIMON die **Anreiz-Beitrags-Theorie** entwickelt (die eben auch andere als monetäre Anreize einbezieht). Sie baut auf dem **Koalitionsmodell** von CYERT und MARCH auf. Danach entsteht der Betrieb (wie andere Organisationen auch) als *Koalition*: Die einzelnen Interessenten - darunter eben auch die arbeitenden Menschen - haben *individuelle Ziele*, die sie in *Verhandlungsprozesse* einbringen und woraus die *Koalitionsziele* sich ergeben. Zum Ausgleich von *Konflikten* sollen *Machtkämpfe* möglichst vermieden werden, durch materielle und immaterielle *Ausgleichszahlungen*.

Daraus folgt für den eventuellen *Ein-* und *Austritt* - also die Personal-*fluktuation* -, dass die Organisationsmitglieder die von der Organisation gewährten *Anreize* im Verhältnis zu den von ihnen geforderten bzw. geleisteten *Beiträgen* bewerten. Damit ergibt sich als eigentliche *Grundaufgabe* der betrieblichen Personalwirtschaft die Entwicklung einer *ausgewogenen „Anreiz-Beitrags-Struktur"*. Als daraus abzuleitende *Teilaufgaben* können gesehen werden in bezug auf die *Beiträge* die Beitragsfestlegung, die Personalbedarfsermittlung und die Personalauswahl, hinsichtlich der *Anreize* die Entgelt-gestaltung - als monetäre Anreize - und die von sozialen und Aufstiegs- oder

Karriere-Anreizen. Im Folgenden wird, auch um die Verbindung mit einer mehr traditionellen Sicht nicht ganz aufzugeben, nicht genau nach dieser Gliederung vorgegangen. Vielmehr ist die Behandlung des Beitrags-Systems in den Abschnitten 2 (Personalplanung) und 3 (Personalbeschaffung und -auswahl) zusammengefasst. Die *Anreize* werden ebenfalls in zwei Abschnitten erörtert: 4 behandelt das Entgeltsystem; neben die „Entlohnung" in ihren verschiedenen Formen treten dabei die - mehr materiellen - sozialen Leistungen. Eher immaterielle „soziale Anreize" und vor allem das „Karrieresystem" werden in Abschnitt 5 diskutiert.

Hier sei noch auf eine Art Weiterentwicklung des Koalitionskonzepts hingewiesen: die **Property Rights-Theorie**. Für diese „*Theorie der Verfügungsrechte*" spielen die **Transaktionskosten** - die Kosten, die bei der Übertragung von Verfügungsrechten entstehen, also die Kosten des „marktwirtschaftlichen Tausches" (Kosten der Informationsbeschaffung, der juristischen Fixierung, der Realisierung, einschließlich der Absicherung, etc.) - eine Rolle. Nach dem grundlegenden *Theorem von Coase* wird bei fehlenden Transaktionskosten - und rationalem Handeln der Wirtschaftssubjekte - der Markt jede Fehl-Allokation von Ressourcen beseitigen. Da aber de facto Transaktionskosten entstehen, kann die Unternehmung als Zusammenschluss zur Senkung solcher Kosten betrachtet werden.

Damit wird die „*Unternehmenstheorie*" (theory of the firm) quasi auf eine neue Basis - die *institutionelle* - gestellt. Die Diskussion bewegt sich gegenwärtig noch stark auf dieser theoretischen (gerade auch volkswirtschaftlichen, speziell ordnungspolitischen) Ebene. Die Konsequenzen für die Betriebswirtschaftslehre sind noch nicht im Einzelnen ausformuliert. Immerhin folgen z.B. aus dem Konzept Argumente *gegen* die - im vorigen Kapitel dargestellte - „Mitbestimmung".

12.2 Personalplanung

Die Bezeichnungen sind nicht ganz einheitlich; hier wird davon ausgegangen, dass „Personalplanung" den Oberbegriff bildet und sich im wesentlichen aus drei **Komponenten** zusammensetzt:
1. Personal*bedarfs*planung,
2. Personal*bestands*planung,
3. Personalbedarfs*deckungs*planung („Personal*beschaffungs*planung").

Zu 1: Da die **Personalbedarfsplanung** hier quasi in einem *engeren* Sinne aufgefasst wird und nicht die Personal*bestands*planung umschließt, bezieht sie sich nur auf den **Bruttobedarf.** Es handelt sich also um die *Beitrags-Festlegung,* sie schlägt sich letztlich nieder im *Stellenplan.* Die einzelne Stelle kann dabei, wie schon in Kap. 10 erwähnt, beschrieben werden - und zwar meist desto umfangreicher, je höher in der Hierarchie - durch die *Hilfsmittel* der *job description* und des *Funktionendiagramms.* Als *Beispiel:* Eine sehr ausführliche - entsprechend auch ihrer Funktion im Rahmen des „Harzburger Modells" (Kap. 11) - Stellenbeschreibung für den *Personalleiter* findet sich bei HÖHN (1966/76, S. 305-307; wiedergegeben auch bei STOPP 2002, S. 40-44). OECHSLER 2000 gibt dafür und für andere Stellen in der Personalabteilung das Funktionendiagramm gemäß Darst. 12-1. (S. auch das in Kap. 10 erwähnte „Kompetenzbild des Produkt-Managers".)

Stelleninhaber / Aufgabe	Personal-leiter	Assistent	Sachbearbeiter 1	...
Arbeitsmarkt-beobachtung	E	PA	A	...
Personal-planung	E	PAK	AK	...
Beschaffungs-planung	---	E	PAK	...
...	...	...	...	...

Legende: E = Entscheidung; A = Ausführung; P = Planung; K = Kontrolle

Darst. 12-1: **Funktionendiagramm von Stellen in der Personalabteilung** (nach OECHSLER 2000, S. 173)

Die „Stellenplanmethode" kann im Grunde nicht als originäres Verfahren der Personalbedarfsplanung angesehen werden. Zwar wird bei den „organisationsbezogenen Ansätzen" die Beziehung zwischen dem Personalbedarf und seinen Determinanten als „über die Organisationsstruktur vermittelt betrachtet" (WÄCHTER 1974, S. 52). Einigermaßen eindeutig kann dies aber im obigen Beispiel nur für die Stelle des Personalleiters selbst erfolgen. Bezüglich der in Darst. 12-1 enthaltenen Sachbearbeiter scheint das schon viel fraglicher. Hier wird man letztlich vom Arbeitsanfall und den zur Erledigung erforderlichen *Zeiten* ausgehen müssen. Damit kommt man zur *Zeitermittlung*. (S. dazu - zu REFA, MTM usw. - unten, Abschnitt 4. Theoretisch sauber müsste man eigentlich vom *Produktionsprogramm* ausgehen und über Produktionsfunktionen den erforderlichen Arbeitsinput bestimmen.

Auch dabei bleibt jedoch über die *Aufgaben- und Arbeitsgestaltung* zu entscheiden. Es wird heute die Ansicht vertreten, dass der Taylorismus zu einer Aufgaben- und Arbeits*zertrümmerung* (mit der Folge steigender Absentismus- und Fluktuationsraten - s. dazu nachstehend - bzw. „Arbeitszurückhaltung" überhaupt) führte und eigentlich von einem „*Gesetz vom abnehmenden Ertrag der Arbeitsteilung*" gesprochen werden müsse. Als *Gegenmaßnahmen* werden diskutiert:

1. **job rotation**, also *Aufgabenwechsel*, mit *planmäßigem* Wechsel der Tätigkeit und *universeller* Einsetzbarkeit (die auch „Springer" überflüssig macht!);
2. **job enrichment**, als *vertikale „Arbeitsbereicherung"* (*qualitative* Erweiterung des *Verantwortungs*bereichs);
3. **job enlargement**: *horizontale* Arbeitsbereicherung (*quantitative* „Arbeitserweiterung");
4. **(teil)autonome Gruppen** (als Verbindung von 2 und 3): *kleine* Gruppen erhalten die Verantwortung für die Fertigung eines ganzen Produkts oder Produktteiles (mit *Gruppen*entscheidung über die *Aufgaben*verteilung und -*erfüllung* - sowie Konsequenzen daraus).

Zu 2: Die **Personalbestandsplanung** erfolgt nach dem Prinzip der *Fortschreibungsgleichung* (mit t* als dem Ende der Planperiode):

$$
\begin{array}{ll}
\text{Bestand in t} & \\
- \text{ Abgänge bis t*} & \qquad\qquad (12.1)\\
+ \text{ feststehende Zugänge bis t*} & \\
\hline
\text{Bestand in t*} &
\end{array}
$$

Bezüglich der **Abgänge** ist im Grunde die *Prognose* des *Personalwechsels* erforderlich. Man kann diesen dreiteilen: *außer*betriebliche Abgänge (Tod, Pensionierung), *zwischen*betriebliche (die sog. *Fluktuation*) sowie *inner*betriebliche (Versetzung - usw.; s. unten). In diesem Zusammenhang spielen auch die **Fehlzeiten** eine Rolle; man kann sie ebenfalls begrifflich weiter unterteilen, z.B. in den *Krankenbestand* und den eigentlichen *Absentismus*. (Vgl. dazu das weitergehende Schema bei KORNDÖRFER 1999b, S. 258; s. auch KRAUSE 1992.)

Es gibt jedoch auch **Zugänge**, die weitgehend feststehen (etwa aus Nachwuchs, Versetzung, Rückkehr vom Wehrdienst oder aus Mutterschaftsurlaub usw.). So bietet sich als Planungs-*Hilfsmittel* eine einfache **Zugangs-Abgangs-Tabelle** an, die etwa in den *Zeilen* die „*Ereignisse*", z.B. „Abgang wegen ...", in den *Spalten* die betreffenden *Zahlen* enthält. (S. das *Beispiel* für die „Abteilung Personalwesen für 1 Jahr" bei STOPP 2002, S. 49.) *Längerfristige Prognosen* sind sehr problematisch; z.B. müssen wohl auch die mittels *Markoff-Ketten* der schon aus der Anwendung auf den Käuferwechsel im Marketing erwachsenen *Kritik* (*praktisch* unbrauchbar, wegen zu vieler einschränkender *Annahmen*) begegnen.

Zu 3: Die Differenz zwischen Bruttobedarf und Personalbestand (zu einem bestimmten Zeitpunkt) ergibt den **Nettobedarf**. Insofern ist die **Personalbedarfsdeckungsplanung** keine Planung im eigentlichen Sinne; vielmehr handelt es sich zunächst nur um einen Saldo. Dabei ist aber zweierlei zu bedenken:

1. Die bloße Saldierung genügt im Allgemeinen nicht; vielmehr müssen Personalbestand und -bedarf auch im Einzelnen *qualitativ* übereinstimmen. Anders ausgedrückt: Das *Anforderungsprofil* der Stellen und das *Eignungsprofil* des vorhandenen Personals (oder von Bewerbern, s. dazu nachstehend) müssen zur Deckung gebracht werden. Man bezeichnet dies als *Zuordnungs-* oder *Assignment-Problem*. Seine *formale* Lösung im Rahmen des Operations Research kann mittels der sog. Ungarischen Methode erfolgen. Ein wesentliches *Hilfsmittel* können - von manchen begrüßt, von anderen gefürchtet - die in einem *Personalinformationssystem* gespeicherten Daten sein. (S. zur Profildarstellung generell in Kap. 5. Die bei OLESCH 1992 als *Beispiele* gezeigten Profile sind *ein*polig - z.B.: „redet und schreibt flüssig; erscheint im Auftreten sicher" -, auf einer 5stufigen verbalen Skala, von „nicht ausgeprägt" bis „sehr ausgeprägt".)

2. Selbst der bloße Saldo kann zur Planung verschiedener Maßnahmen führen: Hat er ein *negatives* Vorzeichen, so muss eine „*Freisetzungs*planung" eingeleitet werden (durch Abbau von Überstunden, Kurzarbeit usw. - s. dazu das Schema „Personalfreisetzungsmaßnahmen" bei BERTHEL 2000, S. 206). Ist der Saldo *positiv*, so kann die Deckung des Bedarfs in zweierlei Weise erfolgen: mittels „Personal-Entwicklung" (s. dazu in Abschnitt 5) und durch „Personal-Beschaffung"; hierauf ist im Folgenden näher einzugehen.

12.3 Personalbeschaffung und -auswahl

Die **Personalbeschaffung** kann **intern** erfolgen (über interne Ausschreibungen), aber auch **extern**, über *Arbeitsämter* (das führt zur „Statistik der offenen Stellen"), *Stellenanzeigen, Personal-Leasing* („Leiharbeit"), aber auch unter Zuhilfenahme von *Personalberatern* und *Personalvermittlern* (da inzwischen das nahezu unbeschränkte „*Vermittlungsmonopol*" der Arbeitsämter bzw. der Bundesanstalt für Arbeit weitgehend entfallen ist).

Die in der Praxis üblichen Verfahren der **Personalauswahl** sind in Darst. 12-2 aufgezeigt (nach STOPP 2002, S. 71; eine ähnliche Abbildung wie dort findet sich auch bei OECHSLER 2000, S. 244).

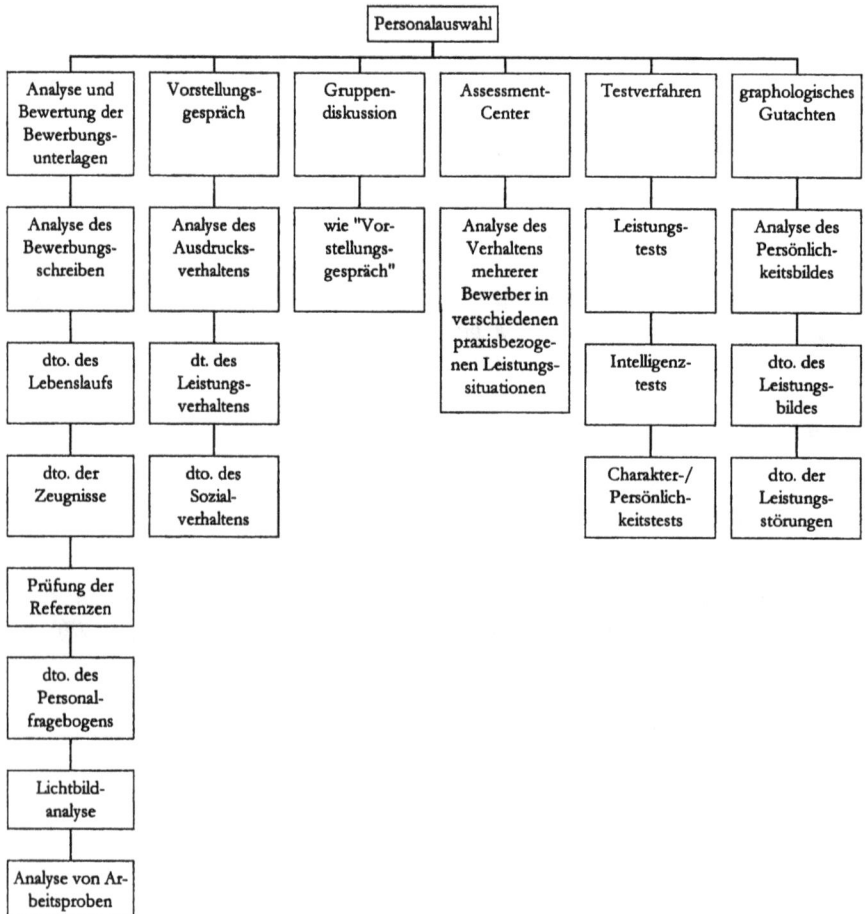

Personalauswahl					
Analyse und Bewertung der Bewerbungsunterlagen	Vorstellungsgespräch	Gruppendiskussion	Assessment-Center	Testverfahren	graphologisches Gutachten
Analyse des Bewerbungsschreiben	Analyse des Ausdrucksverhaltens	wie "Vorstellungsgespräch"	Analyse des Verhaltens mehrerer Bewerber in verschiedenen praxisbezogenen Leistungssituationen	Leistungstests	Analyse des Persönlichkeitsbildes
dto. des Lebenslaufs	dt. des Leistungsverhaltens			Intelligenztests	dto. des Leistungsbildes
dto. der Zeugnisse	dto. des Sozialverhaltens			Charakter-/ Persönlichkeitstests	dto. der Leistungsstörungen
Prüfung der Referenzen					
dto. des Personalfragebogens					
Lichtbildanalyse					
Analyse von Arbeitsproben					

Darst. 12-2: **Personalauswahl-Verfahren (nach STOPP 2002, S. 71)**

Ergänzend dazu sei noch folgendes bemerkt:

Bei der **Zeugnisanalyse** ist darauf zu achten, dass ausgesprochene Negativ-Formulierungen unzulässig sind und sich deshalb gewisse *Standardformeln* herausgebildet haben. So bedeuten: „hat die übertragenen Arbeiten stets zur vollsten Zufriedenheit ausgeführt" = sehr gute Leistungen; „stets zur vollen Zufriedenheit" = gut(e Leistungen); „zur vollen Zufriedenheit" = befriedigend; „zur Zufriedenheit" = ausreichend; „im großen und ganzen zur Zufriedenheit" = mangelhafte Leistungen.

STOPP führt u.a. folgende *Beispiele* für *Spezialformulierungen* an (2002, S. 79 - geringfügig verändert):

1. „bemühte sich, den Anforderungen gerecht zu werden"	→ „hat versagt"
2. „hat versucht, die gestellten Aufgaben zu lösen"	→ „die Versuche verliefen ohne Erfolg"
3. „hatte Gelegenheit, alle lohnbuchhalterischen Arbeiten zu erledigen"	→ „die Gelegenheit war zwar vorhanden, die Ergebnisse enttäuschten jedoch"
4. „hat alle Arbeiten ordnungsgemäß erledigt"	→ „ist ein Bürokrat, der keine Eigeninitiative entwickelt"
5. „hat sich im Rahmen der Fähigkeiten eingesetzt"	→ „hat getan, was möglich war, aber das war nicht viel"
6. „zeigte für die Arbeit Verständnis"	→ „war faul und hat nichts geleistet"
7. „trug durch Geselligkeit zur Verbesserung des Betriebsklimas bei"	→ „neigt zu übertriebenem Alkoholgenuss"
8. „galt im Kollegenkreis als tolerant"	→ „war für Vorgesetzte ein schwerer Fall"

Zu weiteren Beispielen s. etwa SABEL (2002, S. 124). Dort findet sich auch ein ausführlich (mit Urteil und Begründung) dokumentierter Fall, in dem ein ehemaliger *Product Manager* gegen seine frühere Firma klagte und von ihr auch Änderungen bezüglich der - ohnehin detaillierten - Aufgabenbeschreibung bzw. der betreuten Marken im Zeugnis verlangte.

Testverfahren werden heute zunehmend eingesetzt. (Man kann dem mit einer gewissen Skepsis begegnen.) Zur ersten aufgeführten Gruppe, den *Leistungstests*, gehört etwa der „*Pauli-Test*": Eine bestimmte Zeitlang (meist eine Stunde) sind - einstellige - Zahlen zu addieren; die notwendigerweise zunehmende „Fehlerhäufigkeit" gilt als Maß für die Leistung. Ein *Intelligenztest* ist z.B. HAWIE (Hamburg-Wechsler Intelligenztest für Erwachsene). *Persönlichkeitstests* sind meist „projektive Verfahren", also solche, die „so angelegt sind, daß die Reaktion der Versuchsperson auf die vorgegebenen Reize ihre eigenen Einstellungen usw. erkennen läßt, ohne daß sie sich dessen bewußt ist" (HÜTTNER/SCHWARTING 2002 - S. 93; s. dort auch zu einzelnen Beispielen).

Das Ziel von **Assessment Centern** (eine entsprechende deutsche Bezeichnung fehlt) ist bereits in Darst. 12-2 beschrieben. Dabei werden meist nur wenige Bewerber - etwa 12 - von oft mehreren Beobachtern - etwa 6 - im Rahmen einer idealerweise mehrtägigen Veranstaltung beobachtet und (gemeinsam) bewertet. „Assessment Center haben ihren Ursprung in der deutschen Heerespsychologie der 20er Jahre. Insbesondere in den USA wurde die Methode weiterentwickelt, sie hat sich aber dort und in der Bundesrepublik Deutschland erst in den 70er Jahren" durchgesetzt (DOMSCH 1998, S. 567). In einem etwas weiteren Sinne können sie auch die benachbarten Verfahren von Darst. 12-2, also Gruppendiskussionen und Testverfahren, umfassen. Natürlich sind sie auch für *interne* Zwecke („Personalentwicklung" gemäß unten, Abschnitt 5) einsetzbar.

12.4 Betriebliche Entgelt- und Sozialleistungspolitik

12.4.1 Entgeltpolitik („Entlohnung")

In diesem Abschnitt geht es um die *monetären* Anreize. Sie stellen den Versuch der Lösung des grundlegenden Interessenkonflikts: „Löhne" einerseits als Kosten, zum anderen als Einkommen, dar. Das Ergebnis kann nur ein Kompromiss sein. Er ist zum einen abhängig von der Macht der Interessengruppen. Auf der anderen Seite soll diese *Verteilung* der betrieblichen *Wertschöpfung* auch möglichst „gerecht" sein. Bezüglich der *individuellen* Aufteilung auf die einzelnen Arbeitnehmer können dabei fünf Formen von Gerechtigkeit unterschieden werden:
1. *Markt*gerechtigkeit.
   Hierbei geht es um die Lohn*niveau*-Differenzierung zwischen den einzelnen Branchen bzw. Berufen („X gehört an die 'Spitze der Tarifskala'").
2. Die *Anforderungs*gerechtigkeit beinhaltet das Problem der *Arbeitsplatzbewertung.*
3. Die *Leistungs*gerechtigkeit bezieht die *individuelle* Leistung - als quasi „subjektive" Seite - ein und führt zu den verschiedenen *Lohnformen.*
4. Die *Qualifikations*gerechtigkeit berücksichtigt die Qualifizierung des Arbeitnehmers. Der Lohn soll der formalen Qualifikation entsprechen.
5. Die *Sozial*gerechtigkeit versucht, soziale Gesichtspunkte zu berücksichtigen, entweder in den Entgelten selbst (z.B. Kinderzuschläge) oder in Gestalt *betrieblicher Sozialleistungen.*

Letzteres wird im nächsten Unterabschnitt behandelt; im Folgenden finden die ersten drei Aspekte Erörterung:

Zu 1: Das **Lohnniveau** kann auf **privaten Vereinbarungen** beruhen; meist ist es aber Gegenstand entweder von **Betriebsvereinbarungen** („Haustarif") oder von **Tarifverträgen**. Rechtlicher Rahmen für letztere ist das TVG (Tarifvertragsgesetz) von 1969. Danach existiert eine Tarif*gebundenheit* zwar im *Grundsatz* nur für die *Mitglieder* der vertragsschließenden Verbände („Gewerkschaften" einerseits, „Arbeitgeberverbände" andererseits). Zwei wichtige *Ausnahmen* bilden 1. der *Manteltarif* (mit Regelungen über Arbeitszeit, Urlaub usw.), und 2. können auch Lohntarife durch *Allgemeinverbindlichkeitserklärung* (§ 5 TVG, seitens des „Arbeitsministeriums") allgemeine Geltung erlangen.

Zu 2: Die Verfahren der **Arbeits(platz)bewertung** kann man unterscheiden:
1. nach dem Prinzip der *qualitativen* Bewertung: *summarisch* (*global* als Ganzes) oder *analytisch* (aufgeteilt in einzelne *Anforderungsarten*);
2. nach dem Prinzip der *Quantifizierung:* (Rang-)*Reihung* oder *Stufung* (Bildung von Anforderungsstufen und Zuordnung zu diesen).
Die Kombination ergibt vier Verfahren gemäß Darst. 12-3.

Quanti-fizierung \ qualitative Bewertung	summarisch	analytisch
Reihung	Rangfolgeverfahren (a)	Rangreihenverfahren (c)
Stufung	Lohngruppenverfahren (b)	Stufenwertzahlverfahren (d)

Darst. 12-3: **Verfahren der Arbeitsbewertung**

Beim **Rangfolge**verfahren (a) - innerhalb der **summarischen** Methode - werden die Aufgaben insgesamt betrachtet und in eine Rangfolge gebracht. (*Beispiel:* 1. Dreher, 2. Schlosser, 3. Kranführer.) Die *Lohnzuordnung* ist schwierig, da - entsprechend dem Wesen einer *nichtmetrischen* Skala, hier der *Ordinal*skala - die *Abstände* nicht gleich sind. Insofern ist das Verfahren zwar *einfach*, wohl aber eher für *kleinere Betriebe* geeignet.

Das **Lohngruppen**verfahren (b) - auch „*Katalog*verfahren" genannt - ist üblich in Tarifverträgen (mit dem „*Ecklohn*" als gleich 100 gesetzte Lohngruppe). *Beispiel:* Lohngruppe 1 = Ungelernte (Hilfsarbeiten einfachster Art), 2 =

Angelernte (Hilfsarbeiten einfacher Art), ... 10 = Meister (disponierende Tätigkeit).

Bei der **analytischen** Methode werden die Anforderungen in *Komponenten* zerlegt. Beim **Rangreihen**verfahren (c) bildet man zunächst für jede Anforderungsart insoweit eine „*Rangreihe*" aller im Betrieb vorkommenden *Verrichtungen*, als diesen „Prozentpunkte" zugeteilt werden; in einem zweiten Schritt erfolgt dann für jeden *Arbeitsplatz* eine *Gewichtung* der Komponenten; die Multiplikation ergibt die „*Arbeitswerte*". Darst. 12-4 zeigt ein *Beispiel*.

Arbeitsplatz „Dampfkesselschweißer"			
Anforderungsart	Rangreihen-platz	Arbeitsplatz-gewicht	Arbeitswert
1. Kenntnisse	65	0,21	13,65
2. Geschicklichkeit	75	0,19	14,25
3. Verantwortung	50	0,17	8,50
4. geistige Belastung	45	0,17	7,65
5. körperliche Belastung	57	0,17	9,69
6. Umgebungseinflüsse	70	0,09	6,30
		1,00	60,04

Darst. 12-4: **Beispiel des Rangreihenverfahrens der analytischen Arbeitsplatzbewertung**

Beim **Stufenwertzahl**verfahren (d) werden zunächst, wiederum gesondert für jede *Anforderungsart*, „Wertzahlen" - in „Stufen" (und mit „Arbeitsbeispiel") - festgelegt. *Beispiel*: Wertzahl 0 = Arbeit ohne Beanspruchung, z.B. Bereitschaft; 4 = schwere Arbeit, Tragen über 50 kg, z.B. Schlackenladen. Für jeden *Arbeitsplatz* erfolgt eine Zuordnung und danach die *Addition* über die einzelnen Anforderungsarten (evtl. nach vorheriger *Multiplikation* mit einem *Gewicht*).

Die Lohn*zuordnung* in den Tarifverträgen geschieht meist *linear* mit einer *Konstanten*. Sei, als Beispiel, letztere 5,70 und der Anstieg 0,15, so ergibt sich *graphisch* der Verlauf gemäß Darst. 12-5 und *formal*:

Lohnsatz/Std. = 0,15 AW (Arbeitswert) + 5,70   (12.2)

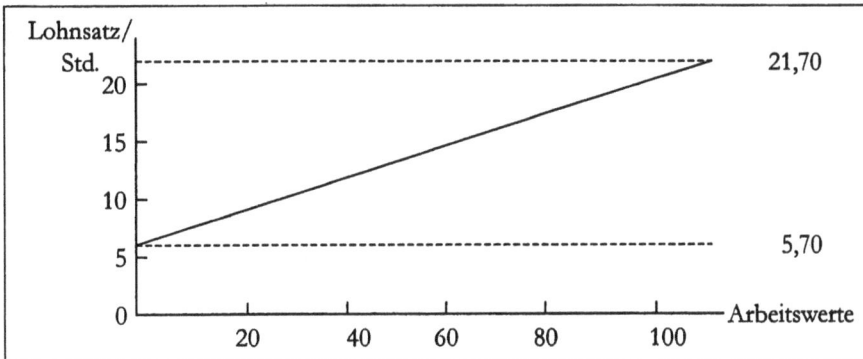

Darst. 12-5: Lohnzuordnung zu Arbeitswerten (Beispiel)

Zu 3: Es gibt - als große *Gruppen* - 3 **Lohnformen:**
A Zeitlohn,
B Akkordlohn,
C Prämienlohn.

Zu A: Beim **Zeitlohn** ist die „Bemessungsgrundlage" die Zeit. Dabei kann
eine *Differenzierung* erfolgen. So bleibt beim *Monats*lohn („Gehalt") das Entgelt
für den Monat konstant - allenfalls mit Zuschlägen für „Überstunden" und
eventuelle „Abzüge" für „unbezahlten Urlaub" o.ä. Beim *Stunden*lohn ist
dagegen der Lohnsatz für die Arbeitsstunde fixiert; der „Wochenlohn" ergibt
sich aus der Zahl der geleisteten Arbeitsstunden multipliziert mit dem
Lohnsatz. (Heute wird vielfach auch hier für den Monat abgerechnet, mit allenfalls Abschlagszahlungen.) Die Ermittlung der geleisteten Arbeitszeit kann
durch spezielle Messgeräte („Stechuhren" etc.) erfolgen. Die Form der
Überprüfung stellt besonders bei der *Gleitzeit* ein Problem dar.

Insofern ist - zumindest theoretisch - zu unterscheiden zwischen der *Bezugsgröße* und dem *Abrechnungszeitraum.* Früher kam auch noch ein drittes
Kriterium, die *Kündigungsfrist,* hinzu. So fielen beim „klassischen" *Angestellten*
Bezugsgröße und Abrechnungszeitraum zusammen: der Monat. Die Kündigungsfrist betrug 6 Wochen zum Quartalsschluss. Beim *Arbeiter* hingegen war
die Bezugsgröße meist, wie erwähnt, der Stundenlohn; die Kündigungsfrist
betrug 14 Tage. Im Zuge der immer stärkeren Verwischung des Unterschieds
zwischen „Angestellten" (HGB) und „Arbeitern" (BGB) mussten auch die
Kündigungsfristen angeglichen werden. Sie betragen seit Ende 1993 einheitlich 4 Wochen zum 15. oder zum Ende eines Kalendermonats (§ 622 Abs. 1
BGB). Bei Betrieben bis zu 20 „Arbeitnehmern" kann die Kündigungsfrist

einzelvertraglich festgelegt werden. Sie darf aber vier Wochen nicht unterschreiten (§ 622 Abs. 5 Nr. 2 BGB). Sie steigt mit der Dauer der Betriebszugehörigkeit an: ab 2 Jahren 1 Monat (jeweils zum Monatsende), ab 5 Jahren 2 usw., bis zu 7 Monaten ab 20 Jahren Betriebszugehörigkeit (§ 622 Abs. 2 BGB).

Eine höhere *Leistung* pro Zeiteinheit wird beim Zeitlohn nicht berücksichtigt. Bei dem traditionellen Stundenlohn und messbarer Leistung ergibt sich der Verlauf gemäß Darst. 12-6.

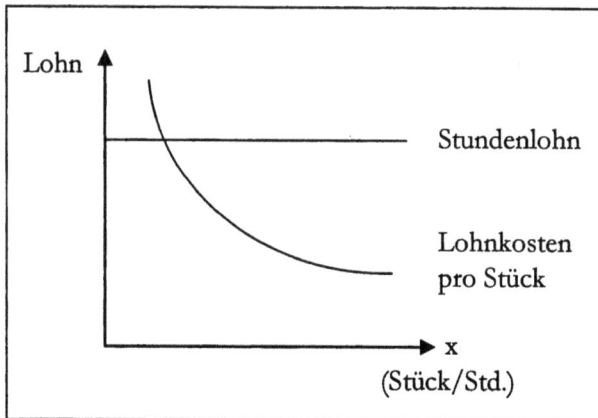

Darst. 12-6: Zeitlohn (Stundenlohn)

Wegen dieser Nichtberücksichtigung der Leistung sollte der Zeitlohn deshalb nur in folgenden Fällen Anwendung finden:
- die Leistung ist *nicht messbar* (sie ist disparat bzw. sehr unterschiedlich);
- die Leistungs*menge* ist nicht entscheidend (sondern eher deren „Qualität");
- die Leistungs*intensität* ist nicht beeinflussbar oder nur auf die Gefahr von Schäden an Mensch oder Maschine.

Zu B: Der **Akkordlohn** tritt heute zumeist als „Akkord mit garantiertem *Mindestlohn*" auf. („*Reiner* Akkord" ist selten. Zum *Gruppen*akkord s. noch kurz unten.) Dieser Mindestlohn ist in jedem Falle ein *Zeit*lohn und tritt etwa in Aktion bei Stillstandszeiten infolge Materialmangels. Er liegt in der Regel *über* dem tariflichen Mindestlohn: auf letzteren erfolgt ein **Akkordzuschlag**, der einen gewissen Ausgleich für die im Akkord - im Vergleich zum reinen Zeitlohn - im allgemeinen höhere Leistung bilden soll und üblicherweise mindestens 15% beträgt. Dividiert man diesen **Akkordrichtsatz** durch 60, so erhält man den **Minutenfaktor.**

Beispiel:

tariflicher Stundenlohn   10,- €

Akkordzuschlag 20%   2,- €

Akkordrichtsatz   12,- € : 60 Min. = 0,20 €/Min. (Minutenfaktor)

Zur Lohnberechnung braucht man noch die *Vorgabezeit*. Sie sei im *Beispiel* mit 15 Minuten/Stück angenommen. (Zu ihrer Bestimmung s. unten.) Daraus folgt:

1. (Stück-)**Zeitakkord**: geleistete Stückzahl x Vorgabezeit x Minutenfaktor;
2. (Stück-)**Geldakkord**: geleistete Stückzahl x Geldbetrag pro Stück (= Vorgabezeit x Minutenfaktor)

Beispiel: geleistete Menge = 5 (pro Stunde)

1. Stundenverdienst im *Zeit*akkord:
   5 Stk/Std * 15 Min/Stk * 0,20 €/Min = 15,- €/Std.
2. dto. *Geld*akkord: 5 Stk/Std * 3,- €/Stk = 15,- €/Std.

Der *Geldakkord* ist zwar anschaulicher und bringt besonders deutlich den Unterschied zum Zeitlohn zum Ausdruck: konstanter Lohn pro Stück, also *proportionale variable* (Lohn-)Kosten. Darst. 12-7 veranschaulicht den Verlauf.

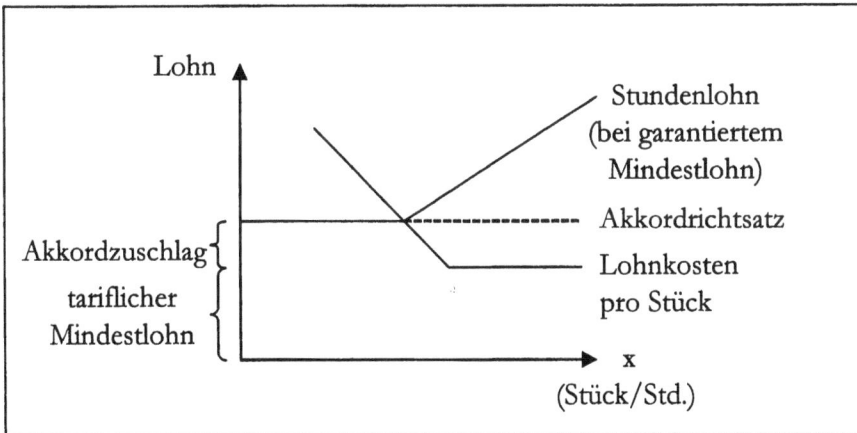

Darst. 12-7: **Akkordlohn (mit garantiertem Stundenlohn)**

Der Geldakkord muss jedoch öfters geändert werden: sowohl bei Veränderung der Vorgabezeiten als auch der Tariflöhne. In der Praxis wird deshalb heute meist der *Zeit*akkord bevorzugt. Gelegentlich findet auch der *Gruppen*akkord Anwendung; dabei wird die Zeit für eine Gruppe von Personen vorgegeben.

In jedem Falle bedarf es also der **Vorgabezeiten**. Ihre Ermittlung erfolgt über **Zeitstudien**. Nach dem System von **REFA** (Verband für Arbeitsgestaltung, Betriebsorganisation und Unternehmensentwicklung) müssen davon *mehrere* gemacht werden, um zu einer durchschnittlichen Zeit zu gelangen. Dabei ist jeweils nicht nur die benötigte Zeit, sondern auch der **Leistungsgrad** zu schätzen. Er drückt das Verhältnis von *effektiver* Leistung (als Ist-Leistung) zur „*Normal*leistung" (der von jedem im Mittel „erfahrungsgemäß" zu erbringenden Leistung, als Soll-Leistung) aus und dient quasi als „Korrekturfaktor" für die **Normalzeit**. *Beispiel:* Wird der Leistungsgrad auf 120 geschätzt und die benötigte Zeit mit 13 gemessen, ergibt sich als „Normalzeit" - aus der *einen* Zeitstudie - eben *mehr* als 13, nämlich 13 x 1,2 = 15,6.

Auch die als Durchschnitt ermittelte „Normalzeit" ist jedoch noch nicht die Vorgabezeit. Nach REFA müssen neben der *Grundzeit* t_g - sie umfasst außer der reinen *Tätigkeits*zeit die *ablaufbedingte Warte*zeit - noch die *Verteil*zeit (*persönlich* und *sachlich* bedingte Unterbrechungen) und die *Erholungs*zeit berücksichtigt werden. Will man - etwa für die „Arbeitsvorbereitung" (s. auch Kap. 4, Produktionswirtschaft) - von der *Zeit je Einheit* zu der für den *gesamten Auftrag* fortschreiten, so muss zur „*Ausführungszeit*" (Zeit je Einheit x Menge) noch die *Rüst*zeit hinzugerechnet werden (die sich wieder aus Rüst-*Grund-*, -*Verteil*- und -*Erholungs*zeit zusammensetzt).

Neben dem - deutschen - REFA gibt es noch das Ende der 20er Jahre in den USA entstandene **Methods Time Measurement** (MTM). Es geht von der Vorstellung aus, dass jede Tätigkeit aus *Grundbewegungen* besteht, der *Zeitbedarf* nur von deren Natur abhängt und - experimentell - *messbar* ist. Das hat den *Vorteil*, dass keine „Leistungsgrad"-Schätzung erforderlich wird; andererseits - als *Nachteil* - bleiben Gewichtsbelastungen, geistige Beanspruchung, Erholungsfrequenz usw. unberücksichtigt. Wenn man letztere im **Work Factor** (WF) berücksichtigt, gelangt man zum **System vorbestimmter Zeiten**. Einen gänzlich anderen Weg schlägt das **Multimomentverfahren** ein: Es beruht auf *Stichproben*-Beobachtungen.

Zu C: Verschiedene *Arten* des **Prämienlohns** sind in Darst. 12-8 (auf der folgenden Seite) gegenüber gestellt.

Lfd. Nr.	Kriterium	Einteilung
1	Art des Grundlohns	Prämienzeitlohn - Prämienstücklohn
2	Personenbezug	Einzelprämie – Gruppenprämie
3	Anlass der Prämie	Mengenprämie – Qualitätsprämie (Güteprämie) – Sparsamkeitsprämie – Unfallverhütungsprämie etc.
4	Verhältnis zu Bemessungsgrundlage	unregelmäßig - regelmäßig

Darst. 12-8: **Arten des Prämienlohns**

Im Folgenden wird nur auf die **Mengen**prämie etwas näher eingegangen. Diesbezüglich gibt es verschiedene **Prämienlohnsysteme**. Ihnen allen ist - mehr oder weniger - gemeinsam, dass die *Mehr*leistung pro Zeiteinheit nicht entweder *voll* dem Arbeitenden - wie beim Akkord - oder dem Betrieb - wie beim Zeitlohn - zugute kommt, sondern zwischen beiden „geteilt" wird. In den Systemen von *Halsey* und *Rowan, die* nachstehend kurz vorgestellt werden (es gibt noch weitere, z.B. von *Bedaux)* geschieht das durch einen *Teilungsfaktor* k. Er liegt zwischen 0 und 1. (Bei „*Minder*leistung" wird keine Prämie gezahlt!) Im System von *Halsey* (nachstehend mit Subskript H) bleibt k *konstant* und liegt im Idealfall - wie im Beispiel unten - bei 0,5 (gelegentlich auch darunter, meist nicht unter 0,33). Der *tatsächliche* Stundenlohn s (gegenüber s_0 als dem „Mindestlohn") ergibt sich hier als:

$$s_H = s_0 + k_H \cdot s_0 \cdot \frac{q - q_0}{q_0} \tag{12.3}$$

(mit q_0 als der „*Normal*menge" und q der tatsächlichen Menge)

Beispiel: $s_0 = €\ 10,00$; $q_0 = 6$ Std.; $q = 8$ Std. (in „Vorgabezeiten" gemessen)

$$s_H = 10,00\ €/Std. + 0,5 \cdot 10,00\ €/Std. \cdot \frac{8\ Std. - 6\ Std.}{6\ Std.} = 11,67\ €/Std.$$

Demgegenüber ist bei *Rowan* der Teilungsfaktor *veränderlich*, und zwar mit *degressivem* Verlauf:

$$k_R = \frac{q_0}{q} \tag{12.4}$$

Daraus folgt:

$$s_R = s_0 + \frac{q_0}{q} \cdot s_0 \cdot \frac{q - q_0}{q_0}$$

(12.5)

Beispiel: (Daten wie oben)

$$s_H = 10,00 \text{ €}/Std. + \frac{6\ Std.}{8\ Std.} \cdot 10,00 \text{ €}/Std. \cdot \frac{8\ Std. - 6\ Std.}{6\ Std.} = 12,50 \text{ €}/Std.$$

Darst. 12-9 führt die Beispiele fort. (S. dazu auch A 12-4.)

q	$k_R = q_0/q$	Prämie$_R$	Lohn$_R$	k_H	Prämie$_H$	Lohn$_H$
4	-	-	10,00	-	-	10,00
6	-	-	10,00	-	-	10,00
8	0,75	2,50	12,50	0,50	1,67	11,67
10	0,60	4,00	14,00	0,50	3,33	13,33
12	0,50	5,00	15,00	0,50	5,00	15,00
18	0,33	6,67	16,67	0,50	10,00	20,00
24	0,25	7,50	17,50	0,50	15,00	25,00

Darst. 12-9: **Rowan- und Halsey-Prämienlohnsystem (Beispiel)**

Man sieht deutlich, wie im System von Rowan mit zunehmender Leistungs-menge der Teilungsfaktor abnimmt, der Prämien*zuwachs* also immer geringer wird. „Somit kann der Rowan-Lohn Anwendung finden, wenn - aus welchen Gründen auch immer - eine sehr hohe Mehrleistung nicht erwünscht ist." (PFEIFFER/DÖRRIE/STOLL 1977, S. 262 - dort teils hervorgehoben.)

12.4.2 Sozialleistungspolitik

Zu den **Sozialleistungen** zählen alle Leistungen des Betriebes, die nicht
direkt der Arbeitsleistung zurechenbar sind. Man kann ähnlich gliedern wie
bei der Mitbestimmung in Kap. 11: in **gesetzliche** (z.B. Abgaben für die
Sozial- und die Unfallversicherung), **tarifvertragliche** (z.B. „Sonderurlaub" -
etwa wegen Silberhochzeit) und - hier nur weiter diskutiert - **freiwillige**.
Dabei kann man weiter differenzieren, ob es sich tatsächlich um „echt"
freiwillige Leistungen - solche im *engeren* Sinne -, die also nicht etwa durch
Betriebsvereinbarungen oder *Gewohnheitsrecht* fixiert sind, handelt. Ihre Palette ist
vielfältig; dazu zählen etwa „Betriebsrenten" (s. auch zu „Pensionsrückstellungen" in Kap. 15), Kantinenzuschüsse, Mitarbeiter-Darlehen usw.

Auch die sog. **Erfolgsbeteiligung** kann hierzu gerechnet werden. Dabei sind
ebenfalls verschiedene *Formen* möglich. Quasi im *engeren* Sinne wird oft nur
abgestellt auf die *Gewinn*beteiligung (wobei wiederum die *Art* des Gewinns -
z.B. „Jahresüberschuss", s. auch Teil V - bzw. seine *Abgrenzung* festzulegen
ist). Andere Formen sind die *Ertrags*beteiligung (sei es als *Umsatz-*, *Wert-
schöpfungs-* oder *Nettoertrags*-Beteiligung) oder die *Leistungs*beteiligung (z.B. an
der *Kosteneinsparung*); man sieht dabei leicht die Nähe zum - oben erörterten -
„Prämienlohn".

Vor einiger Zeit wurde das **Cafeteria-System** diskutiert: die Einräumung von
Wahlmöglichkeiten, die es - für einen bestimmten „Betrag" - erlaubt, quasi ein
individuelles „Menü" zusammenzustellen. (Vgl. dazu etwa, speziell - wie meist
fokussiert - für „Führungskräfte", WAGNER/GRAWERT/LANGEMEYER 1992.)

12.5 Personalentwicklung

In jüngerer Zeit ist es üblich geworden - im Zusammenhang wohl auch mit
dem Schlagwort der „Organisationsentwicklung" (s. den Exkurs oben) - von
„Personalentwicklung" zu sprechen. **Theoretisch** handelt es sich um den Teil
des *Anreiz*systems, im Sinne der „Anreiz-Beitrags-Theorie", der sich mit den
eher immateriellen *sozialen* Anreizen befasst. **Inhaltlich** geht es dabei zum
einen um den schon lange betrachteten Bereich der *betrieblichen Bildung* (in den
beiden Formen der *Aus*bildung und *Fort-* oder *Weiter*bildung). In neuerer Zeit
mehr in den Blickpunkt rückte - zweitens - der Aufbau eines „*Karrieresystems*";
hier breitete sich dann auch die Bezeichnung „Entwicklung" aus: „*management*

development', neuerdings manchmal auch - wie schon länger etwa in der früheren DDR - *Kader*planung oder -entwicklung).

Die vielfältigen **Maßnahmen** könnten nach diesen beiden Bereichen systematisiert werden. Man kann jedoch auch - in Ausdifferenzierung der Unterscheidung „on/off the job" - folgende Gruppen bilden:
1. *into the job*: Ausbildung (bei „Auszubildenden" und „Anlernlingen"), Einarbeitung, Trainee-Programme für Hochschulabsolventen usw.
2. *on (the job)*.
Hierzu zählt zunächst das traditionelle „learning by doing" (mit Unterstützung durch Kollegen, Mitarbeiter, Vorgesetzte); im weiteren Sinne können auch Sonderaufgaben und Vertretungen wie überhaupt „job rotation" (s. Abschnitt 2) dazu gerechnet werden.
3. *off (the job)*.
Dies ist das klassische Feld der betrieblichen **Weiterbildung** (oder synonym: *Fort*bildung). Die *Themen* können dabei mehr (personal-)*führungs*bezogen - z.B. „Mitarbeiterführung", „Gesprächsführung/Rhetorik" - oder stärker *sach*bezogen (EDV, Marketing usw.) sein. Die *Referenten* kann man in 3 große Gruppen zusammenfassen: Selbständige (insbesondere Unternehmensberater, Verkaufstrainer etc.), als Angestellte in der Wirtschaft - auch im eigenen Betrieb - Tätige und solche aus dem Bereich der Universitäten, Fachhochschulen usw. Dabei ist auch von Bedeutung, *wo* die Weiterbildung erfolgt: „in house" oder „extern" (in „Seminarhotels" usw.). Der *Ort* der Bildungsveranstaltung muss aber nicht mit dem *Träger* identisch sein; so gilt es heute vielfach als effizienter, eine Veranstaltung eines externen Trägers „im Hause" (des eigenen Betriebes) stattfinden zu lassen.
4. *near* (the job).
Hierzu können auch die sog. **Qualitätszirkel** gerechnet werden. Ihre starke Verbreitung begann zunächst in *Japan*, später dann auch bei uns. Wie der Name schon sagt, handelt es sich um *kleine Gruppen*, „deren Mitglieder der gleichen Hierarchieebene angehören und eine gemeinsame Erfahrungsgrundlage haben. Sie treffen sich auf freiwilliger Basis regelmäßig zur gemeinsamen Diskussion von Problemen" (BERTHEL 2000, S. 312). Die *Thematik* erstreckt sich dabei von - enger, oder im Wortsinne - Qualitätssicherung bis hin zum umfassenden „Instrument zur Förderung von Produktivität, Innovation und Arbeitszufriedenheit" - so der Untertitel von STEIGERWALD 1989 -, damit in Richtung „Organisationsentwicklung" (s. Exkurs am Ende von Kap. 11 oben).

5. *along* (the job).
Hierbei geht es um die „*Laufbahnplanung*", also das *Karriere*system im
eigentlichen Sinne. Dabei kann die **Personalbeurteilung** eine große Rolle
spielen. Man spricht oft auch von *Mitarbeiter*beurteilung, da sie meist durch
den Vorgesetzten erfolgt; denkbar ist aber auch eine *Selbst*-Beurteilung bzw.
die durch gleichgestellte Kollegen oder sogar Untergebene. Hilfsmittel ist
der *Personalbeurteilungsbogen*. (S. dazu das *Beispiel* „für Angestellte ohne
Vorgesetztenfunktion" bei STOPP 2002, S. 213-217.) Für die einzelnen
*Beurteilungs*kriterien kann dabei eine *Bewertungsskala* (im *Beispiel* etwa: „wird
den Anforderungen nicht gerecht", mit 1 Punkt, bis „überragt weit die mit
vergleichbaren Aufgaben betrauten Mitarbeiter" mit 9 Punkten) vorgegeben sein; damit ist - Scoring-Modell! - auch die Ermittlung eines
Gesamtpunktwertes („Leistungskennziffer") und somit die Bildung einer
Rangordnung der Beschäftigten möglich. Eine gewisse Skepsis erscheint
allerdings wohl nicht unangebracht.

6. Den Ausklang bildet die „Personalentwicklung *out* of the job", also im
Hinblick etwa auf den *Ruhestand*. Neuerdings wird, speziell in Bezug auf
Entlassungen bzw. Personalabbau, zunehmend von **Outplacement**
gesprochen, als „Trennung von Individuum und Organisation". Dabei hat
Outplacement längst sein Exklusiv-Image für Führungskräfte verloren
(HOFMANN/THEYMANN 2002, S. 27; s. dazu auch, mit dem Untertitel:
Manager zwischen Trennung und Neuanfang, STOEBE 1993.)

Literaturhinweise

Im Text bereits erwähnt (in Kap. 12 oder auch früher) wurden BERTHEL 2000,
OECHSLER 2000, PFEIFFER/DÖRRIE/STOLL 1977, PULLIG 1980 und STOPP 2002.
Hier sei noch hingewiesen auf DRUMM 2000, FREUND/KNOBLAUCH/ RACKE 2002,
HENTZE/KAMMEL 1995/2001, HENTZE/KAMMEL/LINDERT 1997, HORSCH 2000;
JUNG 2001; OLFERT/STEINBUCH 2001; SCHANZ 2000 und SCHOLZ 2000.

Eher mit der Personalentwicklung beschäftigen sich: RIEKHOF 2002; SCHÖNI
2001;

Aufgaben

12-1: *MC:*

„Job Enrichment" bedeutet:

o Aufgabenwechsel mit planmäßigem Wechsel der Tätigkeit, so dass der Mitarbeiter verschiedene Arbeitsplätze innehat, was zu einer Verringerung der Arbeitsmonotonie führt!

o Eine Arbeitsbereicherung, welche die Verantwortung des einzelnen Mitarbeiters erhöht und seine Entscheidungs- und Kontrollbefugnisse erweitert: Der Arbeitsplatz wird qualitativ aufgewertet!

o Eine Arbeitserweiterung, die den Zerstückelungsprozess der Arbeit rückgängig macht, so dass der Arbeitnehmer in idealer Weise alle Tätigkeiten eines Arbeitsprozesses ausführt: Der Arbeitsplatz wird quantitativ erweitert!

o Mehrere Arbeitnehmer bilden eine Arbeitsgruppe, in der sie die Aufgaben selbständig koordinieren: Die einzelne Stelle wird qualitativ und quantitativ aufgewertet, und die Motivation der Mitarbeiter steigt!

o Der einzelne Mitarbeiter teilt seine Arbeit selbständig ein, sowohl zeitlich als auch inhaltlich, und ist nur aufgrund der zu liefernden Ergebnisse seinem Vorgesetzten gegenüber verantwortlich!

12-2: *T/F:* Assessment Center dienen zur Abschätzung des Unternehmenserfolges: Die Leitenden Angestellten versammeln sich hier, um die qualitativen und quantitativen Unternehmensziele festzulegen.

T / F

12-3: *T/F:* Der „Minutenfaktor" (beim Akkordlohn) ergibt sich durch die Division des „Akkordrichtsatzes" durch 60.   T / F

12-4: Zeigen Sie, wie sich die 4. Zeile von Darst. 12-9 ergibt!

Kapitel 13 Controlling

In diesem Kapitel wird, als letzter Teil der Querschnittsfunktion „Führung" (gemäß auch Darst. 2-6), das *Controlling* behandelt. Ein gesondertes Kapitel wurde für diesen Begriff erforderlich, da Controlling seinen Weg über die kaufmännische Seite immer stärker in den Führungsbereich gefunden hat. Das Controlling kann in drei Richtungen ausgestaltet werden:

1. *Institutional* – Wie wird das Controlling in das Gesamtgefüge eingeordnet? (Controlling-Organisation)
2. *Funktional* – Was sind die Aufgaben und Ziele des Controlling? (Dies hängt wesentlich von der betrachteten Controlling-Konzeption ab.)
3. *Instrumentell* – Welche Verfahren werden zum Verrichten der Controlling-Aufgaben angewandt?

Ähnlich gliedert sich auch dieses Kapitel. Dabei ist im Abschnitt 1 zunächst auf begriffliche Grundlagen, hier vor allem die geschichtliche Entwicklung und den Begriff allgemein, einzugehen. Abschnitt 2 beschäftigt sich mit der Controlling-Organisation. Abschnitt 3 stellt die Controlling-Aufgaben und -Ziele in Abhängigkeit von der Konzeption dar. Abschnitt 4 beschäftigt sich mit der Differenzierung zwischen strategischem und operativem Controlling. Im Abschnitt 5 stehen die Controlling-Instrumente im Mittelpunkt. Danach folgen Ausführungen über weitere Entwicklungen des Controlling. Abschließend finden sich Literaturhinweise und Aufgaben.

13.1 Begriffliche Grundlagen

Controlling hat eine lange Geschichte. Schon 2500 v. Chr. tauchten einzelne institutionalisierte Controlling-Aufgaben beim Pyramidenbau auf. Bereits 446 v. Chr. verwalteten im Römischen Reich *Quästoren* die Staatskasse. Neben der Kontrolle der staatlichen Güter beschafften sie auch Informationen und unterstützten die Staatsgeschäfte (vgl. FIEDLER 2001, S. 3). Um 1342 datiert einer der ältesten namentlich genannten Träger der Bezeichnung „Controller" *Johannes de Turno*. 1778 kurz nach Gründung der Vereinigten Staaten von Amerika schuf der Kongress die Stelle eines *Comptrollers*, der für die Ordnungsmäßigkeit und Wirtschaftlichkeit der Haushaltsführung zuständig war.

Mit Beginn der industriellen Revolution Ende des 19. Jh. veränderte sich das Aufgabenfeld des Controllers deutlich. Das 1931 gegründete *Controllers Institute of America (CIA)*, 1962 umbenannt in *Financial Executive Institute (FEI)*, beschrieb erstmals 1933 die Aufgaben des Controlling und veröffentlichte 1940 einen ersten Aufgabenkatalog. Aus Anlass der Umbenennung wurde ein überarbeiteter Katalog 1962 veröffentlicht, der auch noch heute in weiten Teilen aktuell ist. Schon damals wurden Rechnungswesen, Planungsunterstützung, Führungsunterstützungsfunktion und Informationsversorgung als Aufgaben des Controlling definiert.

In Deutschland entwickelte sich das Controlling später und in einer etwas anderen Weise. Weder für die Funktion des *Controllership* noch für den Funktionsträger Controller konnten geeignete Termini gefunden werden, deshalb bürgerte sich der Begriff „Controlling" ein. Dieser leitet sich aus dem englischen „to control" = steuern, lenken ab. *Deyhle* zeigt den Unterschied zwischen Manager und Controller anhand des bekannten Vergleichs von Steuermann und Navigator: Stellen wir uns die Unternehmung als ein Schiff vor, das wirtschaftlichen Erfolg anpeilt. Dann versteht sich der **Controller** als Navigator, der den Steuermann (=**Führung**) hierbei unterstützt.

So zeigt sich auch schon, dass Controlling nicht mit **Unternehmenssteuerung** gleichgesetzt werden kann, wohl aber mit Unterstützung dieser. Dabei leitet das Controlling eben nicht das Unternehmen, sondern unterstützt die Unternehmensführung bei dessen Lenkung. Dies geschieht durch das Versorgen mit geeigneten Informationen (insbesondere mit betriebswirtschaftlichen Zahlen und Daten) und durch das Koordinieren der Führungsteilsysteme. Hierzu haben sich im Zeitablauf viele verschiedene Beschreibungen gebildet, die bis heute noch nicht in eine einheitliche Definition gemündet haben.

Die Anforderungen an das Controlling und damit auch das Controlling selbst haben sich im Zeitablauf stetig verändert, zumeist erweitert, von einer *buchhaltungs*-orientierten Sicht hin zu einer *managementsystem*-orientierten und damit auch die Erscheinungsformen des Controlling (Darst. 13-1 auf der folgenden Seite nach HEUER 2000, S. 97).

Dies hängt nicht unwesentlich mit dem Umwelt zusammen, die sich zunehmend dynamisch bzw. sogar chaotisch entwickelt.

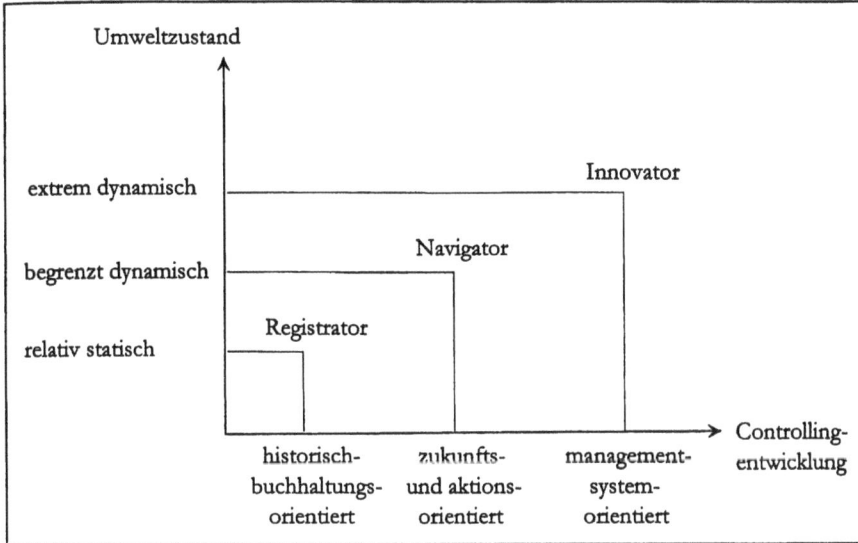

Darst. 13-1: **Controlling-Erscheinungsformen und Umwelt**

13.2 Controlling-Organisation

Die Einordnung des Controlling hängt wesentlich davon ab, wer der *Funktionsträger* des Controlling ist. Weitere Kontextfaktoren sind die *Unternehmensumwelt* (einschließlich Kultur und Region), *Unternehmensgröße* und die *Organisationsstruktur*.

Grundsätzlich kann das Controlling als *Stabsstelle* oder als *Linienstelle* eingerichtet werden. Daneben ist auch eine Kombination möglich. Anfänglich war das Controlling eine typische Stabsstelle. Das Controlling wird dann einer Instanz, z.B. der Unternehmensleitung, zugeordnet. Dies ermöglicht die Kombination von *Machtpromotion* auf Seiten der Unternehmensleitung und *Fachpromotion* auf Seiten des Controlling (sog. *Promotoren-Modell*).

Die Geschäftsführung als Machtpromotor regt u.a. zu Planungsprozessen an und entscheidet über Lösungsalternativen - Beseitigung von Willensbarrieren -; das Controlling als Fachpromotor fördert und betreut u.a. Planungs- und Kontrollprozesse - Beseitigung von Fähigkeits- und Wissensbarrieren - (ZIEGENBEIN 1998, S. 101).

Auf der anderen Seite hat das Controlling auch konkrete Linienaufgaben, wie die Abstimmung der periodenbezogenen Planung und Steuerung, durchzuführen, die eine Einordnung in die Linie rechtfertigen (CZENSKOWSKY/ SCHÜNEMANN/ZDROWOMYSLAW 2002, S. 42) Den Verf. erscheint es sinnvoll - besonders bei größeren Unternehmen -, das Controlling in der zweiten Leitungsebene unter dem Finanzvorstand bzw. der Unternehmensleitung einzurichten. Besteht ein *zentrales* und *dezentrales* Controlling, so sollte das zentrale Controlling dem dezentralen Controlling fachlich weisungsbefugt sein, disziplinarisch sollte letzteres dem jeweiligen Abteilungs- bzw. Bereichsleiter untergeordnet werden (*Dotted-line-Prinzip*).

13.3 Controlling-Konzeptionen

Häufig am Anfang nur als Zusammenfassung der Planungs- und Kontrollfunktion zur *Gewinnsteuerung* verstanden, begann in Deutschland die verstärkte wissenschaftliche Auseinandersetzung mit dem Begriff Controlling mit dem Erscheinen des Controlling-Standardwerkes von HORVÁTH (2002, 1. Aufl. 1979). Er begründete die - wohl auch heute in der Wissenschaft vorherrschende - *koordinationsorientierte Controllingsicht*, die in eine *enge* und *weite* Fassung unterschieden wird: Werden „nur" die *Führungsteilsysteme* Planung, Kontrolle und Informationsversorgung koordiniert, liegt der sog. „enge koordinationsbezogene Controlling-Ansatz" (nach HORVÁTH 2002, S. 118-158) vor. Umfasst die Koordination zusätzlich weitere Führungsteilsysteme wie Organisation und Personal, kommt man zum „weiten koordinationsorientierten Controlling-Ansatz" nach KÜPPER (2001, S. 13-29), s. Darst. 13-2 auf der folgenden Seite.

Beiden Ansätzen ist gemein, dass Controlling sich nicht nur auf die Koordination zwischen, sondern auch innerhalb der Führungsteilsysteme bezieht. Von letzterem Ansatz kommend, haben WEBER/SCHÄFFER (2001, S. 25-45; vgl. auch WEBER 2002, S. 48-66) Controlling aktuell als „Sicherstellung der *Rationalität der Unternehmensführung*" definiert, wobei hier rational als „den Zwecken des Unternehmens entsprechend" zu verstehen ist. Damit wird auch deutlich, dass der Controller in dieser Definition als „Sparrings-Partner" der Führung zu sehen ist, um eine Orientierung des Managements an den Unternehmenszielen sicherzustellen. Dies geschieht nicht nur durch eine Führungsunterstützung durch Dienstleistungen für die Unternehmensleitung wie Führungskräfteinformationen und betriebswirtschaftliche Beratung, sondern auch durch Führungsergänzungen durch Führungsleistungen. Zu diesen zählen *systembildende* (Bilden aufeinander abgestimmter Systeme) und *systemkoppelnde* (Abstimmen bereits bestehender Systeme) Koordination und Innovation (ESCHENBACH/NIEDERMAYR 1996, S. 69-71).

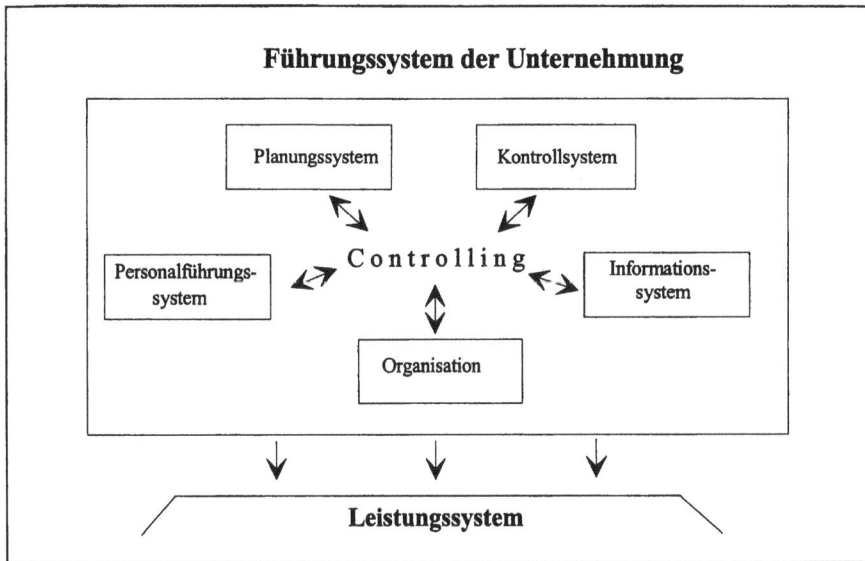

Darst. 13-2: **Koordinationsbezogener Controlling-Ansatz nach** KÜPPER

Nach der koordinationsorientierten Controllingsicht gehört zu den *Controlling-Aufgaben* nicht die inhaltliche Ausübung der Führungsteilsysteme, sondern die *Koordination*, d.h. das Controlling plant nicht, sondern koordiniert die Planung. Kritisch ist zum weiten koordinationsorientierten Ansatz anzumerken, dass dieser – in letzter Konsequenz – dem Controlling eine Art *Meta-Führung*, nämlich die Gestaltung der gesamten Führung zuordnet (WEBER 2002, S. 27), so dass das Controlling dem *Management* weisungsbefugt sein müsste. Das ist aber nicht mit dem Ziel der *Führungsunterstützungsfunktion* des Controlling in Einklang zu bringen - es sei denn, die Funktion Controlling ist nicht identisch mit der Institution Controlling. Tatsächlich wird Controlling nicht nur von *Controller* getätigt, sondern auch andere Organisationsmitglieder „controllen". Darst. 13-3 zeigt die Beziehung zwischen Controller, Controlling und *Manager* in einer Schnittmengendarstellung (nach CONTROLLER VEREIN E.V. 2001, S. 8):

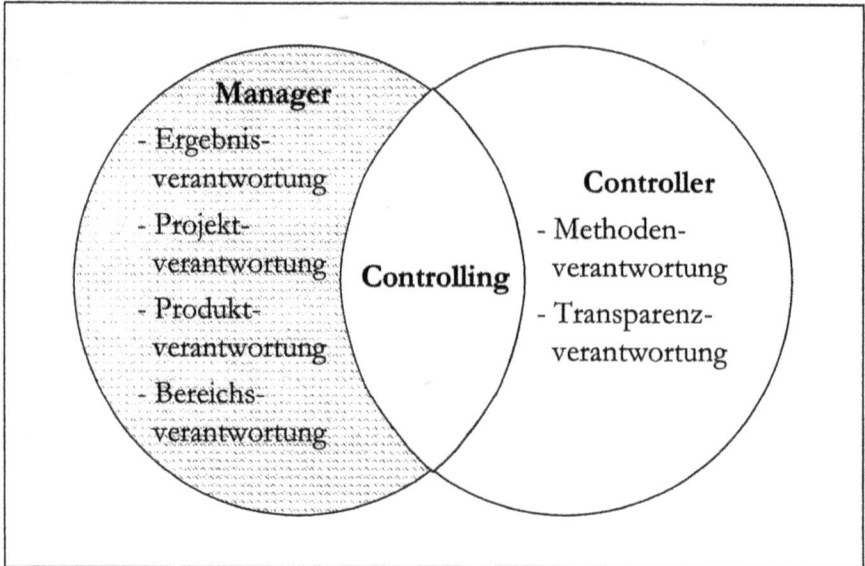

Darst. 13-3: **Manager und Controller**

Bezieht sich Controlling „nur" auf die Informationsversorgung der Führung, insbesondere mittels *Kennzahlen* und *Managementberichten*, wird nach einem „informationsorientierten Ansatz" (REICHMANN 2001, S. 5-18) verfahren. In einer engen Form umfasst dies das Abstimmen des Informationsangebotes mit der –nachfrage (vgl. zu einem weiter entwickelten Ansatz LANGE/SCHÄFER 2003). Neben diesen grundsätzlichen *Controllingdefinitionen* (vgl. deutlich ausführlicher HEUER 2000, S. 39ff.) gibt es auch eine Vielzahl an anderen – jedoch nicht so prägnanten – Ansätzen, Controlling zu definieren.

13.4 Strategisches und operatives Controlling

Die *Controlling-Zielsetzungen* können sich auf *direkte* oder *indirekte* Controlling-Ziele berufen. Erstere sind die konkreten *Sachziele* des Controlling. Ihr Umfang ist von der verfolgten Controlling-Konzeption (s. vorheriger Abschnitt) abhängig. Indirekte Controlling-Ziele sind Vorgaben, die aus den konkreten Unternehmenszielen abgeleitet sind. Hierzu leistet das Controlling einen mittelbaren (indirekten) Beitrag. Auch ihr Umfang ist von der Konzeption abhängig. Bei *unternehmenszielbezogenen* Konzeptionen steht die nachhaltige Sicherung der Unternehmensziele im Vordergrund. Hier finden auch wissenschaftliche, soziale, technische, ökologische und wirtschaftliche

Ziele Berücksichtigung. Dazu sind die *Bereichsziele* mit den *Unternehmenszielen* abzustimmen. Das Controlling erweitert seine Tätigkeit auf die strategische Ebene (*strategisches Controlling*).

Das **strategische Controlling** hat die strukturelle *Anpassungsfähigkeit* der Unternehmung gegenüber der Umwelt zu erhalten, beschlossene *Strategien* durchzusetzen und durchzuführen, diesen Vorgang zu kontrollieren und dazu beizutragen, die Existenz des Unternehmens langfristig zu sichern. Insbesondere bei Projekten übernimmt das Controlling zunehmend nicht nur die Aufgabe des *Projekt-Controlling*, sondern auch die der *Moderation* bzw. Leitung von Projekten. Zu den Aufgaben des strategischen Controlling gehört das Unterstützen der *strategischen Planung*, die *Organisation* des *Planungsprozesses*, das Umsetzen der strategischen Planung in die operative, Aufbau und Durchführen der *strategischen Kontrolle* und das strategische *Kostenmanagement*.

Bei den *erfolgzielbezogenen* (gewinnorientierten) Konzeptionen steht die nachhaltige Sicherung des Gewinns im Vordergrund. Dazu sind Bereichsegoismen einzelner Bereiche und Entscheidungsträger zu vermeiden oder zumindest zu vermindern. Controlling findet hier auf einer operativ-taktischen Ebene statt (operatives Controlling).

Das **operative Controlling** steht in den meisten Untenehmen zeitlich vor dem strategischen Controlling. Der Blick wird von der Rückschaurechnung nach vorne gelenkt, um rechtzeitig Maßnahmen sind zu ergreifen, sofern das Unternehmen von dem durch die Planung festgesetzten Kurs abweicht. Die Besonderheiten des operativen Controlling liegen in den Bereichen Engpassorientierung, Feed-forward-Denken, Arbeiten mit Standards und Controlling als Steuerungsmotor. Insbesondere gehört zu den Aufgaben des Controlling das Unterstützen der *operativen Planung*, die *Budgetierung* und die *Informationsversorgung* (PIONTEK 1996, S. 24-28).

Ein wesentlicher Unterschied zwischen der strategischen und operativen Sicht besteht darin, dass bei der strategischen Sicht Erfolgs*potentiale* das Zielobjekt sind, während bei der operativen Sicht auf den *Erfolg* oder die *Liquidität* abgestellt wird.

Darst. 13-4 (folgende Seite) zeigt in einer tabellarische Übersicht anhand von Merkmalen und ihren Ausprägungen weitere Unterschiede zwischen dem strategischen und operativen Controlling.

	Strategisches Controlling	Operatives Controlling
Orientierung am Führungsziel der Unternehmung	Langfristige Existenzsicherung der Unternehmung	Erfolgserzielung, Rentabilitätsstreben, Liquiditätssicherung, Produktivität
Controlling-Zielsetzung	Sicherstellung einer systematischen zielorientierten Schaffung und Erhaltung zukünftiger Erfolgspotentiale	Sicherstellung der Wirtschaftlichkeit der betrieblichen Prozesse
Zielformulierung	qualitativ und quantitativ	quantitativ
Zentrale Führungsgrößen	Erfolgspotentiale (z.B. Marktanteil, Marktwachstum etc.)	Erfolg, Liquidität
Ausrichtung	Unternehmen und Umwelt (Aufbau neuer Umweltbeziehungen), *weak signals*	Unternehmen (unter Berücksichtigung bestehender Umweltbeziehungen)
Dimensionen	Stärken/Schwächen Chancen/Risiken	Kosten/Erlöse Aufwand/Ertrag Aus-/Einzahlungen Vermögen/Kapital
Informationsquellen	primär Unternehmensumwelt	primär Unternehmensinnenwelt
Messbarkeit der Informationen	kardinal und ordinal	kardinal

Darst. 13-4: **Strategisches und operatives Controlling**

13.5 Controlling-Instrumente

Die Frage nach den Controlling-Instrumenten ist nicht eindeutig zu beantworten und von der Frage der vertretenen Controlling-Konzeption abhängig. Die Vertreter des koordinationsorientierten Ansatzes sehen aus wissenschaftlicher Sicht als Controlling-Instrumente nur *Koordinationsinstrumente*. Diese unterteilt KÜPPER (2001, S. 24ff.) in *isolierte* und *übergreifende*. Erstere stellen Koordinationsinstrumente der einzelnen Führungsteilsysteme dar, letztere erfassen Teile mehrerer Führungsteilsysteme und werden daher auch als *originäre* oder *charakteristische* Controllinginstrumente bezeichnet. Darst. 13-5 zeigt eine Unterscheidung von isolierten und übergreifenden Koordinationsinstrumenten nach KÜPPER (2001, S. 26):

Isolierte Koordinationsinstrumente					Übergreifende Koordinationsinstrumente
Organisations-instrumente	**Personal-führungs-instrumente**	**Planungs-instrumente**	**Kontroll-instrumente**	**Informations-instrumente**	Zentralistische Führungssysteme
					Budgetierungssysteme
Koordina-tionsorgane	Führungs-grundsätze	Sukzessive Planabstim-mung	Über-wachungs-instrumente	Informations-bedarfs-analyse	Kennzahlen- und Zielsysteme
Aufgaben und Kompetenz-verteilung	Zielvorgabe	Simultane Planungs-modelle	Abweichungs-analyse	Integrierte Systeme der Erfolgs-rechnung	Verrechnungs- und Lenkungspreissysteme
Formale Kommunika-tionsstruktur	Anreiz-systeme	Plananpassung		Kosten- und Erlös-rechnung	
Standardisie-rung bzw. Programmie-rung	Schaffen gemeinsamer Wertvorstel-lungen			Investitions-rechnung	
	Gemeinsame Erwartungs-bildung			Berichts-systeme	
	Schaffen posi-tiver sozio-emotionaler Beziehungen				

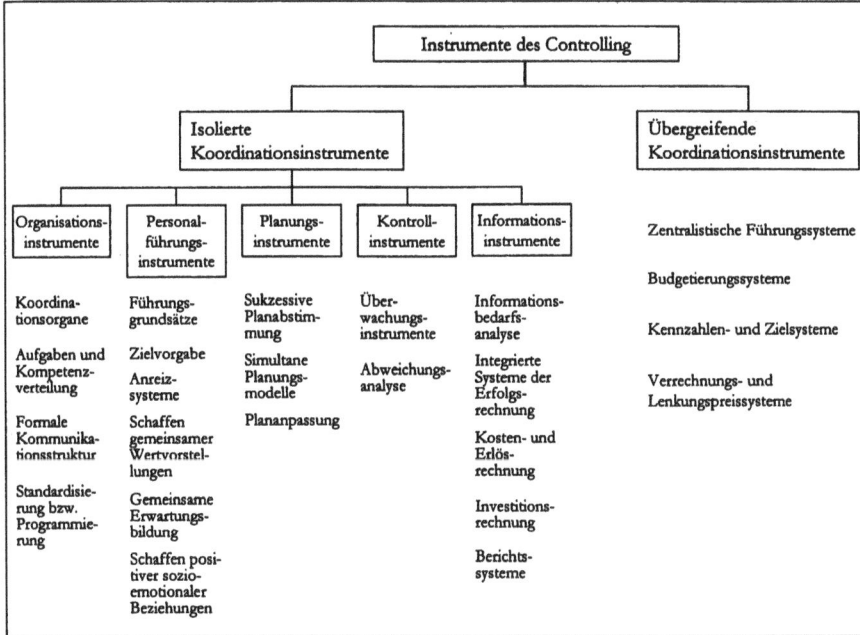

Darst. 13-5: **Isolierte und übergreifende Koordinationsinstrumente nach KÜPPER**

Überwiegend werden in Theorie und Praxis als Controlling-Instrumente die Instrumente angesehen, die das Controlling tatsächlich zum Lösen seiner Aufgaben verwendet. Derzeit werden die vorgenannten Koordinationsinstrumente durch andere *betriebswirtschaftliche Instrumente* ergänzt, deren Nutzung aber nicht exklusiv durch das Controlling geschieht. Diese Instrumente lassen sich in *strategische* und *operative* Controlling-Instrumente unterscheiden. Darst. 13-6 auf der folgenden Seite gibt eine Übersicht. Auf die Erläuterungen aller dieser Instrumente – s. aber auch zu einigen in früheren Ausführungen - muss an dieser Stelle verzichtet und stattdessen auf die Fachliteratur verwiesen werden (z.B. CZENSKOWSKY/SCHÜNEMANN/ZDROWOMYSLAW 2002, S. 66-225; PIONTEK 1996, S. 287-382).

Strategische Instrumente	
Balanced Scorecard	Benchmarking
SWOT (Strength-Weakness-Opportunities-Threats)-Analyse	Portfolio-Analyse (Vier-Felder-Portfolio; Neun-Felder-Portfolio)
Chancen-Risiko-Profil	Erfahrungskurvenkonzept
Branchenstrukturanalyse	Umweltanalyse
Marktanalyse	Lückenanalyse (Gap-Analysis)
Konkurrenzanalyse	Szenario-Technik
Unternehmensanalyse	Wertanalyse
Ressourcen- und Potentialanalyse	Wertsteigerungsanalyse (Shareholder Value)
Stärken-Schwächen-Analyse	Target Costing
Strategische Bilanz	Prozesskostenrechnung
Scoringmodelle	Ergebnisplan (Return Map)
Operative Instrumente	
Berichtswesen	Break-even-Analyse
Budgetierung	Deckungsbeitragsrechnung
Zero-Base-Budgeting	ABC-Analyse
Abweichungsanalyse	XYZ-Analyse
Kennzahlensysteme	Kosten- und Erlösrechnung
Kurzfristige Erfolgsrechnung	Planungshandbuch

Darst. 13-6: **Auswahl von strategischen und operativen Controlling-Instrumenten**

13.6 Controlling-Entwicklungen

Eine wesentliche Aufgabe des Controlling besteht in der Aufbereitung von betriebswirtschaftlichen finanziellen Zahlen, sog. *Finanz-Controlling*. Eine wichtige Bedeutung – schon wegen der meist beträchtlichen finanziellen Auswirkungen – hat auch das *Investitionscontrolling* (ADAM 2000). Daneben hat sich das Controlling durch die verschiedensten Bereiche von Unternehmen verbreitet, was zum Entstehen sog. *Bereichs-Controlling* führte. Insbesondere sind hier zu nennen Beschaffungs-, Produktions-, Logistik- und Marketing-Controlling (vgl. zu ersteren z.B. MÜLLER/UECKER/ ZEHBOLD 2003, zu letzterem z.B. HEUER 1996 und 2000, ZERRES 1998 und 2000). Auf Ebene der Führungs-

teilbereiche entstanden etwa Informationstechnologie- (IT-), Organisations-
und Personal-Controlling. Die Berücksichtigung der Umwelt führte zum
Entstehen des Umweltschutz- bzw. *Öko-Controlling* (vgl. z.B. LANGE/V. AHSEN
2002; SEIDEL 1995). Daneben bilden Projekte einen wichtigen Teil der
Controllingarbeit, was zu einem stärker beachteten Projektcontrolling führte
(FIEDLER 2002).

In den letzten Jahren steigt die Anzahl der Dienstleistungsunternehmen
vergleichsweise an. Die damit verbundenen Fragestellungen, z.B. wie mit
Leistungen umzugehen ist, die nicht oder nur schwer messbar sind, haben die
Bildung eines *Dienstleitungs-Controlling* hervorgebracht, das sich noch in der
Entwicklungsphase befindet (FISCHER 2000; SCHÄFFER/WEBER 2002). In
öffentlichen Unternehmen und „Behörden" schon eingeführt, ist mit einer
weiteren Verbreitung auch hier zu rechnen, da die Erwartungshaltung der
Stakeholders (Staat, Steuerzahler, Arbeitnehmer etc.) steigt.

Controlling ist „im Fluss", d.h. es entwickelt sich ständig weiter. Neben einer
Verstärkung in alle Teilbereiche des Unternehmens ist vor allem eine
Erweiterung auch auf *international tätige* Unternehmen festzustellen (MECKL
2000; ZIMMERMANN 2001). Hier werden die Methoden des Controlling-
Aufgaben insbesondere auf die Koordination von und innerhalb von
Tochtergesellschaften angewendet (BERENS/BORN/HOFFJAN 2000).

Neben diesen wachsenden Globalisierungs- und Internationalisierungstenden-
zen entwickelt sich auch die Technik ständig weiter. Dadurch ist von einer
grenzüberschreitenden Zunahme des Wettbewerbes auszugehen. Auch, weil
hierdurch Transaktionskosten verringert und Markteintrittsbarrieren abgebaut
werden, Bsp. E-Commerce. Hier stellen sich weitere Aufgaben für das
Controlling in der Zukunft.

Die Bedeutung von finanzorientierten Größen wie Gewinn, Eigenkapitalrendite wird durch den leichteren Zugang zu internationalen Kapitalmärkten
(z.B. über Internet) steigen und den Druck für Unternehmen auf das Rendite-
ziel erhöhen. Diesen dadurch entstehenden internen Kostendruck wird auch
das Controlling selbst spüren, dass sich zunehmend selbst auf Effizienz-
steigerung überprüfen lassen muss, wobei noch nicht geklärt ist, wer dieses
durchführt.

Literaturhinweise

Die Literatur zum Controlling hat in den letzten Jahren stark zugenommen. Eingeteilt werden kann die Literatur in Gesamtwerke zum Controlling und zu Teilen davon. Nachfolgend seien - unabhängig davon, ob schon im Text erwähnt - als Gesamtwerke zum Controlling genannt werden: CZENSKOWSKY/ SCHÜNEMANN/ZDROWOMYSLAW 2002; ESCHENBACH [Hrsg.] 1996; FIEDLER 2001; FREIDANK/MAYER 2001; HANS/WARSCHBURGER 1999; HERING/RIEG 2002; HORVÁTH 2002; KÜPPER 2001; KÜPPER/WAGENHOFER [Hrsg.] 2002; MÜLLER/ UECKER/ZEHBOLD [Hrsg.] 2003; PIONTEK 1996; PREIßLER 2000; REICHMANN 2001; SERFLING 1992; STEINLE/EGGERS/LAWA [Hrsg.] 1998; WEBER 2002, ZIEGENBEIN 1998.

Hingewiesen sei ferner auf eine Darstellung zum Controlling in Fallstudien: BERENS/HOFFJAN/SCHMITTING [Hrsg.] 1999 und einer Quelle speziell zum strategischen Controlling: BAUM/COENENBERG/GÜNTHER 2003.

Aufgaben

13-1: *MC*:
  „Controlling" ist
  o mit Kontrolle gleichzusetzen
  o interne Revision
  o Topmanagement
  o ein Führungsinstrument
  o ein Teilbereich der Buchhaltung

13-2: Nennen Sie 10 Instrumente des Controlling!

13-3: Welche strategischen Ziele verfolgt das Controlling?

13-4: *T/F*: Controlling ist mit Unternehmensführung gleichzusetzen.   T / F

Teil IV Finanzwirtschaft

Einführung: Betriebliche Geldprozesse

Im Kapitel 2 wurde die Stellung des Betriebes im Wirtschaftskreislauf gezeigt: Die Darstellungen 2-1 und 2-2 veranschaulichten die Transaktionen zwischen Betrieben und - privaten - Haushalten (1 nur die *Güter*ströme, 2 unter Einbeziehung der entgegenlaufenden *Geld*ströme); Darst. 2-3 bezog auch die „umgebenden" Märkte - darunter den Finanzmarkt - ein. Darst. IVE-1 gibt nunmehr ein wesentlich erweitertes Bild. (Vgl. auch REHKUGLER/SCHINDEL 1994, S. 7. Eine noch komplexere Darstellung findet sich bei PERRIDON/ STEINER 2002, S. 2.)

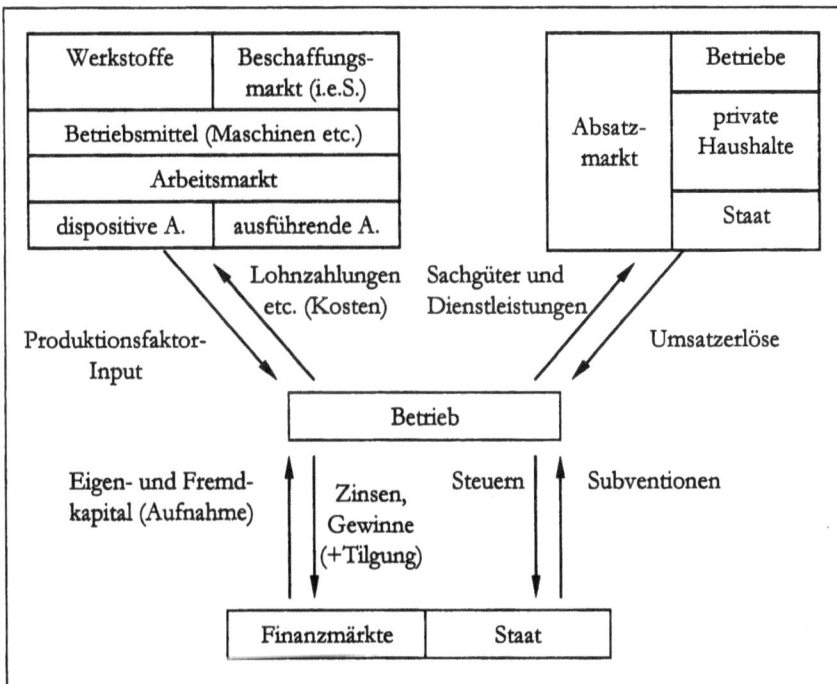

Darst. IVE-1: **Geld- und Güterströme aus der Sicht des Betriebes**

Aus der Abbildung geht hervor, dass zwischen Leistungs- und Finanzbereich unterschieden werden kann und „Zahlungen" nicht etwa nur in letzterem anzutreffen sind. (Darst. 2-2, mit Einschluss der „Geldströme", machte im Grunde den oberen Teil von Darst. IVE-1 aus.) Bei diesen Zahlungen kann man zwischen *Ein-* und *Auszahlungen* differenzieren. Nachstehend werden im Prinzip nur diese Begriffe verwandt. Es gibt jedoch auch noch das Begriffspaar „*Einnahmen/Ausgaben*". Die Abgrenzung - mitunter erfolgt auch eine synonyme Verwendung - ist nicht einheitlich. Bei *Wöhe* geschieht sie sinngemäß wie in Darst. IVE-2 (nach ZDROWOMYSLAW 2001, S. 53). Danach gibt es sowohl Einzahlungen, die keine Einnahmen sind - Beispiel: Aufnahme eines Bankkredits - als auch Einnahmen, die keine Einzahlungen sind, z.B. Warenverkauf auf Kredit.

Einzahlungen (Periode)		
(= Erhöhung des Zahlungsmittelbestandes)		
Einzahlungen, keine Einnahmen	Einzahlungen = Einnahmen	
	Einnahmen)= Einzahlungen	Einnahmen, keine Einzahlungen
	Einnahmen (Periode)	
	(= Erhöhung des Geldvermögens)	

Darst. IVE-2: **Abgrenzung „Einzahlungen"/„Einnahmen"**

In Darst. IVE-3 (auf der nächsten Seite) erfolgt (in Anlehnung an REH-KUGLER/SCHINDEL 1994) zunächst eine weitere Aufgliederung der Ein- und Auszahlungen - getrennt nach Finanz- und Leistungsbereich - und danach wieder eine Zusammenfassung.

Dabei ergibt sich z.B. der Begriff der *Kapitalbindung.* (In der Praxis spricht man auch von -*verwendung.*) Er bezeichnet quasi die *linke* Seite der *Bilanz* (gemäß Darst. 16-2) und damit die „*Investitionen*". Darauf wird im folgenden Kap. 14 näher eingegangen. Die *rechte* Seite enthält die Quellen des Kapitals und kann damit auch mit *Kapitalaufbringung* oder eben „*Finanzierung*" benannt werden. Darauf - und andere Fassungen des Begriffs - ist im Kapitel 15 zurückzukommen. Dieses enthält auch einige Betrachtungen zur *Abstimmung* finanzwirtschaftlicher Prozesse - und damit zur „Finanz*planung*".

Leistungsbereich (Innenbereich)		Finanzbereich (Außenbereich)	
Auszahlungen	Einzahlungen	Auszahlungen	Einzahlungen
1. Beschaffung von Produktionsfaktoren 2. „aktive Finanzierung" (Kapitalüberlassung an andere Wirtschaftseinheiten	1. Umsatzerlöse + Zinsen für aktive Finanzierung 2. Verkauf von Anlagen 3. Tilgung aus aktiver Finanzierung	1. Eigenkapitalentnahme 2. Fremdkapital-Tilgung 3. Gewinnausschüttung + Zinsen 4. Steuerzahlung	1. Eigenkapital-Einlagen 2. Fremdkapitalaufnahme 3. öffentliche Zuschüsse
„Kapital-*Bindung*"	„Kapital-*Freisetzung*"	„Kapital-*Entziehung*"	„Kapital-*Zuführung*"
Determinanten des „Kapital-*Bedarfs*"		Determinanten des „Kapital-*Fonds*" (der „Kapitalbedarfs*deckung*")	

Darst. IVE-3: **Betriebliche Zahlungsströme**

Hier sei noch darauf hingewiesen, dass in der *„bilanziellen Sicht"* der *Kapital*begriff nicht nach der *Fristigkeit* differenziert wird und insofern die Bezeichnung **Kapitalmarkt** synonym mit der - in den Darstellungen verwandten - des *Finanz*marktes steht. Nimmt man, wie in der Praxis allgemein üblich, eine solche Differenzierung jedoch vor, so bildet „Finanzmarkt" quasi den Oberbegriff: *Lang*fristiges „Kapital" wird dann auf dem *Kapital*markt gehandelt, *kurz*fristiges dagegen auf dem **Geldmarkt**. Die Vermögensseite setzt sich aus den beiden Teilbereichen Zahlungsbereich und Investitionsbereich zusammen, die in einer dauernden Wechselwirkung stehen.

Analog zum innerbetrieblichen Kreislauf (Kap. 2.2) lässt sich der Betriebsprozess als Kreislauf finanzieller Mittel vorstellen, wie die Darst. IVE-4 (auf der folgende Seite) veranschaulicht (in Anlehnung an WÖHR 2002):

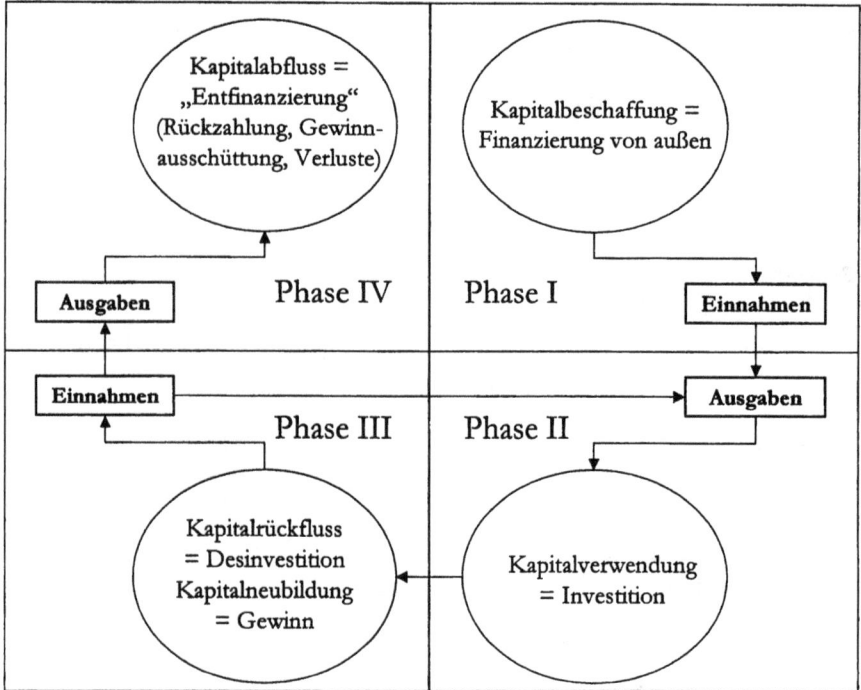

Darst. IVE-4: **Kreislauf finanzieller Mittel**

Kapitel 14 Investition

Im 1. Abschnitt werden Begriff und Arten der „Investition" (einschließlich „Investitions-Management": Phasen und Organisation des „Investitions-entscheidungsprozesses" sowie typische Schwachstellen) erörtert. Den größten Raum des Kapitels nimmt dann der 2. Abschnitt ein. Er ist den „Real-Investitionen" gewidmet. (Dabei werden zunächst im 1. Unterabschnitt die „Investitionsrechnungsverfahren", d.h. die formalen Kalküle an sich, vorgestellt; der zweite Unterabschnitt ist der Berücksichtigung nicht-monetärer Größen und der dritte der von „Unsicherheit" vorbehalten.) Im Haupt-Abschnitt 3 schließlich wird auf Finanzanlagen eingegangen.

14.1 Investitionsbegriffe (und „Investitions-Management")

Der **Begriff** der Investition ist vielfältig. Als *gemeinsame Merkmale* kann man wohl festhalten: Der Investor erbringt (1) eine „*Vor*leistung"; er erwartet sich (2) davon einen „*Vorteil*", als Beitrag zur *Ziel*erreichung; dazwischen liegt (3) eine *Zeitspanne*. Sofern der erwartete Vorteil - wie meist - monetärer Art ist, gelangt man zum *zahlungsstromorientierten* Investitionsbegriff: Der Vorgang *beginnt* mit einer *Aus*zahlung, der zu verschiedenen Zeitpunkten Ein- und Auszahlungen folgen.

Zur **Abgrenzung** finden meist zwei *Einschränkungen* statt: a) „*längerfristig*", d.h. mindestens 2 Perioden umfassend (so dass z.B. die Ausgabe für einen Bleistift nicht als „Investition" betrachtet wird, sondern zu „Kosten" führt) und b) „*groß*" (z.B.: „geringwertige Wirtschaftsgüter" - wie eine Bleistiftspitzmaschine - werden zwar mehrere Perioden genutzt, wegen ihres geringen Wertes aber nicht „aktiviert", sondern im Jahre der Anschaffung voll abgeschrieben).

Die **Arten** der Investitionen können nach *diversen Kriterien* unterschieden werden. Darst. 14-1 (folgende Seite) zeigt die Einteilung nach dem **Anlass**. Ergänzend dazu sei nur bemerkt: Gemäß der obigen Abgrenzung des Begriffs der Investition erfolgt eine Nutzung in *mehreren* Perioden. Sofern bei einer *laufenden* Investition nur dieser „Verschleiß" ersetzt wird, handelt es sich um eine *Ersatz-*, ansonsten um eine *Erweiterungs-*Investition.

```
                    Investitionen
                         |
        ┌────────────────┴────────────────┐
   Errichtungs-Inv.                   Folge-Inv.
   (Gründungs-, Erst-,               (laufende Inv.)
   Anfangs-Inv.                           |
                      ┌──────────────────┼──────────────────┐
                 Ersatz-Inv.      Erweiterungs-    Rationalisierungs-
                 (Re-Inv.)        Inv.             Inv.
```

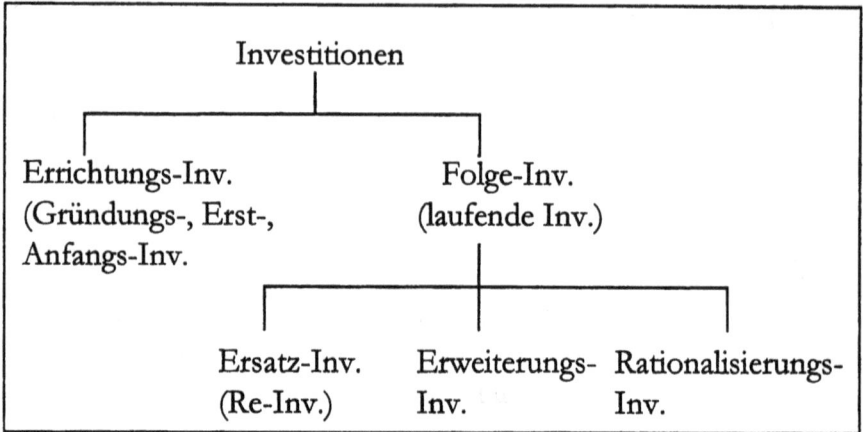

Darst. 14-1: **Einteilung der Investitionen nach dem Anlass**

Darst. 14-2 zeigt die Einteilung nach dem **Objekt**.

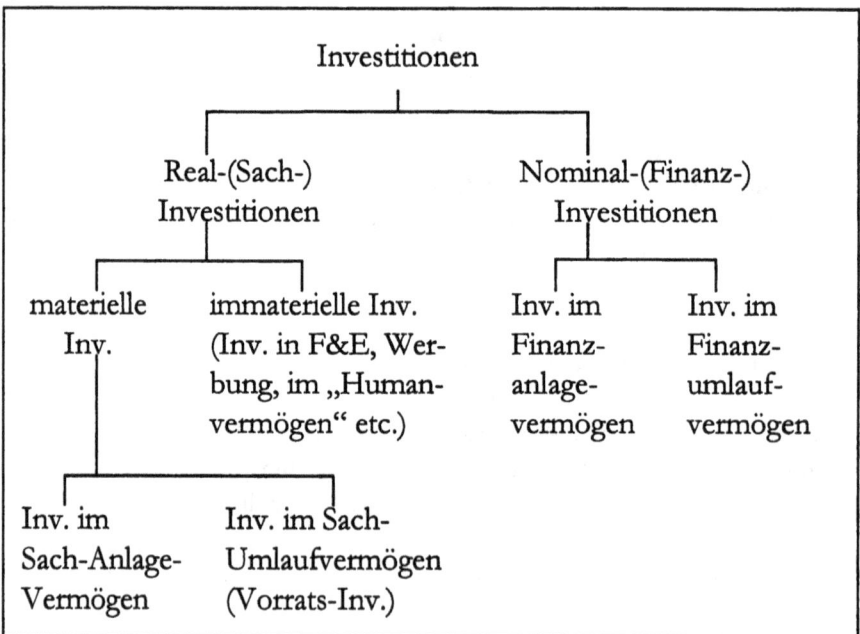

```
                         Investitionen
                              |
            ┌─────────────────┴─────────────────┐
      Real-(Sach-)                         Nominal-(Finanz-)
      Investitionen                        Investitionen
           |                                    |
     ┌─────┴──────┐                      ┌──────┴──────┐
  materielle   immaterielle Inv.      Inv. im       Inv. im
  Inv.         (Inv. in F&E, Wer-     Finanz-       Finanz-
     |         bung, im „Human-       anlage-       umlauf-
     |         vermögen" etc.)        vermögen      vermögen
  ┌──┴──────────┐
Inv. im       Inv. im Sach-
Sach-Anlage-  Umlaufvermögen
Vermögen      (Vorrats-Inv.)
```

Darst. 14-2: **Einteilung der Investitionen nach dem Objekt**

Zumeist geschieht - so im Grunde auch schon in Darst. 14-1 (und, wie eingangs erwähnt, im folgenden Abschnitt 2) - eine Beschränkung auf *(Sach-)*

*Anlage*investitionen. Immaterielle Investitionen werfen zunächst theoretische Probleme auf (inwieweit ist es gerechtfertigt, bei Werbe-Ausgaben von „Investitionen" - im Markt - zu sprechen?), anschließend aber auch steuerliche („Aktivierung" und „Abschreibung" - Höhe?).

Weiter kann man nach der **Bedeutung** zwischen *delegierbaren* und *nicht-delegierbaren* Investitionsentscheidungen und nach dem **Ablauf** zwischen „*echten*" und *Routine*-Entscheidungen differenzieren. Diese beiden Einteilungen berühren den **Investitionsentscheidungsprozess.** Dieser kann gemäß dem *allgemeinen Schema* (in Darst. 3-1) in die Phasen der Planung, Realisation und Kontrolle, mit ersterer wiederum in Anregung, Alternativen-Suche und -Auswahl, unterteilt werden. Letzteres, die *Bewertung* und der *Vergleich* der Alternativen, ist eigentlich nur Gegenstand der - zumindest in der Literatur - breiten Raum einnehmenden „Investitionsrechnung".

Zur **Organisation** dieses Entscheidungsprozesses gehört einmal die Regelung der **Zuständigkeiten.** In der *Praxis* scheint es vielfach so zu sein (das zeigen auch *empirische* Untersuchungen von *Schweizer Großunternehmen* - STAEHELIN 1988), dass Investitionsprojekte ab bestimmter Größenordnung von *dezentraler* Seite beantragt und *zentral* entschieden sowie gegebenenfalls in einem Investitionsbudget aufgenommen werden. (Projekte unterhalb des *Limits* sind „in eigener Regie" durchführbar.) Das **Verfahren** läuft bisweilen so, dass die „Wirtschaftlichkeitsprüfung" etwa in einer *Stabsstelle „Investitionsplanung"* und die „Entscheidung" in einem „*Investitionsausschuss*" erfolgen. Nach positiver Entscheidung geschieht die *Mittel-Freigabe* und danach die Realisation.

Die **Investitions-Kontrolle** ist oft unterentwickelt bzw. fehlt ganz. Dies bildet eine der **typischen Schwachstellen,** die von BLOHM/LÜDER 1995 genannt werden. Andere sind: mangelndes Organisations-Konzept (fehlende Regelungen bezüglich Zuständigkeiten und Verfahren), Verwässerung des Bewilligungsverfahrens durch Ausufern von „Ausnahmeregelungen", Überlastung der Leitungsorgane durch unzweckmäßige Limitfestsetzung etc. (mit der Folge unqualifizierter bzw. verspäteter Investitionsentscheidungen), ungenügende Alternativen und fehlende Investitionsrechnungen. Auf diese wird im folgenden Abschnitt eingegangen.

14.2 Real-Investitionen

14.2.1 Investitionsrechnungsverfahren

14.2.1.1 Allgemeines - Konzept des „vollständigen Finanzplans"

Das *Problem* sämtlicher Investitionskalküle ist das der „*Zurechnung*" (aller Ein- und Auszahlungen zum Investitionsobjekt). Es besteht sowohl *zeitlich vertikal* (Zuordnung *späterer* Zahlungsströme zu *früheren* Investitionsentscheidungen) als auch *horizontal* (auf die einzelnen, gleichzeitig existierenden Anlagen). Entgegen älteren Auffassungen geht es dabei allerdings *nicht* um die *verursachungsgerechte* Zuordnung - dann wäre das Problem in der Tat unlösbar -, sondern die Feststellung der *Veränderungen* in den Zahlungsströmen. Dies erscheint - wenn auch praktisch schwierig - zumindest für **Einzel-Objekte** lösbar. Auf diese wird deshalb zunächst abgestellt. (Einige Überlegungen zu **Programm-Entscheidungen** folgen später.)

Dabei soll von einem Beispiel ausgegangen werden (in starker Anlehnung an KAPPLER/REHKUGLER 1991). Darst. 14-3 zeigt das **Grundmodell.**

		t_0	t_1	t_2	t_3
	Anfangskapital (Kassenbestand)	500			
1	Auszahlung für Investition	500			
	Einzahlungen aufgrund Investition		50	50	550
2	Auszahlung	400			
	Einzahlungen		200	300	

Darst. 14-3: **Beispiel-Grundmodell**

Darin sind die **Annahmen** z.T. schon enthalten:

1. Pro Periode wird nur *eine Zahlung* (einer Art, s. dazu unten) angesetzt, gegenüber der *laufenden* Realisierung in *Umsätzen, Löhnen* usw.
2. Der *Planungshorizont* ist *beschränkt* bzw. *überschaubar.*
3. Als *Ziel* gilt „*Wohlstandsmaximierung*", in Gestalt der Maximierung des *Endvermögens* (oder der *Entnahmen*).
4. Die *Vergleichbarmachung* (etwa der unterschiedlich anfallenden Ausgaben) geschieht durch die Annahme der - unbeschränkten - Anlage *überschüssiger* Mittel auf dem *Kapitalmarkt.*

5. Desgleichen kann am Kapitalmarkt unbeschränkt *Kredit* aufgenommen werden.
6. Die Zinsen für *Kredite* („Soll-Zinsen") und für *Geldanlagen* („Haben-Zinsen") sind *gleich*: sog. **vollkommener Kapitalmarkt**.

Das Konzept des **vollständigen Finanzplans** enthält die Gegenüberstellung *sämtlicher* Ein- und Auszahlungen entsprechend diesen Annahmen. Darst. 14-4 zeigt die Zahlen für das Beispiel bei einem Zinssatz von 5%. Der Vergleich des Endvermögens in Periode 3 ergibt die Entscheidung zugunsten des Objektes 1.

		t_0	t_1	t_2	t_3
1	Kasse	+ 500			
	Investitionsausgabe	- 500			
	Investitionseinnahme		+ 50	+ 50	+ 550
	Geldanlage (5%)		- 50	- 102,5	
	Rückzahlung Geldanlage			+ 50	+ 102,5
	Zinseinnahme			+ 2,5	+ 5,13
					657,63
2	Kasse	+ 500			
	Investitionsausgabe	- 400			
	Investitionseinnahme		+ 200	+ 300	
	Geldanlage (5%)		- 305	- 620,25	
	Rückzahlung Geldanlage	- 100	+ 100	+ 305	+ 620,25
	Zinseinnahme		+ 5	+ 15,25	+ 31,01
					651,26

Darst. 14-4: **Vollständiger Finanzplan (Beispiel)**

Streng genommen ist allerdings noch der Vergleich zur „Null-Alternative", also dem Verzicht auf Investition und Anlage auf dem Kapitalmarkt, erforderlich. Auch dabei resultiert allerdings eine Überlegenheit des Objektes 1, gemäß Darst. 14-5 (auf der folgenden Seite).

	t_0	t_1	t_2	t_3
Kasse	+ 500			
Geldanlage (5%)	- 500	- 525	- 551,25	
Rückzahlung Geldanlage		+ 500	+ 525	+ 551,25
Zinseinnahme		+ 25	+ 26,25	+ 27,56
				578,81

Darst. 14-5: **Vollständiger Finanzplan (Beispiel: Alternative)**

Darst. 14-6 zeigt die Wirkung einer *Zinsänderung.* Bei der Erhöhung des Zinses auf 6% ist nunmehr Objekt 2 günstiger.

		t_0	t_1	t_2	t_3
1	Kasse	+ 500			
	Investitionsausgabe	- 500			
	Investitionseinnahme		+ 50	+ 50	+ 550
	Geldanlage (6%)		- 50	- 103	
	Rückzahlung Geldanlage			+ 50	+ 103
	Zinseinnahme			+ 3	+ 6,18
					659,18
2	Kasse	+ 500			
	Investitionsausgabe	- 400			
	Investitionseinnahme		+ 200	+ 300	
	Geldanlage (6%)		- 306	- 624,36	
	Rückzahlung Geldanlage	- 100	+ 100	+ 306	+ 624,36
	Zinseinnahme		+ 5	+ 18,36	+ 37,46
					661,82

Darst. 14-6: **Vollständiger Finanzplan (Beispiel: Zinsänderung)**

In Darst. 14-7 (auf der folgenden Seite) werden einerseits *Entnahmen* eingeführt; andererseits wird die Annahme des vollkommenen Kapitalmarktes aufgehoben und mit *unterschiedlichen Zinsen* gearbeitet. Im Ergebnis ist, bei gleichen Entnahmen, Alternative 2 - geringfügig - günstiger.

		t_0	t_1	t_2	t_3
1	Kasse	+ 500			
	Investitionsausgabe	- 500			
	Investitionseinnahme		+ 50	+ 50	+ 550
	Entnahme		- 100	- 100	
	Geldanlage (10%)		+ 50	+ 105	+ 105
	Rückzahlung Geldanlage			- 50	+ 10,5
	Zinseinnahme			- 5	434,5
2	Kasse	+ 500			
	Investitionsausgabe	- 400			
	Investitionseinnahme		+ 200	+ 300	
	Entnahme		- 100	- 100	
	Geldanlage (5%)	- 100	- 205	- 415,25	+ 415,25
	Rückzahlung Geldanlage		+ 100	+ 205	+ 20,76
	Zinseinnahme		+ 5	+ 10,25	436,01

Darst. 14-7: Vollständiger Finanzplan (Beispiel: Entnahmen)

14.2.1.2 Einzelobjekt-Entscheidungen

Beim Konzept des *vollständigen Finanzplans* handelt es sich um einen relativ neuen Ansatz. Demgegenüber herrschen in Theorie und auch Praxis „*abgekürzte*" Verfahren vor. Man kann sie gemäß Darst. 14-8 einteilen.

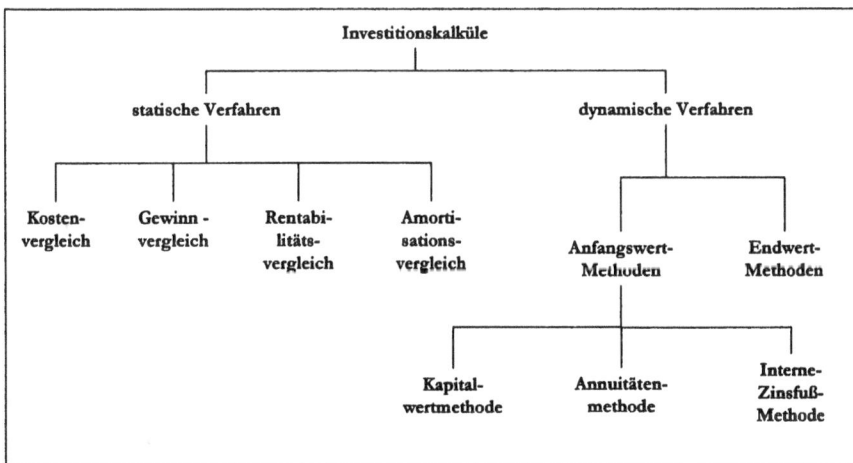

Investitionskalküle
- statische Verfahren
  - Kostenvergleich
  - Gewinnvergleich
  - Rentabilitätsvergleich
  - Amortisationsvergleich
- dynamische Verfahren
  - Anfangswert-Methoden
    - Kapitalwertmethode
    - Annuitätenmethode
  - Endwert-Methoden
    - Interne-Zinsfuß-Methode

Darst. 14-8: Verfahren der Investitionsrechnung bei Einzelobjekt-Entscheidungen

Die Bezeichnungsweise geht darauf zurück, dass die *dynamischen* Verfahren - wie auch der vollständige Finanzplan - explizit auf *mehrere Perioden* abstellen, während die *statischen* Methoden im Grunde zeitindifferent sind, indem meist mit „*Durchschnitts*werten" - d.h. *formal* eben: mit nur *einer* Periode (und damit auch: ohne Zins) - gearbeitet wird. Diese Verfahren wurden zumeist in der Praxis entwickelt und heißen deshalb auch „*Praktiker*-Methoden". Die dynamischen Verfahren werden, aufgrund ihres formalen Kalküls, auch als „*finanzmathematische* Methoden" bezeichnet.

14.2.1.2.1 Statische Verfahren

Die **Kostenvergleichs**-Methode beinhaltet in ihrer **Grundform** nichts weiter, als dass die Investitions-Alternative mit den *niedrigsten* Kosten (K) vorzuziehen ist. **Differenziertere** Formen sind:
1. Berücksichtigung der *Betriebs*kosten B und der *Abschreibungen* (meist als Quotient: Anschaffungskosten A durch Nutzungsdauer t) sowie der *Zinsen* (bei *linearer* Abschreibung: Anschaffungskosten mal Zinsfuß p, dividiert durch 2):

$$K_1 = B_1 + \frac{A_1}{t_1} + \frac{p \cdot A_1}{2} \quad (vs.\ K_2 \ldots) \tag{14.1}$$

2. zuzüglich Berücksichtigung des „*Restwertes*" R (abzustellen ist hier weniger auf den „Restbuchwert" als auf den vermutlichen „Resterlös"):

$$K_1 = B_1 + \frac{A_1 - R_1}{t_1} + p \cdot (\frac{A_1 - R_1}{2} + R_1) \tag{14.2}$$

3. zuzüglich Berücksichtigung der „*Kapazität*":

$$K_1 = \frac{B_1 + \frac{A_1 - R_1}{t_1} + \frac{p \cdot (A_1 + R_1)}{2}}{x} \tag{14.3}$$

Dies bedeutet einen Stückkosten-Vergleich und führt zur *kritischen Menge* (der Menge, bei der sich die Verhältnisse bezüglich zweier Aggregate umkehren), gemäß Darst. 14-9.

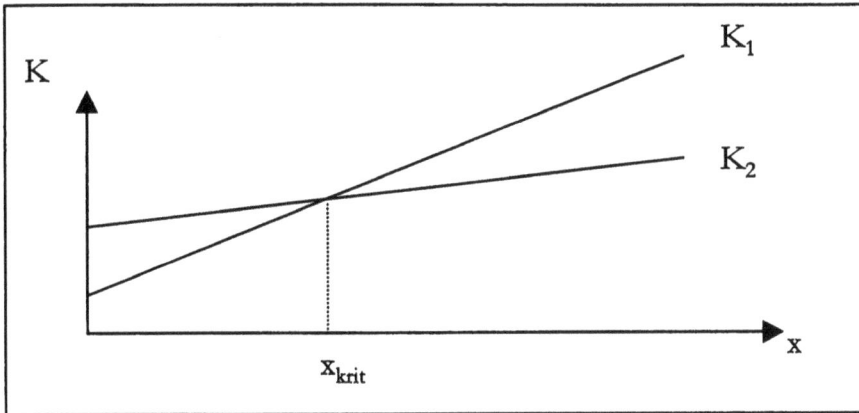

Darst. 14-9: **Kritische Menge (zweier Investitionsobjekte)**

Bei der **Gewinnvergleichs**-Methode werden neben den *Kosten* auch die *Erlöse* (E) einbezogen. In der **Grundform** bedeutet dies lediglich, die Alternative mit dem höchsten - absoluten - Gewinn vorzuziehen. Vielfach wird dabei nur der Gewinn der *Folgeperiode* (t+1 - statt eines *durchschnittlichen* Gewinns über mehrere Perioden) dem der *laufenden* Periode t gegenübergestellt. Diese **Spezial**form läuft damit auf den Vergleich „neu" vs. „alt" (und somit den möglichen Verzicht auf eine Alternative) hinaus.

Beim **Rentabilitätsvergleich** wird der Gewinn auf das eingesetzte Kapital (= A) bezogen und - als **Grundform** - die Alternative mit der höheren Rentabilität RN präferiert:

$$RN_1 = \frac{E_1 - K_1}{A_1} \quad (vs. RN_2 \ldots)$$

(14.4)

Varianten ergeben sich dadurch, dass auf das *durchschnittlich gebundene* Kapital abgestellt oder auch Schwankungen des *Beschäftigungsgrades* berücksichtigt werden. Als *Sonderform* kann man auch das sog. **MAPI-Verfahren** (TERBORGH 1962) ansehen. (Es wurde aber „bei der Beantwortung des Fragebogens von keiner Unternehmung erwähnt. In den Interviews zeigte sich, dass das MAPI-Verfahren zwar oft bekannt ist, aber kaum mehr angewendet wird." - STAEHELIN 1988, S. 125.)

Die **Amortisationsvergleichs**rechnung („*payoff*"- oder „*payback*"-Methode) wird in der Praxis recht häufig angewandt. Grundlage ist der „Wiedergewinnungszeitraum" des Kapitaleinsatzes, die „*Amortisationsdauer*" t_p (mit der *Entscheidungsregel*, dass das Objekt mit der kürzesten Amortisationsdauer zu präferieren ist). Es gibt dafür zwei *Berechnungsmethoden*. In der **1. Version** wird von einer Art *Einnahmeüberschuss*: Erlöse abzüglich Betriebskosten, und damit vom Gedanken der „Gewinnschwelle", ausgegangen, *formal* (*graphisch* gemäß Darst. 14-10):

$$t_{p_1} = \frac{A_1}{E_1 - B_1} \qquad\qquad (14.5)$$

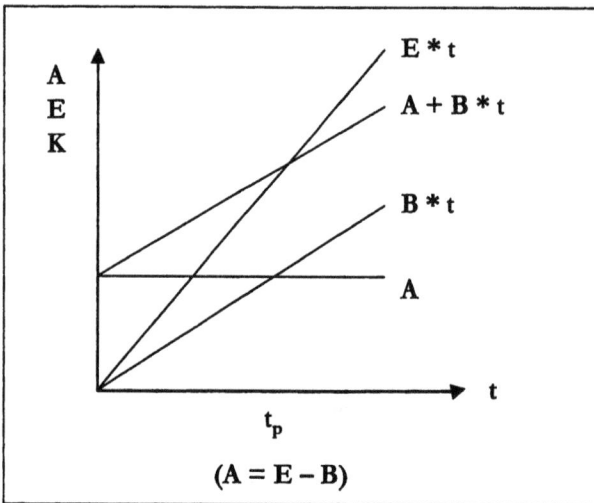

Darst. 14-10: **Gewinnschwelle bei der Pay-off-Methode**
(nach KAPPLER/REHKUGLER 1991, S. 928)

Die **2. Version** stellt auf die *Kostenersparnis* KE ab:

$$t_{p_1} = \frac{A_1}{KE_1} \qquad\qquad (14.6)$$

Die „Amortisationsdauer" dient als eine Art *Maß* für das *Risiko* bzw. die *Elastizität* der Investition (und lässt sich, mit der Festlegung einer *Obergrenze*, auch für nur *ein* Investitionsobjekt verwenden).

Der *Vorteil* dieser und der anderen „statischen" Methoden ist, dass sie *einfach* und *billig* sind; sie werden als „brauchbare Auswahlheuristiken" angesehen und haben in der Praxis weite Verbreitung erfahren. *Nach*teile sind, dass eben der Gesamt*verlauf* nicht einbezogen wird (auch bei der pay-off-Methode ist das im Grunde nicht der Fall! - s. aber zu ihrer „Dynamisierung" kurz unten) und dass die einzelnen Methoden zu *unterschiedlichen* Ergebnissen führen. (Die empirische Untersuchung von STAEHELIN 1988 für die Schweiz zeigte, dass dort tatsächlich oft *mehrere* Methoden gleichzeitig   angewandt wurden.) Das ist aber leider auch bei dynamischen Verfahren nicht auszuschließen, auf die nunmehr eingegangen wird:

14.2.1.2.2 Dynamische Verfahren

Die *dynamischen* Methoden zeigen eine relativ große Übereinstimmung mit dem Konzept des „vollständigen Finanzplans": Sie sind *mehr*periodig, enthalten die *Zahlungsströme* in ihrer *zeitlichen* Verteilung und machen diese „gleichnamig". Letzteres geschieht allerdings meist durch **Abzinsung**, auf den **Anfangswert** („Gegenwartswert"). Dementsprechend werden oft auch nur die drei in Darst. 14-4 genannten Methoden unterschieden: 1. die Kapital- oder Barwert-Methode, 2. die Annuitäten-Methode und 3. die Interne-Zinsfuß-Methode.

Dies erscheint im Grunde gar nicht sinnvoll. Einerseits könnte man zunächst den - hier so genannten - „Anfangswert-Verfahren" ein weiteres hinzufügen: die *„dynamische* Pay-back-Methode", die im Gegensatz zur „statischen" eben mit *Abzinsung* arbeitet. Darauf soll - wegen des doch andersartigen Charakters - hier verzichtet werden. Dagegen kann man wohl die Annuitäten-Methode streichen, da sie im Grunde nur eine Sonderform der Kapitalwert-Methode darstellt. (S. unten.) Den verbleibenden zwei Methoden kann man auf der anderen Seite, bei den „Endwert-Verfahren", ebenfalls nur diese beiden Vorgehensweisen gegenüberstellen, die sich - wie unten noch zu zeigen sein wird - tatsächlich konzeptionell unterscheiden. Deshalb schiene es im Grunde auch sinnvoll, danach zu gliedern (und die Unterscheidung in Anfangs- und Endwert-Bezogenheit nur als Varianten aufzufassen, gemäß Darst. 14-11 [auf der folgenden Seite]).

Da jedoch praktisch das gesamte betriebswirtschaftliche Schrifttum - nicht unbedingt dagegen das (finanz-)mathematische! - auf die Bezogenheit des „*Kapital*wertes" nur auf den *Anfangs*wert festgelegt ist (statt ihn als *Ober*begriff aufzufassen), wird im folgenden auf diese Alternativterminologie verzichtet.

```
┌─────────────────────────────────────────────────────────────┐
│                     dynamische Verfahren                      │
│                             │                                 │
│            ┌────────────────┴────────────────┐                │
│      Kapitalwertmethoden            Zinssatzmethoden          │
│             │                            │                    │
│        ┌────┴────┐                ┌───────┴───────┐           │
│   Anfangwert  Endwert      Interner Zinssatz  Sollzinssatz    │
└─────────────────────────────────────────────────────────────┘
```

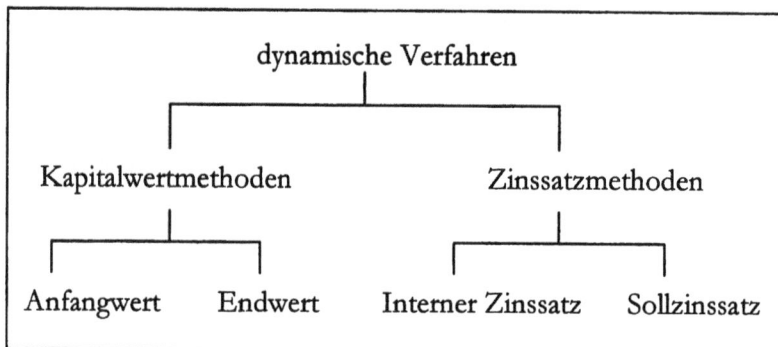

Darst. 14-11: **Dynamische Verfahren (Alternativ-Einteilung)**

Bei der **Kapitalwert-Methode** - in der traditionellen Terminologie - wird auf den *Anfangswert ab*gezinst. In der Regel arbeitet man dabei mit einem - auch über die *Zeit - einheitlichen Kalkulationszinsfuß* r. Als *Abzinsungsfaktor* q_t resultiert damit:

$$q_t = \frac{1}{(1+r)^t} \tag{14.7}$$

(mit t = 1, ..., n)

Die Berechnung ist mittels Taschenrechner oder entsprechender (Programm-) „Packages" leicht möglich; es existieren auch Tabellen. So ergibt sich C_E als *Summe der abgezinsten Einzahlungen* (mit den *laufenden* Einzahlungen b_t und dem *Restwert* a_n - entsprechend unten a_0 für den „*Anschaffungswert*") und C_A dto. der *Auszahlungen* (für die *laufenden*: c_t), somit der Kapitalwert C_w als:

$$C_w = C_E - C_A$$

$$= (\Sigma \frac{b_t}{(1+r)^t}) + \frac{a_n}{(1+r)^n} - (\Sigma \frac{c_t}{(1+r)^t}) - a_0 \tag{14.8}$$

Die *Entscheidungsregel* lautet: Eine *Einzel*-Investition ist vorteilhaft, wenn gilt: $C_w > 0$ (da dann - im Vergleich zur Nicht-Investition - ein *höherer* Gegenwartswert verzeichnet wird). Bei *mehreren* Alternativen wird die mit dem höchsten (positiven) Kapitalwert bevorzugt. Im obigen *Beispiel* ergibt sich, mit r = 0,1 und der Berechnung von C_E gemäß Darst. 14-12 (nächste Seite):

$C_{w1} = 500,00 - 500 = 0$
$C_{w2} = 429,74 - 400 = 29,74$

Alternative 2 ist also zu präferieren.

		t_1	t_2	t_3	C_E
	q_1	0,9091	0,8264	0,7513	
1	b_t $b_t \cdot q_t$	50 45,46	50 41,32	550 413,22	500,00
2	b_t $b_t \cdot q_t$	200 181,82	300 247,92		429,74

Darst. 14-12: Berechnung der abgezinsten Einzahlung (Beispiel – r = 0,1)

Das Ergebnis hängt natürlich sehr von der Höhe des Kalkulationszinsfußes ab. Würde man im *Beispiel* - stark - *veränderte* Zinssätze veranschlagen, so ergäbe sich (s. dazu auch A 14-4)

bei 5%: $C_{w1} = 568,06 - 500 = 68,06$

$C_{w2} = 462,56 - 400 = 62,56$

bei 15%: $C_{w1} = 442,90 - 500 = -57,10$

$C_{w2} = 400,74 - 400 \approx 0$

Während bei einem Kalkulationssatz von 5% also die Alternative 1 vorzuziehen wäre, ist das bei 10% - wie gezeigt - 2 und bei 15% eigentlich gar keine.

Bei der entsprechenden **Endwert**-Methode wird demgegenüber *auf*gezinst. Dabei erscheint eine *Einzel*-Investition dann vorteilhaft, wenn der Endwert positiv (> 0) ist; dann würde eine Rendite erzielt, die *über* dem Kalkulationszinsfuß liegt. Bei *mehreren* Alternativen wird die mit dem höchsten (positiven) Endwert bevorzugt.

Die Aufzinsung muss sich auch auf die *Auszahlungen* erstrecken; im *Beispiel* (und jetzt wieder mit einem Kalkulationszinssatz von 10%) bedeutet das eine Aufzinsung für drei Perioden, also mit $1,1^3 = 1,331$; in ähnlicher Weise ergeben sich die aufgezinsten *Ein*zahlungen gemäß Darst. 14-13 (folgende Seite) und damit *insgesamt*

bei Alternative 1: 665,50 - 665,50 = 0

dto. 2 572,00 - 532,40 = 39,60

		t_1	t_2	t_3	C_E
	$(1+r)^t$	1,21	1,1	1	
1	b_t	50	50	550	
	$b_t \cdot (1+r)^t$	60,50	55	550	665,50
2	b_t	200	300		
	$b_t \cdot (1+r)^t$	242	330		572

Darst. 14-13: **Berechnung der aufgezinsten Einzahlungen (Beispiel)**

Genau wie oben ist also die Alternative 2 zu präferieren. (Auch zahlenmäßig entsprechen sich die Beträge: 29,74 aufgezinst ist praktisch äquivalent mit 39,60, und umgekehrt dieses abgezinst mit 29,74.)

Die **Annuitätenmethode** stellt, wie gesagt, eine Sonderform der Kapitalwertmethode dar. Bei ihr wird nicht der *totale* Erfolg einer Investition gemessen, sondern quasi die *durchschnittliche* jährliche Einzahlung der durchschnittlichen jährlichen Auszahlung gegenübergestellt, indem der Kapitalwert C_w mit einem *Wiedergewinnungsfaktor* w multipliziert wird:

$$A(nn) = C_w \cdot w \qquad\qquad\qquad (14.9)$$

$$\text{mit } w = \frac{(1+r)^n \cdot r}{(1+r)^n - 1} \qquad\qquad\qquad (14.10)$$

Eine *Einzel*-Investition erscheint dann als vorteilhaft, wenn A(nn) *positiv* ist; bei mehreren Alternativen wird die mit der höchsten (positiven) Annuität vorgezogen. Im *Beispiel* ergibt sich, bei einem Kalkulationszinsfuß von 10% und - einheitlichem - n = 3:

$$w = \frac{1,1^3 \cdot 0,1}{1,1^3 - 1} = \frac{0,1331}{0,3310} = 0,4021$$

und damit:

A(nn)$_1$ = 0 · 0,4021 = 0

A(nn)$_2$ = 29,74 · 0,4021 = 11,96,

d.h., auch hier wäre die Alternative 2 vorzuziehen.

Bei der **Methode des internen Zinsfußes** ist der Zinsfuß i gesucht, bei dem der Kapitalwert einer Investition 0 wird (die beiden Zahlungsreihen - Ein- und Auszahlungen - also äquivalent sind). Insofern handelt es sich um eine „Umkehrung" der Kapitalwertmethode: Der *interne* Zinsfuß i wird mit dem *Kalkulations*zinsfuß r verglichen. Die *Entscheidungsregel* lautet: Die Investition ist vorteilhaft, sobald i > r; bei *mehreren* Alternativen wird das Objekt mit dem höchsten i präferiert (sofern i über r liegt).

Formal ist in (14.8) der Kapitalwert gleich 0 - und i statt r - zu setzen:

$$(\Sigma \frac{b_t}{(1+i)^t}) + \frac{a_n}{(1+i)^n} - (\Sigma \frac{c_t}{(1+i)^t}) - a_0 \qquad (14.11)$$

und diese Gleichung n-ten Grades nach i aufzulösen. Das geht nicht leicht. Es wird deshalb empfohlen, das *Problem* durch *Einkreisen* zu lösen: Probieren mit einem beliebigen Zinsfuß, im Falle eines positiven Kapitalwertes *Wiederholung* und schließlich *Interpolation*.

Ein *weiteres* Problem besteht darin, dass u.U. *keine eindeutige* Lösung existiert. (*Beispiele*, nach KAPPLER/REHKUGLER 1991, S. 933: a) Die Gleichung: $(4 - 10)/(1 + i) + 6/(1 + i)^2 = 0$ hat *zwei* reelle Lösungen - 0 und 0,5 -, b) $(2 - 4)/(1 + i) + 3/(1 + i)^2 = 0$ keine.) Dies scheint allerdings *praktisch* weniger relevant.

Bei der **Sollzinssatzmethode** wird demgegenüber der Vermögens*end*wert gleich 0 gesetzt. Der resultierende Sollzinssatz „kann als .. Beschaffungszinssatz für das zu investierende Kapital interpretiert werden." (PERRIDON/STEINER 2002, S. 92.) Er vermag in gleicher Weise, durch *Probieren* usw., wie bei der Interne- Zinsfuß-Methode ermittelt zu werden.

Bei letzterer ergibt sich für das *Beispiel*, gemäß den obigen Berechnungen, beim ersten Objekt ein Zinsfuß von 10%, beim zweiten von 15%. Damit wäre auch hier das Objekt 2 vorzuziehen. Diese Übereinstimmung ist aber, wie bereits bemerkt, nicht zwangsläufig: Bei z.B. 3 Alternativen können sich auch drei verschiedene Rangfolgen ergeben! Damit entsteht die - stark umstrittene - Frage, welches Resultat das bessere ist:

1. Vergleicht man zunächst die *Kapitalwert-* mit der *Annuitäten*-Methode, so wären Differenzen eigentlich nicht zu erwarten. Sie können sich dennoch ergeben, und zwar durch *unterschiedliche* Wiedergewinnungsfaktoren bei

verschiedenen *Investitionsdauern* (wie das im obigen Beispiel hätte geschehen können).

2. Dagegen liegt die Ursache für die mögliche Diskrepanz zwischen *Kapitalwert-* und *Interne-Zinsfuß*-Methode in den unterschiedlichen Annahmen über die *Verzinsung freiwerdender Mittel:* Bei ersterer erfolgt die Wiederanlage zum Kalkulationszinsfuß, bei letzterer zum - gerade erst zu berechnenden - internen Zinsfuß. Damit ist sie, obwohl in der *Praxis* offensichtlich weit verbreitet (wegen ihrer Anschaulichkeit, als „Rendite der *Sach*-Investition") *theoretisch* etwas fragwürdig. Andererseits besteht bei der Kapitalwertmethode das Problem der „richtigen" Festlegung des Kalkulationszinsfußes. In der Praxis scheint dies vornehmlich durch Orientierung am „Oppertunitätszinssatz" zu geschehen: Nach STAEHELIN 1988, S. 176ff., richteten sich über 70% der - 32 antwortenden - Schweizer Großunternehmen an den Kosten des langfristigen Fremdkapitals (eventuell zuzüglich eines „Risikozuschlags" - s. auch unten) aus. In der überwiegenden Mehrzahl wurden dabei - nach Objekt - *verschiedene* Zinssätze verwandt.

14.2.1.3 Programm-Entscheidungen

Bisher wurde davon ausgegangen, dass im Zuge eines Investitions-Genehmigungsverfahrens oder eines gegebenen Budgets über *Einzel*-Objekte im Sinne sich gegenseitig ausschließender Alternativen entschieden werden musste, also nur *eine* davon verwirklicht werden konnte. Steht, im Wege einer *Simultan*-Planung unter Einbeziehung des Teilbereichs der Finanzierung mehr Geld zur Verfügung, so können ganze Investitions-*Programme*, als Kombination von sich nicht gegenseitig ausschließenden Alternativen, realisiert werden. Solche Programme kann man aber auch eben im Wege der Kombination als „Einzel-Objekte" bewerten. Sind, als *Beispiel*, 4 Einzelprojekte gegeben, so lassen sich daraus 15 Programme generieren: A, AB, ... (S. dazu A 14-9.) Diese können dann nach den Regeln für Einzel-Objekte evaluiert werden.

Verzichtet man auf die Kombinationen (von 2 und mehr Projekten), so ergibt sich überhaupt kein Unterschied zum Vorgehen bei Einzel-Objekten: Die *Rangfolge* der Investitions-Projekte resultiert aus den oben aufgeführten „Entscheidungsregeln". Für den Fall der Anwendung der Internen-Zinsfuß-Methode folgt damit die Lösung nach dem allgemeinen *marginalanalytischen*

Prinzip: Investitionsprojekte werden solange realisiert, bis der interne Zinsfuß gleich dem Kalkulationszinsfuß wird.

Geht man vom Modell des „vollkommenen Kapitalmarktes" ab, so ergeben sich eventuell *Obergrenzen* für die Kreditaufnahme. Für den Fall, dass sich dies darin äußert, dass *zunehmende* Kapitalaufnahme nur zu *steigenden* Zinsen erfolgen kann, ist das *Dean-Modell* („Capital Budgeting") konstruiert: Die Rangordnung der Investitionsprojekte nach - fallenden - internen Zinssätzen und der Kreditmöglichkeiten nach steigenden Kapitalkosten ergibt als „Schnittpunkt" beider das „optimale Investitionsprogramm".

Später ist das Problem der Simultan-Planung durch *Operations Research-* Verfahren zu lösen versucht worden. Nach der Einbeziehung der *anderen Teilbereiche* kann man dabei unterscheiden: „Investitions-Finanzierungs-Modell", „Investitions-Produktions-Modell", „Investitions-Finanzierungs-Produktions-Modell" und schließlich - abgesehen von anderen Kombinationen - „Investitions-Finanzierungs-Produktions-Absatz-Modell". Die anfängliche Euphorie scheint inzwischen jedoch verflogen. Deshalb und weil die Darstellung sehr umfänglich würde, wird hier darauf verzichtet und auf die Literatur am Kapitelschluss verwiesen.

14.2.2 Berücksichtigung nicht-monetärer Größen

Bisher wurde von *rein monetären Zielgrößen* ausgegangen. Empirische Untersuchungen zeigen jedoch immer wieder (so auch STAEHELIN 1988, S. 146ff.), dass in der *Praxis „qualitative Faktoren"* eine große Rolle spielen. Es gibt *mehrere* Ansätze zur Berücksichtigung nicht-monetärer Größen in Investitionskalkülen:

1. *Mehrfache Ziel*setzungen können im Rahmen *formalisierter (OR-)Modelle* behandelt werden. Dabei geht es um ein *generelles* Problem der (formalen) Entscidungstheorie, bekannt als *Vektormaximierungsproblem.* Man kann nicht-monetäre Größen natürlich auch als *Nebenbedingungen* einführen. Zu beachten ist dabei, ob auch schon bei geringer Verfehlung die Devise: „führt zur Abwertung" (sog. Killer-Kriterium) sinnvoll erscheint.

2. Im Rahmen der **Kosten-Nutzen-Analyse** („Cost Benefit Analysis") wird versucht, die ursprünglich nicht-monetären Faktoren zu *bewerten* und damit

in *Geld*größen umzuwandeln. Zumal das Hauptanwendungsgebiet dieser - nicht unproblematischen! - Methode öffentliche Investitionen bilden, sei hier auf die Erörterung verzichtet und auf die Literatur (z.B. DYCKHOFF/ AHN 2002) verwiesen.

3. Bei der **Nutzwert-Analyse** wird, gemäß den Darlegungen in Kap. 8, von der Bewertung in Geldgrößen abgesehen und stattdessen über *Punkt-bewertungsverfahren* („Scoring-Modelle") versucht, zu einem „Gesamtnutzen" zu kommen. S. dazu das *Beispiel* in Kap. 8 oder auch - ausführlich - bei KAPPLER/REHKUGLER 1991.

4. Die Übergänge zur **Kosten-Wirksamkeits-Analyse** („Cost Effectiveness Analysis") sind fließend. Im Prinzip geht diese jedoch *einerseits* weiter als die Nutzwertanalyse, indem auch die *Kosten* berücksichtigt werden; *andererseits* bleibt sie dahinter zurück, indem auf die - allerdings problematische - „Aufsummierung" verzichtet wird.

14.2.3 Berücksichtigung der Unsicherheit

Bisher war von der Voraussetzung „vollkommener Information" ausgegangen worden. In der Realität ist diese Annahme aber nicht gerechtfertigt. (Man denke nur an die Problematik der Prognose der „Einnahmen"!) Zur Berücksichtigung der Unsicherheit in den Daten gibt es mehrere Möglichkeiten:

a) Beschränkung auf möglichst sichere Investitionen (z.B. Tätigen von Anlagen mit garantierter Verzinsung - z.B. Staatsanleihen, also Finanz-anstelle von Sachinvestitionen). Der Nachteil besteht im Verzicht auf höhere Gewinnchancen.

b) Verbesserung des Informationsstandes (durch Marktforschung, Progno-sen). Dies verursacht aber seinerseits Kosten; dazu kommen noch die „Opportunitätskosten des Zögerns".

c) Berücksichtigung der Unsicherheit in der Investitionsrechnung. Dazu gibt es - abgesehen von der Verwendung solcher Verfahren, die von vornherein auf Risiko-Aspekten beruhen, wie das Konzept der „Amortisationsdauer" (s. oben) - 4 Vorgehensweisen:

1. Sicherheitsäquivalente (Korrekturverfahren),
2. Sensitivitätsanalysen,
3. Risiko-Analysen,
4. Entscheidungsbaum-Verfahren.

Zu 1: Das Verwenden von **Sicherheitsäquivalenten** ist in der Praxis weit verbreitet. Der Grund dafür liegt in der einfachen Handhabung: Es werden von vornherein - „negative" - **Korrekturen** an den Daten vorgenommen. Das bedeutet *Abschläge* für Einnahmen (und auch Parameter wie den Kalkulationszinsfuß), *Zu*schläge für die Ausgaben. Die „Entscheidungsregel" lautet: Erscheint die Investition dennoch vorteilhaft, so wird sie durchgeführt. Nimmt man für das obige *Beispiel* an, dass die Einzahlungen um 10% - nach unten - korrigiert werden, dann ergibt sich der Barwert dieser Einzahlungen gemäß Darst. 14-14; in beiden Fällen ist nunmehr, bei unveränderten Auszahlungen, der Kapitalwert negativ, die Investition erscheint als unvorteilhaft. *Problematisch* an dieser Vorgehensweise ist, dass sie zu pauschal wirkt; die tatsächliche Risikostruktur wird eher verschleiert (weil man gleich im ersten Schritt mit korrigierten - statt der eigentlich erwarteten - Zahlen rechnet).

		t_1	t_2	t_3	C_E
	Abzinsungsfaktor	0,9091	0,8264	0,7513	
1	korrigierte Einzahlungen	45	45	495	
	dto. mal Abzinsungsfaktor	40,91	37,19	371,89	449,99
2	korrigierte Einzahlungen	180	270		
	dto. mal Abzinsungsfaktor	163,64	223,13		386,77

Darst. 14-14: **Berechnung der abgezinsten Einzahlungen (korrigiert)**

Zu 2: Auch **Sensitivitätsanalysen** werden in der Praxis oft angewandt. Bei den Schweizer Großunternehmen (STAEHELIN 1988, S. 141) kommen sie sogar noch häufiger vor als Korrekturverfahren. Dabei wieder am meisten benutzt - als *erste Vorgehensweise* - wurde die Methode der **Alternativrechnung** („Parallelrechnung"). Meist werden dabei - neben den Werten, mit denen anfänglich gerechnet wird („*wahrscheinlichste* Variante") - eine *optimistische* und eine *pessimistische* Variante durchgerechnet. Darst. 14-15 zeigt ein *Beispiel* (als „Annuitätenrechnung", nach Zahlen bei MÖSER 1986). Daraus ergibt sich - mit „wahrscheinlichsten" Werten, die durchaus nicht immer in der Mitte liegen! -, dass selbst im ungünstigsten Fall zumindest kein Verlust entsteht.

	wahrscheinlich	pessimistisch	optimistisch
Verkaufserlös pro Stück	5,-	5,-	5,50
Absatzmenge	200 000	175 000	225 000
Gesamtkosten	800 000,-	875 000,-	700 000,-
Kapitaleinsatz	1 000 000,-	1 100 000,-	950 000,-
Gewinn	200 000,-	0,-	537 500,-
Rentabilität	20 %	0 %	56,6 %

Darst. 14-15: **Berechnung von Varianten (Beispiel)**

Eine *zweite* Vorgehensweise ist die Berechnung **kritischer Werte**, z.B. in Bezug auf die Absatzmenge oder den Verkaufspreis. Für den *Kapitalwert* gilt folgende Überlegung: Bei unterschiedlichen Nutzungsdauern ergibt sich eine andere Verteilung der Zahlungsströme und damit auch eine Veränderung des Anfangswertes. Damit kann man die „Kapitalwertfunktion" in Abhängigkeit von der Nutzungsdauer abbilden, gemäß Darst. 14-16 (auf der folgenden Seite). Im Schnittpunkt mit der Abszisse ist der Kapitalwert 0. Die Auflösung nach dem Parameter Zinsfuß ergibt, gemäß oben, den Internen Zinsfuß. Insofern stellt sich letzterer als „kritischer Wert" des Kalkulationszinsfußes dar.

Zu 3: Bei der obigen Varianten-Rechnung, gemäß Darst. 14-15, wurden nur 3 Werte-Kombinationen (alle „wahrscheinlichen", „pessimistischen" und „optimistischen") betrachtet; die anderen blieben unberücksichtigt. Im Falle der **Risiko-Analyse** („risk analysis") ändert sich das. Dies „könnte durch eine *Simulation*, hier ein Würfel-(Zufalls-)Experiment, geschehen: Vier ideale, sechsseitige Würfel werden so beschriftet, daß jeder der beiden Preise auf dem Preiswürfel dreimal, jeder der drei

Kostenbeträge auf dem Kostenwürfel zweifach erscheint usw." (MÖSER 1986, S. 512) Bei jedem Wurf erhält man eine „Rentabilität" zwischen 0 und 56,6%. Werden genügend Würfe vorgenommen, so kann man die Häufigkeit des Eintretens dieser Rentabilität als Wahrscheinlichkeit deuten. Die Eintragung in eine Graphik, mit z.B. den Rentabilitäten auf der Abszisse und der Wahrscheinlichkeit auf der Ordinate, ergibt das „Risiko-Profil" (oder „Risiko-Chancen-Profil"). Allerdings war hierbei *Gleichverteilung* unterstellt. Dem kann man jedoch abhelfen: Tritt z.B. „ein Preis von 5,- € doppelt so häufig ein wie 5,50, werden vier Würfelseiten mit 5,- und zwei mit 5,50 beschriftet" (ebenda); man benötigt also die Wahrscheinlichkeitsverteilung der „Ereignisse", um die „Zielbeiträge" bestimmen zu können.

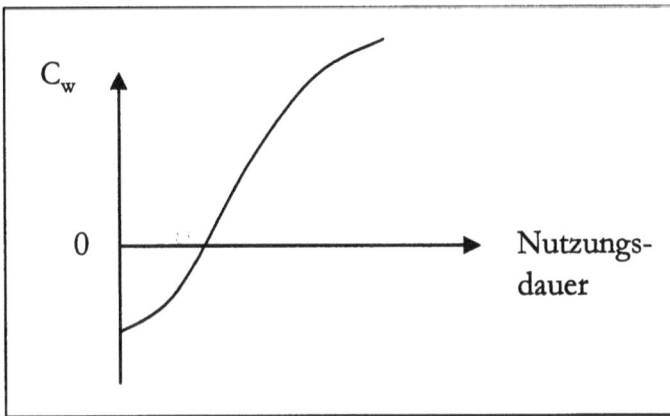

Darst. 14-16: Kapitalwertfunktion, in Abhängigkeit von der Nutzungsdauer (nach KAPPLER/REHKUGLER 1991, S. 950)

Zu 4: Beim **Entscheidungsbaumverfahren** braucht man, wie bereits in Kap. 3 erwähnt, ebenfalls die Eintrittswahrscheinlichkeiten für die einzelnen „Umwelt-Situationen" und kann damit, aufgrund der Kenntnis auch der wirtschaftlichen „Resultate", letztlich für jede Stufe der Entscheidungssequenz - also auch für die Anfangsentscheidung E_1 - die optimale Entscheidung treffen. Das Verfahren ist nicht nur relativ aufwendig, sondern stellt auch hohe Anforderungen bezüglich der Informationen. Es wird in der Praxis offensichtlich selten angewandt. Auch hier soll deshalb auf eine ausführliche Darstellung, die zudem breiten Raum erfordern würde, verzichtet werden; vgl. aber etwa das Beispiel bei KAPPLER/REHKUGLER 1991.

14.3 Finanzanlagen

14.3.1 Der Effektivzins („Effektivrendite") allgemein

Der Gedanke, die *Effektivverzinsung* einer Anlage berechnen zu wollen, ist schon bei *Real*-Investitionen nahe liegend: Wie dargelegt, könnte man die „Rendite einer Sach-Investition" mittels der Interne-Zinssatz-Methode errechnen wollen; allerdings schiene dies in *allgemeiner* Weise insofern fragwürdig, als die Prämisse die Anlagemöglichkeit aller zeitweiliger Überschüsse (und auch Kapitalaufnahmen) zu eben diesem „internen Zinsfuß" ist.

Bei *Finanz*anlagen kann diese Voraussetzung jedoch als gegeben angenommen werden. Sie wäre *vollständig* erfüllt bei einmaliger „Auszahlung" zu Beginn und - mit festgelegtem Jahreszins - „endfälliger" Rückzahlung, einschließlich der aufgelaufenen Zinsen, am Ende. In der Praxis sind jedoch, wie oben dargelegt, vielfältige besondere Formen üblich, die zu Modifikationen der grundsätzlichen Berechnungsformel für den „internen Zinsfuß", gemäß (14.11), zwingen. Darauf wird im nächsten Abschnitt näher eingegangen.

Vorher sei jedoch noch darauf hingewiesen, dass die Betrachtung aus verschiedenem Blickpunkte erfolgen kann. Bisher war dies - und soll auch im Folgenden so sein - die Perspektive des *Anlegers* (Investors). Dabei kann zwischen Eigen- und Fremdkapital unterschieden werden: Die Berechnung der Rendite einer *Eigen*kapital-Anlage war im Grunde oben schon dargelegt worden (s. speziell A 13-8). In den folgenden Abschnitten wird deshalb nur noch auf die Renditen der klassischen Obligationen und einige Sonderformen eingegangen.

Eine ganz andere Perspektive ist die des *Kreditnehmers*. Auch hier kann jedoch wieder unterschieden werden, ob es sich um ein *Unternehmen* handelt, das etwa Industrieobligationen emittieren möchte und dabei im Prinzip *höhere* Kosten hat, als dies der Rendite des Kreditgebers („Anlegers") entspricht, da eben die Emissionskosten, periodische Coupon-Einlösekosten (bei periodischer Zinszahlung), evtl. auch Kosten der Kurspflege usw., dazukommen. Darauf wird im Folgenden nicht mehr näher eingegangen. Bei dem anderen Fall, der Kreditgewährung etwa einer „Verbraucherbank" an eine Privatperson, kommt der Gedanke des *Verbraucherschutzes* hinzu: durch § 6 Abs. 1 Satz 1 PAngV („Preisangabenverordnung") wird vorgeschrieben, dass bei „Krediten .. als Preis die Gesamtkosten als jährlicher Vomhundertsatz des Kredits anzugeben und als 'effektiver Jahreszins' zu bezeichnen" sind. (Darauf und die besondere Form des *Teilzahlungs*kredits - die sich dadurch komplizierter gestaltet, dass hier in der Regel eine *unterjährige* Verzinsung in Erscheinung tritt - wird ebenfalls nicht weiter eingegangen.)

14.3.2 Der Effektivzins bei besonderen Anlageformen

14.3.2.1 Festverzinsliche

Wie (in Kap. 15) noch auszuführen, ist die „klassische" Form die festverzinsliche *Anleihe*. Sie tritt meist in der Form der *„Gesamtfälligkeit"* auf, allerdings nur der „Tilgung"; die *Rückzahlung* erfolgt also in einer Summe bei Fälligkeit, die *Zinszahlung* dagegen periodisch, meist *jährlich*. (Auf *Besonderheiten* wie *mehrmalige* Zinszahlung pro Jahr und das Problem der *Stückzinsen* wird unten noch kurz eingegangen. Auf die - eher seltene - Form der *Tilgungsanleihe* in den Unterformen der *Raten*anleihe - *Rückzahlung* in mehreren Raten - und der *Annuitäten*anleihe [Tilgung und Zinszahlung in mehreren Annuitäten; der Tilgungsanteil wächst also mit der Zeit an] - sei hier nur verwiesen; zu Berechnungsformeln und Beispielen vgl. etwa ALTROGGE 1996a, S. 137ff.)

Wie ebenfalls noch zu erwähnen, fallen dabei Ausgabe- und Rückzahlungskurs meist auseinander. (Die Rückzahlung erfolgt in der Praxis meist zu 100, die Ausgabe dagegen mit einem Agio oder Disagio.) Man könnte diese Differenz einfach auf die Laufzeit verteilen wollen (und gelangt so zu einer unten noch darzustellenden Näherungsformel). Theoretisch muss jedoch auch diese ab- bzw. aufgezinst werden; für den Zins selbst entfällt das jedoch, wegen der periodischen Zinszahlung. Insofern kann auch nicht einfach die oben dargestellte Formel für den Internen Zinsfuß benutzt werden. Die hier anwendbare Formel hat jedoch damit gemein, dass sie schwer lösbar ist; in der Praxis werden *Iterationsformeln* gebraucht. Die nachstehende Darstellungsweise und insbesondere das Beispiel folgt ALTROGGE (1996a, S. 119ff.). Ausgegangen wird dabei von einem eher nicht praxisnahen Fall – insbesondere auch, um den doch möglichen beträchtlichen Unterschied zum Resultat der Praktiker-Näherungsformel zu zeigen -, nämlich einer großen Differenz zwischen *Ausgabe*kurs (80/100) und *Rückzahlungs*kurs (104/100), bei einem Nominalzins i (jährlich zahlbar) von 11,2%; die (Effektiv-)*Rendite* r kann dann - bei einer Laufzeit von n=20 - nach folgender Iterationsformel berechnet werden:

$$r = \frac{i}{a} + \frac{z-a}{a} \cdot \frac{r^*}{(1+r^*)^n - 1} \tag{14.12}$$

r^* bedeutet, dass die Rendite aus dem vorhergehenden Iterationsschritt zu verwenden ist. Zur Berechnung des „Anfangswertes" kann eine der *Praktiker-Näherungsformeln* verwandt werden. Die anschaulichste ist die, dass man den Nominalzins auf den Ausgabekurs bezieht und die (jährliche) „durchschnittliche Differenz" hinzuaddiert, also auf die Laufzeit verteilt:

$$r = \frac{i}{a} + \frac{z-a}{n} \tag{14.13}$$

Im *Beispiel*:

$$r_0 = \frac{0,112}{0,8} + \frac{1,04-0,8}{20}$$

$$= 0,14 + 0,012 = 0,152 \text{ (oder 15,2\%)}$$

Daraus folgt:

$$r_1 = \frac{0,112}{0,8} + \frac{1,04-0,8}{0,8} \cdot \frac{0,152}{1,152^{20} - 1}$$

$$= 0,14 + 0,3 \cdot \frac{0,152}{15,945312}$$

$$= 0,14 + 0,0028597 \qquad = 14,286\%$$

$$r_2 = 0,14 + 0,3 \cdot \frac{0,1428597}{1,1428594^{20} - 1} = 14,319\%$$

$$r_3 = ... \qquad\qquad = 14,317\%$$

Man sieht, dass die Konvergenz sehr schnell erfolgt: Würde man, wie in der Praxis höchstens, sich mit 2 Nachkommastellen begnügen, wäre sie bereits im 2. Schritt (mit 14,32%) erreicht, bei 1 Nachkommastelle sogar schon im 1.: 14,3%. Die Differenz zur *Praktiker*-Näherungsformel ist in diesem - ausgefallenen - Beispiel erheblich; in vielen praktischen Anwendungen mag sie dagegen vernachlässigbar erscheinen.

Wie angekündigt, soll noch auf zwei *Besonderheiten* eingegangen werden (vgl. wiederum zu Formeln und Beispielen etwa ausführlich ALTROGGE 1996a):

1. Beim Kauf fallen in der Regel *Stückzinsen* an, für die Zeit vom festgelegten jährlichen Zinszahlungstermin bis zum Tag des tatsächlichen Kaufs. Dadurch erhöht sich praktisch der „Auszahlungsbetrag"; die Rendite *verringert* sich. Dies kann durch einen Korrekturfaktor, bei entsprechend verändertem a', berücksichtigt werden.
2. Mitunter - heute eher weniger oft - erfolgen *mehrmals* pro Jahr Zinszahlungen. Dadurch *erhöht* sich natürlich die Rendite. Die Berücksichtigung kann wiederum durch einen Korrekturfaktor erfolgen; im obigen *Beispiel* ergibt sich bei jährlich 2maliger Zinszahlung eine Rendite von nunmehr 14,8%.

14.3.2.2 Andere Wertpapiere

Gemäß auch Kap. 15, kann zwischen Auf- und Abzinsungspapieren differenziert werden. Der Unterschied ist rein formal: Bei *Aufzinsungs*papieren ist der *Anlage*betrag *rund*; die Rückzahlung erfolgt als Tilgung und Zinsansammlung. Bei *Abzinsungs*papieren dagegen braucht man für einen *festen Rückzahlungs*betrag nur eine relativ geringe Summe einzuzahlen: Es erscheint so, als würden die Zinsen schon „vorab" vergütet; entsprechend ist diese Form in der Praxis offenbar beliebter.

Theoretisch könnte hier unmittelbar die „Interne-Zinsfuß-Formel" angewandt werden; sie vereinfacht sich jedoch praktisch zu:

$$r = (\frac{z}{a})^{\frac{1}{n}} - 1 \qquad\qquad\qquad (14.14)$$

mit den gleichen Symbolen wie oben bei (14.12)

Beispiel: Ein Sparbrief, rückzahlbar nach 6 Jahren zu 100%, wird zu einem Kurs von 66 verkauft:

$$r = (\frac{100}{66})^{0,166} - 1 = 1,0714 - 1 = 0,0714 \text{ oder } 7,14\%$$

Bei *Zero Bonds* als *börsengehandelten* Endwertpapiere ergibt sich aus obiger Formel, durch Einsetzen von b_t für a, auch ein *fiktiver* (rechnerischer) *Börsenkurs*, der für die *Besteuerung* wichtig ist. (Der *tatsächliche* kann beachtlich davon abweichen; insbesondere bei einer Änderung des Zinsniveaus ergibt sich möglicherweise eine beträchtliche *Hebel*wirkung. Vgl. dazu - und auch z.B. zu *Staffelobligationen*, in Gestalt des Bundesschatzbriefes vom Typ B - ausführlich ALTROGGE 1996a.

Literaturhinweise

Gesamtdarstellungen der Finanzwirtschaft („Investitionen" einschließend) sind am Schluss von Kap. 15 aufgeführt.

Hier ist deshalb lediglich noch auf Lehrbuch-Literatur speziell zum Bereich *Investitionen* hinzuweisen. Neben den bereits im Text erwähnten Schriften von ALTROGGE 1996a; BLOHM/LÜDER 1995 und MÖSER 1986 können genannt werden: GÖTZE/BLOECH 2002; GROB 2001; HEINHOLD 1999; JACOB/VOIGT 1997; KRUSCHWITZ 2003; MATSCHKE 1993; OLFERT 2001; PFLAUMER 2000; ROLFES 2001; STAEHELIN 1998; ZIMMERMANN 2003.

Aufgaben

14-1: *T/F:* Das „Zurechnungsproblem der Investitionsrechnung" liegt in dem strikten Verbot der Gegeneinanderaufrechnung von Ein- und Auszahlungen.   T / F

14-2: Vereinfachen Sie den letzten Summanden in (14.2)!

14-3: *MC:*
Der Amortisationsvergleich ist
o ein statisches Verfahren der Investitionsrechnung, bei dem der „Wiedergewinnungszeitraum" des Kapitaleinsatzes errechnet wird, es handelt sich insofern um ein Verfahren der Risikoabschätzung
o ein Verfahren der Investitionsrechnung, bei dem die Rentabilität zweier alternativer Investitionen verglichen wird
o ein Verfahren zur Abschätzung der Vorteilhaftigkeit von Investitionen, bei dem die Rentabilität zweier alternativer Investitionen verglichen wird
o ein Verfahren der Investitionsrechnung, bei dem versucht wird, ursprünglich nicht-monetäre Fakten zu bewerten und damit auch einzubeziehen

o ein dynamisches Verfahren der Investitionsrechnung, mit dessen
   Hilfe Programmentscheidungen getroffen werden können

14-4: Berechnen Sie die abgezinsten Einzahlungen für das Beispiel mit
       a) $r = 0,05$
       b) $r = 0,15$

14-5: *MC*:
       Die im Rahmen der Kapitalwertmethode in Höhe des Kalkulations-
       zinsfusses vorzunehmende Abzinsung jährlicher Ein- und Auszahlun-
       gen, welche eine bestimmte Investition bedingt,
       o entspricht der inflationsbedingten Entwertung der Zahlungs-
          größen, bezogen auf die Betrachtungsperiode (Periode 0)
       o bewirkt die Vergleichbarkeit aller periodischen Cash Flows im
          Hinblick auf die Betrachtungsperiode (Periode 0), weil auf diese
          Weise Kreditkosten berücksichtigt werden
       o dient der Berücksichtigung der Entwicklung des Kapitalmarktes im
          Bewertungszeitraum
       o soll verhindern, dass die Cash Flows späterer Perioden negativ
          werden, indem diese häufiger abgezinst werden als die Cash Flows
          früherer Perioden
       o soll es möglich machen, dass ein positiver Cash Flow in der
          Betrachtungsperiode (Periode 0) nicht verzinst werden muss, so
          dass man diesen zu den Cash Flows späterer Perioden
          hinzuaddieren kann

14-6: *T/F*: Die Funktion des Kalkulationszinsfusses bei Anwendung der
       dynamischen Investitionsrechnung liegt darin, weiter in der
       Zukunft liegende Zahlungen stärker abzuzinsen, um damit das
       Ausfallrisiko der Zahlungen zu berücksichtigen (Unsicherheit der
       Plandaten).   T / F

14-7: *T/F*: Durch die Berechnung des Kapitalwertes und der Annuität
       kommt man zum gleichen Ergebnis in bezug auf die
       Vorteilhaftigkeit einer Investition, da die Annuität als verzinste
       Verteilung des Kapitalwerts auf gleiche jährliche Beträge zu
       interpretieren ist.   T / F

14-8: *T/F*: Die zusätzliche Aufnahme von Fremdkapital bedeutet, dass sich
       der „interne Zinsfuß" erhöht.   T / F

14-9: Zeigen Sie, wie sich aus 4 Einzel-Objekten 15 „Investitionsprogram-
       me" ergeben!

14-10: In „Finanzen" 4/92, S. 41, fand sich folgendes Beispiel für einen
       „Sparbrief": Laufzeit 4 Jahre, Rückzahlungsbetrag 10.000,-, Kaufpreis
       7.350,-.
       a) Handelt es sich um ein Auf- oder Abzinsungspapier?
       b) Wie hoch ist die Rendite nach (14.14)?

Kapitel 15 Finanzierung

Im 1. Abschnitt werden die verschiedenen Finanzierungsbegriffe (und -ziele) erörtert. Der 2. Abschnitt beschäftigt sich mit den Auszahlungsströmen und dem Kapitalbedarf. Gegenstand des - relativ umfangreichen - Abschnittes 3 sind die Einzahlungsströme und die Kapitaldeckung.

15.1 Finanzierungsbegriffe (und Finanzierungsziele)

Im Laufe der Entwicklung haben sich verschiedene **Finanzierungsbegriffe** herausgebildet. Heute stehen sich im Wesentlichen zwei Richtungen gegenüber:

1. Der **bilanzorientierte** Finanzierungsbegriff stellt im *engeren* Sinne auf das „Kapital" in der Bilanz ab (und kann deshalb auch als *„kapitalorientiert"* bezeichnet werden). Er war in der älteren Finanzierungslehre vorherrschend („klassischer" Finanzierungsbegriff) und entspricht auch der in der Einführung zu diesem Teil gegebenen vorläufigen Bestimmung: Finanzierung als *Kapitalaufbringung* oder *-beschaffung*. In einem *weiteren* Sinne - und „moderner" - werden dazu ferner Umfinanzierungen, einschließlich von Dispositionen auf der „Vermögens-Seite", gerechnet.

2. Damit ergibt sich eine Annäherung an den - heute wohl vorherrschenden - **monetären** Finanzierungsbegriff. In seiner formalen und engen Fassung bezieht er sich auf einen Zahlungsstrom, der mit einer Einzahlung beginnt (und unterscheidet sich damit von der Investition - mit einer Auszahlung am Anfang). In der weitesten Fassung beinhaltet er die Gestaltung und Steuerung aller Zahlungsströme. Er wurde bei uns etwa von *Heinen* vertreten und könnte auch als „entscheidungsorientierter Finanzierungsbegriff" bezeichnet werden. Eine solch umfassende Betrachtungsweise hat sich aber bislang nicht durchgesetzt und soll auch hier nicht Platz greifen: Als „Gegenbegriff" zu dem der „Finanzierung" wird der der „Investition" beibehalten und als Oberbegriff, der sich in der deutschsprachigen Literatur durchzusetzen scheint, „Finanzwirtschaft" gewählt.

Die *ältere* Finanzierungs*lehre* ging von der *Unternehmung* als „Entscheidungseinheit" und damit von deren **Finanzierungszielen** aus. Dies war zuvörderst das *Liquiditätsziel*: Sicherstellung der jederzeitigen Zahlungs-bereitschaft. Das Abstellen auf dieses Ziel allein muss jedoch zu überhöhten Liquiditätsreserven und damit zur Kollision mit dem Gewinnziel führen. Deshalb wurde das Ziel der Aufrechterhaltung des „finanziellen Gleichgewichts" formuliert (das jedoch, ähnlich dem der Sicherheit usw., schwer zu operationalisieren ist).

In der *neueren* Finanzierungs*theorie* erfolgte dagegen eine Orientierung an den Zielen der *Eigenkapital-Geber*. (Die Manager wurden als „reine Agenten" ohne eigene Ziele betrachtet.) In den vornehmlich in den USA entwickelten kapitalmarkttheoretischen Modellen - s. dazu unten - drückt sich das dann aus im Ziel der Maximierung der Vermögenswerte bzw. der Aktienkurse. (Man spricht in diesem Zusammenhang auch von „Shareholder Value" bzw. *Shareholder-Value-Konzept* [BISCHOFF 1998].)

15.2 Auszahlungsströme und Kapitalbedarf

In Darst. IVE-3 wurde zwischen Leistungs- und Finanzbereich unter-schieden; in beiden waren Ein- und Auszahlungen anzutreffen. Üblicherweise beschränken sich **Kapitalbedarfsrechnungen** auf den *Leistungsbereich* und stellen dessen (kumulierte) Ein- und Auszahlungen dar. Der Kapitalbedarf (KB) ergibt sich dann als die Differenz zwischen diesen beiden Zahlungsströmen zu einem Zeitpunkt t_1, d.h. als „Summe aller Ausgaben des Leistungsbereichs (A_L) der jetzigen und früheren Perioden, die noch nicht wieder über Einnahmen des Leistungsbereichs (E_L) freigesetzt worden sind" (REHKUGLER/SCHINDEL 1994 - unter Gleichsetzung von Einnahmen und Einzahlungen, Ausgaben und Auszahlungen -, S. 23; s. auch Darst. 15-1 (auf der übernächsten Seite).

Die **Bestimmungsgrößen** des Kapitalbedarfs sind - ähnlich wie die „Kosteneinflussgrößen", s. Kap. 4 - von GUTENBERG (1980) systematisiert worden. Dabei ergaben sich 6 einzelne Einflussgrößen, die sich in 3 Komponenten zusammenfassen lassen:

- *Mengen*komponente: Prozessanordnung (1), Beschäftigung (3), Produk-tionsprogramm (4), Betriebsgröße (5)
- *Preis*komponente: Preisniveauänderungen (6)
- *Zeit*komponente: Prozessgeschwindigkeit (2)

Eine wichtige Rolle spielt dabei die *Prozessanordnung.* Der „*Grund*prozess" lässt sich zeitlich nacheinander („*nicht*überlappend"), gleichzeitig mehrmals („*vollständig* überlappend") und zeitlich gestaffelt („*partiell* überlappend") durchführen. Die Multiplität paralleler Prozesse ergibt das *multiple* Wachstum, die Veränderung des Faktors „Betriebsgröße" das *mutative* Wachstum. (S. Kap. 4, Produktionswirtschaft. Vgl. auch die *Beispiele*, mit dem sich jeweils ergebenden „Kapitalbedarf", bei REHKUGLER/SCHINDEL 1994.)

Gegenüber diesem mehr *theoretischen* Vorgehen ging die *Praxis* bzw. die ältere Finanzierungs*lehre* von stark pauschalen Ansätzen aus. So wurde etwa für den *Netto*-Kapitalbedarf das „durchschnittlich gebundene Anlagevermögen" vorgeschlagen. Für den *Umlauf*-Kapitalbedarf sollte gelten: „durchschnittliche tägliche Ausgaben x Bindungsdauer". In diesem Zusammenhang sei auch auf den - in den USA üblichen - Begriff des **(Net) Working Capital** („Betriebs-kapital" - im engeren Sinne) hingewiesen: Umlaufvermögen ./. kurzfristige Verbindlichkeiten.

Es fragt sich allerdings, ob es sich beim „Kapitalbedarf" überhaupt um das richtige Konzept für - operative - finanzwirtschaftliche Entscheidungen handelt. Anders ausgedrückt: *Lang*fristig sind - unabhängig von den oben nur angedeuteten Problemen der Ermittlung - Berechnungen über das im Grunde auf Dauer *gebundene Kapital* sicher sinnvoll bzw. notwendig. (Das gilt besonders für *Gründungen* oder starke *Erweiterungen*.) Besonders für *kurz*fristige Entscheidungen ist aber zu bedenken, dass die Ein- und Auszahlungen des *Finanz*bereiches bisher unberücksichtigt geblieben sind. Es ist deshalb vorgeschlagen worden, das Konzept auszudehnen: Auszahlungen im Leistungs- und Finanzbereich verursachen einen **Geldbedarf** (GB); dieser ist abzudecken durch die Einzahlungen im Leistungsbereich und - im gewissen Sinne als *Differenz* - durch solche im Finanzbereich: den **Finanzbedarf** (FB). Darst. 15-1 (auf der folgenden Seite) veranschaulicht die Zusammenhänge, aus der Sicht einer herausgegriffenen Periode t_1 (und mit den oben erwähnten Symbolen sowie zusätzlich: AF = Auszahlungen im Finanzbereich). Damit wird das ganze Konzept „zahlungsstromorientiert" und zu einem Problem der Finanzprognose und -planung. (S. auch unten.)

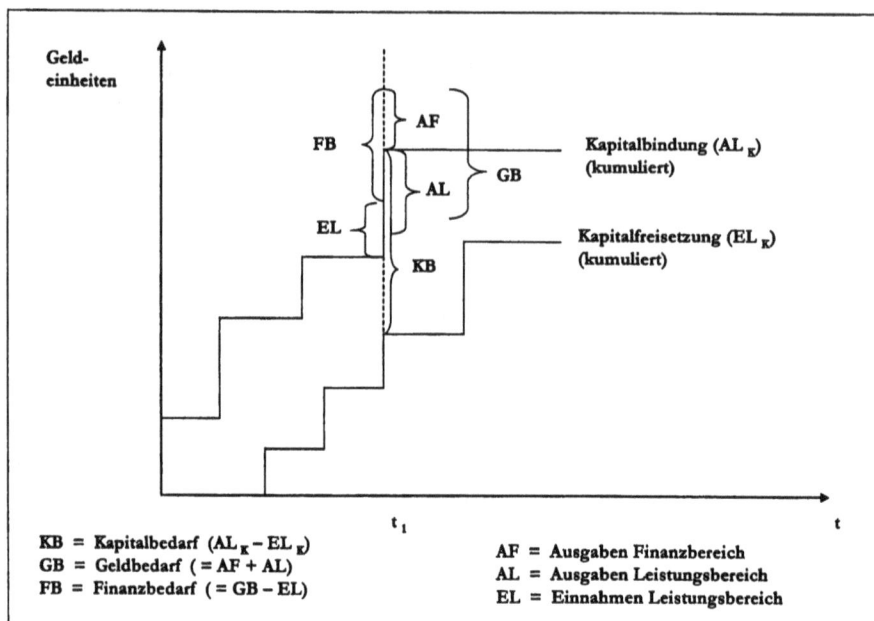

Darst. 15-1: Zahlungsströme und Kapital-/Geld-/Finanzbedarf
(nach REHKUGLER/SCHINDLER 1994, S. 41)

15.3 Einzahlungsströme und Kapitaldeckung

Gemäß Darst. IVE-3 kann man zwischen Einzahlungen im Innen- und
Außenbereich unterscheiden; daraus ergibt sich die Einteilung in *Innen-* und
Außenfinanzierung. Unabhängig davon kann man nach *Eigen-* und *Fremdfinanzierung* (über Eigen- oder Fremdkapital) differenzieren. Darst. 15-2
enthält eine Zusammenfassung beider Einteilungen.

	Eigen-Finanzierung	Fremd-Finanzierung
Außen – Finanzierung	Beteiligungs-Finanzierung	Kredit-Finanzierung
Innen – Finanzierung	Selbst-Finanzierung (und Finanzierung aus Abschreibungen)	(z.B. aus Rückstellungen)

Darst. 15-2: Arten der Finanzierung

Nachstehend wird zunächst die *Innen*finanzierung behandelt. Im zweiten Unterabschnitt folgt dann die *Außen*finanzierung, hier jetzt explizit mit der Gliederung in Eigen- und Fremdfinanzierung.

15.3.1 Innenfinanzierung

Gemäß Darst. IVE-3 umfassen die Einzahlungen des Innenbereichs neben den „Umsatzerlösen" auch die „Tilgung aus aktiver Finanzierung" (und die „Zinsen für aktive Finanzierung") sowie den „Verkauf von Anlagen". Vielfach erfolgt jedoch eine *engere* Begriffsfassung, im Sinne der Beschränkung - zumal die anderen genannten Zahlungsströme, außer vielleicht für den Bankbetrieb, im allgemeinen relativ wenig bedeutsam sind - auf die *Umsätze*, und dabei (in Anwendung der Netto-Methode, der Verrechnung der Erlöse mit den dabei entstandenen Kosten) auf den *Überschuss*. Dieser Umsatzüberschuss wird im Englischen auch als **Cash Flow** bezeichnet und besteht üblicherweise - in verkürzter und sog. *indirekter* Berechnungsform - aus:

Jahresüberschuss
+ Abschreibungen
+ Zuführung zu den (langfristigen) Rückstellungen

Er gilt als - aus der Bilanz ableitbare - „finanzwirtschaftliche Kennzahl" und hat auch noch eine Reihe anderer Definitionen erfahren. (So berichtet FINGERHUT 1991 von 8 Varianten. - Zu Kapitalflussrechnungen usw. s. Teil V.) Unterschiede resultieren ferner daraus, dass bei uns oft der Begriff „Innenfinanzierung" nicht insgesamt auf den Cash Flow bezogen wird, sondern auf einzelne Bestandteile. Dabei können sich Abweichungen insbesondere beim ersten davon ergeben, der nunmehr besprochen wird: die Finanzierung aus „Gewinn":

15.3.1.1 Selbstfinanzierung

Die Finanzierung aus (einbehaltenem) Gewinn bezeichnet man üblicherweise als **Selbstfinanzierung**. Als „Gewinn" wird dabei der Teil des Umsatzerlöses angesehen, der über die *Freisetzung* früher *gebundener* Mittel hinausgeht. Er kann aus dem offenen Ausweis (und demgemäss voll der Besteuerung unterliegend) in der Bilanz stammen - *„offene* Selbstfinanzierung" (a) -, aber

auch in die „stillen Reserven" eingebettet sein: „*stille* Selbstfinanzierung" (b).
Schließlich kann er (c) in „*steuerfreien Rücklagen*" stecken.

Im Folgenden wird nicht auf den sog. *ökonomischen* Gewinn - den „Gewinn", der aus
theoretischen Überlegungen ableitbar wäre -, sondern den in der *Bilanz* - sei es in der
„Handels-" oder der „Steuerbilanz" (zu den Beziehungen zwischen beiden s. im Teil V) -
ausgewiesenen Gewinn Bezug genommen. Den Begriff *Bilanzgewinn* gibt es jedoch in den
- seit dem „Bilanzrichtlinien-Gesetz" von 1985 - recht detaillierten Gliederungsbestim-
mungen der §§ 266 und 275 HGB nicht mehr; dort wird nur noch vom *Jahresüberschuss*
(bzw. -fehlbetrag) gesprochen. Erst *nach* der Entscheidung über dessen Verwendung - auf
die im Folgenden eingegangen wird - kann zum „Bilanzgewinn" übergeleitet werden.
Aktiengesellschaften sind zu einer Darstellung dieser Überleitung verpflichtet. (S. dazu
ausführlicher in Teil V, insbesondere Darst. 16-12.)

a) Die Behandlung der **offenen Selbstfinanzierung** ist in den einzelnen
Rechtsformen verschieden. Bei der *Einzel*unternehmung und den *Per-
sonengesellschaften* wird der *gesamte* - ausgewiesene - „Gewinn" dem jeweiligen
Kapitalkonto gutgeschrieben, im Prinzip mit der Möglichkeit der jederzeitigen
Entnahme. Bei den *Kapitalgesellschaften* dagegen erfolgt - hier jetzt abgesehen
vom „Gewinnvortrag" und der „Kapitalrücklage" nach § 272 HGB (s. auch
Darst. 16-12) - die Zuweisung zu den (Gewinn-)**Rücklagen**. Man unterschei-
det dabei - im Prinzip - **gesetzliche** (so müssen bei der AG so lange 5% vom
Jahresüberschuss in die Rücklagen eingestellt werden, bis 10% des Grund-
kapitals erreicht sind) von den **freien**.

Dabei entsteht neben dem *direkten* (positiven) *Liquiditätseffekt* - der möglicherweise, jedenfalls bei Nicht-Kapitalgesellschaften, nicht von Dauer ist,
auf keinen Fall aber eine „Barreserve" darstellt! - ein *indirekter.* Der
„Finanzierungsspielraum" wird erhöht (bei Kapitalgesellschaften zudem,
ohne dass die *dividendenberechtigte* Kapitalbasis größer wird - s. auch weiter
unten, „Leverage-Effekt"). *Volkswirtschaftlich* ist die Bedeutung umstritten
(wegen der Gefahr von Kapital-Fehlallokationen).

Diese ambivalente Beurteilung fand ihren Ausdruck auch in der
Besteuerung. (S. dazu Kapitel 18: Steuern.) Schon seit längerem war für die
*Körperschaft*steuer ein *gespaltener Steuersatz* üblich. Ab 1990 betrug er für
ausgeschüttete Gewinne 36%, für *einbehaltene* 50%; mit dem seit Anfang 1994
geltenden „Standortsicherungsgesetz" wurden *beide* Sätze gesenkt: auf 30% für
ausgeschüttete und 45% für einbehaltene Gewinne. Letzterer Satz wurde
später auf 40% gesenkt. Im Rahmen der Steuerreform 2000 wurde der
Körperschaftsteuersatz auf einheitlich 25% gesenkt. Übergangsweise gab es
ein körperschaftsteuerpflichtiges Anrechnungsverfahren, welches inzwischen

wieder abgeschafft wurde, wodurch es bei Gewinnausschüttung zu einer Doppelbelastung kommt (PERRIDON/STEINER 2002, S. 358f.)

Im vorherigen Jahrzehnt wurde die Selbstfinanzierung also diskriminiert. (Andererseits kann man auch nicht sämtlichen Gewinn ausschütten, da eben der für die Steuerzahlung benötigte Teil abgezogen werden muss.) Denn bei einem geringerem Steuersatz für ausgeschüttete als für einbehaltene Gewinne vermindert sich auch die anrechenbare Körperschaftsteuer. Damit würde sich also bei Befolgung des - in Deutschland sehr hoch gehaltenen - „Grundsatzes der Dividendenkontinuität" für den inländischen Anleger eine Verschlechterung ergeben; für ihn würde sich nur bei einer entsprechenden Dividendenerhöhung „unter dem Strich" nichts ändern. Ausländische Käufer würden davon voll profitieren.

Die maximale Ausschüttung bzw. überhaupt die Steuerbelastung lässt sich auch rechnerisch ermitteln. Bei - wie gegenwärtig – gleichen Steuersätzen für Gewinnausschüttung und Gewinneinbehaltung (Gewinnthesaurierung) verkürzt sich die Formel natürlich. Trotzdem wird hier die ausführliche Formel gezeigt, da sich Steuersätze im Zeitablauf auch schnell wieder ändern können. Die maximale Ausschüttung ergibt sich danach wie folgt (mit D für die Nettodividende, in % des Gewinns *vor* Steuern, S_E dem Satz für den einbehaltenen und S_D dem für den ausgeschütteten Gewinn sowie E die Selbstfinanzierungsquote, in % des Gewinns *vor* Steuern - nach REHKUGLER/SCHINDEL 1994, S. 55):

$$D + S_E - \frac{S_E - S_D}{100 - S_D} \cdot D + E = 100$$

(15.1)

mit beispielhaften - unterschiedlichen - Steuersätzen (von 1994) also:

$$D + 45 - \frac{45 - 30}{100 - 30} \cdot D + E = 100$$

(15.2a)

$$D + 45 - 0{,}21429D + E = 100$$

(15.2b)

Daraus ergeben sich leicht die *Grenz-* und auch *Zwischenwerte*:
1. *maximale Ausschüttung*: D = 70% (Steuerbelastung 30%)
2. dto. *Einbehaltung*: E = 55% (Steuerbelastung 45%)
3. *Zwischenwerte*, z.B. E = 30%:

$$D + 45 - 0{,}21429\,D + 30 = 100$$
$$0{,}78571\,D = 25$$
$$D = 31{,}8$$

(Steuerbelastung: 100 - 30 - 31,8 = 38,2)

Zur Abschwächung der Diskriminierung der Selbstfinanzierung diente die **„Schütt-aus-Hol-zurück-Politik"**: maximale Ausschüttung mit anschließender Kapitalerhöhung. Zum Nachweis der Vorteile dieser Politik dienen *„Steuerbelastungsvergleiche"*. So zeigen REHKUGLER/SCHINDEL 1994 an einem *Beispiel*, dass sich E auf 59,4% steigern lässt. Dabei war mit einem durchschnittlichen Einkommensteuersatz der Anteilseigner von 40% gerechnet worden. In diesem „Durchschnitt" liegt eines der *Probleme*; andere sind die Unsicherheit des tatsächlichen Rückflusses und die Erhöhung des dividendenberechtigten Kapitals.

b) Die **stille Selbstfinanzierung** beruht auf der Möglichkeit der Bildung *stiller Reserven*, d.h. einer Differenz zwischen den in der Bilanz angesetzten und den „tatsächlichen" Werten. (S. zur *Bewertung* auch in Kap. 16.) Man kann unterscheiden:

1. *Schätz*reserven (im Prinzip unbeabsichtigte, aus dem allgemeinen Vorsichtsprinzip aber doch teilweise „systematische" Schätzfehler),
2. *Zwangs*reserven (vorgeschriebene *Höchst*werte bei den Aktivposten - „Niederstwertprinzip" -, und umgekehrt bei den Passivposten),
3. *Willkür*-Reserven, entstanden durch Ausübung von *Wahlrechten* (Bilanzierungs- oder Bewertungswahlrechte - Beispiel: Abschreibungen höher als „tatsächliche" Wertminderung),
4. *Ermessens*reserven (Spielräume, die sich aus der Unmöglichkeit vollständiger rechtlicher Normierung ergeben).

Die Einteilung und Bezeichnungsweise ist in der Literatur nicht ganz einheitlich. (S. dazu etwa HAHN 1997, S. 475, der zwar ebenfalls diese Vierteilung vornimmt, ihr aber einen etwas anderen Inhalt gibt.)

Von der Unterscheidung in *stille* Reserven bzw. in stille Rücklagen im engeren Sinne und *versteckte* (s. WÖHE 2002, S. 854 - und ZDROWOMYSLAW/KUBA 2002, Abb. 107, S. 388) wird hier abgesehen. Letztere entstehen durch Überbewertung von Passivposten, insbesondere zu hohe *Rückstellungen*. (S. dazu im nächsten Abschnitt.)

Neben einem *indirekten Finanzierungseffekt* (durch Erweiterung des Finanzierungsspielraums) kann auch ein *direkter* entstehen, auf jeden Fall als *„Steuerstundungs*effekt" (die Besteuerung stiller Reserven geschieht erst bei deren Auflösung, man hat also einen Zinsgewinn bzw. eine kostenlose Liquiditätserhöhung), evtl. auch ein „Steuer*satz*effekt" (wenn auch in Zukunft mit *sinkenden* Steuersätzen zu rechnen ist). Zusätzlich werden - im Unterschied zur offenen Selbstfinanzierung - Ausschüttungsansprüche gar nicht erst virulent.

c) **Steuerfreie Rücklagen** haben einen *Mischcharakter.* Sie sind, lt. AktG, lediglich „Sonderposten mit Rücklagenanteil". Da sie mit der Auflösung gewinn- und steuererhöhend wirken, ergeben sich auch nur die oben dargelegten steuerlichen Effekte. Derartige Rücklagen sind für diverse spezielle Zwecke vorgesehen, so z.B. als „Re-Investitionsrücklage", „Rücklage für Ersatzbeschaffung", „Preissteigerungsrücklage".

15.3.1.2 Finanzierung aus Abschreibungen und Rückstellungen

Potentialfaktoren sind (gemäß auch Kap. 4) dadurch gekennzeichnet, dass sie ihre Leistungen *sukzessive* abgeben, in der Regel über *mehrere Perioden* hinweg. Speziell bei *Sach*potentialen, den *Betriebsmitteln* (Maschinen usw.), stehen den Anschaffungsausgaben - als „Investition", gemäß auch Kap. 14 - in der ersten Periode Einzahlungsüberschüsse in den folgenden gegenüber. Sie ergeben sich daraus, dass der sukzessive *„Wertverzehr"* in den Preis eingerechnet und über den Umsatz hereinzuholen versucht wird. Den Einzahlungen über die Umsatzerlöse stehen jedoch (von Instandhaltungskosten usw. abgesehen) vorerst keine Auszahlungen gegenüber; vielmehr werden die Gegenwerte für den Wertverzehr quasi angesammelt, damit nach Ablauf der Nutzungsdauer eine Ersatz-Investition getätigt werden kann.

Diesen Gegenwert für den Wertverzehr bezeichnet man als **Abschreibung** (steuerlich: AfA - Absetzung für Abnutzung). Auf die *verschiedenen Arten* und *Verfahren* der Abschreibung wird in Kap. 16 näher eingegangen. Hier sei zunächst unterstellt, dass der Wertverzehr gleichmäßig über die Nutzungsdauer verteilt wird - „lineare Abschreibung" - und dass dies den tatsächlichen Gegebenheiten entspricht. (In dem Ausmaß, in dem die Abschreibungen *über* dem Wertverzehr liegen, würden „stille Reserven" gebildet.) In diesem Falle erfolgt bei - wie bisher - Betrachtung nur *eines* Aggregates lediglich ein *vorübergehender* **Kapitalfreisetzungseffekt** (und insoweit auch ein *Finanzierung*seffekt).

Bei *mehreren* Aggregaten ergibt sich jedoch eine *permanente* Kapitalfreisetzung. Sie kann zur Vergrößerung der (Maschinen-)Kapazität verwandt werden; man spricht deshalb vom **Kapazitätserweiterungseffekt** (auch: [*Lohmann-*]*Ruchti-* oder *Marx-Engels-Effekt*). Er hängt in seiner Höhe von verschiedenen Annahmen über die Lebensdauer usw. ab. (Prämissen dafür, dass er überhaupt entsteht, sind in erster Linie - wie schon erwähnt - „kostendeckende Preise", aber auch kontinuierliche Beschaffung, bei konstanten Preisen, bezüglich der Aggregate.) Darst. 15-3 zeigt ein Beispiel. Dabei ist ein Anschaffungspreis von € 1000,- von 4 Aggregaten (in 4 aufeinander folgenden Perioden t) und eine Lebensdauer von 5 Perioden unterstellt.

t	Neu-Investitionen				Abschreibungen		Ersatz-Investitionen	Kapitalfreisetzung		
	Aggregat				jähr-lich	kumu-liert		ins-gesamt	vorüber-gehend	perma-nent
	1	2	3	4						
1	1000				200	200		200		200
2		1000			400	600		600		600
3			1000		600	1200		1200		1200
4				1000	800	2000		2000		2000
5					800	2800		2800	800	2000
6					800	3600	1000	2600	600	2000
7					800	4400	1000	2400	400	2000
8					800	5200	1000	2200	200	2000
9					800	6000	1000	2000	-	2000
10					800	6800	-	2800	800	2000
11					800	7600	1000	2600	600	2000

Darst. 15-3: **Kapazitätserweiterungseffekt (Beispiel)**

Im Prinzip gelten diese Überlegungen für alle „stoßweisen" Beschaffungsvorgänge; meist ist allerdings die zeitliche Differenz viel zu klein. Eine noch stärkere Wirkung lässt sich natürlich erzielen, wenn gar keine oder verringerte spätere Ausgaben für Ersatz-Beschaffung erforderlich werden. Man kann dann auch von **Finanzierung aus Rationalisierung** sprechen.

Demgegenüber beruht die **Finanzierung aus Rückstellungen** auf einer anderen Überlegung: dass nämlich die *Ein*zahlungen (über die Umsatzerlöse) zeitlich *vor* den *Aus*zahlungen entstanden sind. *Rückstellungen* werden - in der Bilanz - u.a. vorgenommen für „ungewisse Verbindlichkeiten", insofern, als diese zwar dem *Grunde, nicht* aber der *Höhe* und dem *Zeitpunkt* der Fälligkeit nach feststehen. Im Grunde handelt es sich dabei um *Fremd*kapital. (Man kann also auch hier, bei der *Innen*finanzierung, die bei der *Außen*finanzierung übliche Unterscheidung in *Eigen-* und *Fremd*finanzierung vornehmen, gemäß Darst. 15-2.) Dies trifft auch zu für die sog. **passive antizipative Rechnungsabgrenzung** (s. auch Kap. 16); sie ist meist aber relativ weniger bedeutsam.

Dagegen kann es sich bei den *Rückstellungen* um sehr beachtliche Beträge handeln. Das trifft etwa zu für die **Pensionsrückstellungen.** Voraussetzung für deren steuerliche Anerkennung ist ein versicherungsmathematisches Gutachten. In Höhe der Differenz der „Barwerte" der gegebenen Renten-Zusagen am Anfang und am Ende der Periode können dann dafür Rückstellungen vorgenommen werden. Der *Finanzierungs*effekt ist also speziell bei Neueinführung von Pensionszusagen groß. Später kann es zu einem ausgeglichenen Verhältnis von Zu- und Abflüssen kommen; dann steht allenfalls ein „Bodensatz" zur Finanzierung zur Verfügung. Die Pensionszahlungen können aber auch die Zuführungen zu den Rückstellungen übersteigen. Damit entsteht ein negativer Finanzierungseffekt und insofern eine Gefahr für die Liquiditätslage. Sollen deshalb „Betriebsrenten" als *personalpolitisches* Instrument unbedingt eingeführt werden, sind auch Alternativen (etwa eigenständige Pensionskassen oder Fremd-Versicherung) zu erwägen.

15.3.2 Außenfinanzierung

15.3.2.1 Eigenfinanzierung

Gemäß Darst. 15-2 wird die Eigenfinanzierung bei der *Außen*finanzierung auch als *Beteiligungs*finanzierung bezeichnet, da sie über Beteiligungen bzw. „Einlagen" erfolgt. Insofern müsste hier auf jede einzelne *Rechtsform* abgestellt werden. Das ist aber im Grunde viel zu aufwendig und auch nicht nötig, da das Prinzipielle dazu bereits in Kap. 9 ausgeführt wurde. Im Folgenden soll deshalb nur auf die Aktien-Emission - wegen ihrer Bedeutung, speziell im Hinblick auf die Börse - noch etwas näher eingegangen werden. Für „**nicht-emissionsfähige Unternehmen**" (das sind „nicht-börsennotierte" Aktiengesellschaften, Gesellschaften mit beschränkter Haftung, Personengesellschaften und Einzelkaufleute) ist die Beschaffung größerer Mengen *Eigen*kapital schwierig. Die in den letzten Jahren zu beobachtenden Fälle von Umwandlungen in die AG bzw. dem „Gang zur Börse" (*going public* - quasi als gegenläufige Bewegung zur „Flucht in die GmbH") sind deshalb oft von derartigen Motiven bestimmt gewesen. Allerdings handelt es sich dabei eher um größere Unternehmen. Speziell für *mittelständische* Betriebe müsste noch nach Alternativen gesucht werden; dazu gehört etwa die Schaffung von „Kapitalbeteiligungsgesellschaften" oder von „*nachrangigem* Kapital" (bei der

Haftung nach dem Eigenkapital, bei der *Auflösung* aber *vor* diesem zu berücksichtigendes „Quasi-Eigenkapital").

Die **Arten der Aktien** können in verschiedener Weise - mit der Möglichkeit von Kombinationen - eingeteilt werden, gemäß Darst. 15-4.

Lfd. Nr.	Kriterium	Einteilung
1	Zerlegung des Grundkapitals	Nennwert- und Quotenaktien
2	Übertragbarkeit	Inhaber- und Namensaktien
3	Umfang der Rechte	Stamm- und Vorzugsaktien

Darst. 15-4: **Arten der Aktien**

1. Aktien können entweder als **Nennbetragsaktien** oder als **Stückaktien** begründet werden (§ 8 Abs. 1 AktG). Die Bestimmungen für nennwertlose Stückaktien sind im StückAG von 1998 geregelt. Stückaktien haben keinen Nennbetrag. Der Anteil am Grundkapital bestimmt sich bei Stückaktien nach der Zahl der Aktien. Der auf eine einzelne Stückaktien (*Quotenaktien*) entfallende anteilige Betrag darf ein Euro nicht unterschreiten (§ 8 Abs. 3 AktG). Nennbetragsaktien müssen auf mindestens einen Euro lauten (§ 8 Abs. 2 AktG). Bei Nennbetragsaktien können *Nenn-* und *Kurswert* auseinanderfallen - die Notierung des Kurswertes an der Börse erfolgt heute allerdings in „Stück", nicht mehr in Prozenten - und damit auch *Dividende* und *Rendite*. (S. dazu A 15-8.) Die *Ausgabe* muss entweder zum Nennwert, zu „*pari*", oder „über pari" erfolgen. In letzterem Falle entsteht ein „Aufgeld", ein *Agio*. (Bei unter-pari-Emission, die aber bei uns - noch? - nicht zulässig ist, gäbe es ein „Disagio".)

2. Aktien sind zumeist **Inhaber**-Papiere; sie können also frei übertragen werden. Bei **Namens**aktien ist die Übertragung dagegen nur mittels *Indossament* möglich (SCHMALEN 2002, S. 605); sie sind also „Order-Papiere" im Sinne des Wertpapierrechts. *Zusätzlich* ist, zur Geltendmachung der Rechte gegenüber der Gesellschaft, die Eintragung in das bei dieser geführte *Aktienbuch* erforderlich. Damit kann das Entstehen von „Sperr-Minoritäten" oder gar Mehrheitsbeteiligungen zwar nicht verhindert werden, wird aber zumindest „ersichtlich". Will man Veränderungen der Beteiligungsverhältnisse tatsächlich verhindern können, so bedarf es - durch Festlegung in der Satzung - der *Sonder*form der **vinkulierten**

Namensaktien, zu deren Übertragung die Zustimmung der Gesellschaft (vertreten durch den Vorstand oder, wenn es die Satzung so vorsieht, Aufsichtsrat oder Hauptversammlung - § 68 AktG) notwendig ist.

3. **Vorzugs**aktien beinhalten gegenüber **Stamm**aktien ein Vorzugs-Recht. Dies könnte bestehen a) im *Stimmrecht,* b) bezüglich des *„Bezugsrechts"* (s. unten) oder des *Liquidationserlöses,* c) hinsichtlich der *Dividende.* Das *„Mehr*stimmrecht" ist bei uns nicht zulässig (wohl aber die „stimmrechts*lose"* Vorzugsaktie - und die Stimmrechtsbeschränkung im Sinne eines *Höchst*stimmrechts, z.B. auf 3% des Grundkapitals); die unter b) genannten Vorzüge sind weniger bedeutsam; damit verbleibt als in der Praxis wichtigste Gruppe der Vorzug in der **Dividende.** Dabei kann man unterscheiden: (1.) *Vorab*dividende („prioritätischer Dividendenanspruch"); (2.) die *Über-* oder *Super*dividende; (3.) die *Dividendengarantie.* Vgl. dazu, mit Beispielen, und zur (4.) Form: der *limitierten* Vorzugsdividende, auch bei REHKUGLER/SCHINDEL 1994, S. 94f.

Zur Vergrößerung der *Beteiligungs*finanzierung bedarf es einer **Kapitalerhöhung.** Dafür gibt es insgesamt 4 Möglichkeiten (wovon nur die ersten 3 „Beteiligungsfinanzierung" darstellen):
1. *ordentliche* Kapitalerhöhung,
2. *„genehmigtes"* Kapital,
3. *„bedingtes"* Kapital,
4. Kapitalerhöhung aus *Gesellschafts*mitteln.

Zu 1: Bei der ordentlichen Kapitalerhöhung wird normalerweise den bisherigen Aktionären für die neuen („jungen") Aktien ein *Bezugsrecht* eingeräumt. Sein *rechnerischer Wert,* die **„Bezugsrechtsparität"** B, ergibt sich unter Berücksichtigung der beiden Faktoren *„Bezugsverhältnis"* (= Verhältnis des bisherigen Grundkapitals a zur Kapitalerhöhung b) und *„Bezugskurs"* (K_n; K_a = bisheriger Börsenkurs) wie folgt:

$$B = \frac{K_a - K_n}{\frac{a}{b} + 1} \qquad (15.3)$$

Beispiel: Bisheriges Grundkapital (Aktienkapital) 12 Mio., Erhöhung des gezeichneten Kapitals 3 Mio., Börsenkurs - pro 5 €-Aktie - 20; Bezugskurs 15:

$$B = \frac{20 - 15}{\frac{12}{3} + 1} = 1$$

„Gegenrechnung": „Wert des Unternehmens" *vor* der Kapitalerhöhung: Grundkapital · Börsenkurs/Nennwert = 12 Mio. € · 20/5 = 48 Mio. €, *nach* dieser: 48 Mio. € + Grundkapitalerhöhung ·Bezugskurs/Nennwert = 48 Mio. € + 3 Mio. € · 15/5 = 48 Mio. € + 9 Mio. € = 57 Mio. €; Zahl der Aktien (je 5 € Nennwert) *vor* der Kapitalerhöhung 2,4 Mio. Stück [12 Mio./5], danach: +600.000 Stück = 3 Mio. Stück [15 Mio./5]; daraus ergibt sich ein Wert pro Aktie *nach* der Kapitalerhöhung von 57 Mio. €/3 Mio. Stück = 19 €/Stück , also ein „Wertverlust" von € 1.

Die Bezugsrechtsparität ist also lediglich ein Ausgleich für die „Verwässerung" der Alt-Aktien. Ein eventueller Dividendennachteil der neuen (jungen) Aktien kann in der Formel berücksichtigt werden. Man müsste dann in obiger Formel zu K_n den Dividendennachteil addieren.

„Junge" Aktien werden, soll die Kapitalerhöhung nicht scheitern, zu einem *unter* dem Börsenkurs liegenden Kurs ausgegeben; später bildet sich dann ein „Mischkurs" zwischen bisherigem Börsenkurs und Bezugskurs heraus. Je nach Aufnahme der Kapitalerhöhung im Publikum und der Nachfrage nach bzw. dem Angebot von Bezugsrechten - die selbständig gehandelt werden können - vermag deren *tatsächlicher* Wert jedoch durchaus vom rechnerischen abzuweichen.

Die richtige Wahl der Höhe des Bezugskurses ist neben der Vermarktung ein wichtiger Faktor für das Gelingen einer Aktienemission. Als Orientierungshilfe können der Bilanzkurs oder der Ertragskurs dienen PERRIDON/STEINER 2002, S. 373 f.). Sie lassen sich wie folgt ermitteln:

$$Bilanzkurs = \frac{bilanziertes\ Eigenkapital}{Grundkapital} \tag{15.4}$$

$$Ertragskurs = \frac{Ertragswert\ der\ Unternehmung}{Grundkapital} \tag{15.5}$$

Es kann jedoch auch (mit den gleichen *Mehrheitserfordernissen* wie bei der Kapitalerhöhung) ein *Verzicht* auf Bezugsrechte beschlossen werden. Gründe dafür mögen die Ausgabe von „*Belegschafts*aktien" oder eine „Fusion" (Kap. 9) sein.

Zu 2: Genehmigtes Kapital liegt vor, wenn der Vorstand von der Hauptversammlung zu einer Kapitalerhöhung innerhalb von 5 Jahren bevollmächtigt ist; dadurch wird die Flexibilität in bezug auf die jeweilige Kapitalmarkt-Situation oder die Vornahme von Investitionen erhöht.

Zu 3: Bedingtes Kapital muss bei der Höhe nach *ungewissen Bezugs-* oder *Umtauschrechten* (z.B. aus „Wandelschuldverschreibungen", s. unten) geschaffen werden.

Zu 4: Die „Kapitalerhöhung aus Gesellschaftsmitteln" ist, wie erwähnt, kein *direktes* Finanzierungsinstrument. (Sie kann allenfalls *indirekt* einer späteren ordentlichen Kapitalerhöhung förderlich sein.) Sie dient der *Umwandlung* von *Rücklagen* in *Grundkapital* (quasi als eigenständiges Rücklagenumwandlungsverfahren - und wird deshalb in der Literatur [BÜSCHGEN 1991, S. 292] auch als „Zusatzaktien-Verfahren" bezeichnet). In entsprechender Höhe werden an die Alt-Aktionäre junge Aktien ausgegeben. Man nennt diese oft **Gratisaktien** (obwohl zu bedenken ist, dass infolge der „Verwässerung" der Börsenkurs sinken wird - deshalb auch besser der eben erwähnte Ausdruck „*Zusatz*aktien"!).

15.3.2.2 Fremdfinanzierung

Die *Fremd*finanzierung stellt sich bei der *Außen*finanzierung als *Kredit*finanzierung dar. Der Kreditgeber (*Gläubiger*) trägt das **Kreditrisiko**. Er kann es - sofern in der *Höhe* richtig erkannt - durch dreierlei zu mindern versuchen: 1. durch einen Zuschlag zur *Zins*forderung, 2. durch *Versicherung* (z.B. im Auslandsgeschäft, mit dem „politischen Risiko" usw., bei der HERMES) und 3. durch **Kreditsicherheiten**. Man unterscheidet dabei zwischen **Real-** und **Personal**sicherheit. Zu letzterer zählt die **Bürgschaft**. Ist diese „*selbstschuldnerisch*" - im Gegensatz zur *Ausfall*-Bürgschaft - so heißt das im Wortsinne, man haftet, als sei man selbst der Schuldner; insbesondere wird auf die „Einrede der Vorausklage" (gegen den ursprünglichen Schuldner) verzichtet.

Als *Real*sicherheit kommen in Betracht:
1. die „*Grund*pfandrechte" (mit Eintragung im Grundbuch, für das jeweilige Grundstück beim Amtsgericht):
    a) **Hypothek:** Sie ist „akzessorisch", d.h. abhängig von dem *Bestehen* der Forderung. Bei der *Verkehrs*hypothek braucht deren Höhe nicht nachgewiesen zu werden, wohl aber bei der *Sicherungs*hypothek. Der

Form nach kann man zwischen bloßer *Buch-* oder auch *Brief*hypothek (Ausstellung eines „Hypothekenbriefes") unterscheiden.

b) **Grundschuld**: Sie ist nicht akzessorisch, eignet sich damit besser für schwankende bzw. zeitweilig gar nicht existente Forderungen und wird in der Praxis offensichtlich bevorzugt.

2. Das **Pfandrecht** ist für bewegliche *Sachen* nicht recht zweckmäßig, da es deren *Übergabe* voraussetzt. Dafür ist es um so geeigneter für *Wertpapiere* - also *Rechte* -, die sich zumeist ohnehin „im Depot" befinden.

3. Will oder muss man doch (bewegliche) *Sachen*, wie Vorräte oder den Maschinenpark, „abtreten", so kann dies mittels der - aus der Praxis heraus entwickelten - **Sicherungsübereignung** geschehen. Hierzu wird gewissermaßen ein zweiter Vertrag nach der „Verpfändung" abgeschlossen, wonach der Gläubiger, als *Eigentümer*, auf den *Besitz* verzichtet; dieser bleibt unmittelbar beim Schuldner. Er kann also mit den zur Sicherheit übereigneten Sachen weiter arbeiten (was natürlich ein gewisses Risiko für den Gläubiger in sich birgt).

4. Bei *Rechten*, z.B. Forderungen, ist auch die **Abtretung** (*Zession*) möglich; sie stellt im Grunde den Verkauf der Forderung dar. Im praktischen Fall genügt es vielfach nicht, dies für *einzelne* Forderungen zu tun; vielmehr wird oft eine **Global-Zession** (*aller* Forderungen, auch eventuell nur *Teile* davon, und *künftiger*) vorgenommen. S. im übrigen - auch bezüglich *offener* und *stiller* Zession - unten, „Factoring".

5. Beim Verkauf von Waren wird in der Praxis fast immer der **Eigentumsvorbehalt** (bis zur vollständigen Bezahlung) vorgenommen. Probleme liegen in der Weiter*verarbeitung* („*erweiterter*" Eigentumsvorbehalt) und -*veräußerung* („*verlängerter*").

Man kann die **Kredite** nach ihrer **Fristigkeit** einteilen. Die Abgrenzung ist - wie immer in solchen Fällen - strittig. Hier wird nur zwischen *kurz-* und *lang*fristig unterschieden. Das **klassische** Instrument auf dem Gebiet der **langfristigen** Finanzierung ist die **Schuldverschreibung** (*Anleihe, Obligation*). Die *Laufzeit* hängt von der aktuellen Kapitalmarktsituation, insbesondere den Zins- und damit Kurserwartungen, ab; 10 Jahre sind jedoch durchaus üblich. Früher erfolgte meist eine Ausgabe „unter pari", also mit einem *Disagio*; heute findet man gelegentlich auch Ausgabekurse von über 100. Zwar nehmen großen Umfang „öffentliche Anleihen" (Bund, Länder, Bahn, Post usw.) ein; aber auch *Industrie*obligationen kommen - zumal als „Auslandsanleihen" - vor. Neben der *Normalform*, mit fester Verzinsung bei gegebener Laufzeit, gab es schon seit längerem *Sonder*formen:

- *Gewinn*schuldverschreibungen (z.B. *Zuschläge* zur *garantierten Verzinsung*);

- *Wandel*schuldverschreibungen (mit dem Recht auf *Umtausch* in Aktien);
- *Options*schuldverschreibungen (dto. *zusätzlicher Erwerb* von Aktien).

Die „Optionsscheine" können auch abgetrennt werden und sind selbständig handelbar; der Rest bildet dann quasi eine normale Obligation.

Das hierin schon anklingende *spekulative* Element (oder, umgekehrt gesehen: absichernde) wird besonders auch deutlich in der - von BÜSCHGEN 1991, S. 138 - erwähnten *going-public-Optionsanleihe* (von noch nicht börsennotierten Unternehmen, eben mit der Option auf den Aktienbezug zum Emissionskurs).

Auch *Genussscheine* enthalten ein gewisses spekulatives Element. Sie stehen insofern zwischen Eigen- und Fremdkapital, als sie neben dem Recht auf *Gewinn*beteiligung eine *Verlust*beteiligung, aber auch ein Recht auf Beteiligung am *Liquidationserlös* enthalten können. Bei Aktiengesellschaften muss den Aktionären ein *Bezugsrecht* (s. dazu oben) gewährt werden; da aber die normalen *Mitgliedschaftsrechte ausgeschlossen* sind, handelt es sich letztlich doch um *Fremd*kapital. (Weil aber die Ausgestaltung außerordentlich verschieden sein kann, erscheint auch die *steuerliche* Behandlung - bei der ausgebenden Unternehmung - im Einzelfall vielleicht nicht unproblematisch.) Genussscheine waren bis vor einigen Jahren eher selten, erfreuen sich aber heute großer Beliebtheit (wegen der zumeist höheren Rendite).

Der erwähnte spekulative Aspekt wird noch klarer sichtbar in der Vielzahl **neuer** Finanzierungsinstrumente („*Finanzinnovationen*"). Sie wurden ermöglicht durch eine weniger restriktive Politik der Deutschen Bundesbank (und verdanken ihr Entstehen mitunter auch *steuerlichen* Überlegungen). Deutlich erkennbar ist dabei, auch international, die Tendenz zur *Verbriefung* („*Sekurization*") in besonderen Papieren, die oft - als „Wertpapiere" - auch an den Börsen gehandelt werden können. Zu nennen sind hier insbesondere:

- *Endwertpapiere* (*Auf*- oder *Abzinsungs*papiere - s. Kap. 14)
  Im Unterschied zu den *Bundesschatzbriefen* (vom Typ *A*) handelt es sich bei den *Null-Kupon*-Anleihen (*Zero Bonds*) um *börsengehandelte* Papiere.
- Im Übergang davon zu den - nachstehend zu besprechenden - Anleihen mit *variablem* Zins stehen die - von BÜSCHGEN 1991, S. 144 - so genannten *Staffel*obligationen, in Deutschland etwa in Form des Bundesschatzbriefes vom Typ *B* (mit - vom Anlagezeitpunkt an gerechnet - *jährlich* steigendem Zins).
- Im Unterschied dazu sind bei den sog. *Floating Rate Notes* (FRN) die Zinsänderungen nicht von der Anlagedauer abhängig, sondern an einen *Referenzzinssatz* gebunden. Bedeutende Referenzzinssätze sind der LIBOR

(London Interbank Offered Rate) und seine Alternative EURIBOR (mit EUR für Euro). Dabei handelt es sich um (bankarbeits)täglich neu ermittelte und veröffentlichte *Geld*marktzinsen für verschiedene Laufzeiten. Letzterer gewichteter Durchschnittszinssatz wird täglich um elf Uhr MEZ ermittelt. Dazu senden 57 Referenzbanken (47 aus dem EURO-Gebiet, 4 aus übrigen EU-Ländern, 6 aus Nicht-EU-Ländern) die entsprechenden Briefsätze im Interbankenhandel an den Bildschirmdienst Bridge Telerate, der diese Referenzzinsen veröffentlicht (EILENBERGER 2003, S. 92). Daneben werden – gerade international – auch NIBOR, BIBOR und SIBOR verwendet (mit N für New York, B für Bahrain und S für Singapore; BORCHERT 2001, Sp. 672).

Weitere Sonderformen von FRNs sind der *Cap*, mit vereinbarter Zins*ober*-grenze, der *Floor*, mit festgelegter Zins*unter*grenze, und schließlich der *Collar*, mit bestimmter Zinsober- *und* -untergrenze. Sie können auch - ähnlich wie oben bei der Optionsanleihe - „abgetrennt" gehandelt werden. (So muss z.B. bei einem *Solo-Cap* der Vertragspartner die Differenz zwischen der vereinbarten Zinsobergrenze und dem - darunter liegenden - Marktzins zahlen.)

Während Zero-Bonds und FRNs auf dem *internationalen Kapital*markt stark verbreitet sind, erfreuen sich entsprechende *Geld*marktpapiere im Zusammenhang der internationalen Finanzierung erst neuerdings zunehmender Beliebtheit. Zu nennen sind hier insbesondere *Commercial Papers* (als Euro-Commercial Paper - ECP - und US-Commercial Paper). Eine besondere Form stellen *Euronotes* dar; sie unterscheiden sich von den ECPs grundsätzlich darin, dass sie wie diese zwar ebenfalls kurzfristige Papiere darstellen, aber in ein Kreditprogramm eingebettet sind, das von vornherein revolvierend angelegt ist, also die Auflösung eines Kredits durch einen anderen - nachfolgenden - vorsieht.

Die ebenfalls mehr für den *internationalen* Kapitalmarkt geeigneten *Doppel-währungs*anleihen („Dual Currency Issues" - Rückzahlung in anderer Währung als bei Ausgabe und laufenden Zinszahlungen) haben sich in der Praxis offenbar weniger durchgesetzt; vielmehr wird stark mit *Swaps* gearbeitet; s. zu diesen (Zins- und Währungs-)*Tausch*geschäften noch kurz unten.

Bei der **kurz**fristigen Kreditfinanzierung kann man zwischen *Bank*- und *Handelskrediten* unterscheiden. Die wichtigste Form des **Handelskredits** ist - neben **Kundenanzahlungen** (z.B. „1/3 bei Auftragserteilung ..." - bei

Spezialaufträgen usw.) und in besonderen Fällen noch vorkommenden **Wechselkrediten** - der normale **Lieferantenkredit**. Sofern er nicht *unfreiwillig* und damit *kostenlos* (z.B. durch „langsame Zahler") beansprucht wird, bleibt zu bedenken, dass er oft sehr *teuer* ist: Z.B. „14 Tage 2% Skonto, sonst 30 Tage netto" bedeutet - rechnerisch *und* approximativ -, dass für einen halben Monat 2% „gezahlt" werden, also jährlich 48%!

Die etwas genauere Formel lautet:

$$Jahressatz = \frac{\dfrac{Skontosatz\ in\ \%}{100\ \% - Skontosatz\ in\ \%} \cdot 360}{Zahlungsziel - Skontofrist} \tag{15.6}$$

Daraus ergibt sich in diesem Beispiel ein Zinssatz von

$$Jahressatz = \frac{\dfrac{2\ \%}{100\ \% - 2\ \%} \cdot 360}{30\ Tage - 14\ Tage} = 0,4591836 \approx \underline{\underline{45,9\ \%}}$$

Bei exakter Rechnung durch Anwendung der Internen-Zinsfuß-Methode ergibt sich sogar ein noch wesentlich höherer effektiver Jahreszinssatz (Eilenberger 2003, S. 271).

Kurzfristige **Bankkredite** sind:
- **Kontokorrent**kredit (Kredit in laufender Rechnung - mit „Kreditlimit")
- **Lombard**kredit (Beleihung von - zumeist - Wertpapieren)
- **Diskont**kredit

   Dies ist der eigentliche Wechsel-Kredit: Ein „Wechsel" (ähnlich wie der „Scheck" ein Wertpapier des Zahlungsverkehrs) wird von der Bank angekauft und der Gegenwert, unter Abzug eben des „Diskonts" - als Zins -, zur Verfügung gestellt. Unter bestimmten Bedingungen (z.B. „guter Handelswechsel", Laufzeit höchstens 3 Monate) kann der Wechsel von der Bank dann beim Zentralbanksystem „rediskontiert", d.h. an dieses weiter verkauft, werden; der hierfür geltende Diskontsatz hat noch immer eine Art Signalfunktion, gilt als „Leitzins".
- Beim **Akzept**kredit hingegen stellt die Bank nur ihre Unterschrift (als „Akzeptant") zur Verfügung, nicht aber den Gegenwert selbst; diesen muss der „Kreditnehmer" sich anderweitig beschaffen (z.B. auch, indem er das - nun kreditwürdig gewordene - Papier weiter begibt). Deshalb bezeichnet man diese Form auch als **Kreditleihe**.
- Auch der **Aval**-Kredit stellt „Kreditleihe" dar: Die Bank stellt sich bloß als *Bürge* zur Verfügung und verhilft damit dem „Kreditnehmer" zum Kredit.

15.3.3 Finanzierungssubstitute

In jüngerer Zeit haben sich einige Instrumente entwickelt und stärker durchgesetzt, die nur schwer in die „klassischen" Finanzierungsarten einzuordnen sind (bzw. bei denen sogar nicht unbedingt der Finanzierungsaspekt überwiegt). Man bezeichnet sie deshalb als Finanzierungs- oder Kreditsubstitute. Dazu gehören in erster Linie 1. „Leasing" und 2. „Factoring".

1. Der **Begriff** des **Leasing** ist schwer zu fassen, da dieses in vielen Erscheinungsformen auftritt; ganz allgemein kann es dadurch charakterisiert werden, dass an die Stelle des *Kaufs* von Gegenständen deren *Miete* bzw. *Pacht* tritt („to lease" = [ver]mieten, [-]pachten). Verschiedene **Arten** können gemäß Darst. 15-5 zusammengefasst werden.

Lfd. Nr.	Kriterium	Einteilung
1	Leasing-Objekt	a) Konsumgüter-Leasing b) Investitionsgüter-Leasing (1) Mobilien-L. (Equipment-L.) (2) Immobilien-L. (Plant-L.)
2	Leasing-Geber	direktes (Hersteller-) L.- indirektes L.
3	Dauer der Bindung	Operate- und Finance-Leasing
4	Vereinbarung nach Ablauf	a) ohne Option b) mit Option (1) Kauf-O. (2) Mietverlängerungs-O.

Darst. 15-5: **Arten des Leasing**

Zu 1: **Konsumgüter-Leasing** könnte auch als auf den Leasing-Nehmer bezogene Unterscheidung charakterisiert werden: Es handelt sich dabei um *private* Verbraucher (*Beispiel:* Pkw). Leasing an *Unternehmen* bezieht sich zumeist auf **Investitionsgüter**, als **bewegliche Sachen** (z.B. Maschinen) oder **Immobilien** (Verwaltungsgebäude!).

Zu 2: In der Praxis vollzieht sich das Leasing meist nicht durch den **Hersteller direkt**, sondern **indirekt**, mittels spezieller Leasing-Gesellschaften. Eine *Sonderform* stellt das **Sale and Lease Back** dar, bei der ein Betrieb die

Objekte zunächst selbst als Eigentum (erworben) hat, sie dann an die Leasing-Gesellschaft verkauft und von dieser wieder zurückmietet.

Zu 3: Beim **Operate**-Leasing ist der Vertrag jederzeit *kündbar*, das Risiko der Investition und die Kosten für Instandhaltung trägt der Leasing-*Geber*. Hier kann deshalb auch der Fall eintreten, dass er das zurückgenommene Objekt erneut vermietet („**Second-Hand**-Leasing"). Dagegen sind beim **Finance**-Leasing die Verträge - für eine feste Grundmietzeit - *unkündbar*, das Investitionsrisiko und die Instandhaltungskosten liegen beim Leasing-*Nehmer*.

Zu 4: Die speziell für das *Finance*-Leasing bedeutsame Unterscheidung nach dem Vorhandensein von **Optionen** nach Ablauf der Bindungsdauer ist wichtig für die *steuerliche* Behandlung, als ein Kriterium für die Beurteilung der **Vor**- und **Nachteile** des Leasing:

Der **Finanzierungs-Effekt** - als *Vor*teil - ist offensichtlich: Die Anschaffungsausgaben werden durch laufende Zahlungen ersetzt. Nur sie belasten die *Liquidität*. Beim Operate-Leasing sind sie zudem, durch Kündigung, abbaubar und werden deshalb hier auch vergleichsweise hoch sein.

Damit wird der **reine Kostenvergleich** meist zu Ungunsten des Leasing ausgehen: Auch beim Finance-Leasing müssen die Kosten und Gewinne der Leasing-Gesellschaften Berücksichtigung finden, so dass die Mietraten die Zinskosten normalerweise übersteigen dürften. Von wesentlicher Bedeutung ist deshalb die **steuerliche** Behandlung. Im Prinzip stellen die Leasing-Raten Kosten dar und sind damit in der gleichen Periode voll steuerlich wirksam. (Insoweit, als sie die zulässige AfA - bei Kauf und Aktivierung - übersteigen, tragen sie damit zur Steuerersparnis bei.) Das gilt zumindest beim Operate-Leasing. Beim Finance-Leasing ist die steuerliche Behandlung (geregelt im „Leasing-" und im „Immobilien-Erlass" des Bundesfinanzministers) wesentlich von den oben unter 4 angesprochenen Options-Regelungen abhängig. Damit ergeben sich auch andere oft hervorgehobene Vorteile (besseres Bilanzbild bzw. höhere Kreditwürdigkeit, größere Flexibilität usw.) - und somit auch die *Beurteilung* des Leasing *insgesamt* - je nach Lage des Einzelfalls.

2. Der **Begriff** des **Factoring** ist danach differenzierbar, in welchem Ausmaß die drei Funktionen: Finanzierung, Verwaltung, Kreditsicherung (Delkredere) übernommen werden. Im allgemeinsten Sinne handelt es sich um einen Vertrag, in dem der Betrieb („Klient") seine Forderungen - aus Warenlieferungen und Leistungen - an ein Finanzierungsinstitut („Factor") verkauft, d.h.

zediert bzw. abtritt. Darst. 15-6 gibt einen Überblick über die verschiedenen Arten:

Lfd. Nr.	Kriterium	Einteilung
1	Übernahme der Delcredere-Funktion	echtes (non-recourse) und unechtes (recourse) F.
2	dto. Finanzierungs-Funktion	advance (Standard-) und maturity-F.
3	dto. Dienstleistungs-Funktion	offenes (notifiziertes) und stilles F.

Darst. 15-6: **Arten des Factoring**

Zu 1: Wird auch das *Ausfallrisiko* übernommen, also bei Ausfall eines Schuldners auf das Rückgriffsrecht gegenüber dem Klienten verzichtet, so liegt „*non-recourse*-Factoring" vor. Ansonsten handelt es sich letztlich lediglich um ein Kreditgeschäft.

Zu 2: Ein *Finanzierungseffekt* tritt im Grunde nur dann auf, wenn der Gegenwert der angekauften Forderungen *sofort* zur Verfügung gestellt wird („*advance* factoring") und *nicht* erst zum - individuellen oder durchschnittlichen - Fälligkeitstermin („*maturity* factoring").

Zu 3: Auch die Dienstleistungsfunktion, die Verwaltung des Forderungsbestandes, wird nur dann voll wahrgenommen, wenn es sich um *offenes* Factoring handelt, d.h. den Schuldnern die vorgenommene Zession - und dass sie „mit befreiender Wirkung" Zahlungen nur an den Factor leisten dürfen - mitgeteilt wird. Hier können dem Unternehmen u.U. beträchtliche Kostenersparnisse erwachsen (indem quasi die gesamte „Debitorenbuchhaltung" und das „Mahn- und Inkassowesen" ausgelagert wird). Andererseits, bei schon durchorganisiertem EDV-Betrieb, mag die Ersparnis im Verhältnis zu den Gebühren des Factors weniger bedeutsam erscheinen.

Letztlich hängt es damit auch hier vom *Einzelfall* ab, ob sich das *Factoring insgesamt* lohnt. Entscheidende Bedeutung bei dieser Gesamtbeurteilung kommt dabei oft dem erwähnten Finanzierungseffekt zu. Insbesondere mancher *Zulieferer* könnte darauf angewiesen sein. Speziell aus diesen Kreisen (und natürlich den das Factoring betreibenden Instituten, den *Factoring-Banken*

- nicht selten Töchter von allgemeinen Geschäftsbanken - kommt die Forderung, das in § 399 BGB enthaltene sog. *Abtretungsverbot* („Eine Forderung kann nicht abgetreten werden, wenn ... die Abtretung durch Vereinbarung mit dem Schuldner ausgeschlossen ist") aufzuheben oder zu erschweren. Auf der anderen Seite argumentiert eine offenbar zunehmende Anzahl von insbesondere Großunternehmen, dass das Abtretungsverbot zur Aufrechterhaltung der Übersichtlichkeit des Zahlungsverkehrs, der Vermeidung der Gefahr von Doppelzahlungen usw. erforderlich sei.

Bei der **Forfaitierung** handelt es sich ebenfalls um den Ankauf von Forderungen (meist im Export, speziell von Investitionsgütern). Sie ähnelt damit dem (Export-)Factoring; ein *Unterschied* liegt darin, dass es sich zumeist um *einzelne* - mittel- bis *langfristige* - Forderungen handelt, insofern also auch kaum von der „Dienstleistungsfunktion" die Rede sein kann.

15.4 Abstimmung finanzwirtschaftlicher Prozesse

15.4.1 Kapitalstruktur

15.4.1.1 „Klassische" Finanzierungsregeln

Die sog. *klassischen Regeln* („klassisch" deshalb, weil sie - trotz theoretischer Kritik, s. unten - sich in der Praxis, partiell erzwungen durch rechtliche Gegebenheiten, durchgesetzt haben) beruhen auf *Kennzahlen*. Insofern berühren sie den Bereich der *Finanzanalyse* (s. unten) bzw. *Bilanzanalyse* (s. Kap. 16). Man unterscheidet *horizontale* und *vertikale* Regeln.

Die **horizontalen Finanzierungsregeln** betrachten die horizontale Struktur der Bilanz und die - hier: *lang*fristige (zum kurzfristigen Deckungsgrad s. unten) - Deckung von *Vermögen* durch *Kapital*. Sie gehen aus vom *Grundsatz der Fristenkongruenz* und treten hauptsächlich in zwei Formen auf (oft im engeren Sinne als „Finanzierungsregeln" bezeichnet):

1. Die **goldene Finanzierungsregel** fordert, dass das Verhältnis von *lang*fristigem *Vermögen* zu dto. *Kapital* möglichst klein, höchstens aber gleich 1 sein soll (und umgekehrt bei *kurz*fristigem). Dem entspricht die sog. *goldene Bankregel*: Kurzfristig aufgenommenes Geld soll auch nur kurzfristig ausgeliehen werden.

2. Die **goldene Bilanzregel** stellt nicht auf die Fristen-Entsprechung schlechthin, sondern auch die bestimmter Finanzierungsformen ab. Die *engere* Fassung lautet:

$$\frac{Eigenkapital + Fremdkapital}{Anlagevermögen} \tag{15.7}$$

und wird - als bloße Kennzahl, also ohne Vergleich - auch als *Anlagendeckung II* bezeichnet. („I" beinhaltet nur den Quotienten „Eigenkapital/Anlagevermögen".) Die *weitere* Fassung bezieht - im Nenner - auch die langfristig gebundenen Teile des Umlaufvermögens ein.

Die **vertikalen Finanzierungsregeln** betrachten nur die Relationen auf der *rechten* Seite der Bilanz, dem *Kapital*, und werden deshalb auch **Kapitalstrukturregeln** genannt. Neben dem Verhältnis des *Eigen*kapitals (E) zum *Gesamt*kapital (G), der *Eigenkapitalquote*, bzw. dem des *Fremd*kapitals (F) zum Gesamtkapital, der *Fremdkapitalquote*, lässt sich hier insbesondere der *Verschuldungsgrad* (V) ermitteln:

$$V = \frac{Fremdkapital}{Eigenkapital} \tag{15.8}$$

(bzw. dessen „Kehrwert", der *Verschuldungskoeffizient*).

Zur *Kritik* s. BOGNER (2001), der mangelnde Definiertheit, Widersprüchlichkeit, mangelnde Relevanz für die Aufrechterhaltung des finanziellen Gleichgewichts und mangelnde Optimalität von Finanzierungsregeln kritisiert.

Die Frage ist nun, ob ein **optimaler Verschuldungsgrad** existiert. Dabei muss zunächst geklärt werden, von welcher *Zielsetzung* man ausgehen will. Selbst bei Zugrundelegung allein des Gewinn-Ziels und Verengung dessen auf die *Maximierung*, und zwar der *Rentabilität* (s. dazu auch die Erörterungen in Kap. 3), muss unterschieden werden:

$$Fremdkapitalrentabilität : r_F = i \cdot (Zins) \tag{15.9}$$

$$Gesamtkapitalrentabilität \ r = \frac{Bruttogewinn}{Gesamtkapital} \tag{15.10}$$

$$Eigenkapitalrentabilität \ r_E = \frac{Bruttogewinn - Zinsen \ (= Nettogewinn)}{Eigenkapital} \tag{15.11a}$$

$$= \frac{G \cdot r - F \cdot i}{E} \quad mit \ G = E + F \tag{15.11b}$$

$$= r + \frac{F}{E} \cdot (r - i) \tag{15.11c}$$

(s. auch A 15-13)

Bei - wie hier - vom Verschuldungsgrad *unabhängigem* i (und r) wirkt also der sog. **Leverage-Effekt**: *positiv* (man spricht auch von Leverage-*Chance*), solange r > i, *negativ* (Leverage-*Risiko*) bei r < i. Der *positive Leverage-Effekt*: „mit steigendem Verschuldungsgrad nimmt die Eigenkapitalrendite zu" wird an einem *Beispiel* (mit r = 10 und i = 5) in Darst. 15-7 veranschaulicht. (Zu einem Beispiel mit negativem Effekt s. A 15-15.)

E	F	F · i	G · r - F · i	r_E (%)
1000	0	0	100	10,0
900	100	5	95	10,6
800	200	10	90	11,2
700	300	15	85	12,1
600	400	20	80	13,3
500	500	25	75	15,0
400	600	30	70	17,5
300	700	35	65	21,7
200	800	40	60	30,0
100	900	45	55	55
0	1000	50	50	∞

Darst. 15-7: **Leverage-Effekt (positiv – Beispiel)**

Bei gegebenen i und r würde also *kein* optimaler Verschuldungsgrad existieren: Es besteht die Tendenz, mit *minimalem* Eigenkapital (z.B. einem sich aus der Rechtsform - s. Kap. 9 - zwingend ergebenden „Mindest-Kapital") auszukommen und sich „höchstmöglich" zu verschulden. Damit wird aber für die Kapital-Geber das *Risiko* einer Kapitalanlage zunehmen. Geht man also von der Zielsetzung der Maximierung der *Rendite* ab und zu der des *Vermögenswertes* (ausgedrückt im *Markt*wert, z.B. auch des *Kurses* der *Aktie* des Eigenkapitalgebers) über, so existiert ein kritischer - oder eben „optimaler" - Verschuldungsgrad: Wegen des Leverage-Effekts sinken, bei zunächst konstanten Eigen- und Fremdkapitalkosten, die *durchschnittlichen Kapitalkosten* (r_d); jenseits des Punktes, an dem das zunehmende Verschuldungsrisiko wahrgenommen wird, steigen die Kapitalkosten. Es ergibt sich also eine U-Kurve; ihr Minimum stellt den optimalen Verschuldungsgrad dar. Dabei ist unterstellt, dass die Konditionen für *alle* Kapitalgeber - auch die „alten" - angepasst werden; erfolgt die Konditionsanpassung nur für die Neu-Gläubiger, so liegt der optimale Verschuldungsgrad rechts vom Minimum der U-Kurve; die Zielsetzungen der Maximierung des Marktwertes des Eigen- und des Gesamtkapitals fallen auseinander.

15.4.1.2 Kapitalmarktmodelle

Die Theorie vom optimalen Verschuldungsgrad geht zwar, wie dargelegt, von der Bedeutsamkeit der Kapitalstruktur aus, berücksichtigt aber die andersartige Zielsetzung, die Maximierung des Vermögenswertes. Insofern liegt sie auf der Linie der *neueren Finanzierungstheorie*, die maßgeblich in den USA entwickelt wurde. Eine ihrer beiden Wurzeln - die andere bildet die „Portfolio-Selektion", s. unten - ist die „**MM-These**" (*Modigliani/Miller*) von der **Irrelevanz der Kapitalstruktur**.

Zur gleichen Aussage gelangt auch das „Kapitalmarktmodell", das unter den im Laufe der Zeit entwickelten Varianten wohl die größte Verbreitung gefunden hat: das **CAPM** (Capital Asset Pricing Model - auch, nach der Original-Version: Sharpe-Lintner-Mossin-Modell). Es greift zurück auf die **Portfolio-Theorie** („Portfolio Selection" - von *Markowitz*). Dabei spielt das mit einer Kapitalanlage verbundene Risiko eine große Rolle.

Das **Risiko** stellt sich wesentlich - neben dem der *Geldentwertung* - als eines der **Bonität** dar. Das *gesamte* Bonitäts-Risiko kann man dadurch vermindern, dass nicht nur Anlagen in *einem* Unternehmen getätigt werden. Mit anderen Worten: Durch die Diversifizierung, *Mischung* der Anlage, lässt sich ein *Teil* des Risikos beseitigen. Diese Risiken „zufälliger" Art, die durch Diversifizierung (theoretisch) verschwinden, nennt man **unsystematisches** Risiko. Für das verbleibende **systematische** Risiko wird der Anleger eine „Risiko-Prämie" fordern, ; sie tritt zu dem - angenommenen - Zins für **risikofreie** Anlagen.

Die **Messung** des - durch Portefeuille-Mischung nicht zu beseitigenden - *systematischen* Risikos geschieht nach *Markowitz* durch die *Varianz* bzw. *Standardabweichung*, im CAPM wird dafür der *Beta-Faktor* eingeführt. (In neueren Versionen - und eigentlich *entgegen* dem klassischen CAPM - ist gelegentlich ein Alpha-Faktor angesetzt, der quasi das „unsystematische" Risiko zum Ausdruck bringt. Man spricht dann auch von einem „nicht-effizienten Portfolio".) Das *durchschnittliche* Beta, für das „Marktportfolio" (M) beträgt 1; das *individuelle* Beta ist im Verhältnis hierzu zu sehen. Einzelpapiere mit einem geringerem systematischen Risiko weisen Beta-Werte < 1 auf und vice versa.

Das CAPM umschließt auch die **Markteffizienz-Hypothese**. Sie besagt: Sämtliche verfügbaren *Informationen* sind sofort im Kurs verarbeitet. In ihrer *starken* Form besagt diese Hypothese, dass selbst Insider-Informationen - also nicht öffentlich zugängliche - berücksichtigt sind; die *mittelstarke* („semi-strong form") beinhaltet auch Schätzungen über die Zukunft, die *schwache* („weak") Form nur die Vergangenheits-Informationen. Kann die Markteffizienz-Hypothese nicht verworfen werden, so bedeutete dies, dass sowohl „Fundamental"- als auch „Chart"-Analysen für Anlagen nutzlos wären.

Zumal angesichts dieser enormen *praktischen* Konsequenzen verwundert es nicht, dass sowohl die Markteffizienz-Hypothese als solche wie auch das CAPM im ganzen vielen empirischen Tests unterworfen wurden. Die Ergebnisse sind widersprüchlich. Am ehesten könnte es scheinen, als ob die Markteffizienz-Hypothese in ihrer „halb-starken" Form (d.h. bei Nichtberücksichtigung von Insider-Informationen) - und in einem nicht zu engen Markt - bisher hätte nicht widerlegt werden können. Beim CAPM im Ganzen kommen dazu Probleme der Testbarkeit bzw. Operationalisierung. (S. dazu ausführlich BERNSTEIN 2000.)

15.4.2 Finanzplanung und -analyse

Die *langfristige* **Finanzplanung** - mit *strategischem* Charakter - wurde im Grunde oben bereits behandelt: Sie umfasst Entscheidungen und Überlegungen über den Kapitalbedarf, die Finanzierungsarten, ihr Verhältnis usw. *Ausgangspunkt* sind dabei die anderen betrieblichen Teilpläne, meist - als „Engpass" - der Absatzplan: Soll z.B. der Absatz um x% gesteigert werden, so ergeben sich daraus Folgen für die Produktion, Beschaffung usw. und eben auch für Investition und Finanzierung.

Damit ist bereits angedeutet, dass die Kennzahlen der - *langfristigen* - **Finanzanalyse**, wie Verschuldungsgrad usw., für die Finanz*planung*, im Sinne der Entscheidungsbildung (s. auch Darst. 3-1) von Bedeutung sind. Darüber hinaus dienen sie aber auch der Finanz*kontrolle*, *intern* wie auch *extern* (im Rahmen der externen Bilanzanalyse, s. Kap. 16).

Für die *kurzfristige* Analyse bzw. Planung steht die **Liquidität** im Mittelpunkt. (Man spricht deshalb auch von *Liquiditätsplanung*, als Finanzplanung im *engeren* Sinne.) **Kennzahlen** dafür sind:

1. *Liquidität ersten Grades* („Bar-" oder „Kassa-"Liquidität):

$$\frac{Zahlungsmittel}{kurzfristige Verbindlichkeiten} \qquad (15.12)$$

„Zahlungsmittel" sind der Barbestand und (nicht langfristig gebundene) Bankguthaben.

2. Bei der *Liquidität 2. Grades* werden im Zähler zusätzlich die *kurz*fristigen Forderungen (und gegebenenfalls Wechselbestände) aufgenommen.

3. Die *Liquidität 3. Grades* („Current Ratio") umfasst - im Zähler - das ganze *kurz*fristige Umlaufvermögen; vom gesamten Umlaufvermögen wird dabei nur das abgezogen, was nicht kurzfristig (z.B. innerhalb eines Jahres) realisierbar erscheint.

(Mitunter werden - je nach Abgrenzung des Umlaufvermögens - auch noch andere Liquiditätsgrade unterschieden.)

Der **tägliche Liquiditätsstatus** enthält im Grunde nur die Ist-Werte (Bestände). *Planungs*-Charakter bekommt er erst durch seinen Zweck: Anlage von überschüssigen Mitteln bzw. Kreditaufnahme bei fehlenden sowie Lenkung der konkreten Zahlungsströme (über die diversen Konten etc.). Auch dabei fließen allerdings schon *prognostische* Überlegungen ein: Verwandlung der (kurzfristigen) Forderungen in Zahlungsmittel usw. Für die **operative Finanzplanung** (schon bis zu einer Woche) bedarf es deshalb der *Prognose* (hier teilweise mit *besonderen* Methoden, wie *Verweilzeitverteilungen* - zu den Verfahren *allgemein* s. HÜTTNER 1982 und 1986 und etwa auch bei PERRIDON/STEINER 2002, S. 638 und S. 648).

Neuerdings wird zunehmend von „**Cash Management**" (und - als Hilfsmittel - Cash-Management-Systemen) gesprochen - dies aber auch im Hinblick auf die *regionale* Abstimmung. Denn es liegt nahe, bei *international* tätigen Konzernen die Zahlungsströme auf ihre Optimierung hin zu prüfen, z.B. statt der - wenn auch vielleicht nur kurzfristigen (durch Kontoüberziehung bei Kontokorrent-Krediten) - Kreditaufnahme bei einer Bank solche bei anderen Konzernunternehmen zu erwägen; eine etwaige zentrale „Clearing Stelle" bekommt dann fast den Charakter einer „Bank" (und könnte somit auch als „Profit Center" geführt werden).

15.4.3 Risikoabsicherung, Financial Futures und Optionen

Insbesondere bei *internationalen* Geschäften - wo die *zeitliche* Unsicherheit sich vermengt mit der *regionalen* Differenzierung - gewinnt der Gedanke der *Risikoabsicherung* an Bedeutung. Risiken können entstehen durch Währungskurse und durch Zinsänderungen. Darst. 15-8 zeigt einige wesentliche Instrumente der Risikoabsicherung ():

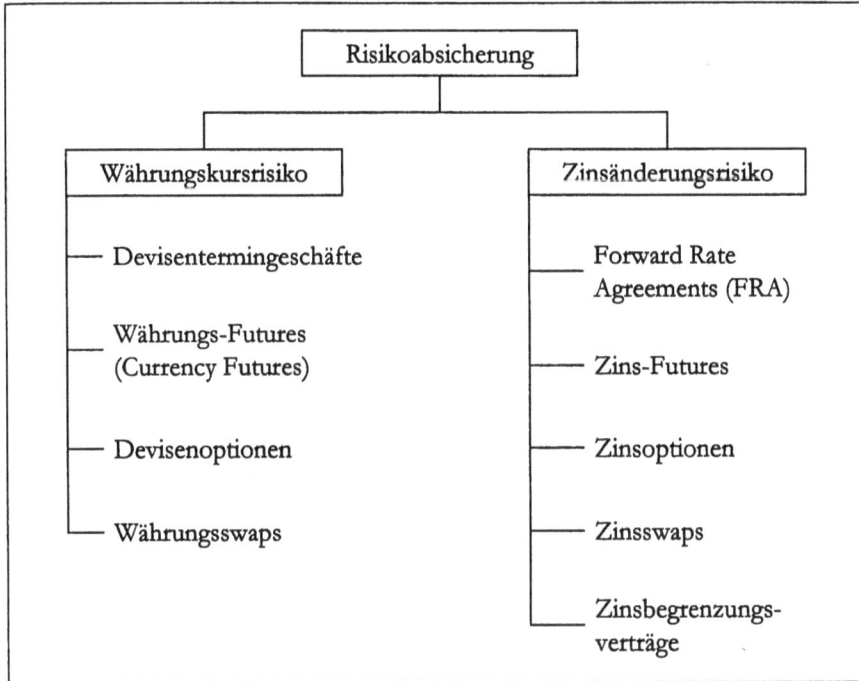

```
                        Risikoabsicherung
                        /              \
        Währungskursrisiko              Zinsänderungsrisiko

        — Devisentermingeschäfte        — Forward Rate
                                          Agreements (FRA)
        — Währungs-Futures
          (Currency Futures)            — Zins-Futures

        — Devisenoptionen               — Zinsoptionen

        — Währungsswaps                 — Zinsswaps

                                        — Zinsbegrenzungs-
                                          verträge
```

Darst. 15-8: **Wichtige Instrumente der Risikoabsicherung nach** PERRIDON/STEINER 2002, S. 308

Die Erläuterung der oben genannte Instrumente würde an dieser Stelle zu weit führen. Es sei auf die angegebene Literatur verwiesen. Exemplarisch soll noch auf **Financial Futures** eingegangen werden. Hierunter fallen *Zins-Futures*, *Währungs-Futures* und *Index-Futures* (EILENBERGER 2003, S. 127). Financial Futures werden an der **Börse** gehandelt. Ihr oft rein *spekulativer* Charakter sollte nicht verkannt werden. Nach dem *Charakter* des gehandelten „Gutes" kann man dabei zwischen *Wertpapier-(„Effekten")*, *Devisen-* und *Waren*börsen unterscheiden - letztere interessieren im hier gegebenen Zusammenhang weniger -, nach der *zeitlichen Dimension* zwischen *Kassa-* und *Termin*geschäft.

Im Folgenden wird allein auf die **EUREX** (einem Zusammenschluss der SOFFEX - gegründet in der Nähe von Zürich, Schweiz – und der DTB - „Deutsche Terminbörse" GmbH) abgestellt. (Sie ist eine reine *Computer*-börse - im Unterschied [noch] zu den regionalen *Präsenz*-Börsen, mit dem jeweiligen „Börsenparkett".) Die hier gehandelten „Kontrakte" sind stark *standardisiert*. Der EUREX (Franke 2001, Sp. 656 f.) bietet Futures auf festverzinsliche Papiere verschiedener Laufzeiten an. Eine *erste Gruppe* bilden die **Zins-Futures**:

1. „*Bund*-Future" (*lang*fristig: idealtypische Schuldverschreibung, mit bestimmtem Zinssatz und bestimmter Restlaufzeit; Laufzeit zwischen 8 ½ und 10 Jahren);

2. „*Schatz*-Future" (*kurz- bis mittel*fristig: Laufzeit zwischen 1¾ und 2½ Jahren);

3. „*Bobl*-Future" (*mittel*fristig: Restlaufzeit 3,5 – 5 ½ Jahre);

3. „*Buxl*-Future" (*extrem lang*fristig: 15-30 Jahre);

4. „Future" auf kurzfristigen Zins (1- und 3-Monats-Zins) auf Euribor-Basis.

Diesen Futures steht der *Dax-Future* gegenüber. Er orientiert sich - mit € 25,- pro Indexpunkt - am derzeit recht bekannten Deutschen Aktienindex DAX. Dieser wurde 1988 mit 1000 als Basis eingeführt; er beschränkt sich - ähnlich wie der amerikanische DOW JONES - auf relativ wenige Werte (30). Er misst die Performance der 30 hinsichtlich *Orderbuchumsatz* und *Marktkapitalisierung* größten deutschen Unternehmen, die im *Prime-Standard*-Segment notiert sind. Nicht zuletzt deshalb hat er einige Ableger bekommen, aktuell den MDAX, TecDAX und den SDAX. Der MDAX enthält die nächsten 50 Unternehmen des Prime Standard aus *klassischen* Sektoren, der TecDAX bildet die größten 30 *Technologie*unternehmen, die dem Prime Standard folgen, ab, und der SDAX ist der Auswahlindex für 50 kleinere Unternehmen, sog. *Smallcaps*, die den Unternehmen des MDAX folgen. Analog dem DAX sind im REX - Deutscher Renten-Index - die Kurse von 30 Rentenpapieren zusammengefasst.

Neben diese Futures treten die **Optionen**. Sie können auf einige einzelne Aktien oder eben auch die Futures erfolgen. Während es sich bei letzteren um eine Art „Fixgeschäft" handelt (bei dem aber im Unterschied zum Kassamarkt nur die *Differenzen* - „*Margins*" - ausgeglichen werden müssen,) enthält eine Option lediglich ein Recht - das man ausüben oder verfallen lassen kann

- gegen Zahlung einer „Prämie": zu *liefern* bei der *Verkaufs*option („*Put*"), Lieferung zu *fordern*, bei der *Kauf*option („*Call*"). Insgesamt sind also 4 Fälle zu unterscheiden:

1. *Kauf* einer *Kauf*option, in Erwartung steigender Kurse (*bullish*, a la Hausse). Die *Chance* besteht darin, das Optionsrecht auszuüben und einen Kursgewinn zu erzielen; das *Risiko* liegt darin - bei sinkenden Kursen -, die Optionsprämie zu verlieren (unter Verzicht auf Ausübung).

2. *Kauf* einer *Verkaufs*option (*bearish*, a la Baisse): Ausübung bei sinkenden Kursen.

3. *Verkauf* einer *Kauf*option: Man ist *Stillhalter* (muss abwarten, wie sich der Käufer verhält), bekommt Optionsprämie.

4. *Verkauf* einer *Verkaufs*option: dto. (aber Erwartung *steigender* Kurse).

Nicht über die Börse - sondern in der Regel die *Banken*, auch als Vermittler - läuft die **Swap**-Technik. Es handelt sich dabei im Grunde über den *Tausch* von Forderungen („*Asset*-Swap") bzw. Verbindlichkeiten („*Liability* Swap"). Nach dem Volumen der Tauschvereinbarung kann man zwischen reinen *Zins*-Swaps, wobei nur die Zinszahlungs-Verpflichtung getauscht wird, und *Währungs*-Swaps unterscheiden; *bei letzteren* ist Gegenstand des Tausches auch der Kapitalbetrag in unterschiedlichen Währungen.

Literaturhinweise

Zum Teil V kann man drei Gruppen von - allgemeiner - Literatur unterscheiden: 1. die *gesamte Finanzwirtschaft* betreffende, 2. die sich nur auf die *Finanzierung* beziehende, 3. die allein *Investitionen* behandelnde. Auf letztere wurde am Ende von Kap. 14 hingewiesen; hier sind nur die ersten beiden Gruppen zu betrachten:

Bereits im Text genannte Gesamtdarstellungen der Finanzwirtschaft sind: EILENBERGER 2003; KAPPLER/REHKUGLER 1991 und PERRIDON/STEINER 2002. Weiter sei hingewiesen auf: AMANN 1993; DÄUMLER 1997; FRANKE/HAX 1999; GERKE/STEINER 2001; KRUSCHWITZ 2002; MÖSER 1993; R.H. SCHMIDT 2002; D. SCHNEIDER 1992; SPREMANN 1991; SÜCHTING 1995; SWOBODA 1996.

Bezüglich - allgemeiner - Literatur speziell zum Bereich *Finanzierung* sei genannt: DRUKARCZYK 1993 und 1999; MATSCHKE 1991; PRÄTSCH/SCHIKORRA/ LUDWIG 2001; SWOBODA 1994; VORMBAUM 1995; WÖHE/BILLSTEIN 2002.

Aufgaben

15-1: *T/F:* Der monetäre Finanzierungsbegriff bezieht sich auf einen Zahlungsstrom, der mit einer Auszahlung beginnt.   T / F

15-2: *T/F:* Zu den Bestimmungsgründen des Kapitalbedarfs nach Gutenberg gehören weder die Prozessleitstände noch die Prozessgeschwindigkeit.   T / F

15-3: Bedeutet der „gespaltene Steuersatz", mit niedrigerer Besteuerung des ausgeschütteten Gewinnes, eine Begünstigung oder Benachteiligung der „Selbstfinanzierung"?

15-4: *MC:*
Angenommen, der Gewinn einer Unternehmung würde der Körperschaftssteuer unterliegen, mit folgenden Sätzen: 47% für einbehaltene Gewinne, 35% für ausgeschüttete. Die maximale Ausschüttung (in % des Gewinns) beträgt dann
o 100% (da die Steuer aus Rücklagen bezahlt wird)
o 65%
o 53%
o 18% (100 - 47 - 35)
o (aus einer entsprechenden Formel sich ergebend) 45 %

15-5: *T/F:* Stille Reserven bedingen eine nachhaltige Steuerersparnis, da sie erst bei der Auflösung zu bewerten sind.   T / F

15-6: *MC:*
Aufgrund des Kapazitätserweiterungseffektes
o kann ein Unternehmer die Kapazität seiner Anlagen über die gesamte Laufzeit aller Anlagen erhöhen, ohne seinen Gewinn für Erweiterungsinvestitionen einsetzen zu müssen
o wird die in einzelnen Perioden jeweils zur Verfügung stehende Kapazität dauerhaft erhöht
o wird ein stetiger Anstieg des Anlagenbestandes realisiert, sofern sich die Kapazität der einzelnen Perioden dauerhaft erhöht

o kommt es zwar zu einer Erhöhung der Zahl der Anlagen, aber nur zu einem scheinbaren (rein rechnerischen) Anstieg der Anlagenkapazität in den einzelnen Perioden

o wird die Anlagenkapazität eines Unternehmens erhöht, sofern die Abschreibungen nicht degressiv angesetzt werden

15-7:   T/F: Eigen- und Selbstfinanzierung unterscheiden sich dadurch voneinander, dass die Selbstfinanzierung aus Abschreibungen besteht, während die Eigenfinanzierung aus Mitteln herrührt, die das Unternehmen eigenständig erwirtschaftet hat.   T / F

15-8:   a) Angenommen, jemand hat vor genau einem Jahr eine Aktie (zum Nennwert von 100 €) erworben, für die er 500 € bezahlt hat. Nachdem nunmehr eine Dividenden-Ausschüttung von 15% erfolgt, möchte er die Rentabilität seines eingesetzten Kapitals („Rendite") ermitteln. Wie hoch ist diese?

        b) Macht es einen Unterschied, wenn er die Aktie vor einem *halben* Jahr erworben hat?

15-9:   T/F: „Zero Bonds" werden nicht verzinst; sie werden daher erworben, um steuerlich als Verlust deklariert zu werden.   T / F

15-10: T/F: Der Vorteil des Leasing im Vergleich zum Kauf basiert auf den geringeren Finanzierungskosten.   T / F

15-11: Ordnen Sie folgende Begriffen: 1. Hypothek, 2. Wandelschuldverschreibung, 3. Namensaktien, 4. Kapazitätserweiterungseffekt und 5. Operate Leasing jeweils eine der folgenden Aussagen zu:

        a) Option, Anleihebetrag in Aktien einzutauschen
        b) Lohmann-Ruchti-Effekt
        c) Recht auf zusätzlichen Erwerb von Aktien
        d) jederzeit kündbar
        e) abhängig vom Bestehen der Forderung
        f) sind „Order-Papiere"
        (Antwort: z.B. „1f" - ? - „2" ...)

15-12: T/F: Vertikale Finanzierungsregeln beziehen sich auf die Kapitalseite der Bilanz und heißen darum „Kapitalstrukturregeln".   T / F

15-13: Leiten sie (15.11c) aus (15.11b) ab!

15-14: MC:
        Der Leverage-Effekt sagt aus, dass

o auch bei hoher Verschuldung die durchschnittlichen Kapitalkosten gesenkt werden können, wenn die Eigenkapitalrendite größer ist als der Fremdkapitalsatz

o bei einer gleichbleibenden Investitionsrendite die Finanzierung durch Eigenkapital höher sein muss als die Finanzierung durch Fremdkapital, wenn die Eigenkapitalrendite sich nicht verändern soll

o ein optimaler Verschuldungsgrad bei steigenden Fremdkapitalkosten nur dann möglich ist, wenn die Investitionsrendite dem Kalkulationszinsfuß entspricht

o mit steigender Fremdfinanzierung die Eigenkapitalrendite zunimmt, wenn die Investitionsrendite größer als der Fremdkapitalzinssatz ist

o im Falle der optimalen Verschuldung die Hälfte des Umlaufvermögens durch Fremdkapital gedeckt sein muss, da in diesem Falle die Fremdkapitalkosten nicht weiter steigen können

15-15: Zeigen Sie nach dem Muster von Darst. 15-7 mit den gleichen Zahlen für den Verschuldungsgrad und r, aber nunmehr i = 15, die Wirkung des - negativen - Leverage-Effekts!

15-16: a) Durch welche statistische Größe könnte man das Risiko einer Investition quantifizieren, deren Rendite 15 Ausprägungen annehmen kann, die alle bekannt sind?

b) Was besagt die Unterscheidung zwischen systematischen und unsystematischen Risiko im Rahmen des CAPM?

Teil V Unternehmensrechnung und Steuern

Einführung: Abbildung betrieblicher Prozesse in der Unternehmensrechnung

Ein- und *Auszahlungen* müssen aufgezeichnet werden; das gilt auch für *Einnahmen* und *Ausgaben.* Von diesen (Geld-)Strömen war im vorhergehenden Teil die Rede. (S. dazu auch Darst. IVE-2, mit der Unterscheidung zwischen Einzahlungen und Einnahmen.) Dazu treten nun aber noch andere **Grundbegriffe**. Das sind zunächst *Ertrag* und *Aufwand.* Für die *Abgrenzung* zwischen *Einnahmen* und *Ertrag* - und sinngemäß auch für „Ausgaben/Aufwand" - kann man eine ähnliche Darstellung vornehmen wie eben erwähnt: Gemäß Darst. VE-1 (vgl. auch ZDROWOMYSLAW 2001, S. 55) gibt es sowohl Einnahmen, die keine Erträge sind (Beispiel: Verkauf von Vermögensteilen zum Buchwert) als auch Ertrag, der keine Einnahme beinhaltet, z.B. Höherbewertung eines Wertpapier-Bestandes aufgrund gestiegener Kurse.

Einnahmen (Periode) (= Erhöhung des Geldvermögens)			
Einnahmen, keine Erträge	Einnahmen = Erträge		
		Erträge = Einnahmen	Erträge, keine Einnahmen
	Erträge (Periode) (= Erhöhung des Nettovermögens)		

Darst. VE-1: Abgrenzung „Einnahmen"/„Erträge"

Diese 3 Begriffspaare betreffen die **Finanz-** oder **Geschäftsbuchhaltung**. In der **Kostenrechnung** bzw. **Betriebsbuchhaltung** (so gelegentlich auch, insbesondere früher) spielen jedoch *Kosten* und *Leistungen (Erlöse)* eine Rolle. Für die *Abgrenzung* zwischen *Ertrag* und *Leistung (Erlöse)* - und sinngemäß auch für „Aufwand/Kosten" (s. unten, Darst. 16-10) - kann man ein ähnliches

Schema wie bisher geben. Das Verhältnis der 8 Grundbegriffe insgesamt lässt sich gemäß Darst. VE-2 veranschaulichen (vgl. auch z.B. HABERSTOCK 2002; PETERS/BRÜHL/STELLING 2002; WÖHE 2002).

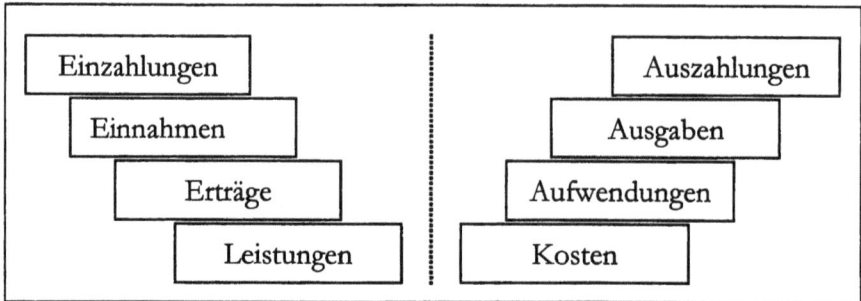

Einzahlungen		Auszahlungen
Einnahmen		Ausgaben
Erträge		Aufwendungen
Leistungen		Kosten

Darst. VE-2: **Verhältnis von 8 Grundbegriffen**

Die *Kostenrechnung* dient - im Prinzip - ausschließlich *internen* **Zwecken**, der *Dokumentation* zur *Disposition* und *Kontrolle*. Der *Jahresabschluss* aufgrund der *Finanzbuchhaltung* hat darüber hinaus auch *externe* Aufgaben (*Information* Dritter, *Gewinnfeststellung* und *Ausschüttungsregelung*) und ist deshalb gesetzlich vorgeschrieben; s. dazu unten. Im Buchführungserlass von 1937 waren noch zwei weitere Teilgebiete genannt: betriebswirtschaftliche *Statistik* und *Planungsrechnung* („Vorschaurechnung"). Diese greifen aber, wie aus allen vorhergehenden Ausführungen ersichtlich geworden sein dürfte, weit über das Rechnungswesen hinaus. Im folgenden geschieht deshalb eine Beschränkung auf die erstgenannten beiden Teilgebiete: In Kap. 16 wird der Jahresabschluss behandelt, in Kap. 17 die Kostenrechnung. Dabei erfolgt eine besonders gestraffte Darstellung.

Kapitel 16 Externe Unternehmensrechnung („Jahresabschluss")

Wie in der Einführung bereits erwähnt, beruhen Buchführung und Bilanz auf gesetzlichen Vorschriften. Waren früher die handelsrechtlichen Vorschriften - zur Steuerbilanz s. auch noch unten - relativ breit gestreut, so ist, aufgrund der sog. 4. EG-Richtlinie, durch das „Bilanzrichtlinien-Gesetz" von 1985 eine gewisse Zusammenfassung erfolgt. Im HGB werden nunmehr in bezug auf diese Vorschriften zwei große Gruppen gebildet:

1. Kapitalgesellschaften
   (mit der Unterscheidung in „kleine", „mittelgroße" und „große" gemäß Darst. 9-2),
2. sonstige Kaufleute
   (wobei danach zu differenzieren ist, ob sie unter das Publizitätsgesetz fallen oder nicht).

Darst. 16-1 zeigt die **Teile des Jahresabschlusses** mit Bezug auf einzelne Unternehmenskategorien. Ein ganz wesentlicher Teil ist zweifellos die *Bilanz,* darauf wird im 1. Abschnitt näher eingegangen. Der 2. Abschnitt behandelt die *Gewinn- und Verlust-Rechnung* („GuV"), der 3. und letzte den *Anhang* und den *Lagebericht,* mit Hinweisen auf einige *Ergänzungsrechnungen.*

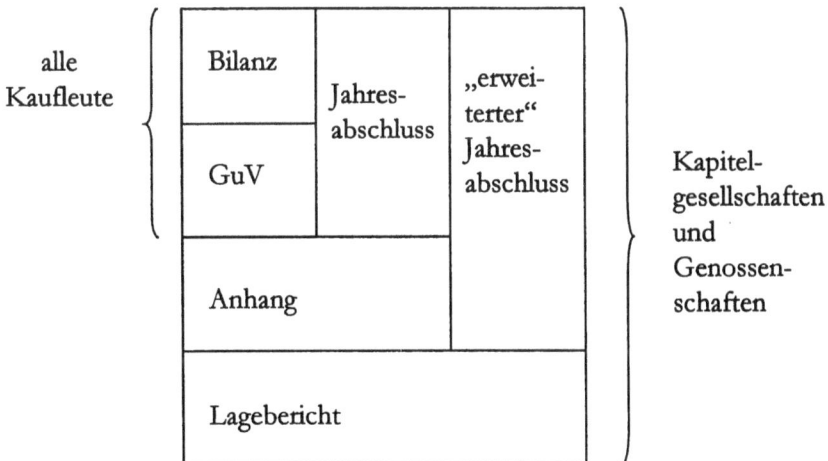

Darst. 16-1: Teile des Jahresabschlusses (und Lagebericht)

16.1 Bilanz

16.1.1 Aufbau der Bilanz - Grundsätze ordnungsgemäßer Buchführung bzw. Bilanzierung

Man kann verschiedene **Arten** von Bilanzen unterscheiden. (Vgl. dazu etwa das Schema bei WÖHE 2002, S. 841.) *Hier* soll, gemäß auch der Einführung zu diesem Kapitel, die **Handelsbilanz**, die auf den *handelsrechtlichen* Vorschriften beruhende Bilanzierung, im Vordergrund stehen. Auf die **Steuerbilanz**, die Bilanzierung gemäß den *steuerrechtlichen* Bestimmungen, wird nur am Rande eingegangen. (S. im Übrigen auch „Kapitel 18: Steuern". Allerdings sei darauf hingewiesen, dass eine *Beziehung* zwischen beiden besteht, in Form des **Maßgeblichkeitsprinzips**: Es gilt, dass die Ansätze in der Handelsbilanz für die Steuerbilanz maßgeblich sind. Daraus folgt dann allerdings auch, dass steuerlich zulässige „günstigere" Ansätze auch in der Handelsbilanz vorgenommen werden müssen: „**umgekehrtes** Maßgeblichkeitsprinzip". (S. zur Bewertung in der Bilanz unten, Abschnitt 16.1.4)

Darst. 16-2 zeigt den formalen **Aufbau** der **Bilanz**, als Gegenüberstellung von „Vermögen" und „Kapital".

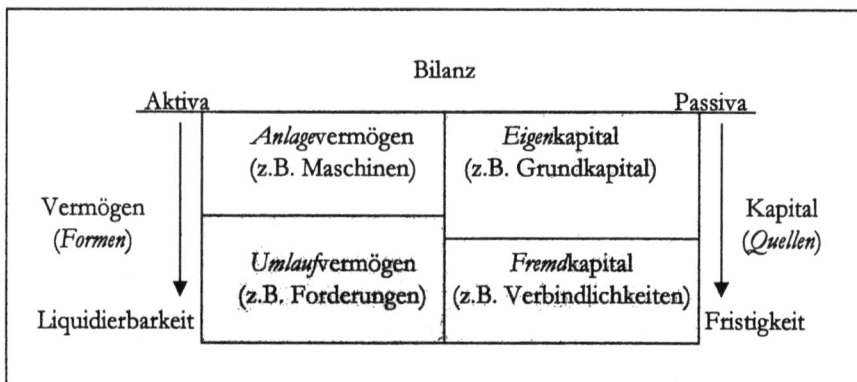

Darst. 16-2: **Gegenüberstellung von „Vermögen" und „Kapital" in der Bilanz**

Die einzelnen Bilanz-Positionen (s. zur - weitergehenden - *Gliederung* der Bilanz auch Unterabschnitt 2) gehen zurück auf das **Inventar**, das „Beständeverzeichnis", das wiederum auf einer **Inventur**, einer „Bestandsaufnahme" - die heute unter bestimmten Bedingungen auch als Stichprobe zulässig ist - beruht. Inventar und Bilanz unterscheiden sich u.a. - *formal* - darin, dass ersteres in **Staffel**form aufgestellt ist, während die Bilanz

gemäß Darst. 16-2 die typische **Konto**form zeigt. Dabei sind - bei Abschluss
– beide Seiten *gleich* groß. (Daher auch der Name, von ital. „bilancia", die
Waage. Der Ausgleich kommt letztlich durch den Differenz-Posten
„Gewinn" zustande; s. dazu auch Abschnitt 2, Gewinn- und Verlust-
Rechnung.) Die Bilanzierung der *einzelnen* großen Positionen ist bei uns *nicht*
erforderlich (aber denkbar z.B. „Anlagemittel" und „Anlagemittelfonds");
deshalb ist das Eigenkapital in Darst. 16-2 - den in Kap. 15 erwähnten
„Finanzierungsregeln" entsprechend (aber durchaus nicht immer der
Praxis!) - etwas größer eingezeichnet. Die beiden Pfeile geben den jeweiligen
Anordnungsgrundsatz wieder: auf der linken Seite nach der Liquidierbarkeit,
der Möglichkeit der „Verflüssigung" in Bargeld (dieses steht deshalb an letzter
Stelle - s. auch Unterabschnitt 2), auf der rechten Seite nach der Fristigkeit.

Die Bilanz gibt damit **Bestands**größen, zum „Bilanz-*Stichtag*" wieder. Die
Erfassung der **Bewegung** zwischen zwei Bilanzstichtagen, also zwischen
„Eröffnungs-" und „Schlussbilanz", d.h. innerhalb des Geschäftsjahres, geschieht durch die **Buchhaltung**. Für Kaufleute, wie erwähnt (in Kap. 9), wurde die **doppelte** Buchhaltung („Doppik") vorgeschrieben. Sie ist dadurch gekennzeichnet, dass jeder Geschäftsvorfall doppelt verbucht wird, einmal auf
der *linken* Seite eines Kontos (im „Soll"), zum anderen *rechts* (im „Haben").

Gelegentlich finden sich noch andere Charakterisierungen der Bezeichnung
„doppelt" - so etwa, dass einmal im „Grundbuch" (Journal), zum anderen im
„Hauptbuch" gebucht werden muss. Das berührt schon die Buchführungs-
techniken. Darauf kann hier nicht weiter eingegangen werden. Es sei nur
erwähnt, dass im Laufe der Entwicklung von der Eintragung in - gebundene -
„Bücher" im Wortsinne abgegangen wurde: über die „Durchschreib-" bzw.
„Loseblatt-Buchführung" bis zu der mit EDV. Ebenfalls kann auf andere
Buchführungs*systeme* nicht weiter eingegangen werden: die *einfache* Buchführung, mit Verzicht eben auf die doppelte Verbuchung (und insofern als „Ent-
artung" der Doppik) und die *kameralistische* Buchführung (die bei Gebietskörperschaften usw. Anwendung findet und im Prinzip eine Beschränkung
auf eine Einnahme-Ausgabe-Rechnung darstellt).

Die Einrichtung von einzelnen Konten für die diversen Bilanzpositionen
führt zu den - **aktiven** und **passiven** - **Bestandskonten**. Darst. 16-3 (folgende Seite) zeigt ein aktives Bestandskonto schematisch (mit willkürlichen
Größenverhältnissen).

Soll		Haben
AB	Abgänge	
Zugänge	EB	

Darst. 16-3: **Schema eines aktiven Bestandskontos**

Dies könnte auch durch die sog. *Fortschreibungsgleichung* dargestellt werden:

AB + Zugänge ./. Abgänge = EB   (16.1a)

oder

$$B_{t0} + Z_{t0,t1} - A_{t0,t1} = B_{t1} \qquad\qquad\qquad (16.1b)$$

(mit B für Bestand, Z für Zugänge und A für Abgänge sowie t_0 und t_1 als Zeitpunkt des Beginns und Ende des Geschäftsjahres)

Dies zeigt, dass als Darstellungsmittel neben *Konto* und, wie bereits erwähnt, *Staffel* auch *Gleichungen* bzw. die *Matrizenform* in Betracht kommen.

Die Endbestände der Bestandskonten gehen in die Schlussbilanz ein. Im Laufe des Jahres sollen sich jedoch nicht bloß die Bestände verändern (z.B. bare Mittel auf einem verzinslichen Konto Anlage finden), sondern auch „Erfolge" erzielt werden (z.B. die Zinsen für Bankguthaben). Ihre Verbuchung erfolgt auf den **Erfolgskonten**. Dabei werden *Erträge rechts* und *Aufwendungen links* verbucht. Ihr „Saldo" - die Differenz zwischen linker und rechter Seite - geht in die Gewinn- und Verlust-Rechnung ein; s. dazu Abschnitt 2. Diese wie auch die Bilanz stehen jedoch *außerhalb* des Systems der Doppik. *Innerhalb* dieses müssen zum Abschluss der Konten besondere **Abschlusskonten** eingerichtet werden, etwa das „Schlussbilanzkonto" (SBK) zum Abschluss der Bestandskonten. Der Eröffnung dieser dient das „Eröffnungsbilanzkonto" EBK; es stellt gewissermaßen das Spiegelbild der Eröffnungs-Bilanz dar. (S. dazu A 16-2.)

Die für einen „normalen" - d.h. nicht zu kleinen - Betrieb notwendige Vielzahl von Konten bedarf irgendeiner Ordnung. Für Deutschland ist dafür schon seit längerem (in großem Ausmaß seit den 30er Jahren dieses Jahrhunderts) die *Dezimalklassifikation* üblich. Für verschiedene Wirtschaftszweige (nicht für alle!) wurden sog. **Kontenrahmen** erarbeitet. Für den Bereich der *Industrie* galt seit 1946 zunächst der sog. *Gemeinschaftskontenrahmen* (GKR), mit der Einteilung nach - einstelligen - Konten*klassen* usw., nach dem sog. *Prozessgliederungsprinzip*. Dieses wurde 1971 mit der Einführung des *„Industriekontenrahmens"* (IKR) abgelöst durch das *Abschlussgliederungsprinzip*; es gilt auch für die - durch das Bilanzrichtliniengesetz veranlasste - Neufassung 1986, gemäß Darst. 16-4.

0 immaterielle Vermögens-gegenstände und Sachanlagen 1 Finanzanlagen	Anlagevermögen	Aktiva	Bestandskonten
2 Umlaufvermögen und aktive Rechnungsabgrenzung			Bestandskonten
3 Eigenkapital und Rückstellungen 4 Verbindlichkeiten und passive Rechnungsabgrenzung	Passiva		
5 Erträge			Erfolgskonten
6 Betriebliche Aufwendungen 7 Weitere Aufwendungen	Aufwendungen		Erfolgskonten
8 Ergebnisrechnung			(Eröffnungs- und) Abschluss-konten
9 frei für „Kosten- und Leistungsrechnung"			

Darst. 16-4: **Schema des IKR**

Der Kontenrahmen gibt, wie schon der Name sagt, den - heute noch dazu unverbindlichen - „Rahmen" an. Die individuelle Ausgestaltung für den einzelnen Betrieb bezeichnet man als **Kontenplan**. Auch dieser bedarf jedoch, wie oben gesagt, „irgendeiner Ordnung". Das ergibt sich aus den **Grundsätzen ordnungsgemäßer Buchführung** bzw. **Bilanzierung**. Solche sind in den gesetzlichen Bestimmungen verschiedentlich angesprochen, jedoch nicht im einzelnen aufgeführt. Über Inhalt und Ordnung gibt es deshalb eine reichhaltige - und nicht immer einheitliche - Literatur. (So sagt z.B. § 234 HGB - für alle Kaufleute - in Abs. 1 nur: „Der Jahresabschluss ist nach den Grundsätzen ordnungsgemäßer Buchführung aufzustellen." [Abs. 2 lautet dann: „Er muss klar und übersichtlich sein" und wirft damit die Frage auf, ob „Klarheit" und „Übersichtlichkeit" außerhalb der angesprochenen Grundsätze stehen.]) Darauf kann hier nicht näher eingegangen werden; stattdessen wird nur, in Darst. 16-5, eine zusammenfassende Übersicht wiedergegeben.

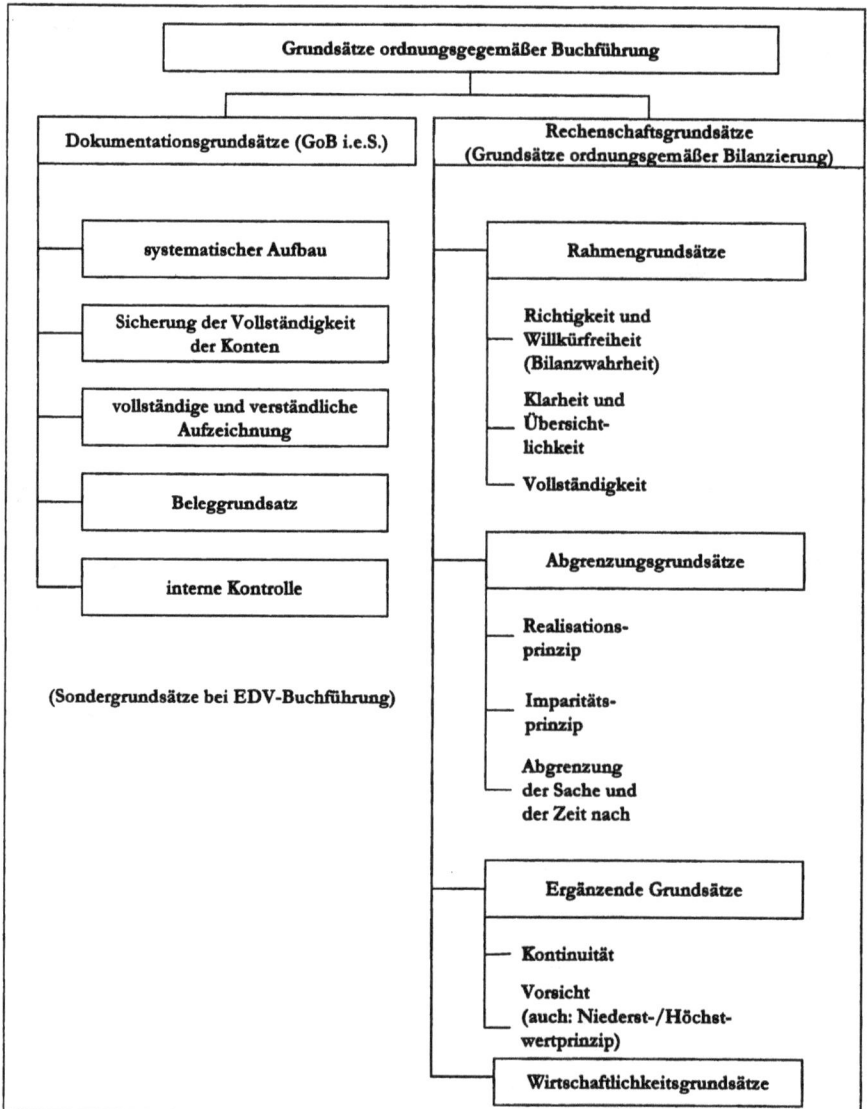

Darst. 16-5: **Grundsätze ordnungsmäßiger Buchführung bzw. Bilanzierung (nach HEINHOLD 1996, S. 47)**

16.1.2 Gliederung der Bilanz

Das „bilanzpolitische Instrumentarium" ist vielgestaltig. (S. dazu auch die Übersicht bei HEINHOLD 1993, S. 144.) Neben *materiellen* Instrumenten - ein wesentliches davon, die *Bewertungs*wahlrechte, wird im nächsten Unterabschnitt erörtert - und den bereits im vorigen Abschnitt anklingenden *zeitlichen* Instrumenten (wozu z.B. der Termin der *Vorlage* und der *Veröffentlichung* der Bilanz zählt) gehören dazu solche *formaler* Art. Sie beziehen sich insbesondere auf die *Detailliertheit* des Jahresabschlusses; dazu rechnet auch die *Bilanzgliederung*.

Zur Beschränkung des Spielraums bestehen hier bestimmte Vorschriften. Sie sind verschieden nach den in der Einführung angesprochenen *Kategorien* von Kaufleuten. Am tiefsten ist die vorgeschriebene *Mindestgliederung* für *mittlere* und *große Kapitalgesellschaften*; sie wird als Appendix zu diesem Kapitel wiedergegeben (Darst. 16-12.) Für *kleine* Kapitalgesellschaften entfällt die Untergliederung in der dritten Stufe; sie können sich auf die mit Großbuchstaben und römischen Ziffern beschriebenen Teile beschränken. Für *sonstige Kaufleute* bestehen überhaupt keine *formalen* Gliederungsvorschriften; auch ist die Kontenform nicht zwingend vorgeschrieben; *inhaltlich* ergeben sich jedoch gewisse Anforderungen, die denen an „kleine" Kapitalgesellschaften ähneln. Man kann deshalb das Schema in Darst. 16-6 (entwickelt einerseits aus dem im Appendix wiedergegebenen ausführlichen Gliederungsschema, andererseits der Gegenüberstellung in Darst. 16-2) in etwa als *Mindest-Gliederung* ansehen.

Aktiva	Passiva
Anlagevermögen	**Eigenkapital**
• immaterielle Vermögensgegenstände	...
• Sachanlagen	Jahresüberschuss/-fehlbetrag
• Finanzanlagen	**Fremdkapital**
Umlaufvermögen	• Rückstellungen
• Vorräte	• Verbindlichkeiten
• Forderungen	**Passive Rechnungsabgrenzung**
• Wertpapiere	
• Zahlungsmittel	
Aktive Rechnungsabgrenzung	

Darst. 16-6: Bilanz-Mindest-Gliederung

16.1.3 Bewertung in der Bilanz - Bilanztheorien

16.1.3.1 Allgemeines

Oben wurde bereits darauf hingewiesen, dass wesentlich für den *materiellen Gehalt* der Bilanz die *Bewertungsprinzipien* sind. *Konkret* werden diese natürlich durch die gesetzlichen Vorschriften gegeben; *allgemein* stehen dahinter jedoch verschiedene Auffassungen über die Zwecke der Bilanz. Solche **Bilanztheorien** sind in verschiedener Richtung entwickelt worden. Darauf kann hier nicht näher eingegangen werden. (S. dazu die Literatur, insbesondere auch den Überblick bei HEINEN 1986, S. 29ff. oder BAETGE/KIRSCH/THIELE 2002, S. 11 ff.) Es sei nur darauf hingewiesen, dass die Überlegungen vielfach mündeten in der Frage *nominale* vs. *reale Substanzerhaltung* bzw. in der Entgegensetzung (historische) *Anschaffungswerte* vs. (gegenwärtige) *Wiederbeschaffungswerte*. Das führte etwa den Vertreter der sog. *organischen (Tageswert-) Bilanz* Fritz SCHMIDT, zur – volkswirtschaftlichen - Aussage: „Die Industriekonjunktur - ein Rechenfehler" (1929).

Auch auf die vorgeschriebenen **Bewertungsprinzipien** kann nicht im Detail eingegangen werden. Es sollen nur zwei wichtige davon betrachtet werden:
1. das Prinzip der Einzelbewertung,
2. das Vorsichtsprinzip.

Zu 1: Das **Prinzip der Einzelbewertung** besagt, dass Gegenstände des Vermögens und der Schulden grundsätzlich *einzeln* zu bewerten sind. Davon gibt es jedoch einige **Ausnahmen**. Zwei davon seien nachstehend (für die wichtigsten Posten des *Umlauf*vermögens - zum *Anlage*vermögen s. unten) erwähnt:

1. Für *Forderungen* sind **Pauschalwertberichtigungen** zulässig. Das bedeutet konkret, dass ein bestimmter Prozentsatz des Forderungsbestandes pauschal - formell als „Wertberichtigung" (s. dazu unten) - „abgeschrieben" werden kann; davon sind allerdings die einzelwertberichtigten Forderungen abzuziehen.

2. Beim *Vorratsvermögen* sind sog. **Verbrauchsfolgeverfahren** zulässig. Dazu gehören:

   - FIFO (*First In First Out*).
   Man geht davon aus, dass die zuerst angeschafften oder hergestellten Gegenstände auch zuerst verbraucht wurden, so dass die Bewertung nach den später beschafften bzw. hergestellten erfolgt.

- LIFO (*Last In First Out*).

Ordnet man die Vorgänge statt nach der *zeitlichen Abfolge* nach der *Höhe* (des Preises), so kommt man zu den Verfahren HIFO und LOFO (*Highest In First Out* bzw. *LOwest in First Out*). Von diesen (Verbrauchsfolge-) „Fiktionen" unterschieden werden kann die **Durchschnittsmethode**: Bewertung der Abgänge und des Bestandes mit den *durchschnittlichen* Anschaffungskosten (entweder als *gewogener* Durchschnitt oder als *gleitender -* „Skontration").

Zu 2: Das **Vorsichtsprinzip** dient dem *„Gläubigerschutz"*. Es findet seinen Ausdruck vor allem in zwei „Wert-"Grundsätzen: dem Höchst- und dem **Niederstwert**prinzip. Letzteres findet für die *Aktiv*seite der Bilanz Anwendung und beinhaltet, dass im Zweifel (in seiner *strengen* Form - die gemilderte kann etwa bei Kapitalgesellschaften im Finanzanlagevermögen Platz greifen) von zwei Werten der *niedrigere* anzusetzen ist. So erfolgt normalerweise beim *Sach*-Anlagevermögen - s. dazu auch im nächsten Abschnitt - der Ansatz auf der Basis des *Anschaffungs*wertes. Sind aber zum Bilanz-Zeitpunkt die *Wiederbeschaffungs*werte niedriger, so müssen diese angesetzt, also *außer*planmäßige Abschreibungen vorgenommen werden. (Der Ansatz *höherer* Wiederbeschaffungswerte ist dagegen nicht zulässig!) Umgekehrt gilt das **Höchstwertprinzip** für die Bewertung der *Passiva*: Bei zwei möglichen Werten ist der *höhere* anzusetzen. (S. dazu A 16-5.)

16.1.3.2 Abschreibungen auf das Anlagevermögen

Bereits in Kap. 14 wurden Betrachtungen über Abschreibungen angestellt, dort beschränkt - wie auch hier - auf das *Sach*-Anlagevermögen und *planmäßige*. (Zu *außer*planmäßigen Abschreibungen s. kurz im vorher-gegangenen Abschnitt.) Dabei stand der Finanzierungsaspekt im Mittelpunkt; im Beispiel erfolgte deshalb eine Begrenzung auf *lineare* Abschreibungen. Nachstehend werden *andere* **Arten** einbezogen.

Vorher sei jedoch noch darauf hingewiesen, dass man - mehr *buchungs-technisch* -zwischen *direkten* und *indirekten* Abschreibungen unterscheiden kann. Meist wird **direkt** abgeschrieben; bei Kapitalgesellschaften muss dies geschehen.

Der entsprechende Abschreibungsbetrag (s. dazu unten) wird dabei unmittelbar auf dem betreffenden Bestandskonto „gegengebucht", zu Lasten eines Erfolgskontos „Abschreibungen". Bei der **indirekten** Methode erfolgt die Gegenbuchung dagegen auf einem besonderen - passiven - Bestandskonto „Wertberichtigungen"; es erscheint quasi als Korrekturposten auf der Passivseite der Bilanz.

Ferner kann zwischen *Zeit-* und *Verbrauchs*-Abschreibungen unterschieden werden. Die Abschreibung bildet einen Gegenposten zum „Verschleiß". Dieser ist einerseits zeitabhängig, andererseits verbrauchsbedingt. (Man denke an das Auto und seine Fahrleistung!) Auf **Verbrauchs**abschreibungen - ausgerichtet an „Maschinenlaufzeiten" etc. - soll hier nicht näher eingegangen werden; häufiger sind **Zeit**abschreibungen. Verschiedene *Arten* dieser sind in Darst. 16-7 zusammengefasst.

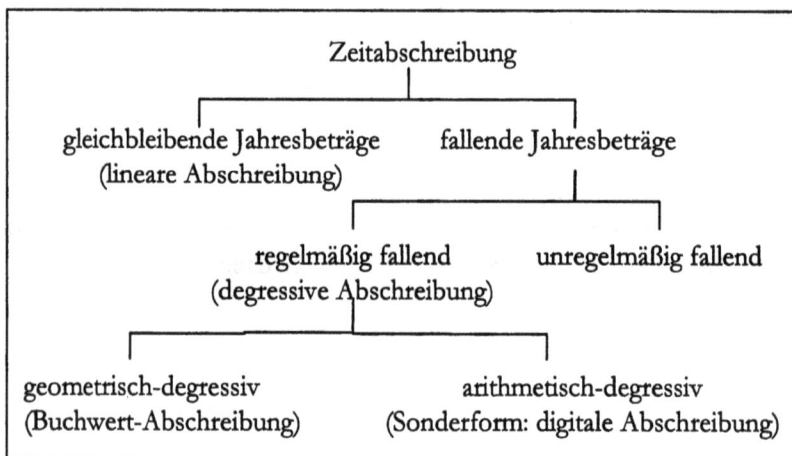

Darst. 16-7: **Arten der Zeitabschreibung**

1. Die **lineare** Abschreibung wurde, wie gesagt, bereits im Beispiel in Kap. 14 dargestellt. Die Höhe der - gleichen - Jahresbeträge ist allein von der *Nutzungsdauer* - und dem „*Rest(buch)wert*" - abhängig. *Steuerlich* sind gewisse Begrenzungen durch die sog. „AfA-Tabelle" gegeben (die allerdings nur für die Finanzverwaltung bindend ist). Als *Beispiel* wird hier - auch zum Vergleich mit anderen Abschreibungstechniken - von einem Anschaffungspreis von € 10.000,- , der Annahme eines Restwertes von 10% = € 1.000,- und einer Nutzungsdauer von 6 Jahren ausgegangen. Die Abschreibungen sind insgesamt € 9.000,-, also jährlich € 1.500,-, gemäß den entsprechenden Spalten von Darst. 16-8:

Jahr	linear		geometrisch-degressiv		digital	
	Abschrei-bung	Restbuch-wert	Abschrei-bung	Restbuch-wert	Abschrei-bung	Restbuch-wert
1	1500	8500	2000	8000	2571,42	7428,58
2	1500	7000	1600	6400	2142,85	5285,73
3	1500	5500	1280	5120	1714,28	3571,45
4	1500	4000	1024	4096	1285,71	2285,74
5	1500	2500	819,20	3276,80	857,14	1428,60
6	1500	1000	655,36	2621,44	428,57	1000,03

Darst. 16-8: **Verschiedene Abschreibungsarten (Beispiel)**

2. Die **geometrisch-degressive Abschreibung** stellt sich dar als Abschreibung in gleich bleibenden *Prozentsätzen* vom jeweiligen Buchwert. Da allerdings die geometrisch-degressive Kurve sich nur „asymptotisch" dem Wert 0 nähert, muss hier ein Restwert vorgegeben sein; außerdem sind die Prozentsätze natürlich *höher* als bei linearer Abschreibung vom Anschaffungswert. *Steuerlich* ist eine doppelte Begrenzung gegeben: maximal das Doppelte des Satzes bei linearer Abschreibung, höchstens aber 20%. Im *Beispiel* wirkt also letztere Schranke. Darst. 16-8 zeigt, dass mit diesem Satz der Restbuchwert nicht ganz erreicht werden kann. (Es ist aber zu bedenken, dass dieser ohnehin nur angenommen wurde, beim Verkauf der abgeschriebenen Anlage sich also zumeist ein anderer Preis ergibt.) Es zeigt sich aber auch deutlich die Wirkung: wesentlich *höhere* Abschreibungsbeträge - also steuerliche Entlastung - in den ersten Jahren. (So ist die geometrisch-degressive Abschreibung im ersten Jahr um ein Drittel höher als die lineare!). Der Satz der geometrisch-degressiven Abschreibung (steuerlich AfA: Absetzung für Abnutzung) ist gesenkt worden, so dass der Effekt der Buchwert-AfA sich verringert hat. Weiterhin besteht aber die Möglichkeit von der geometrisch-degressiven AfA zur linearen AfA zu wechseln (§ 7 Abs. 3 EStG).

3. Will man diese Degression (die ja auch zu recht geringen Abschreibungen in den späteren Jahren führt!) etwas mildern, so kann man zur - *steuerlich* derzeit nicht zulässigen - **arithmetisch-degressiven** Abschreibung übergehen. Hierbei bleibt weder, wie bei der linearen Abschreibung, der absolute Betrag gleich noch, wie bei der geometrisch-degressiven, der Abschreibungsprozentsatz, sondern es erfolgt ein *gleichmäßiges Abfallen*, um jährlich den gleichen Betrag, der Abschreibungssummen. Eine *spezielle* Form - jedoch auch mit gleichmäßig verminderten Beträgen - ist die **digitale**

Abschreibung. Dabei wird zunächst die jährliche Verringerung der Abschreibungsbeträge errechnet, indem man den gesamten Abschreibungsbetrag (Anschaffungswert ./. Restwert - im *Beispiel* also € 9.000) durch die Summe der Jahresziffern (im Beispiel also: 1 + 2 + ... + 6 = 21) dividiert (im Beispiel: € 9000 / 21 = € 428,57). Dieser Betrag liefert die jährlichen Abschreibungssummen, indem man ihn in umgekehrter Folge mit den Jahresziffern multipliziert (im Beispiel also für Jahr 1: € 428,57 · 6 = € 2.571,46). Darst. 16-8 (oben) zeigt den Verlauf, damit einerseits die Milderung der Degression, andererseits, dass der Restbuchwert genau - von reinen Rundungsdifferenzen abgesehen - erreicht wird.

4. **Unregelmäßig fallende** Beträge können sich bei - *steuerlichen,* letztlich meist wirtschaftspolitisch begründeten - **Sonderabschreibungs**-Möglichkeiten ergeben (indem z.B. in den ersten 3 Jahren je 15% vom Anschaffungswert, der Rest in gleichen Beträgen, abgeschrieben werden darf - s. auch die frühere „7b-Abschreibung" beim Hausbau).

16.1.4   Bilanzausweise nach internationalen Standards

Neben den deutschen Vorschriften nach dem HGB (Handelsgesetzbuch) sind international insbesondere die Vorschriften nach **IAS/IFRS** *(International Accounting Standards/International Financial Reporting Standards),* und **US-GAAP** *(US-Generally Accepted Accounting Principles)* zu nennen.

Die IAS/IFRS werden durch ein unabhängiges privates Gremium, das **IASC** *(International Accounting Standards Committee,* gegr. 1973 in London, 2001 strategisch neu ausgerichtet), festgelegt. Das IAS-Rechnungslegungskonzept bildet Regeln zur externen Berichterstattung von Unternehmen und besteht im wesentlichen aus zwei Teilen, *standards* und *interpretations.* Die Standards beinhalten neben speziellen Regelungen *preface* und *framework.* Das **preface** (veröffentlicht Mai 2002) befasst sich mit grundsätzlichen Fragestellungen, wie die Aufgaben des IASC. Das **framework** bildet den theoretischen Unterbau der Rechnungslegung und die **standards** beinhalten Einzelfragen dieser. Die **interpretations** beschreiben die Auslegung der Standards.

Die US-GAAP werden durch Verwaltungsbehörden wie die Börsenaufsichtsbehörde *(SEC – Security Exchange Commission)* und Institutionen festgelegt. Eine wichtige ist der FASB (Financial Accounting Standard Board), welcher sich aus Vertreter von Wirtschaft, Industrie und Wissenschaft zusammensetzt. Für die US-Rechnungslegung gilt als ein typischer Grundsatz *Substance over Form.*

Während die deutschen Vorschriften als zentralen Grundsatz den *Gläubigerschutz* sehen, ist dies bei den beiden anderen Rechnungslegungsarten *„true and fair view"* mit dem Ziel, eine Bilanz zu erstellen, die in erster Linie eine Chancen-Risiko-Beurteilung des Unternehmens zeigt. Hieraus resultieren im Ergebnis einige Bilanzierungsunterschiede, je nach welcher Methode bilanziert wird. In Darst. 16-9 werden exemplarisch vier Sachverhalte herausgehoben, um die Unterschiede aufzuzeigen.

	HGB	IAS	US-GAAP
Selbsterstellte Software des Anlagevermögens	Grundsätzliches Aktivierungsverbot	Aktivierungspflicht der Entwicklungsaufwendungen	Aktivierungspflicht der Entwicklungsaufwendungen
Langfristige Auftragsfertigung	Completed-Contract-Methode	Percentage-of-Completion-Methode	Percentage-of-Completion-Methode
Aufwandsrückstellungen	teilweise verpflichtend, teilweise Wahlrecht	Passivierungsverbot	Passivierungsverbot
Neubewertung von Vermögensgegenständen des Anlagevermögens	grundsätzlich nicht möglich	Neubewertung ist selbst über die ursprünglichen Anschaffungs-/Herstellungskosten (AHK) möglich	nur begrenzt möglich

Darst. 16-9: **Ansatz- und Bewertungsvorschriften nach HGB, IAS und US-GAAP**

Exkurs: Bewertung des Unternehmens als Ganzes

Das Problem, eine Unternehmung als *Ganzes* zu bewerten (man spricht kurz nur von *Unternehmensbewertung* - so auch der Titel von BELLINGER/VAHL 1992) tritt aus verschiedenen *Anlässen* auf. Der wichtigste ist wohl aber die *Akquisition*, also der Kauf oder Verkauf. Dabei ist offensichtlich, dass normalerweise der Verkäufer einen möglichst hohen Preis erzielen, der Käufer aber nur einen möglichst niedrigen zahlen will. Insofern hängt der zu

zahlende Preis - oder eben der Unternehmenswert - sehr von der Verkaufs-
position der Partner ab, ist letztlich „Verhandlungssache"; man spricht
deshalb auch von *Arbitriumwert*.

Dazu bedarf es jedoch einer „Verhandlungsgrundlage", d.h., man muss
versuchen, gewisse Vorstellungen über den tatsächlichen „Wert" einer
Unternehmung zu gewinnen. *Theoretisch* gibt es dazu zwei Richtungen und als
Drittes eine „Kombination" von beiden, insgesamt also:
1. (etwas älter) Orientierung am *Substanz*wert,
2. (etwas neuer) dto. am *Ertrags*wert,
3. *gemischte* Verfahren.

Zu 1: Der **Substanzwert** stellt ab auf die in der Vergangenheit geschaffene
Substanz, ist also im Prinzip „der Wert, den man aufwenden müsste, um eine
Unternehmung der gleichen Beschaffenheit neu zu erwerben" (AMANN 1993,
S. 132) und wird deshalb auch **Reproduktions**wert genannt.

Er ist damit identisch mit dem *Liquidations*wert - das wäre eben gerade die
Summe des Wertes der *einzelnen* Vermögensgegenstände, der bei deren
Veräußerung erzielt werden könnte (und somit nicht der Unternehmung als
Ganzes - und auch nicht mit dem *Buch*- oder *Bilanz*wert, denn, wie dargetan,
liegt der Bilanzierung gerade das Prinzip der *Anschaffungs*- und nicht der
Wiederbeschaffungs- (oder *Tages*-)Werte zugrunde.

Ein gewisser Weg, um quasi von der Bilanz ausgehend zum „Substanzwert"
zu gelangen, läge also in einer Umbewertung, d.h. Auflösung stiller Reserven
etc. Man bezeichnet dies auch als Substanzwert im *engeren* Sinne oder
*Teil*reproduktionswert. Darin nicht enthalten wären alle gar nicht in der Bilanz
aufgeführten immateriellen Wirtschaftsgüter. (Man denke daran, dass
Werbeaufwendungen zwar als „Investitionen im Markt" angesehen werden
können, aber nicht bilanziert sind!) Man gelangt deshalb zum Substanzwert
im *weiteren* Sinne oder *Voll*reproduktionswert, indem man den sog. *Firmen*wert
(„Goodwill") hinzuzählt.

Zu 2: Der **Ertragswert** ist dagegen auf die Zukunft orientiert. Im *einfachsten
Falle* geht man dabei vom - gesamten - „*Gewinn*" aus. Wird dieser als *gleich
bleibend* - je (Durchschnitts-)Periode - und eine *unbegrenzte* „*Lebensdauer*" des
Betriebes angenommen, so ergibt sich der Ertragswert E_w durch
„Kapitalisierung" dieses Gewinnes G mit einem „Kalkulationszinssatz" r:

$$E_w = G/r \qquad (16.2)$$

Beispiel: Gewinn € 50.000,-; Kalkulationszinsfuß 0,08 (oder 8%): Ertragswert
€ 625.000,-.

Hierzu existieren mehrere *Varianten.* So könnte man zunächst nicht auf den
gesamten Gewinn, sondern nur den *ausgeschütteten,* die „*Entnahmen"* oder, bei
Aktiengesellschaften, *Dividenden,* abstellen wollen. (Orientiert man sich -
gemäß der Ausführungen im IV. Teil - an der Zielsetzung der Maximierung
der Entnahmen, so wäre dies theoretisch sicher richtig; andererseits bleibt zu
fragen, inwieweit die Ausschüttungspolitik den „Unternehmenswert"
verändern soll.)

Ein weiterer Vorschlag ist - bei börsennotierten Aktiengesellschaften - die
Orientierung am *Kurs-Gewinn-Verhältnis* (*KGV*). Dies ist definiert als
Kurs/Gewinn pro Aktie, letzterer wiederum als Gewinn/Zahl der Aktien.
(Beispiel: Gewinn € 50.000,-; 100.000 Aktien [zum Nominalwert von € 5];
Börsenkurs € 6,25: Gewinn pro Aktie € 0,50; KGV 12,5.) Der Ertragswert
ergibt sich hier einfach *multiplikativ.*

$$E_W = G \cdot KGV \qquad\qquad\qquad (16.3)$$

Im *Beispiel* ist der Ertragswert also ebenfalls € 625.000,- (€ 50.000 · 12,5). Das
KGV lässt sich insofern als „Kehrwert" des Kalkulationszinsfußes deuten.

Neuere Varianten gehen in Richtung *Kapitalwertmethode,* siehe Kap. 14. Es wird
nicht auf einen „durchschnittlichen Gewinn" o.ä. abgestellt, sondern auf die
Zahlungsströme (Ein- und Auszahlungen pro Periode). Die Bewertung wird
mittels Abdiskontierung des Erwartungswertes der zukünftigen Free Cash
Flows vorgenommen (Barwertermittlung), wobei der Diskontierungssatz dem
Opportunitätskostensatz des Kapitals entspricht. Unsicherheiten können
entweder durch eine Risikoanpassung im Zähler (Sicherheitsäquivalentver-
fahren) oder über Risikoanpassung im Nenner (risikoangepasster Diskontie-
rungsfaktor) berücksichtigt werden. Letzterer gibt die Renditeforderungen der
Eigenkapitalgeber wieder und wird im Zeitablauf nicht verändert. Diese
werden - mit dem Kalkulationszinsfuß – diskontiert (HEUER/LÖHR 2003). Hier
wird also auch von einer zeitlichen Begrenzung (Periode n) ausgegangen;
ferner können „Liquidationserlöse" (analog den „Restwerten") einbezogen
werden. Neben das - allgemeine - Problem der Festlegung des *Kalkulations-
zinssatzes* tritt hier also das der *Prognose* (der Zahlungsströme etc.).

International finden kapitalkostenorientierte Methoden wie **DCF** (*Discounted-
Cash-Flow*) Berücksichtigung. DCF-Verfahren lassen sich grundsätzlich in

einen Brutto- (*Entity-Methode*) und eine **Nettokapitalisierung** (*Equity-Methode*)
unterscheiden, da sich der *Börsenwert* des Eigenkapitals rechnerisch direkt oder
indirekt nach Abzug des *Marktwertes* des Fremdkapitals bestimmen lässt.
Letzterer entspricht dem *Ertragswert-Verfahren*, da die *Cash Flows* den *Nettoaus-
schüttungen* an die Eigentümer entsprechen. Die **Entity-Methode** hingegen
existiert als **WACC** (*Weighted Average Cost of Capital*)-Ansatz, Ansatz der gewo-
genen durchschnittlichen Kapitalkosten, und als **APV** (*Adjusted Present Value*)-
Ansatz, angepasster Barwert. Der risikoangepasste Zinsfuß hierzu kann nach
dem **CAPM** (*Capital Asset Pricing Model*) ermittelt werden (BALLWIESER 2001).

Zu den Ertragswert-Verfahren gehört im Prinzip auch das sog. *Wirtschaftsprüfer-Verfahren*. Wegen seiner detaillierten Ausgestaltung - auf die hier
gerade deshalb nicht weiter eingegangen werden kann - lässt es sich aber
ebenfalls zu den „Kombinationsformen" rechnen:

Zu 3: Das **gemischte Verfahren** in seiner *reinen* Form stellt das *Mittelwert*-
Verfahren dar: [(Teil-)Reproduktionswert + Ertragswert]/2. *Varianten* dazu
existieren in vielfältiger Art (z.B. „Übergewinnabgeltung", Stuttgarter
Verfahren usw.); auf sie kann hier nicht weiter eingegangen werden. Erwähnt
sei nur noch, abschließend zu diesem Exkurs, dass neuerdings die - zunächst
mehr theoretische - Diskussion in Richtung *marketing*orientierte oder (noch
allgemeiner) *strategische* Unternehmensbewertung geht.

16.2   Gewinn- und Verlust-Rechnung

Wie dargetan, geschieht auf dem „Gewinn- und Verlust-Konto" die
Zusammenführung der „Erfolgskonten". Während die Bezeichnung dieser
Konten eher althergebracht ist, stellt ihr Inhalt, die *Aufwendungen* und *Erträge*,
streng definierte betriebswirtschaftliche **Grundbegriffe** dar. Darst. 16-10 gibt
eine Übersicht über die verschiedenen *Arten* des **Aufwands**, in
Gegenüberstellung zu denen der **Kosten**. (S. auch A 17-1 und 17-2.) Die
Aufwands-Begriffe dürften „selbsterklärend" sein; *Beispiele* für *betriebsfremden*
Aufwand sind Spenden an gemeinnützige Organisationen, für *periodenfremden*
im Voraus gezahlte Mieten und für *außerordentlichen* Schadensfall aufgrund
Blitzschlags. *Kalkulatorische* Kosten sind, wie das Schaubild zeigt, solche,
denen kein entsprechender Aufwand gegenübersteht: *Zusatz*kosten überhaupt
nicht (z.B. Zinsen für Eigenkapital), *Anders*kosten in anderer Höhe
(„kalkulatorische" vs. „bilanzielle Abschreibungen"!)

Aufwand						
		betrieblich				
betriebs-fremd	perioden-fremd	periodenrichtig				
		außer-ordentlich	(ordentlich) Zweckaufwand			
neutraler Aufwand			Grundkosten	kalkulatorische Kosten		
				Anderskosten	Zusatzkosten	
			Kosten			

Darst. 16-10: Abgrenzung „Aufwand"/„Kosten"

Die **Gliederung** der GuV-Rechnung im Jahresabschluss gem. § 275 HGB ist nur für „große" Kapitalgesellschaften vorgeschrieben. (S. Darst. 16-13 als Appendix zu diesem Kapitel. - „Kleine" und „mittlere" Kapitalgesellschaften können, gemäß § 276 HGB, Zusammenfassungen vornehmen. Für „sonstige Kaufleute" wird überhaupt keine Gliederung vorgeschrieben; für sie ist also auch die *Konto*form möglich.) Dabei gilt die **Staffel-Form**. *Materiell* kann nunmehr zwischen dem Gesamt- und dem - früher nur im Ausland gebräuchlichen - Umsatzkostenverfahren gewählt werden. Die Kern-Differenz liegt in den Lagerbestandsveränderungen: Beim **Gesamtkostenverfahren** werden den Umsatzerlösen und allen weiteren Erträgen auch sämtliche Aufwendungen gegenübergestellt, beim **Umsatzkostenverfahren** - von sonstigen Erträgen und Aufwendungen abgesehen - den Umsatzerlösen nur die Herstellungskosten für diese Umsatzleistungen und alle Vertriebs- und allgemeinen Verwaltungskosten. S. dazu das erwähnte ausführliche Schema im Appendix. Daraus geht auch hervor, dass zwar das *„außerordentliche* **Ergebnis"** getrennt auszuweisen, dieses aber - anders als Darst. 16-10 - einem *„Ergebnis der gewöhnlichen Geschäftstätigkeit"* gegenüberzustellen ist. Beides zusammen ergibt den *Jahresüberschuss* (bzw. -fehlbetrag), der so auch in der Bilanz, gemäß Darst. 16-6 und 16-12, erscheint.

Der Begriff *Gewinn* kommt demnach im Jahresabschluss normalerweise gar nicht vor. Eine *Ausnahme* bildet, wie bereits in Kap. 15 erwähnt, die *Aktiengesellschaft*. Nach § 158 AktG *muss* hier - in den anderen Fällen *kann* dies gemäß § 268 HGB geschehen - die Bilanz unter Berücksichtigung der *Verwendung* des Jahresgewinnes aufgestellt werden: Von *Jahresüberschuss* (-fehlbetrag) gelangt man durch Einbeziehen der Dotierung (eventuell also auch: Entnahmen) der *Rücklagen* und eines etwaigen *Gewinnvortrags* (bzw. Verlustvortrags) zum *Bilanzgewinn*.

16.3 Anhang und Lagebericht - Ergänzungsrechnungen zum Jahresabschluss

Der **Anhang** ist, als Teil des „erweiterten Jahresabschlusses" gemäß Darst. 16-1, von *allen* Kapitalgesellschaften (mit - unterschiedlich starken - Erleichterungen für die kleinen und mittleren) aufzustellen. Gemäß § 284f. HGB gehört dazu eine Fülle von Angaben. Darunter sind auch solche, für die ein *Wahlrecht* besteht, ob sie *hier* oder in der *Bilanz* selbst gemacht werden. Das betrifft auch den sog. *Anlagenspiegel.* Darin sind für die einzelnen Posten, „ausgehend von den gesamten Anschaffungs- und Herstellungskosten, die Zugänge, Abgänge, Umbuchungen und Zuschreibungen des Geschäftsjahres sowie die Abschreibungen in ihrer gesamten Höhe" (§ 268, Abs. 2 HGB) anzugeben. Der **Lagebericht** ist für alle Kapitalgesellschaften verbindlich. Er soll auch auf „Vorgänge von besonderer Bedeutung, die *nach* dem Schluss des Geschäftsjahres eingetreten sind" und „die *voraussichtliche* Entwicklung" (§ 289 HGB - Hervorhebung der Verf.) eingehen.

Neben der in Abschn. 1 vorgestellten „normalen" gibt es diverse *Sonderformen* der Bilanz. Meist handelt es sich dabei um **Ergänzungsrechnungen zum Jahresabschluss,** die auf freiwilliger Basis beruhen, z.B. die sog. **Sozialbilanz,** indem die „sozialen Leistungen" eines Unternehmens den „sozialen Kosten", etwa auch durch Umweltbelastung, gegenübergestellt werden sollen. (In den letzten Jahren wird, in ähnlichem Zusammenhang, verstärkt von *Ökobilanzen* gesprochen. Vgl. dazu z.B. LUNDIE 1999.) Dies gilt jedoch nicht für die sog. **konsolidierte Bilanz:** Gemäß § 290 HGB haben „Konzernunternehmen" unter bestimmten Voraussetzungen „einen Konzernabschluss und einen Konzernlagebericht aufzustellen". *Konsolidierung* meint dabei die Zusammenfassung der Teilbilanzen bezüglich der einzelnen Positionen. (Vgl. dazu speziell etwa BUSSE VON COLBE/ ORDELHEIDE 2001; COENENBERG 2003a; WYSOCKI/WOHLGEMUTH 1996.)

Mittelverwendung				Mittelherkunft		
	Inhalt				Inhalt	
Bezeich-nung	Bestände-differenz-bilanz	Bewegungs-bilanz	Bezeich-nung	Bestände-differenz-bilanz	Bewegungs-bilanz	
A +	Aktiv-zunahmen	Sollumsätze auf Aktivkonten	A –	Aktiv-abnahmen	Habenumsätze auf Aktivkonten	
P -	Passiv-abnahmen	Sollumsätze auf Passivkonten	P +	Passiv-zunahmen	Habenumsätze auf Passivkonten	

Darst. 16-11: **Beständedifferenz- und Bewegungsbilanz**

Dagegen geht die **Beständedifferenzbilanz** unmittelbar von der Bilanz des Jahresabschlusses aus. Sie unterscheidet sich von der **Bewegungsbilanz** dadurch, dass letztere auch Stromgrößen umfasst, gemäß Darst. 16-11 (vorherige Seite).

Damit ist die Bewegungsbilanz nicht mehr allein aus der Handelsbilanz ableitbar; für den außen stehenden („externen") Analytiker können allenfalls aus dem Anhang des Jahresabschlusses Hinweise entnommen werden, um - eingeschränkt - zu einer Art „Bewegungsbilanz" zu gelangen. Von da aus kann man **Kapitalflussrechnungen** vornehmen. Zumeist wird dabei auf bestimmte „**Fonds**" abgestellt:

	Fonds der netto verfügbaren flüssigen Mittel (I)
±	kurzfristige Forderungen/Verbindlichkeiten

	Fonds des Nettogeldvermögens (II)
+	Vorräte

Fonds des Nettoumlaufvermögens (III)

Dabei erfolgt die Darstellung der Zu- und Abflüsse über den „*Fondsnachweis*": Aus ihnen resultiert, als *Saldo*, die „Fondsmittelzu-" oder „-abnahme"; diese bildet zugleich den Saldo in der „*Gegenbeständerechnung*", aus „Fondsmittelquellen" und „-verwendung". Eine einheitliche bzw. verbindliche Form der Kapitalflussrechnung existiert allerdings bisher nicht.

Diese fehlende Einheitlichkeit macht natürlich die **Bilanzanalyse** nicht einfacher. Andererseits wird sie aber durch derartige „Ergänzungsrechnungen" erleichtert. Hier wiederum ist auch zu bedenken, dass die bilanzpolitischen Spielräume - trotz gewisser erforderlicher Angaben im Anhang - dazu führen, dass zumindest für den externen Analytiker „eine zuverlässige Bilanzanalyse nicht möglich" (LEFFSON 1984, S. VII) erscheint. Auf eine Darstellung bilanzanalytischer *Kennzahlen-Systeme* wird deshalb verzichtet. Diverse Kennzahlen, insbesondere finanzwirtschaftlicher Art, wurden bereits früher angeführt. (Vgl. auch etwa den „Kennzahlenkatalog" bei ENDRISS et al 2002 oder ZDROWOMYSLAW/KUBA 2002. S. 411-413 zur Bilanzanalyse allgemein ferner KÜTING/WEBER 2001 und REHKUGLER/PODDIG 1997, zu amerikanischer Literatur: BERNSTEIN 1993; GIROUX 2003; SOFFER/SOFFER 2003.)

Literaturhinweise

Zum Teil V kann man vier Gruppen von - allgemeiner - Literatur unterscheiden: 1., die *gesamte Unternehmensrechnung* betreffende sowie die sich nur auf 2. das *externe* oder 3. das *interne* Rechnungswesen sowie 4. auf Steuern beziehende . Auf Literatur zu 3. wird am Ende des Kap. 17 und auf Literatur zu Steuern am Ende von Kap. 18 hingewiesen. Hier sind nur die ersten beiden Gruppen zu betrachten.

Gesamtdarstellungen der Unternehmensrechnung - also einschließlich Kostenrechnung - sind eher selten. Zu nennen wäre hier BOTTA 2002, EISELE 2002 EILENBERGER 1995, WEBER/WEIßENBERGER 2003 und auch WEDELL 2001/2002. Umso zahlreicher sind Bücher, die sich auf das *externe Rechnungswesen* beschränken. Außer den bereits im Text angeführten Werken - COENENBERG 2003a; HEINEN 1986; HEINHOLD 1993, 1996 und ZDROWOMYSLAW/KUBA 2002 - seien hier genannt: BÄHR/FISCHER-WINKELMANN 2001; BAETGE/KIRSCH/THIELE 2002; BITZ/SCHNEELOCH/WITTSTOCK 2003; BOSSERT/HARTMANN 2000; BUCHNER 2002; DITGES/ARENDT 2002; DÖRING/BUCHHOLZ 2003; FALTERBAUM ET AL 2003; FEDERMANN 2000; HENO 2002; HORSCHITZ/GROß/WEIDNER 2000; PEEMÖLLER 2003; SELCHERT 2001b; WÖHE 1997.

Aufgaben

16-1: Stellen Sie ein *passives Bestandskonto* schematisch dar!

16-2: Inwiefern ist das Eröffnungsbilanz-Konto ein Spiegelbild der Eröffnungsbilanz?

16-3: In welchen Bilanzpositionen wird bei der Aktiengesellschaft das Eigenkapital ausgewiesen?

16-4: Wie lautet der Buchungssatz bei
a) *direkter* Abschreibung (auf Maschinen),
b) dto. *indirekter?*

16-5: Angenommen eine Währungs-Verbindlichkeit steht mit € 10.000 zu Buche. Welcher Wert ist anzusetzen, wenn sich
a) aufgrund veränderter Wechselkurse ein niedrigerer €-Wert,
b) dto. ein höherer
ergibt?

Appendix: Bilanz- und GuV-Gliederungsschema

Darst. 16-12 zeigt das Gliederungsschema der *Bilanz*, 16-13 das der *Gewinn- und Verlustrechnung*.

Aktiva	Passiva
A. Anlagevermögen	A. Eigenkapital
I. Immaterielle Vermögensgegenstände	I. Gezeichnetes Kapital
1. Konzessionen, gesetzliche Schutz-	II. Kapitalrücklage
rechte und betriebliche Rechte	III. Gewinnrücklage
und Werte sowie Lizenzen an	1. gesetzliche Rücklage
solchen Rechten und Werten	2. Rücklage für eigene Anteile
2. Geschäfts – oder Firmenwert	3. satzungsmäßige Rücklagen
3. geleistete Anzahlungen	4. andere Gewinnrücklagen
II. Sachanlagen	IV. Gewinnvortrag/Verlustvortrag
1. Grundstücke, grundstücksgleiche	V. Jahresüberschuss/Jahresfehlbetrag
Rechte und Bauten einschließlich	B. Rückstellungen
der Bauten auf fremden Grund-	1. Rückstellungen für Pensionen und
stücken	ähnliche Verpflichtungen
2. technische Anlagen und Maschinen	2. Steuerrückstellungen
3. andere Anlagen, Betriebs- und	3. sonstige Rückstellungen
Geschäftsausstattung	C. Verbindlichkeiten
4. geleistete Anzahlungen auf Anlagen	1. Anleihen, davon konvertibel
im Bau	2. Verbindlichkeiten gegenüber
III. Finanzanlagen	Kreditinstituten
1. Anteile an verbundenen Unternehmen	3. erhaltene Anzahlungen auf Bestel-
2. Ausleihungen an verbundene	lungen
Unternehmen	4. Verbindlichkeiten aus Lieferungen
3. Beteiligungen	und Leistungen
4. Ausleihungen an Unternehmen,	5. Verbindlichkeiten aus der Annahme
mit denen ein Beteiligungsverhältnis	gezogener Wechsel und der Ausstel-
besteht	lung eigener Wechsel
5. Wertpapiere des Anlagevermögens	6. Verbindlichkeiten gegenüber verbun-
6. sonstige Ausleihungen	denen Unternehmen
B. Umlaufvermögen	7. Verbindlichkeiten gegenüber Unter–
I. Vorräte	nehmen, mit denen ein Beteiligungs–
1. Roh-, Hilfs-, und Betriebs-	verhältnis besteht
stoffe	8. sonstige Verbindlichkeiten,
2. unfertige Erzeugnisse, unfertige	davon aus Steuern,
Leistungen	davon im Rahmen der sozialen
3. fertige Erzeugnisse und Waren	Sicherheit
4. geleistete Anzahlungen	D. Rechnungsabgrenzungsposten
II. Forderungen und sonstige	
Vermögensgegenstände	
1. Forderungen aus Lieferungen und	
Leistungen	
2. Forderungen gegen verbundene	
Unternehmen	
3. Forderungen gegen Unternehmen,	
mit denen ein Beteiligungsverhältnis	
besteht	
4. sonstige Vermögensgegenstände	
III. Wertpapiere	
1. Anteile an verbundenen	
Unternehmen	
2. eigene Anteile	
3. sonstige Wertpapiere	
IV. Schecks, Kassenbestand, Bundes-	
bank und Postgiroguthaben,	
Guthaben bei Kreditinstituten	
C. Rechnungsabgrenzungsposten	

Darst. 16-12: **Bilanz-Gliederungsschema nach § 266 Abs. 2 HGB**
                 (für mittlere und große Kapitalgesellschaften)

	Gesamtkostenverfahren	Umsatzkostenverfahren	
1	Umsatzerlöse		1
2	Erhöhung oder Verminderung an fertigen und unfertigen Erzeugnissen	Herstellungskosten der zur Erzielung der Umsatzerlöse erbrachten Leistungen	2
3	Andere betriebliche Eigenleistungen	Bruttoergebnis/ Umsatz	3
		Vertriebskosten	4
		allgemeine Verwaltungskosten	5
4	sonstige betriebliche Erträge		6
5	Materialaufwand: a) Aufwendungen für Roh-, Hilfs- und Betriebsstoffe und für bezogene Waren b) dto. bezogene Leistungen		
6	Personalaufwand: a) Löhne und Gehälter b) soziale Abgaben und Aufwendungen für Altersvorsorgung und für Unterstützung (davon: für Altersversorgung)		
7	Abschreibungen: a) auf immaterielle Vermögensgegenstände des Anlagevermögens und Sachanlagen sowie auf aktivierte Aufwendungen für die Ingangsetzung und Erweiterung des Geschäftsbetriebes b) auf Vermögensgegenstände des Umlaufvermögens, soweit diese die in der Kapitalgesellschaft üblichen Abschreibungen überschreiten		
8	sonstige betriebliche Aufwendungen		7
9	Erträge aus Beteiligungen (davon: aus verbundenen Unternehmen)		8
10	Erträge aus anderen Wertpapieren und Ausleihungen des Finanzanlagevermögens (davon: aus verbundenen Unternehmen)		9
11	sonstige Zinsen und ähnliche Erträge (davon: aus verbundenen Unternehmen)		10
12	Abschreibungen auf Finanzanlagen und auf Wertpapiere des Umlaufvermögens		11
13	Zinsen und ähnliche Aufwendungen (davon: an verbundene Unternehmen)		12
14	Ergebnis der gewöhnlichen Geschäftstätigkeit		13
15	außerordentliche Erträge		14
16	außerordentliche Aufwendungen		15
17	außerordentliches Ergebnis		16
18	Steuern vom Einkommen und vom Ertrag		17
19	sonstige Steuern		18
20	Jahresüberschuss / Jahresfehlbetrag		19

Darst. 16-13: **GuV-Gliederungsschema nach § 275 Abs. 2 und 3 HGB (für große Kapitalgesellschaften)**

Kapitel 17   Interne Unternehmensrechnung ("Kostenrechnung")

Das interne Rechnungswesen umfasst die Kosten- *und* Erlösrechnung. Da jedoch die Kosten eindeutig im Mittelpunkt stehen - zumal bei den "neueren" Verfahren tritt schon in der Bezeichnungsweise die "Abrechnung" der Leistungen stark in den Hintergrund -, wird nachstehend vereinfachend von "Kostenrechnung" gesprochen. Diese kann *inner*halb und *außer*halb der Buchhaltung erfolgen. In der Praxis bevorzugt man - zunehmend, schon wegen der Vermeidung des starren Systems der Doppik - eine bloß "statistische" Kostenrechnung. Darauf wird auch im folgenden abgestellt.

Die Einteilung und Bezeichnungsweise der "Kostenrechnungssysteme" ist nicht unstrittig. Zumal der Begriff der *Sollkosten* bleibt problematisch. Nachstehend wird deshalb darauf verzichtet und - als erste Einteilung - die übliche Unterscheidung in *Ist-*, *Normal-* und *Plankosten*rechnung vorgenommen. Sie folgt dem *Kriterium* des "Normalisierungsgrades". (Es sei jedoch mit Nachdruck darauf hingewiesen, dass auch schon die "Ist-Kosten" in gewissem Umfange, z.B. bei den kalkulatorischen Posten, normalisiert sind und keinesfalls mit den tatsächlichen Kosten verwechselt werden dürfen!) Ein *zweites* Kriterium ist das nach dem Grad der Vollständigkeit: ob nur *direkt zurechenbare* oder *alle* Kosten umfassend (*Teil-* vs. *Voll*kosten-Systeme). Auf die Zusammenführung beider Kriterien in einem Begriff wird hier verzichtet; s. dazu auch - differenzierter und verschiedene Arten von "Abweichungen" enthaltend - Abb. 1-8 bei KILGER/PAMPEL/VIKAS (2002, S. 87).

Die folgende Diskussion ist noch etwas anders strukturiert: Im 1. Abschnitt wird - relativ ausführlich - die traditionelle "Betriebsabrechnung", auf *Voll*kostenbasis, als *Grund*form der *Ist*kostenrechnung, behandelt. In Abschnitt 2 werden dann, immer auf Istkosten-Basis, Systeme der *Teil*kostenrechnung vorgestellt. Der 3. Abschnitt widmet sich - kurz - der *Plan*kostenrechnung und der 4. Anschnitt schließlich der *Prozess*kostenrechnung.

17.1 Traditionelle „Betriebsabrechnung" auf Vollkostenbasis

17.1.1 Kostenartenrechnung

Die Kostenartenrechnung hat die Aufgabe, *sämtliche* Kosten einer Periode nachzuweisen. Sofern es sich um *aufwandsgleiche Kosten* (s. Darst. 16-10) handelt, bilden die Grundlage hierfür die Zahlen der Finanzbuchhaltung. Darst. 17-1 gibt eine Zusammenstellung der „betrieblichen Aufwendungen" laut IKR 1986. (Die Kontenklasse 7 enthält, gemäß auch Darst. 16-4, „weitere Aufwendungen".)

---

61 Aufwendungen für bezogene Leistungen

62 Löhne

63 Gehälter

64 Soziale Abgaben und Aufwendungen für Altersversorgung und Unterstützung

65 Abschreibungen

66 Sonstige Personalaufwendungen

67 Aufwendungen für die Inanspruchnahme von Rechten und Diensten

68 Aufwendungen für Kommunikation (Dokumentation, Informatik, Reisen, Werbung)

69 Aufwendungen für Beiträge und Sonstiges sowie Wertkorrekturen und periodenfremde Aufwendungen

---

Darst. 17-1: **Betriebliche Aufwendungen (Kl. 6 des IKR)**

Die *kalkulatorischen* Kosten sind entweder ebenfalls in der Buchhaltung - Kl. 9 IKR - oder außerhalb dieser festzustellen; dabei handelt es sich um
- kalkulatorische Zinsen
- dto. „Unternehmerlohn"
- dto. „Wagnisse"
- dto. Abschreibungen
- dto. Mieten

Eine *andere Gruppenbildung* ist die von **fixen** und **variablen** Kosten; sie wurde in Kap. 4 bereits dargestellt. Davon zu unterscheiden ist die Einteilung in Einzel- und Gemeinkosten: **Einzelkosten** sind - dem jeweiligen „*Bezugsobjekt*" - *direkt* zurechenbar, **Gemein**kosten, auch wenn es sich um variable Kosten handelt, dagegen nur indirekt, über *Schlüssel.* Darauf wird nunmehr eingegangen:

17.1.2 Kostenstellenrechnung

Zweck der traditionellen Vollkostenrechnung ist es letztlich, die entstandenen Kosten dem abzusetzenden Produkt zuzurechnen, um so - speziell bei der „Vorkalkulation", bei kostenorientierter Preisgestaltung - den Preis festlegen zu können oder zumindest zu ermitteln, ob dieser die Kosten wenigstens decken wird oder, bei der „Nachkalkulation", gedeckt hat. Bezugsobjekt sind also die einzelnen „Kostenträger"; *direkt* diesen zurechnen lassen sich aber nur die *Einzel*kosten. Für die *Gemein*kosten muss zwischen die Kosten*arten*- und die Kosten*träger*rechnung die Kosten*stellen*rechnung geschaltet werden. Man bezeichnet dies auch als „*Betriebsabrechnung*" und das meistgebrauchte formale Hilfsmittel dazu, den **Betriebsabrechnungsbogen**, demgemäß auch als „*Kostenstellenbogen*". Das gilt zumal für dessen sog. „*kleine* Version", die Darst. 17-2 schematisch zeigt.

Kostenarten \ Kostenstellen		Hilfskostenstellen	Hauptkostenstellen
Primäre (Stellen-) Kosten *	Stellen-einzel-kosten	*1. Schritt* Verteilung der primären Gemeinkosten auf die	
	Stellen-gemein-kosten	Kostenstellen nach dem Verursachungsprinzip	
Sekundäre (Stellen-) Kosten		*2. Schritt*	Durchführung der innerbetrieblichen Leistungsverrechnung (ibL)
			3. Schritt Ermittlung von Kalkulationssätzen
			4. Schritt Kostenkontrolle in der Normalkostenrechnung (Ermittlung von Über- und Unterdeckungen)

* Der Ausweis der primären Einzelkosten der Kostenstellen an dieser Stelle ist freiwillig; er erweist sich jedoch oft als sinnvoll im Zusammenhang mit den Schritten 3 und 4

Darst. 17-2: **Betriebsabrechnungsbogen (schematisch)**

Diese Version besteht aus 3 Teilen:

1. In der *Vorspalte* werden die Kostenarten - und zwar, wie dargelegt, nur die *Gemein*kosten - „gesammelt". Anders ausgedrückt: Die in der Betragsspalte pro Gemeinkostenart *insgesamt* ausgewiesene Summe wird auf die verschiedenen Kostenstellen „aufgeteilt". Was als **Kostenstelle** anzusehen

ist, bleibt von situativen Faktoren abhängig; theoretisch wäre es der „Ort der Kostenentstehung" (und damit nicht zwangsläufig eine tatsächlich existierende, organisatorische Einheit). Üblich ist die Trennung von **Hilfs**- und **Haupt**kostenstellen und für letztere mindestens die in 4 „Bereiche": Fertigung, Material, Vertrieb, Verwaltung. Die auf die einzelnen (Haupt-) Kostenstellen zu verteilenden Gemeinkosten können diesen entweder *direkt* zugeordnet („**Kostenstellen-Einzelkosten**") oder müssen über „Schlüssel" zugerechnet werden (Kostenstellen-**Gemein**kosten).

2. Die Summe X (aller Gemeinkosten) ist sodann *sukzessiv* von den Hilfs- auf die Hauptkostenstellen „umzulegen". Dazu sind die Kostenstellen - in der zweiten Dimension der Tabelle - so angeordnet, dass das „von links nach rechts" geschehen kann. (Dieses - in der Praxis weit verbreitete - sog. **Kostenumlage-Verfahren** kann natürlich nur bei *ein*seitiger Beziehung Anwendung finden; bei *gegen*seitiger Verflechtung müssen *simultane* Verfahren - „Matrizen-Systeme", Gleichungssysteme - Platz greifen.) Auch dazu braucht man wieder *Umlageschlüssel*. Sie stellen das eigentliche Problem der Kostenstellen- und damit der gesamten Vollkostenrechnung dar.

3. Für die *Haupt*kostenstellen werden dann noch die (Gemeinkosten-) **Zuschlagssätze** ermittelt. Deren *Basis* bilden entsprechende Einzelkosten, die im BAB nicht zwangsläufig, meist aber mit angegeben werden, s. Hinweis in Darst. 17-2. (Zum Begriff bzw. der Ermittlung der „Herstellkosten" s. unten, Darst. 17-3.)

17.1.3 Kostenträgerrechnung

Die Kostenträgerrechnung kommt in zwei Formen vor: als Kostenträger*stück*- und -*zeit*rechnung. Die **Kostenträgerzeitrechnung** ist auf die *Periode* bezogen und entspricht somit den bisherigen Überlegungen. Wie erwähnt, wurden ja die *Einzel*kosten den Kostenträgern *direkt* zugerechnet. Sie bilden damit die *Basis*, auf welche die aus der Kostenstellenrechnung gewonnenen Zuschlagssätze angewandt werden. Zur *kurzfristigen Erfolgsrechnung* bzw. *Kostenträgerergebnisrechnung* gelangt man dadurch, dass man „Perioden*kosten* je Kostenträger" die entsprechende Perioden-*Leistung* gegenüberstellt (*formal* entweder mittels des *Umsatz*- oder des *Gesamtkostenverfahrens* gemäß der Darst. 16-13 in Kap. 16).

Die **Kostenträgerstückrechnung** zielt auf die rechnerische Ermittlung der *Kosten pro Mengeneinheit* (und damit, wie erwähnt, auf das Verhältnis zum Preis). Handelt es sich um ein *Einprodukt-Unternehmen* (gemäß der in Kap. 4 erörterten „Kostentheorie"), so benötigt man keine Kostenstellenrechnung: Die Gesamtsumme der Kosten einer Periode wird einfach durch die Anzahl der in der Periode hergestellten Mengeneinheiten dividiert (**Divisionskalkulation**). Auch bei der „Verrechnung" der Gemeinkosten in *einem* Zuschlagssatz ist die Kostenstellenrechnung entbehrlich. Dies war etwa im Handel anzutreffen:

Kalkulationsaufschlag („progressiv"):
   Einstandspreis + Aufschlag für Kosten *und* Gewinn = Verkaufspreis
   Beispiel: 50,- € + *100%* = 100,- €

Handelsspanne („retrograd"):
   [Verkaufspreis ./. Einstandspreis] in % des Verkaufspreises
   Beispiel: $\dfrac{100\ € - 50\ €}{100\ €} = 50\%$

Darst. 17-3 zeigt die nach Kostenstellen *differenzierende* - im Unterschied zur vorstehenden *summarischen* - **Zuschlagskalkulation** schematisch. („Sondereinzelkosten" - des Vertriebs [es gibt auch solche „der Fertigung"] - sind etwa spezielle Verpackungs- und Transportkosten.)

Fertigungsmaterial	Materialkosten	Herstellkosten	Selbstkosten
Materialgemeinkosten			
Fertigungslohn	Fertigungskosten		
Fertigungsgemeinkosten			
Verwaltungsgemeinkosten			
Vertriebsgemeinkosten (+ „Sondereinzelkosten")			

Darst. 17-3: **(Differenzierende) Zuschlagskalkulation, schematisch**

17.2 Teilkostenrechnungssysteme

Die entscheidende *Problematik* der Vollkostenrechnung wurde bereits erwähnt: Es ist nur schwer möglich, „verursachungsgerechte" Schlüssel zu finden. Misslingt dies aber, so werden etwa die Leiter von „Profit Centers" mit Kosten belastet, die sie nicht zu verantworten haben! Es verwundert deshalb nicht, dass sich Systeme entwickelten, die quasi umgekehrt versuchten, vom Preis ausgehend, den „Deckungsbeitrag" (s. dazu auch in Kap. 4) darzustellen, den Produkte etc. liefern. Insofern sind die Begriffe „Deckungsbeitragsrechnung" und „Teilkostenrechnung" *praktisch* identisch (*theoretisch* jedoch nicht, da sich letzterer eben auf die *Kosten* - unter Außerachtlassung des *Preises* - beschränkt). Der Streit zwischen Befürwortern und Gegnern von Teilkostenrechnungen wurde mit Vehemenz ausgetragen, da natürlich auch sie einen entscheidenden Nachteil haben: dass man über der Freude an positiven Deckungsbeiträgen vergisst, dass dies eben noch kein Gewinn ist, ja insgesamt noch nicht einmal die Summe der Kosten gedeckt zu sein braucht, konkret also Verlust entsteht.

Im Laufe der Zeit haben sich verschiedene *Teilkostenrechnungssysteme* entwickelt, insbesondere:

1. das (einfache) **Direct Costing**.
    Der Grundgedanke wurde bereits in Kap. 4 dargestellt: Nach Abzug der direkten, *variablen Kosten* vom Preis verbleibt der *Beitrag* zur Deckung der *fixen* Kosten.

2. die **stufenweise Fixkostendeckung**:
    Wie beim einfachen Direct Costing werden vom Erlös zunächst die variablen Kosten abgezogen. Die Differenz ist jedoch nicht dem gesamten Block der Fixkosten gegenüberzustellen, sondern es wird versucht, diese Fixkosten in mehrere Ebenen aufzuteilen (Gesamt-Unternehmen, einzelne Bereiche - Erzeugnis- oder Kostenstellen-Gruppen - usw.). Den „Deckungsbeiträgen I" werden dann die Fixkosten der *untersten* Ebene gegenübergestellt; man erhält so den „Deckungsbeitrag II". Ist er positiv, kann wiederum eine Gegenüberstellung zu den Fixkosten der nächst höheren Ebene erfolgen, und so fort. Man sieht so, auf welcher Ebene noch eine Deckung *sämtlicher* Kosten erfolgt und was letztlich zur Deckung der Fixkosten der höchsten Ebene - und als Gewinn - verbleibt.

3. Deckungsbeitragsrechnung mit relativen Einzelkosten *(RIEBEL)*.
Mit der „stufenweisen Fixkostendeckung" hat das Riebel'sche System *gemeinsam*, dass auf *verschiedener Ebene* ein „Deckungsbeitrag" ausgewiesen wird. Der *Unterschied* liegt jedoch darin, dass man gerade nicht von der Differenzierung in variable und fixe Kosten (und dem Versuch zu deren Aufspaltung) ausgeht, sondern von der Einteilung in *Einzel-* und *Gemeinkosten*. Für letztere wird dann jeweils das ihnen entsprechende Bezugs-Objekt gesucht, so dass im Ergebnis ebenfalls - *theoretisch* sauber, *praktisch* schwierig - ein „Deckungsbeitrag höchster Ordnung" resultiert.

17.3 Plankostenrechnung

Die Plankostenrechnung unterscheidet sich von den bisher diskutierten (Ist-) Kostensystemen dadurch, dass eine *Vorgabe* der Kosten erfolgt (HABERSTOCK 1999). Damit ist der **Soll-Ist-Vergleich** und eine **Abweichungsanalyse** (gemäß auch - allgemein - Kap. 3) möglich:

1. Bei der **starren Plankostenrechnung** lässt man die wechselnde Auslastung außer Betracht, geht also gewissermaßen von einem „durchschnittlichen Beschäftigungsgrad" aus. Damit ist auch die Ausweisung einer „*Beschäftigungs*abweichung" nicht möglich; sie wird vielmehr verdeckt und geht insofern „zu Lasten" der Kosten-Verantwortlichen.

2. Bei der **flexiblen** Plankostenrechnung werden dagegen, auf der Basis der Aufteilung in fixe und variable Kosten, die durch Beschäftigungsschwankungen ausgelösten Kostenveränderungen ermittelt, d.h. in der „Abweichungsanalyse" eliminiert und nicht den Verantwortlichen angelastet. Zur Berechnung bedient man sich oft sog. *Variatoren*, die - ausgehend von *linearen* Kostenverläufen - die Veränderung der Kosten in Abhängigkeit von Beschäftigungsänderungen ausdrücken.

3. In der **Grenz**plankostenrechnung bezieht sich die *Vorgabe* nur auf die *proportionalen* Kosten. Beschäftigungsabweichungen brauchen also nicht „herausgerechnet" zu werden; es bleibt sofort die - letztlich nur zu verantwortende - „*Verbrauchs*abweichung".

Wegen des erwähnten *Vorgabe*-Charakters spricht man auch von *Budgetkostenrechnung*. In diesem Zusammenhang ist auch der Begriff des *Zero Base Budgeting* einzuordnen; man geht dabei - mehr funktions- (denn kostenstellen-) orientiert - von der Vorstellung eines *Neubeginns* aus. Insofern scheint auch die

gelegentlich anzutreffende Unterscheidung von *Standard-* und *Prognose*kostenrechnung nicht ganz gerechtfertigt.

Die gesamte bisherige Kostenrechnung war, wie dargestellt, auf die
(Kalender-)*Periode* bezogen, nicht aber auf *Projekte*, in ihrem *zeitlichen* Ablauf.
Sie kann - mit RIEBEL (1985; s. auch 1989 und die dort angegebene Literatur) -
als *statisch* bezeichnet werden; ihr könnte man eine „*dynamische* Kostenrechnung" gegenüberzustellen versuchen. Dazu gehört auch das Konzept der
(Produkt-)*Lebenszyklus*kosten (Life Cycle Cost Concept - s. etwa WÜBBENHORST
1984).

17.4 Prozesskostenrechnung

Abschließend zu diesem Kapitel - und quasi anknüpfend an die Überlegungen
im vorigen Absatz - soll noch kurz auf ein Verfahren eingegangen werden,
das heute zunehmend bei uns diskutiert wird: die **Prozesskostenrechnung**
(*Activity Based Costing*). In den USA machte sich Anfang der 80er Jahre die
Erkenntnis breit, dass die traditionelle Zurechnung der Gemeinkosten -
angesichts der zunehmenden Größe dieses „Kostenblocks" - immer
unbefriedigender wird. (Insofern handelt es sich bei dem vorzustellenden
Verfahren um eines auf *Vollkosten*basis - obzwar wohl auch die Ausgestaltung
auf der Grundlage von Teilkosten möglich ist.) Ausgangspunkt der Neuorien-
tierung war, an die in einer Unternehmung ablaufenden *Prozesse* anzuknüpfen.
(Insoweit kann die Prozesskosten*rechnung* auch als Vorläufer des heute so
aktuellen - s. den Exkurs an Kap. 11 – Prozess*management* angesehen werden.)

Das *Vorgehen* erfolgt dabei in vier Schritten (vgl. zur Literatur auch die
Monographien von OLSHAGEN 1991; RECKENFELDERBÄUMLER 1998 oder auch
HORVÁTH et al 1993):

1. *Aktivitätsanalyse.*
   Die - meist *abteilungsübergreifenden* - „Activities" oder eben Prozesse müssen
   zunächst *ermittelt* werden (etwa durch Befragung der jeweiligen „Kosten-
   stellenverantwortlichen"). Sodann erfolgt die Zusammenfassung in
   „Prozess*listen*" und die Bildung von „Prozess*hierarchien*" („Hauptprozesse"
   - HP - usw.).

2. Bezugsgrößenbestimmung.
Die wichtigsten *Kostenantriebskräfte* („costs driver") müssen identifiziert und festgelegt werden.

3. Prozesskostenermittlung.
Auf dieser Stufe erfolgt die Zuordnung von *Kapazitäten* (z.B. Rechenzeiten) zu den Teilprozessen einer Kostenstelle.

4. Prozesskostenkalkulation.
Neben der Ermittlung des „Prozesskosten*satzes*" muss hier auch die Behandlung etwaiger prozess*unabhängiger* Kosten/Umlagen geklärt werden.

Die *Bedeutung* der Prozesskostenrechnung für hiesige Verhältnisse ist durchaus umstritten. Da hierzulande die Kostenrechnung generell recht weit entwickelt ist, ergeben sich nicht nur große Umstellungsprobleme; wegen des Vorhandenseins auch spezieller Systeme - z.B. der Grenzplankostenrechnung - fragt sich, ob überhaupt noch ein Vorteil (zumal angesichts möglicherweise hoher *Erfassungs*kosten) gegeben ist. Noch stärker grundsätzlich kann man im Hinblick auf die neueste Diskussion um die **Zielkostenrechnung** (*Target Costing*) bezweifeln, ob „die kompositionelle Denkweise - aus einzelnen Kostenstellen heraus - .. ('Welche Teilprozesse werden zu welchen Hauptprozessen verknüpft?')" sinnvoll ist: „Für das marktorientierte Zielkostenmanagement wäre vor allem die dekompositionelle Denkhaltung vonnöten ('Welche Prozesse sind für ein vom Markt gefordertes Produkt ... nötig und wie sind diese kostenmäßig gestaltbar?')." (SEIDENSCHWARZ 2000, S. 192.)

Literaturhinweise

Gesamtdarstellungen der Unternehmensrechnung (also *einschließlich* des *externen* Rechnungswesens) wurden bereits am Ende von Kap. 16 aufgeführt.

Hier ist deshalb nur noch auf allgemeine Literatur zur *Kosten-* (und *Erlös-*)-Rechnung - außer, im Text bereits erwähnt: KILGER/PAMPEL/VIKAS 2002 - hinzuweisen: BURCHERT/HERING/KEUPER 2001; COENENBERG 2003b; DÄUMLER/GRABE 1998-2002; EBERT 2000; FISCHBACH 2001; FREIDANK 2001; HOITSCH/LINGNAU 2002; HUMMEL/MÄNNEL 1983/86; JOSSÉ 2003; KLOOCK/SIEBEN/SCHILDBACH 1999; MICHEL/TORSPECKEN 1990/92; MOEWS 2002; SCHWEITZER/KÜPPER 1998; ZDROWOMYSLAW 2001.

Aufgaben

17-1: Wie nennt man
    a) die Kosten, die in gleicher Höhe Aufwand darstellen,
    b) den Aufwand, der in gleicher Höhe Kosten darstellt?

17-2: Wie heißen
    a) die Kosten, die nicht aus Aufwendungen abgeleitet werden,
    b) die Aufwendungen, die nicht in die Kosten eingehen?

17-3: Kann es eine Differenz zwischen kalkulatorischen und bilanziellen Abschreibungen geben; wenn ja, warum?

Kapitel 18 Steuern

18.1 Begriff und Einteilung - „Steuersystem"

§ 3 der *Abgabenordnung* (AO) gibt die **Definition**: „Steuern sind *Geldleistungen*, die *nicht eine Gegenleistung* für eine besondere Leistung darstellen und von einem öffentlich-rechtlichen Gemeinwesen *zur Erzielung von Einnahmen allen auferlegt* werden, bei denen der Tatbestand zutrifft, an den das Gesetz die Leistungspflicht knüpft ...".

Die – von den Verf. - hervorgehobenen Begriffsbestandteile beinhalten die **Abgrenzung**:
1. *Geldleistungen* (keine *Natural*abgaben);
2. *nicht eine Gegenleistung* (keine *spezielle Entgeltlichkeit*);
3. *zur Erzielung von Einnahmen.*
   Dies wird zwar (innerhalb ... oben) eingeschränkt durch den Nachsatz: „die Erzielung von Einnahmen kann Nebenzweck sein". Das zielt aber auf wirtschaftspolitische (Haupt-)Zwecke; so sind Strafen z.B. eben keine Steuern.
4. *allen* (allgemein);
5. *auferlegt* (Zwangscharakter).

Neben den Steuern gibt es weitere Abgaben. Dies sind – wie die Darst. 18-1 zeigt – Beiträge, Gebühren und steuerliche Nebenleistungen.

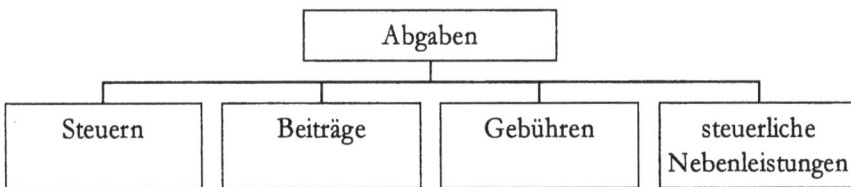

Darst. 18-1: **Arten von Abgaben**

Während bei den Steuern keine konkrete Gegenleistung erfolgt, besteht bei den Beiträgen ein Anspruch. Die *Beiträge* fallen aber unabhängig von der Inanspruchnahme an, z.B. Krankenversicherungsbeiträge. *Gebühren* werden für eine konkrete Gegenleistung erhoben, z.B. Gebühren für die Benutzung eines Schwimmbades. *Steuerliche Nebenleistungen* sind u.a. Verspätungszuschläge, Zinsen und Säumniszuschläge (§ 3 Abs. 4 AO).

Die **Einteilung** der Steuern kann nach verschiedenen Kriterien vorgenommen werden. Darst. 18-2 enthält einige davon.

Lfd. Nr.	Einteilung	Kriterium
1	direkte – indirekte Steuern	Zusammen- oder Auseinander-fall von demjenigen, der die Steuern zahlen und dem, der sie tragen soll („Überwälzung")
2	allgemeine Steuern – Zwecksteuern	(Zweck-)Bindung
3	Subjektsteuern (Personensteuern) – Objektsteuern (Real-, Sachsteuern)	Anknüpfung an Person oder Sache
4	Bundes-, Länder- und Gemeindesteuern (sowie „Gemeinschaftssteuern" – aufzuteilen auf die Vorgenannten)	Empfänger bzw. „Ertragshoheit"
5	1. Besitzsteuern (Steuern auf das Einkommen und Vermögen 2. Verkehr-/Umsatzsteuern 3. Verbrauch-/Aufwandsteuern	Besteuerungsgegenstand

Darst. 18-2: **Einteilung der Steuern**

Unter Rückgriff insbesondere auf die zuletzt genannte Einteilung lässt sich
das heutige „**Steuersystem**" - das allerdings gerade nicht systematisch
konstruiert, sondern eher historisch gewachsen ist - gemäß Darst. 18-3 auf
der folgenden Seite zusammenfassen.

Die erste große Gruppe, die **Steuern auf das Einkommen und Vermögen**,
kann man - gemäß der Darst. 18-3 - weiter unterteilen in *Ertrag*- und *Substanz*steuern. Als eine dritte Untergruppe können die Steuern auf einen - quasi
von außerhalb erfolgten - *Zuwachs* angesehen werden; die *Kirchensteuer*
schließlich steht außerhalb der Systematik. Auf die einzelnen Steuerarten
dieser großen Gruppe wird im nächsten Hauptabschnitt noch - gemäß den
jeweils angegebenen Ziffern - eingegangen.

Steuern

Steuern auf das Einkommen und Vermögen — Verkehr-/Umsatzsteuern — Aufwand-/Verbrauchsteuern

Steuern auf das Einkommen und Vermögen:
- Ertragsteuern
  - Einkommensteuern i.w.S.
    - Einkommensteuer (ESt) 1
    - Lohnsteuer (LSt) 2
    - Körperschaftsteuer (KSt) 3
  - Kapitalertragsteuer (KESt) 4
  - Gewerbesteuer (GewSt) 5
- Substanzsteuern
  - Vermögensteuer (VSt) 6
  - Grundsteuer (GrSt) 7
- Zuwachssteuern
  - Erbschaftsteuer (ErbSt) 8a
  - Schenkungsteuer 8b
- Kirchensteuer (KiSt) 9

Verkehr-/Umsatzsteuern:
- allgemeine Umsatzsteuer (USt) 10
- spezielle Verkehrsteuern
  - Grunderwerbsteuer (GrESt) 11
  - Versicherungssteuer

Aufwand-/Verbrauchsteuern:
- direkte (Hundesteuer, Kfz-Steuer)
- indirekte (Mineralölsteuer, ...)

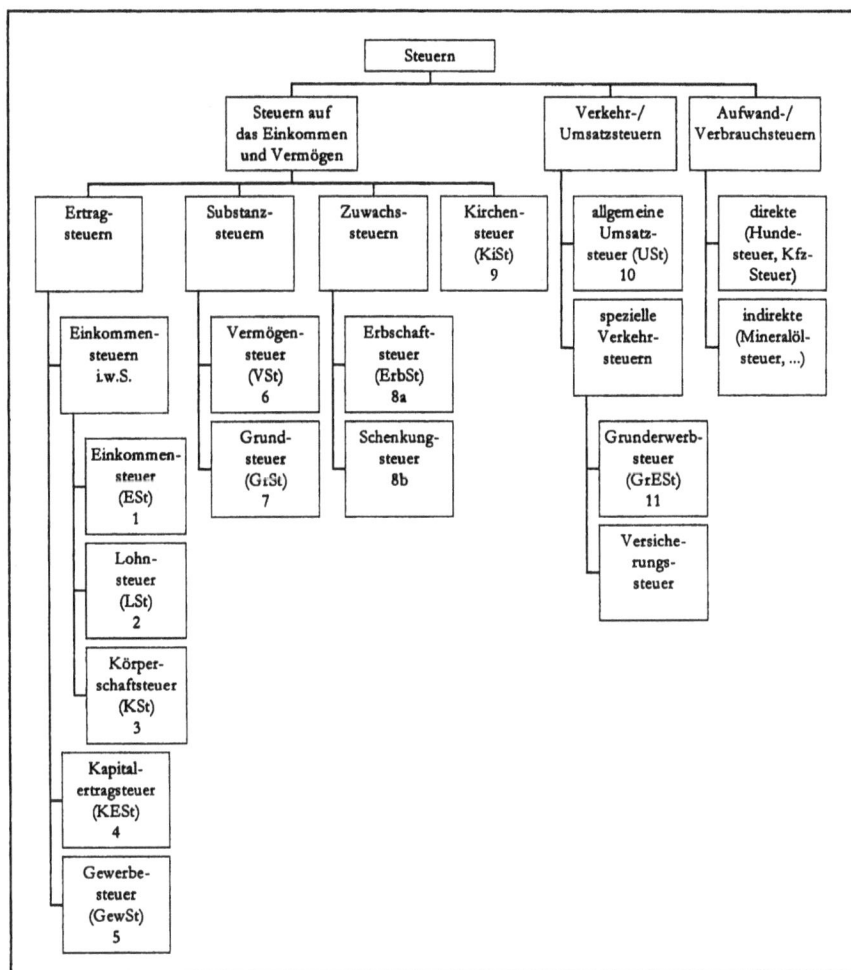

Darst. 18-3: **Das „Steuersystem"**

Eine separate Behandlung erfährt auch die *allgemeine „Umsatzsteuer"*. Die weitere Untergliederung der anderen Gruppe dieser Hauptgruppe („**Verkehr-/Umsatzsteuern"**), der *speziellen Verkehrsteuern*, ist in der Übersicht angedeutet. Neben der Besteuerung des Grunderwerbs (durch die *Grunderwerbsteuer*) und der Versicherungsprämien (durch die *Versicherungsteuer*) gibt es z.B. noch die *Rennwett- und Lotteriesteuer*.

Die dritte Untergruppe: „**Verbrauch-/Aufwandsteuer"** ist außerordentlich vielgestaltig. Hier kommt in besonderem Maße die in Darst. 18-1 angesprochene Einteilung in direkte und indirekte Steuern zur Geltung. Sie stellt, wie dargelegt, auf den möglichen Auseinanderfall von demjenigen, der die Steuer letztlich (wirtschaftlich) tragen soll, dem „*Steuerdestinatar*", und dem Steuer*zahler* ab: Derjenige, dem zunächst die Steuerzahlung obliegt, soll sie - im Preis (deshalb auch gelegentlich die Bezeichnung „*Preis*steuer") - „überwälzen" können auf den Abnehmer, bis sie den Endverbraucher trifft. Insofern rechtfertigt sich auch die Bezeichnung *Verbrauch*steuern daraus, dass diese in der Regel *indirekt* sind. Solche Verbrauchsteuern gibt es in vielfältiger Art; Beispiele sind - neben der in der Darst. 18-3 erwähnten *Mineralöl*steuer - etwa die *Bier-* oder *Tabak*steuer. In diesem Sinne besteuert auch die allgemeine Umsatzsteuer ganz generell den „Verbrauch". Ob die *Überwälzung* tatsächlich gelingt, hängt nach heutiger Auffassung allerdings wesentlich von den Marktgegebenheiten, insbesondere der *Preiselastizität* der Nachfrage, ab. Nicht selten kommt es gerade bei der Umsatzsteuer offensichtlich auch zu einer anderen Art von „Steuerwirkung", der *Vermeidung* (durch „Geschäfte ohne Rechnung"). - Es gibt in diesem Zusammenhang jedoch auch einige *direkte* Steuern (man spricht dann eher von „Aufwandsteuern"), z.B. die *Hunde*steuer; auch die *Kfz*-Steuer - in ihrer jetzigen Form - muss systematisch wohl eher hier (und nicht, wie vielfach, als „Verkehrsteuer") eingeordnet werden.

18.2 Einzelne Steuerarten

1. Einkommensteuer (ESt)

Der Einkommensteuer unterliegen die Einkünfte *natürlicher* Personen, und zwar im Prinzip *sämtliche*. Das rührt daher, dass neben 6 konkretisierten *Einkunftsarten* (aus 1. Land- und Forstwirtschaft, 2. Gewerbebetrieb, 3. selbständiger Arbeit, 4. nichtselbständiger Arbeit, 5. Kapitalvermögen, 6. Vermietung und Verpachtung) eine offene 7. Art: „sonstige Einkünfte" existiert. Ob bestimmte *Brutto*einkommen also nur wegen ihrer Höhe (abzüglich der *Werbungskosten* bzw. *Betriebsausgaben*) nicht versteuert werden oder grundsätzlich steuerfrei bleiben, ergibt sich aus der *Rechtsgrundlage*. Das ist in erster Linie das betreffende „Gesetz" (G); hier wie auch bei vielen anderen Steuerarten treten daneben „Durchführungsverordnungen" (DV) und oft auch - unmittelbar eigentlich nur die Steuerverwaltung bindende - „Richtlinien" (R).

2. Lohnsteuer (LSt)

Die der Lohnsteuer unterliegenden Einkünfte sind eigentlich schon mit den „Einkünften aus nichtselbständiger Arbeit" bei der Einkommensteuer erfasst; ihre Besteuerung könnte also im Rahmen der (Selbst-)Deklaration, d.h. *Veranlagung*, erfolgen. Bei uns geschieht jedoch „seit alters her" die Einbehaltung als *Quellen*steuer, durch den Arbeitgeber, der quasi im Auftrage der Steuerbehörden tätig wird. (Insofern hat dies auch nichts mit der obigen Einteilung in direkte und indirekte Steuern zu tun.) Bezieht also ein Steuerpflichtiger ausschließlich „Arbeitslohn", so ist damit seine Steuerschuld im Prinzip abgegolten; nur bei Vorliegen besonderer - im einzelnen definierter - Voraussetzungen bzw. Zusammentreffen mit anderen Einkunftsarten erfolgt eine Veranlagung zur Einkommensteuer (und dabei, zur Vermeidung von „Doppelbesteuerung", die Anrechnung der bereits gezahlten Lohnsteuer).

3. Körperschaftsteuer (KSt)

Auch die *Körperschaft*steuer ist, wie die Lohnsteuer, eine „flankierende" Einkommensteuer. Sie ist praktisch die „Einkommensteuer der Kapitalgesellschaft" und betrifft den *gesamten* Gewinn. Ihr unterliegen, wie ausgeführt (s. Kap. 9 und auch Kap. 15), die „Einkommen" - in Form des *Gewinns* - *juristischer* Personen. Die bei den ausgeschütteten Gewinnen dann entstehende Doppelbesteuerung, wenn diese, als „Einkünfte aus Kapitalvermögen", nochmals voll besteuert werden, ist - wie dargelegt - bei uns seit geraumer Zeit beseitigt (durch Anrechnung bereits gezahlter Körperschaftsteuer). Der Steuersatz beträgt einheitlich 25%, für das Jahr 2003 abweichend 26,5% zur Beseitigung der Flutschäden aus der Hochwasserkatastrophe (BMF 2003, S. 2).

4. Kapitalertragsteuer (KESt)

Bei der *Kapitalertrag*steuer handelt es sich - wie bei der Lohnsteuer - nur um die *Form* der Besteuerung an der *Quelle*: Die „Körperschaft" (z.B. AG) behält für die ausgeschütteten Gewinne (z.B. die Dividende) in Höhe des darauf entfallenden Steuersatzes die Steuer ein und führt sie an das Finanzamt ab; es war daher immer unstrittig, dass sie - wie die Lohnsteuer - quasi als „Steuervorauszahlung" anzusehen und bei der Veranlagung anzurechnen ist. Per 1.1.1993 wurde die sog. *Zinsabschlagsteuer* („ZASt") eingeführt; sie dehnt - in offenbar zunehmendem Maße - die Besteuerung des „Kapitalertrages" an der „Quelle" auf *Zinsen* aus.

5. Gewerbesteuer (GewSt)

Die Gewerbesteuer trifft den „*stehenden Gewerbebetrieb*" (mit einer *Betriebsstätte* im Inland). Sie wurde durch Gesetz vom 15.10.2002 neu geregelt. (Später kam ihr Ausbau zu einer Art *Gemeindewirtschaftsteuer* in die Diskussion.) Inzwischen wird nur noch der Gewerbe*ertrag* besteuert (früher auch das Gewerbe*kapital*).

Der nach bestimmten Regeln zu ermittelnde „maßgebende Gewerbeertrag" (einkommen- bzw. körperschaftsteuerpflichtiger Gewinn + Hinzurechnungen ./. Kürzungen) wird mit einer - festgelegten - „Steuermesszahl" multipliziert; das ergibt den „Steuermessbetrag I".

Die zu entrichtenden Steuer folgt aus der Multiplikation des erwähnten Messbetrages mit einem „Hebesatz", der - da als *Gemeinde*steuer individuell festzulegen - sehr verschieden sein kann. Die Gewerbesteuer ist als Betriebsausgabe absetzbar und mindert somit den Gewinn. Die effektive Belastung ist insofern geringer.

6. Vermögensteuer (VSt)

Der Vermögensteuer unterliegt das Vermögen (und zwar 1. land- und forstwirtschaftliches Vermögen, 2. Grundvermögen, 3. Betriebsvermögen, 4. sonstiges Vermögen) *natürlicher* und *juristischer* Personen. Die *Bewertung* erfolgt vielfach zu „Einheitswerten", die - aus (allgemein- und wirtschafts-) politischen Gründen - bei landwirtschaftlichem und Grundvermögen besonders niedrig sind (und so auch viele „natürlichen" Personen mit Haus- und Grundbesitz unter die Freigrenze fallen lassen). Die Steuersätze müssen naturgemäß - wenn das Vermögen dadurch nicht aufgezehrt werden soll - relativ niedrig sein: 1% bei natürlichen und 0,6% bei juristischen Personen.

Die VSt wird wegen Verfassungswidrigkeit – in der gesetzlichen Form - ab 1.1.1997 nicht mehr erhoben (BverfG v. 22.6.1995, BStBl II 655).

7. Grundsteuer (GrSt)

Für die Grundsteuer gilt hinsichtlich der Bewertung ähnliches: Sie erfolgt mit dem - niedrigen - „Einheitswert". Dieser wird, ähnlich wie bei der GewSt, mit einer - festgelegten - Steuermesszahl multipliziert und das Ergebnis, der Steuermessbetrag, wiederum mit einem - gemeinde-individuellen - Hebesatz. Die Grundsteuer bildet damit ebenfalls eine wichtige Einnahmequelle der Kommunen.

8. Erbschaft- und Schenkungsteuer (ErbSt)

Der *Erbschaft*steuer (ErbSt) unterliegen im wesentlichen der Erwerb von Todes wegen, die Schenkungen unter Lebenden und Zweckzuwendungen (§ 1 ErbStG). Die *Bewertung* richtet sich grundsätzlich nach den allgemeinen Bewertungsvorschriften des BewG (§ 12 ErbStG). Grundvermögen (§ 19 BewG) ist mit dem Grundbesitzwert anzusetzen (§ 12 Abs. 3 ErbStG). Dieser ergibt sich nach Art des Grundstücks nach dem Ertragswert- oder dem Sachwertverfahren (§ 76 BewG). Die Steuer*sätze* und damit die *Besteuerung* hängt einerseits vom Wert des *steuerpflichtigen Erwerbs*, andererseits von der Steuer*klasse* ab (§ 19 ErbStG). Nach dem *Verwandtschaftsgrad* werden drei Steuerklassen unterschieden (§ 15 ErbStG). Im ungünstigsten Fall steigt der Steuersatz bis auf 50%.

Die *Schenkung*steuer - ebenfalls im ErbStG geregelt - stellt eine „flankierende" Erbschaftsteuer dar; ihr Zweck ist es, die Umgehung der Erbschaftsteuer, wie sie bei Steuerfreiheit der Schenkungen unter Lebenden entstehen könnte, zu vermeiden.

9. Kirchensteuer (KiSt)

Die Kirchensteuer steht, wie gesagt, außerhalb des Systems der bisher erörterten Steuern - zumal sie, ähnlich wie die Zahlung eines Vereinsbeitrages, durch „Austritt" zu vermeiden wäre. Insofern ist sie im Grunde eine Folge der nicht vollständigen Trennung von Kirche und Staat und bedeutet, dass die Finanzämter - oder, beim Abzug vom Arbeitslohn, sogar die Betriebe - den „Kirchenbeitrag" für die Kirchen einziehen (dafür allerdings eine „Vergütung" erhalten). Die Kirchensteuer knüpft an die zu zahlende *Einkommen*steuer an und wird in Prozentsätzen von dieser (nach Religionsgemeinschaften und Bundesländern - geringfügig - schwankend) berechnet, z.B. 8% der Einkommensteuer (und nicht etwa des Einkommens selbst).

10. Umsatzsteuer (USt)

Die heutige Umsatzsteuer ist eine *Allphasen-Netto*-Umsatzsteuer. Das bedeutet, dass sie zwar in allen Phasen des Weges der Ware vom Erzeuger zum - letzten - Verbraucher erhoben wird, aber nur *netto* auf den Wert*zuwachs* („value added"); sie heißt deshalb auch *Mehrwert*-Steuer. Technisch wird die Nettobesteuerung erreicht durch den sog. *Vorsteuerabzug.* Der derzeitige *Steuersatz* beträgt allgemein 16% (für bestimmte Artikel 7 % - vor allem Lebensmittel). Zu beachten ist, dass nicht nur „Umsätze" im allgemeinen Sprachgebrauch (d.h. Verkäufe) der Steuerpflicht unterliegen, sondern auch z.B. der „Eigenverbrauch".

11. Grunderwerbsteuer (GrESt)

Die Grunderwerbsteuer wird im wesentlichen erhoben auf den Erwerb von Grundstücken (an Stelle der USt). Dabei sind von der Besteuerung die Grundstückserwerbe ausgenommen, die unter das ErbStG fallen, mithin dort schon steuerlich gewürdigt wurden (§ 3 GrEStG). Der Steuersatz beträgt z.Z. 3,5%.

Literaturhinweise

Quellen für die einzelnen Steuerarten wie auch die Besteuerung allgemein stellen zunächst natürlich die *Gesetzestexte,* gegebenenfalls ergänzt durch die *Durchführungsverordnungen* und die *Richtlinien* und zusammengefasst in verschiedenen Text-*Sammlungen,* sowie die entsprechenden (juristischen) *Kommentare,* dar.

Lehrbücher der *Betriebswirtschaftlichen Steuerlehre* sind vor allem HABERSTOCK/ BREITHECKER 2002; KUßMAUL 2003; ROSE 1993-2001; D. SCHNEIDER 1994; SCHULT 2002; SELCHERT 2001a; WÖHE 1988-97.

Aufgaben-Lösungen

I-1: a) Schmalenbach (1873-1955)
b) Nicklisch (1876-1946)
c) Rieger (1878-1971)

Zu b: Die Bezeichnung *ethisch*-normativ (statt „normativ-wertend") kann deshalb bevorzugt werden, weil sie die Entgegensetzung zu „*praktisch-normativ*" zum Ausdruck bringt. Letztere hebt die erwähnte Gestaltungsaufgabe hervor; diese wurde im Text mit „präskriptiv" (vorschreibend) bezeichnet.

I-2: a) Formalziel
b) nein. (Z.B.: 5%.)

I-3: *falsch*

I-4: „Gewährleistung der Erfassung aller relevanten Sachverhalte in einem Teilgebiet"

4-1: *falsch*

4-2: *falsch*

4-3: Das Produkt mit dem höchsten *absoluten* (Stück-)Deckungsbeitrag liefert den geringsten *engpassbezogenen* DB, ist also nicht zu präferieren. Stattdessen sollte das Produkt 2 - und danach 3 - präferiert werden.

4-4: „werden Ungleichungen hinsichtlich der Zielfunktion und der Nebenbedingungen in Gleichungen umgewandelt; die SV beinhalten die Leerzeiten

4-5: ja („*output*abhängige" Darstellung)

4-6: „alternative Substitution"

4-7: a) den spezifischen Faktoreinsatz pro Output-Einheit: $a_i = r_i/x$ (gemäß [4.12])
b) 5

4-8: *richtig*

4-9: Wegen der Voraussetzung des gleichförmigen kontinuierlichen Absatzes ist der Lagerbestand nur für die Hälfte der Zeit gebunden.

4-10: *falsch*

4-11: *falsch*

5-1: *falsch*

5-2: *richtig*

5-3: $p \cdot x_B = K_f + K_v$ (5.1a)

      $p \cdot x_B = K_f + k_v \cdot x_B$ (5.1b)

      $p\, x_B - k_v\, x_B = K_f$

      $x_B\, (p - k_v) = K_f$

$$x_B = \frac{K_f}{p - k_v} \qquad\qquad\qquad\qquad (5.1c)$$

5-4: a) $E' = p\, (1 - 1/e) = p\, (1 - 1) = 0$

      b) (1) $E' = p\, (1 - 1/2) = 0,5\, p$

          (2) $E' = p\, (1 - 1/0,5) = -p$

5-5: „der Punkt des Gewinnmaximums; er ergibt sich aus dem Schnittpunkt der Grenzerlöskurve mit der Grenzkostenkurve"

5-6: *falsch*

5-7: Bei einem *einheitlichen* Preis von 5,- (p_3) würde sich eine Absatzmenge von 30 ergeben, also ein Erlös von 150,-.

      Bei einer Preis*differenzierung* dagegen resultiert:

      p_1: 7 ·10 = 70

      p_2: 6 ·10 = 60

      p_3: 5 ·10 = 50

      also ein beachtlich höherer Erlös von insgesamt 180.

5-8: *falsch*

5-9: *falsch*

5-10: *falsch*

5-11: „eine Kooperation von z.B. einem Hersteller und verschiedenen Händlern, wobei ersterer in einem vertraglich festgelegten Umfange über die Absatzpolitik des jeweiligen Händlers (mit)entscheidet"

6-1: *richtig*

6-2: *falsch*

6-3: p = auftragsproportionale Kosten

      q = (variabler) Zins- und Lagerkostensatz

8-1: Allgemein kann man unter einem „Standortfaktorenkatalog" eine Auflistung aller relevanten Einflussgrößen für die Standortentscheidung (in-, throught- und outputbezogen) verstehen.

8-2: Die für einen bestimmten Standort relevanten Faktoren werden darauf geprüft, ob sie gegeben sind oder nicht. Je nach Entscheidungsregel wird ein bestimmtes Verhältnis von Ja-Nein-Antworten gefordert.

8-3: Im Unterschied zur einfachen Alternativ-Entscheidung „erfüllt/nicht erfüllt" muss bei Scoring-Modellen eine „Auspunktung" auf einer Skala erfolgen; auch werden die einzelnen Kriterien - die „Standortfaktoren" - im Prinzip gewichtet.

9-1: Ja; gem. § 19 Abs. 1 HGB muss die Firma „bei einer offenen Handelsgesellschaft die Bezeichnung ‚offene Handelsgesellschaft' oder eine allgemeine verständliche Abkürzung dieser Bezeichnung" enthalten. (Im übrigen ist dies *unabhängig* vom „Umfang".)

9-2: *falsch*

9-3: Ja, die GmbH.

9-4: Unter einem „Konsortium" versteht man die Kooperation rechtlich selbständig bleibender Unternehmen zu einem bestimmten - vorübergehenden - Zweck, so z.B. die Vornahme einer Wertpapier-Emission durch ein Banken-Konsortium.

9-5: *falsch*

9-6: 1. a) ja (wenn es an der „einheitlichen Leitung" fehlt)
    b) ja (wenn die Vermutung der Abhängigkeit widerlegt wird)
 2. ja (beim „Gleichordnungs-Konzern")

10-1: *falsch*

10-2: Die ältere deutsche Organisationsliteratur unterschied zunächst zwischen *verrichtungs-* und *objektbezogener* Organisation (mit mehreren Unterformen bei letzterer). Einfacher scheint die Differenzierung in *funktionale, divisionale* und *regionale* Organisation.

10-3:

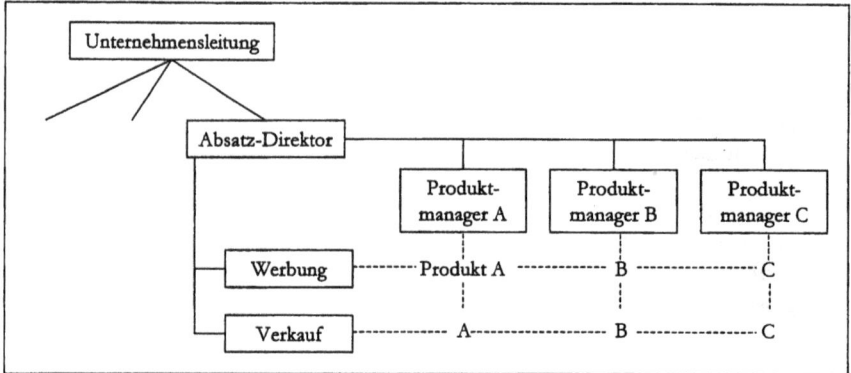

Darst. L-1: **Matrix-Organisation im Absatzbereich**

11-1: Management by Objectives bedeutet Führung durch entweder Ziel*vereinbarung* oder *-vorgabe*. Es ist damit in gewisser Weise „umfassender" als Management by Exception, das grundsätzlich von der Delegation und Eingriffen nur in Ausnahmefällen ausgeht.

11-2: Kontrolle wird - im Gegensatz zur Prüfung - von den am Prozess Beteiligten durchgeführt.

11-3: *falsch*

11-4: Da für den Arbeitsdirektor nichts Besonderes vorgeschrieben ist, erfolgt seine Wahl wie bei allen anderen Mitgliedern des Vorstandes nach den allgemeinen Beschlussregeln. Im Falle einer Pattsituation entscheidet also die Stimme des Vorsitzenden (insofern möglicherweise nicht nur gegen die *Mehrheit*, sondern *alle* Arbeitnehmervertreter).

12-1: „eine Arbeitsbereicherung, die die Verantwortung des einzelnen Mitarbeiters erhöht und seine Entscheidungs- und Kontrollbefugnis erweitert: Der Arbeitsplatz wird qualitativ aufgewertet!"

12-2: *falsch*

12-3: *richtig*

12-4: $s_H = 10,- + 0,5 \cdot 10,- \cdot \dfrac{10-6}{6} = 13,33$

$s_H = 10,- + 0,6 \cdot 10,- \cdot \dfrac{10-6}{6} = 14,-$

13-1: ein Führungsinstrument

13-2: z.B. Kennzahlensysteme
Budgetierung
Abweichungsanalyse
Deckungsbeitragsrechnung
Portfolio-Analyse
Potentialanalyse
ABC/XYZ-Analyse
GAP-Analyse
(Gemeinkosten-)Wertanalyse
Balanced Scorecard

13-3: Das strategische Controlling hat die strukturelle Anpassungsfähigkeit der Unternehmung gegenüber der Umwelt zu erhalten, hat beschlossene Strategien durchzusetzen und durchzuführen, diesen Vorgang zu kontrollieren und soll beitragen, die Existenz des Unternehmens langfristig zu sichern.

13-4: *falsch*

14-1: *falsch*

14-2: $p \cdot \dfrac{(A_1 + R_1)}{2}$

14-3: „ein statisches Verfahren der Investitionsrechnung, bei dem der ‚Wiedergewinnungszeitraum' des Kapitaleinsatzes errechnet wird; es handelt sich insofern um ein Verfahren der Risikoabschätzung"

14-4: a)

		t_1	t_2	t_3	C_E
	q_t	0,9523	0,9070	0,8638	
1	b_t	50	50	550	
	$b_t \cdot q_t$	47,62	45,35	475,09	568,06
2	b_t	200	300		
	$b_t \cdot q_t$	190,46	272,10		462,56

Darst. L-2: **Berechnung der abgezinsten Einzahlungen (Beispiel – r = 0,05)**

b)

		t_1	t_2	t_3	C_E
	q_t	0,8696	0,7561	0,6575	
1	b_t	50	50	550	
	$b_t \cdot q_t$	43,48	37,80	361,62	442,90
2	b_t	200	300		
	$b_t \cdot q_t$	173,91	226,83		400,74

Darst. L-3: **Berechnung der abgezinsten Einzahlungen**
  (Beispiel – r = 0,15)

14-5: „bewirkt die Vergleichbarkeit aller periodischen Cash Flows im Hinblick auf
  die Betrachtungsperiode (Periode 0), weil auf diese Weise 'Kreditkosten'
  berücksichtigt werden"

14-6: *falsch*

14-7: *richtig*

14-8: *falsch*

14-9
$$\binom{4}{1} + \binom{4}{2} + \binom{4}{3} + \binom{4}{4}$$

$$= 4 + 6 + 4 + 1 = 15$$

14-10: a) Abzinsungspapier
  b) $(10.000/7.350)^{1/4} - 1 = 1,360544^{0,25} - 1 = 1,08$, also 8%

15-1: *falsch*

15-2: *falsch*

15-3: „Benachteiligung"

15-4: „65%"

15-5: *falsch*

15-6: „wird die in einzelnen Perioden jeweils zur Verfügung stehende Kapazität
  dauerhaft erhöht"

15-7: *falsch*

15-8: a) $(15/500) \cdot 100\% = 3\%$
  b) ja, zumindest den, dass das Kapital nur für die Hälfte der Zeit eingesetzt
     war, die Rendite sich also *verdoppelt*

15-9: *falsch*

15-10: *falsch*

15-11: 1e
      2a
      3f
      4b
      5d

15-12: *richtig*

15-13: $\dfrac{(E+F)r - F \cdot i}{E}$

$\dfrac{E \cdot r}{E} + \dfrac{F \cdot r}{E} - \dfrac{F \cdot i}{E}$

$r + r \cdot \dfrac{F}{E} - i \cdot \dfrac{F}{E}$

$r + \dfrac{F}{E} \cdot (r - i)$

15-14: „mit steigender Fremdfinanzierung die Eigenkapitalrendite zunimmt, wenn die Investitionsrendite größer als der Fremdkapitalzins ist"

15-4:

E	F	$F \cdot i$	$G \cdot r - F \cdot i$	r_E (%)
1000	0	0	100	10,0
900	100	15	85	9,4
800	200	30	70	8,8
700	300	45	55	7,9
600	400	60	40	6,7
500	500	75	25	5,0
400	600	90	10	2,5
300	700	105	- 5	- 1,7
200	800	120	- 20	- 10,0
100	900	135	- 35	- 35,0
0	1000	150	- 50	- ∞

Darst. L-4:   **Leverage-Effekt (negativ – Beispiel)**

15-16: a) Varianz bzw. Standardabweichung
      b) Das Capital Asset Pricing Model greift zurück auf die „Portfolio-Theorie" (von Markowitz). Dabei spielt das mit einer Kapitalanlage verbundene Bonitäts-Risiko eine große Rolle. Durch vernünftige Portfolio-Mischung wird man einen Teil des Risikos - eben das „unsystematische" - „wegdiversifizieren" können. Für das verbleibende „systematische" Risiko wird man eine „Risikoprämie" (Zuschlag gegenüber der Rendite für eine „risikofreie" Anlage) fordern.

16-1:

S		H
Abgänge	AB	
EB	Zugänge	

Darst. L-5:   **Schema eines passiven Bestandskontos**

16-2: Das System der Doppik erfordert Soll- und Haben-Buchungen. Da der Anfangsbestand (z.B. an Bargeld) gemäß Darst. 16-3 auf einem aktiven Bestandskonto im Soll steht, muss der *Buchungssatz* für die Eröffnungsbuchung lauten: „aktives Bestandskonto (z.B. Kasse) an EBK"; im letzteren stehen also die „Aktiva" im Haben!

16-3: (*nach* der „Gewinnverwendung" - s. auch Darst. 16-12):
    Grundkapital („gezeichnetes Kapital")
    Rücklagen (gesetzliche und „freie")
    Gewinn-/Verlustvortrag

16-4: a) Abschreibungen an Maschinen
    b) dto. an Wertberichtigungen (auf Maschinen)

16-5: a) der „Buchwert" 10 000,- €
    b) der höhere „Tageswert"

17-1: a) Grundkosten
    b) ordentlicher betrieblicher Aufwand (Zweckaufwand)

17-2: a) kalkulatorische Kosten
    b) neutraler Aufwand

17-3: Ja: Einerseits, weil der Ansatz der Abschreibungen im *Jahresabschluss* auch von der „Bilanzpolitik" bestimmt wird, andererseits die *Kostenrechnung* nicht zuletzt der „Kalkulation" dient.

Literaturverzeichnis

A

Adam, D. (1998): Produktions-Management, 9. Aufl., Wiesbaden

Adam, D. (2000): Investitionscontrolling, 3. Aufl., München

Adam, D. (2002): Abschiedsvorlesung, in: ZfB, 72. Jg., S. 19-38

Ahlert, D. (2002): Distributionspolitik, 4. Aufl., Stuttgart

Albers, S. [Hrsg.] (2001): Technologie- und Innovationsmanagement, Wiesbaden

Altrogge, G. (1996a): Investition, 4. Aufl., München

Altrogge, G. (1996b): Netzplantechnik, 3. Aufl., München

Amann, K. (1993): Finanzwirtschaft, Stuttgart

Andler, K. (1929): Rationalisierung der Fabrikation und optimale Losgröße, München

Ansoff, H.J. (1965): Corporate Strategy, New York (deutsch: Management-Strategie, München 1966)

Arnolds, H./Heege, F./Tussing, W. (1998): Materialwirtschaft und Einkauf, 10. Aufl., Wiesbaden

B

Bähr, G./Fischer-Winkelmann, W.F. (2001): Buchführung und Jahresabschluss, 7. Aufl., Wiesbaden

Bänsch, A. (1998): Einführung in die Marketing-Lehre, 4. Aufl., München

Bänsch, A. (2003): Wissenschaftliches Arbeiten, 8. Aufl., München

Baetge, J./Kirsch, H.-J./Thiele, S. (2002): Bilanzen, 6. Aufl., Düsseldorf

Ballwieser, W. (2001): Unternehmensbewertung, in: Gerke, W. (Hrsg.): Handwörterbuch des Bank- und Finanzwesens, 3. Aufl., Stuttgart, Sp. 2082-2095

Ballwieser, W./Coenenberg, A.G./Wysocki, K.v. [Hrsg.] (2002): Handwörterbuch der Rechnungslegung und Prüfung, 3. Aufl., Stuttgart

Bamberg, G./Coenenberg, A.G. (2002): Betriebswirtschaftliche Entscheidungslehre, 11. Aufl., München

Banse, K. (1962): Vertriebs-(Absatz-)politik, in: Handwörterbuch der Betriebswirtschaft, 3. Aufl., Bd. 4, Sp. 5988-5994

Bauer, E. (1977): Markt-Segmentierung, Stuttgart

Baum, H.-G./Coenenberg, A.G./Günther, T. (2003): Strategisches Controlling, 3. Aufl., Stuttgart

Baumgarten, R. (1977): Führungsstile und Führungstechniken, Berlin

Bea, F.X./Dichtl, E./Schweitzer, M. [Hrsg.] (2000-02): Allgemeine Betriebswirtschaftslehre, Stuttgart, Bd. 1: Grundfragen, 8. Aufl. 2000, Bd. 2: Führung, 7. Aufl. 2001, Bd. 3: Leistungsprozess, 8. Aufl. 2002

Becker, J. (2002): Marketing-Konzeption, 7. Aufl., München

Becker, M. (2002): Personalentwicklung: Bildung, Förderung und Organisationsentwicklung in Theorie und Praxis, 3. Aufl., Stuttgart

Beer, S. (1959): Cybernetics and Management, London (deutsch: Kybernetik und Management, Frankfurt/Main 1962 - erw. Aufl. 1967)

Behrens, K.C. (1971): Allgemeine Standortbestimmungslehre, 2. Aufl., Opladen

Bellinger, B./Vahl, G. (1992): Unternehmensbewertung in Theorie und Praxis, 2. Aufl., Wiesbaden

Berekoven, L./Eckert, W./Ellenrieder, P. (2001): Marktforschung, 9. Aufl., Wiesbaden

Berens, W./Born, A./Hoffjan, A. (2000): Controlling international tätiger Unternehmen, Stuttgart

Berens, W./Hoffjan, A./Schmitting, W. (1999): Controlling in Fallstudien, Stuttgart

Berndt, R. (1995/96): Marketing, 3 Bde., Bd.1: Käuferverhalten, Marktforschung und Marketing-Prognosen, 3. Aufl. 1996; Bd.2: MarketingPolitik, 3. Aufl. 1995; Bd.3: Marketing-Management, 2. Aufl. 1995, Berlin

Berndt, R./Cansier, A. (2002): Produktion und Absatz, Berlin.

Bernstein, L.A. (1993): Analysis of Financial Statements. Theory, Application, and Interpretation, 5th ed., Homewood, Ill.

Bernstein, W. (2000): The Intelligent Asset Allocator, New York

Berthel, J. (2000): Personal-Management, 6. Aufl., Stuttgart (7. Aufl. angekündigt)

Bidlingmaier, J. (1973): Marketing, 2 Bde., Reinbek

Birkigt, K./Stadler, M.M./Funck, H.J. [Hrsg.] (2002): Corperate Identity, 11. Aufl., Landsberg/ Lech

Bischoff, J. (1998): Das Shareholder Value-Konzept, 2. Aufl., Wiesbaden

Bitz, M. et al [Hrsg.] (1998/99): Vahlens Kompendium der Betriebswirtschaftslehre, 2 Bde., Bd. 1, 4. Aufl. 1998; Bd. 2, 4. Aufl. 1999, München

Bitz, M./Schneeloch, D./Wittstock, W. (2003): Der Jahresabschluss: Rechtsvorschriften, Analyse, Politik, 4. Aufl., München

Bleicher, K. (1991): Organisation, Strategien- Strukturen- Kulturen, 2. Aufl., Wiesbaden

Bleicher, K. (1995): Betriebswirtschaftslehre - Disziplinäre Lehre vom Wirtschaften in und zwischen Betrieben oder interdisziplinäre Wissenschaft von Management?, in: Wunderer, R. (Hrsg.): Betriebswirtschaftslehre als Management- und Führungslehre, 3. Aufl., Stuttgart, S. 91-119

Bleicher, K. (2002): Das Konzept Integriertes Management, 6. Aufl., Frankfurt/Main

Bloech, J. (1970): Optimale Industriestandorte, Würzburg

Bloech, J. (2001): Einführung in die Produktion, 4. Aufl., Heidelberg

Blohm, H./Beer, T./Seidenberg, U./Silber, H. (1997): Produktionswirtschaft, 3. Aufl., Herne

Blohm, H./Lüder, K. (1995): Investition, 8. Aufl., München

BMF (2003): Steuerreform 2000 im Überblick, Berlin

Böcker, F./Helm, R. (2003): Marketing, 7. Aufl., Stuttgart

Böhler, H. (1992): Marktforschung, 2. Aufl., Stuttgart

Bösenberg, D./Metzen, H. (1993): Lean Management, 3. Aufl., Landsberg/Lech

Bogner, S. (2001): Finanzierungsregeln, in: Gerke, W. (Hrsg.): Handwörterbuch des Bank- und Finanzwesens, 3. Aufl., Stuttgart, Sp. 801-810

Bokranz, R./Karsten, L. (2003): Organisations-Management in Dienstleistung und Verwaltung, 4. Aufl., Wiesbaden

Borchert, M. (2001): Euro-Geldmarkt, in: Gerke, W. (Hrsg.): Handwörterbuch des Bank- und Finanzwesens, 3. Aufl., Stuttgart, Sp. 661-673

Bossert, R./Hartmann, P. (2000): Jahresabschluss. Internationaler Abschluss. Konzernabschluss, Stuttgart

Botta, V. [Hrsg.] (2002): Rechnungswesen und Controlling, 2. Aufl., Herne

Brockhoff, K. (1989): Schnittstellen-Management, Stuttgart

Brockhoff, K. (1999a): Forschung und Entwicklung, 5. Aufl., München

Brockhoff, K. (1999b): Produktpolitik, 4. Aufl., Stuttgart

Brockhoff, K./Urban, C. (1988): Die Beeinflussung der Entwicklungsdauer, in: Brockhoff/Picot/Urban (Hrsg.): Zeitmanagement in Forschung und Entwicklung, ZfbF-Sonderheft 23, S. 1-42

Bruhn, M. (2003): Kommunikationspolitik, 2. Aufl., München

Buchner, R. (2002): Buchführung und Jahresabschluss, 6. Aufl., München

Bücher, K. (1912): Gesetz der Massenproduktion, in: Zeitschrift für die gesamte Staatswissenschaft, Bd. 66, S. 429-444

Bühner, R. (1999): Betriebswirtschaftliche Organisationslehre, 9. Aufl., München

Büschgen, H.E. (1991): Grundlagen betrieblicher Finanzwirtschaft, 3. Aufl., Frankfurt/Main

Bullinger, H.-J. [Hrsg.] (2000): Neue Organisationsformen im Unternehmen: ein Handbuch für das moderne Management, 2. Aufl., Berlin

Burchert, H./Hering, T./Keuper, F. (2001): Kostenrechnung: Aufgaben und Lösungen, München

Burnham, J. (1941): The Managerial Revolution, New York (dt. Titel: Das Regime der Manager, Stuttgart 1949)

Busse von Colbe, W. et al (1990-92): Betriebswirtschaftstheorie, Bd. 1: Grundlagen, Produktions- und Kostentheorie (W. Busse von Colbe und G. Laßmann), 5. Aufl., Berlin 1991; Bd. 2: Absatztheorie (W. Busse von Colbe/P. Hammann/G. Laßmann), 4. Aufl., Berlin 1992; Bd. 3: Investitionstheorie (Busse von Colbe/Laßmann), 3. Aufl., Berlin 1990

Busse von Colbe, W./Ordelheide, D. (2001): Konzernabschlüsse, 8. Aufl., Wiesbaden

C

Coenenberg, A. (2003a): Jahresabschluss und Jahresabschlussanalyse, 19. Aufl., Landsberg/Lech

Coenenberg, A. (2003b): Kostenrechnung und Kostenanalyse, 5. Aufl., Landsberg/ Lech

Controller Verein e.V. (2001): Controller-Statements Philosophie, Leitbild Controller, Gauting

Corsten, H. (2000): Produktionswirtschaft, 9. Aufl., München

Cyert, R.M./March, J.G. (1995): Eine verhaltenswissenschaftliche Theorie der Unternehmung, 2. Aufl., Stuttgart (am. Originaltitel: A Behavioral Theory of the Firm, Englewood Cliffs. NJ 1963)

Czenskowsky, T./Schünemann, G./Zdrowomyslaw, N. (2002): Grundzüge des Controlling, Gernsbach

D

Däumler, K.-D. (1997): Betriebliche Finanzwirtschaft, 7. Aufl., Herne

Däumler, K.-D./Grabe, J. (1998-2002): Kostenrechnung, Bd. 1: Grundlagen, 8. Aufl., Herne 2000, Bd. 2: Deckungsbeitragsrechnung, 7. Aufl., Herne 2002, Bd. 3: Plankostenrechnung, 6. Aufl., Herne 1998

Dichtl, E./Issing, O. [Hrsg.] (1994): Vahlens großes Wirtschaftslexikon, 2 Bde., 2. Aufl., München

Diller, H. (2000): Preispolitik, 3. Aufl., Stuttgart

Disch, W. (1964): Marketing - Konzept einer Unternehmensleitung, in: Disch, W. (Hrsg.): Aktuelle Absatzwirtschaft, Hamburg, S. 9-14

Ditges, J/Arendt, U. (2002): Bilanzen, 10. Aufl. Ludwigshafen

Döring, U./Buchholz, R. (2003): Buchhaltung und Jahresabschluss, 8. Aufl., Bielefeld

Dold, E./Gentsch, P. [Hrsg.] (2000): Innovationsmanagement: Handbuch für mittelständische Betriebe, Neuwied

Domsch, M. (1998): Personal, in: Bitz, M. et al (Hrsg.): Vahlens Kompendium der Betriebswirtschaftslehre, Bd. 1, 4. Aufl., München, S. 522-580

Domschke, W./Drexl, A. (1990): Logistik: Standorte, Nachdruck 1992, München

Domschke, W./Drexl, A. (2002): Einführung in Operations Research, 5. Aufl., Berlin

Domschke, W./Scholl, A. (2003): Grundlagen der Betriebswirtschaftslehre, 2. Aufl., Berlin

Drukarczyk, J. (1993): Theorie und Politik der Finanzierung, 2. Aufl., München

Drukarczyk, J. (1999): Finanzierung, 8. Aufl., Jena

Drumm, H.J. (2000): Personalwirtschaft, 4. Aufl., Berlin

Dworatschek, S. (1989): Grundlagen der Datenverarbeitung, 8. Aufl., Berlin

Dworatschek, S./Hayek, A. (1992): Marktspiegel Projektmanagement Software, 3. Aufl., Köln

Dyckhoff, H. (2003): Grundzüge der Produktionswirtschaft, 4. Aufl., Berlin

Dyckhoff, H./Ahn, H. (2002): Kosten-Nutzen-Analyse, in: Küpper, H.-U./ Wagenhofer, A.: (Hrsg.): Handwörterbuch Unternehmensrechnung und Controlling, 4. Aufl., Stuttgart, Sp. 1099-1108

E

Ebel, B. (2003): Produktionswirtschaft, 8. Aufl., Ludwigshafen

Ebert, G. (2000): Kosten- und Leistungsrechnung, 9. Aufl., Wiesbaden

Ebert, H.J. (1991): Der Key Account-Manager im Spannungsfeld zwischen Industrie und Handel, Bamberg

Eilenberger, G. (1995): Betriebliches Rechnungswesen, 7. Aufl., München

Eilenberger, G. (2003): Betriebliche Finanzwirtschaft, 7. Aufl., München

Eisele, W. (2002): Technik des betrieblichen Rechnungswesens, 7. Aufl., München

Ellinger, T. (2001): Operations Research, 5. Aufl., Berlin

Ellinger, T./Haupt, R. (1996): Produktions- und Kostentheorie, 3. Aufl., Stuttgart

Endriss, H.W./Hennies, U./Kluge, H.-J./Raabe, C./Sauter, W. (2002): Jahresabschluss, 5. Aufl., München

Eschenbach, R. [Hrsg.] (1996): Controlling, 2. Aufl., Stuttgart

Eschenbach, R./Niedermayr, R. (1996): Die Konzeption des Controlling, in: Eschenbach, R. (Hrsg.): Controlling, 2. Aufl., Stuttgart, S. 65-93

F

Falterbaum, H./Bolk, W./Reiß/Eberhart (2003): Buchführung und Bilanz, 19. Aufl., Achim

Fandel, G. (1996): Produktion. 1: Produktions- und Kostentheorie, 5. Aufl., Berlin

Fandel, G./Francois, P. (1989): Just-in-Time-Produktion und -Beschaffung, in: ZfB, 59. Jg., 531-544

Federmann, R. (2000): Bilanzierung nach Handels- und Steuerrecht, 11. Aufl., Berlin

Fiedler, R. (2001): Einführung in Controlling, 2. Aufl., München

Fiedler, R. (2002): Controlling von Projekten, 2. Aufl., Wiesbaden

Fischbach, S. (2001): Grundlagen der Kostenrechnung, Landsberg/Lech

Fischer, R. (2000): Dienstleistungs-Controlling, Wiesbaden

Franke, G./Hax, H. (1999): Finanzwirtschaft des Unternehmens und Kapitalmarkt, 4. Aufl., Berlin

Franke, J. (2001): Eurex, in: Gerke, W. (Hrsg.): Handwörterbuch des Bank- und Finanzwesens, 3. Aufl., Stuttgart, Sp. 647-660

Freidank, C.-C. (2001): Kostenrechnung, 7. Aufl., München

Freidank, C.-C./Mayer, E. [Hrsg.] (2001): Controlling-Konzepte, 5. Aufl., Wiesbaden

French, W.L./Bell, C. H. (1994): Organisationsentwicklung, 4. Aufl., Bern

Frese, E. (2000): Grundlagen der Organisation, 8. Aufl., Wiesbaden

Freund, F./Knoblauch, R./Racke, G. (2002): Praxisorientierte Personal-wirtschaftslehre, 6. Aufl., Stuttgart

G

Gablers Wirtschaftslexikon (2001), 8 Bde., 15. Aufl., Wiesbaden

Gaugler, E./Weber, W. [Hrsg.] (2003): Handwörterbuch des Personal-wesens (HWP), 3. Aufl., Stuttgart

Gerke, W. [Hrsg.] (2001): Handwörterbuch des Bank- und Finanzwesens, 3. Aufl., Stuttgart

Giroux, G. (2003): Financial Statement Analysis, New York

Götze, U./Bloech, J. (2002): Investitionsrechnung, Berlin

Gomez, P./Zimmermann, T. (1997): Unternehmensorganisation, 3. Aufl., Frankfurt/Main

Green, P.E./Tull, D.S. (1982): Methoden und Techniken der Marketing-forschung, Stuttgart (dt. Übers. - v. R. Köhler und Mitarbeitern -, am. Titel: Research for Marketing Decisions, 4th ed., Englewood Cliffs 1978 - 5th ed., von Green, Tull und G. Albaum, 1988)

Greiner, L.E. (1967): Patterns of Organizational Change, in: Harvard Business Review, May/June 1967, S. 119-130

Grob, H.L. (2001): Einführung in die Investitionsrechnung, mit CD-ROM, 4. Aufl., München

Grochla, E. (1995): Grundlagen der organisatorischen Gestaltung, Stuttgart

Guserl, R. (1973): Das Harzburger Modell. Idee und Wirklichkeit, Wiesbaden

Gutenberg, E. (1980-84): Grundlagen der Betriebswirtschaftslehre, Bd. 1: Die Produktion, 24. Aufl., Berlin 1983, Bd. 2: Der Absatz, 17. Aufl., Berlin 1984; Bd. 3: Die Finanzen, 8. Aufl., Berlin 1980 (Nachdruck 1987)

H

Haberstock L. (1999/2002): Kostenrechnung I: Einführung, 11. Aufl. 2002; Kostenrechnung II: (Grenz-)Plankostenrechnung, 8. Aufl. 1999, Berlin

Haberstock, L./Breithecker, V. (2002): Einführung in die Betriebswirt-schaftliche Steuerlehre, 12. Aufl., Berlin

Hahn, D. (1972): Industrielle Fertigungswirtschaft in entscheidungs- und systemtheoretischer Sicht, T. 1-3, in: Zeitschrift für Organisation, S. 269 ff., S. 369 ff., S. 472 ff.

Hahn, D./Laßmann, G.(1999): Produktionswirtschaft - Controlling industrieller Produktion: 3 Bde., 3. Aufl., Heidelberg

Hahn, O. (1997): Allgemeine Betriebswirtschaftslehre, 3. Aufl., München

Hall, E.A./Rosenthal, J./Wade, J. (1993): How to Make Reengineering Really Work, in: Harvard Business Review, Nov./Dec., S. 119-131

Hammann, P./Erichson, B. (2000): Marktforschung, 4. Aufl., Stuttgart

Hammer, R.M. (1998): Strategische Planung und Frühaufklärung, 3. Aufl., München

Hammer, M./Champy, J. (1994): Business Reengineering, Frankfurt/Main (am. Originaltitel: Reengineering the Corporation - 1993)

Hans, L./Warschburger, V. (1999): Controlling, 2. Aufl., München

Hansmann, K.-W. (2001): Industrielles Management, 7. Aufl. (von Industriebetriebslehre), München

Hansmann, K.-W. [Hrsg.] (1998): Umweltorientierte Betriebswirtschaftslehre, Wiesbaden

Harlander, N./Platz, G. (1996): Beschaffungsmarketing und Materialwirtschaft, 6. Aufl., Ehningen

Harris, F. (1913): How Many Parts to Make at Once, in: Factory, 10. Jg., S. 135f. u. 152

Haupt, R. (1989): Survey of Priority Rule-Based Scheduling, in: OR-Spektrum, 11. Jg., S. 3ff.

Hauschildt, J. (1997): Innovationsmanagement, 2. Aufl., München

Hax, A.C./Majluf, N.S. (1991): Strategisches Management, Frankfurt a.M. (dt. Übers. v. S. Mantscheff)

Heinen, E. (1971): Der entscheidungsorientierte Ansatz in der Betriebswirtschaftslehre, in: Kortzfleisch, G.v. (Hrsg.): Wissenschaftsprogramm und Ausbildungsziele der Betriebswirtschaftslehre, Berlin, S. 21-37

Heinen, E. (1986): Handelsbilanzen, 12. Aufl., Wiesbaden

Heinen, E. (1992): Einführung in die Betriebswirtschaftslehre, 9. Aufl., Wiesbaden

Heinen, E. [Hrsg.] (1991): Industriebetriebslehre. Entscheidungen im Betrieb, 9. Aufl., Wiesbaden

Heinen, E./Fank, M. (1997): Unternehmenskultur, 2. Aufl., München

Heinhold, M. (1993): Grundfragen der Bilanzierung, 3. Aufl., München

Heinhold, M. (1996): Der Jahresabschluß, 4. Aufl., München

Heinhold, M. (1999): Investitionsrechnung, 8. Aufl., München

Heintel, P./Krainz, E.E. (2000): Projektmanagement, 4. Aufl., Wiesbaden

Hellauer, J. (1958): System der Welthandelslehre, 2. Aufl., Wiesbaden (1. Aufl. 1910)

Henderson, B.D. (1984): Die Erfahrungskurve in der Unternehmensstrategie, 2. Aufl., Frankfurt a.M. (am. Originaltitel: Perspectives on Experience - Übers. u. Bearb. v. A. Gälweiler)

Heno, R. (2002): Jahresabschluss nach Handelsrecht, Steuerrecht und internationalen Standards (IAS/IFRS), 3. Aufl., Heidelberg

Hentze, J./Brose, P. (1997): Personalführungslehre, 3. Aufl., Bern

Hentze, J./Kammel, A. (1995/2001): Personalwirtschaftslehre 1: Grundlagen, Personalbedarfsermittlung, -beschaffung, -entwicklung und -einsatz, 7. Aufl. 2001; Personalwirtschaftslehre 2: Personalerhaltung und Leistungsstimulation, Personalfreistellung und Personalinformationswirtschaft, 6. Aufl. 1995, Bern

Hentze, J./Kammel, A./Lindert, K. (1997): Personalführungslehre, 3. Aufl., Bern

Henzler, H. (1978): Strategische Geschäftseinheiten (SGE): Das Umsetzen von Strategischer Planung in Organisation, in: ZfB, 48. Jg., S. 912-919

Hering, E./Rieg, R. (2002): Prozessorientiertes Controlling-Management, München

Heuer, K. (1996): Marketing-Controlling, in: Ahsen, A.v./Czenskowsky, T. (Hrsg.): Marketing und Marktforschung, Festschrift zum 66. Geburtstag von Prof. Dr. M. Hüttner, Hamburg, S. 358-375.

Heuer, K. (2000): Marketing-Controlling und Abweichungsanalyse, Hamburg

Heuer, K./Löhr, D. (2003): Strategieformulierung unter Unsicherheit im Rahmen von innovativen Managementkonzepten, in: Zerres, M.P. (Hrsg.): Innovative Ansätze einer marktorientierten Unternehmensführung, Stuttgart, n.o.S.

Heuer, K.R./Wilken, M. (2001): Altenheim-Marketing, in: Zerres, M.P. (Hrsg.): Gesundheitsmarketing, München, S. 177-226

Hill, W./Fehlbaum, R./Ulrich, P. (1994/98): Organisationslehre, Bd. 1: 5. Aufl. 1994, Bd. 2: 5. Aufl. 1998, Bern

Hill, W./Rieser, J. (1993): Marketing-Management, 2. Aufl., Bern

Hinterhuber, H.H. (1996/97): Strategische Unternehmensführung, Bd. 1: Strategisches Denken, 6 Aufl. 1996; Bd. 2: Strategisches Handeln 6. Aufl. 1997, Berlin

Hinterhuber, H.H./Matzler, K. [Hrsg.] (2002): Kundenorientierte Unternehmensführung: Kundenorientierung, Kundenzufriedenheit, Kundenbindung, 3. Aufl., Wiesbaden

Höhn, R. (1966/76): Stellenbeschreibung und Führungsanweisung, Bad Harzburg 1966, 9. Aufl. 1976 (10. Aufl. 1979)

Höhn, R. (1977): Führungsbrevier der Wirtschaft, 9. Aufl., Bad Harzburg

Hofmann, W./Theymann, W. (2002): Wenn Personalabbau unvermeidlich wird – Outplacement als sozialverträglicher Lösungsweg?, in: REFA-Nachrichten 3/2002, S. 25-30

Hoitsch, H.-J. (1993): Produktionswirtschaft, 2. Aufl., München

Hoitsch, H.-J./Lingnau, V. (2002): Kosten- und Erlösrechnung, 4. Aufl., Berlin

Hopfenbeck, W. (2000): Allgemeine Betriebswirtschafts- und Managementlehre, 13. Aufl., München

Horsch, J. (2000): Personalplanung: Grundlagen, Gestaltungsempfehlungen, Praxisbeispiele, Herne

Horschitz, H./Groß, W./Weidner, W. (2000): Bilanzsteuerrecht und Buchführung, 8. Aufl., Stuttgart

Horváth, P. (2002): Controlling, 8. Aufl., München

Horváth, P./Kieninger, M./Mayer, R./Schimank, C. (1993): Prozeß-kostenrechnung – oder wie die Praxis die Theorie überholt, in: DBW, 53. Jg., S. 609-628

Hübner, H. (2002): Integratives Innovationsmanagement: Nachhaltigkeit als Herausforderung für ganzheitliche Erneuerungsprozesse , Berlin

Hüttel, K. (1998): Produktpolitik, 3. Aufl., Ludwigshafen

Hüttner , M. (1964): Aufgaben und organisatorische Stellung der Verkaufs-förderung im Rahmen des Marketing, in: Wirtschaftsdienst, 44. Jg., H. 12, VIII-XII

Hüttner, M. (1965): Die Kybernetik und ihre Bedeutung für die Wirtschaft, in: Der Betriebswirt, 2. Jg., S. 159-164

Hüttner, M. (1966): Produkt-Management, in: Wirtschaftsdienst, 46. Jg., S. 277-281

Hüttner, M. (1979): Informationen für Marketing-Entscheidungen, München

Hüttner, M. (1982): Markt- und Absatzprognosen, Stuttgart

Hüttner, M. (1986): Prognoseverfahren und ihre Anwendung, Berlin

Hüttner, M./von Ahsen, A./Schwarting, U. (1999): Marketing-Management, 2. Aufl., München

Hüttner, M./Schwarting, U. (2002): Grundzüge der Marktforschung, 7. Aufl., München

Hummel, S./Männel, W. (1983/86): Kostenrechnung, Bd. I.: Grundlagen, Aufbau und Anwendung, 4. Aufl., Wiesbaden 1986 (Nachdruck 2000), Bd. II: Moderne Verfahren und Systeme, 3. Aufl., Wiesbaden 1983 (Nachdruck 2000)

Hummel, T.R./Zander, E. (2002): Unternehmensführung, Stuttgart

Hummeltenberg, W. (1981): Optimierungsmethoden zur betrieblichen Standortwahl, Würzburg

Huth, R./Pflaum , D. (2001): Einführung in die Werbelehre, 7. Aufl., Stuttgart

I

Ihde, G.B. (2001): Transport - Verkehr Logistik, 3. Aufl., München

Imai, M. (2001): Kaizen, München

J

Jacob, H. [Hrsg.] (1988): Allgemeine Betriebswirtschaftslehre, 5. Aufl., Nachdruck 1993, Wiesbaden

Jacob, H./Voigt, K.-I. (1997): Investitionsrechnung, 5. Aufl., Wiesbaden

Jirasek, J./Münzel, R. (1964): Marktorientierte Unternehmensführung, Stuttgart

Jossé, G. (2003): Basiswissen Kostenrechnung, 3. Aufl., München

Jung, H. (2001): Personalwirtschaft, 4. Aufl., München

K

Kamenz, U. (2001): Marktforschung, 2. Aufl., Stuttgart

Kappler, E./Rehkugler, H. (1991): Kapitalwirtschaft, in: Heinen, E. (Hrsg.): Industriebetriebslehre. Entscheidungen im Betrieb, 9. Aufl., Wiesbaden, S. 897-1068

Kern, W. (1992): Industrielle Produktionswirtschaft, 5. Aufl., Stuttgart

Kieser, A./Kubicek, H. (1992): Organisation, 3. Aufl., Berlin

Kilger, W./Pampel, J./Vikas, K. (2002): Flexible Plankostenrechnung und Deckungsbeitragsrechnung, 11. Aufl., Wiesbaden

Kirsch, W. (1998): Die Handhabung von Entscheidungsproblemen: Einführung in die Theorie der Entscheidungsprozesse, 5. Aufl., München (1. Aufl. 1971)

Kistner, K.-P./Steven, M. (2001): Produktionsplanung, 3. Aufl., Heidelberg

Kloock, J. (1998): Produktion, in: Bitz, M. et al (Hrsg.): Vahlens Kompendium der Betriebswirtschaftslehre, Bd. 1, 4. Aufl., München, S. 264-320

Kloock, J./Sieben, G./Schildbach, T. (1999): Kosten- und Leistungsrechnung, 8. Aufl., Düsseldorf

Klunzinger, E. (2002): Grundzüge des Gesellschaftsrechts, 12. Aufl., München

Koch, W. (1958): Grundlagen und Technik des Vertriebes, 2. Bde., 2. Aufl., Berlin (1. Aufl. 1950)

Korndörfer, W. (1993): Standort der Unternehmung und Unternehmenszusammenschlüsse: Rechtsformen im Überblick, Wiesbaden

Korndörfer, W. (1999a): Allgemeine Betriebswirtschaftslehre, 12. Aufl., Wiesbaden

Korndörfer, W. (1999b): Unternehmensführungslehre, 9. Aufl., Wiesbaden

Kortzfleisch, G. v. [Hrsg.] (1971): Wissenschaftsprogramm und Ausbildungsziele der Betriebswirtschaftslehre, Berlin

Kotler, P. (1972): A Generic Concept of Marketing, in: Journal of Marketing, Apr., S. 46-54

Kotler, P. (2003): Marketing-Management, 11. Aufl., Upper Saddle River, N.J.

Kotler, P./Bliemel, F. (2001): Marketing-Management, 10. Aufl. Stuttgart

Krause, D. (1992): Arbeitszeiten und Fehlzeiten, Stuttgart

Kreikebaum, H. (1997): Strategische Unternehmensplanung, 6. Aufl., Stuttgart

Kruschwitz, L. (2002): Finanzierung und Investition, 3. Aufl., München

Kruschwitz, L. (2003): Investitionsrechnung, 9. Aufl., Berlin

Krüger, W. (2002): Organisation der Unternehmung, 4. Aufl., Stuttgart

Küpper, H.-U. (2001): Controlling, 3. Aufl., Stuttgart

Küpper, H.-U./Wagenhofer, A. [Hrsg.] (2002): Handwörterbuch Unternehmensrechnung und Controlling, 4. Aufl., Stuttgart

Küting, K./Weber, C.-P. (2001): Die Bilanzanalyse, 6. Aufl. Stuttgart

Kunesch, H. (1993): Grundlagen des Prozeßmanagements, Wien

Kurbel, K. (1992): Entwicklung und Einsatz von Expertensystemen, 2. Aufl., Berlin

Kußmaul, H. (2003): Betriebswirtschaftliche Steuerlehre, 3. Aufl., München

L

Lange, C./v. Ahsen, A. (2002): Externes Umweltschutz-Reporting, in: DBW, 62. Jg., S. 447-450

Lange, C./Schaefer, S. (2003): Perspektiven der Controllingforschung: Weiterentwicklung des informationsorientierten Controllingansatzes, in: Controlling, 15 Jg., S. 399-404

Lasser, R. (1989): Organisationsentwicklung, in: WiSt, 18. Jg., 202-207

Laßmann, G. (1968): Die Kosten- und Erlösrechnung als Instrument der Planung und Kontrolle in Industriebetrieben, Düsseldorf

Leffson, U. (1984): Bilanzanalyse, 3. Aufl., Stuttgart

Lüder, K. (1982): Strategische Standortplanung transnationaler industrieller Großunternehmen, in: Lück, W./Trommsdorff, V. (Hrsg.): Internationalisierung der Unternehmung als Problem der Betriebswirtschaftslehre, Berlin, S. 415-438

Lundie, S. (1999): Ökobilanzierung und Entscheidungstheorie, Berlin

M

Macharzina, K. (2003): Unternehmensführung, 4. Aufl., Wiesbaden

Madauss, B.J. (2000): Handbuch Projektmanagement, 6. Aufl., Stuttgart

Mag, W. (1990): Grundzüge der Entscheidungstheorie, München

March, J.G./Simon H.A. (1976): Organisation und Individuum. Menschliches Verhalten in Organisationen, Wiesbaden

Matschke, H.-J. (1991): Finanzierung der Unternehmung, Herne

Matschke, H.-J. (1993): Investitionsplanung und Investitionskontrolle, Herne

Meckl, R. (2000): Controlling in internationalen Unternehmen, München

Meffert, H. (1992): Marketingforschung und Käuferverhalten, 2. Aufl., Wiesbaden

Meffert, H. (2000): Marketing, 9. Aufl., Wiesbaden

Meffert, H. (2001): Marketing-Management: Konzepte - Strategie - Implementierung, 2. Aufl., Wiesbaden

Mellerowicz, K. (1965-73): Allgemeine Betriebswirtschaftslehre, Bd. 1: 14. Aufl. 1973; Bd.2: 13. Aufl. 1970, Bd. 3: 13. Aufl. 1971; Bd. 4: 12. Aufl. 1965; Bd. 5: 1971, Berlin

Mertens, P. (2001): Integrierte Informationsverarbeitung, Bd. 1: Operative Systeme in der Industrie, 13 Aufl., Wiesbaden

Mertens, P. [Hrsg.] (1994): Prognoserechnung, 5. Aufl., Heidelberg

Mertens, P./Borkowski, V./Geis, W. (1993): Betriebliche Expertensystem-Anwendungen, 3. Aufl., Berlin

Mertens, P./Plötzeneder, H.D./Bodendorf, F. (2001): Programmierte Einführung in die Betriebswirtschaftslehre, Bd. I: Institutionenlehre, 11. Aufl., Wiesbaden

Mertens, P./Steppan, G. (1988): Die Ausdehnung des CIM-Gedankens in den Vertrieb, in: CIM-Management, 4. Jg., S. 24-28

Meyer, M. (1996): Operations Research - Systemforschung, 4. Aufl., Stuttgart

Michel, R./Torspecken, H.-D. (1990/92): Grundlagen der Kostenrechnung, Bd. 1: 4. Aufl. 1992, Bd. 2: 3. Aufl. 1990, München

Mills, D.G. (1991): Rebirth of the Corporation, New York

Miska, F. (1989): CIM - Computer-integrierte Fertigung, 2. Aufl., Landsberg/Lech

Möhrle, M.G./Isenmann, R. [Hrsg.] (2002): Technologie-Roadmapping : Zukunftsstrategien für Technologieunternehmen, Berlin

Möser, H.D. (1986): Erwerbswirtschaftliche Investitionspolitik, in: Preitz, O. (Hrsg.), Allgemeine Betriebswirtschaftslehre, 5. Aufl., Baden-Baden, S. 471-513

Möser, H.D. (1993): Finanz- und Investitionswirtschaft in der Unternehmung, 2. Aufl., Landsberg/Lech

Moews, D. (2002): Kosten- und Leistungsrechnung, 7. Aufl., München

Müller, A./Uecker, P./Zehbold, C. [Hrsg.] (2003): Controlling, München

N

Nebl, T. (2001): Produktionswirtschaft, 4. Aufl., München

Nebl, T. (2002): Production Management. Produktionswirtschaft. English-German, Englisch-Deutsch, München

Neuberger, O. (1972): Experimentelle Untersuchungen von Führungsstilen, in: Gruppendynamik. Forschung und Praxis, 3. Jg., 192-219

Neuberger, O. (1995): Moden und Mythen der Führung, in: Handwörterbuch der Führung, 2. Aufl., Stuttgart

Neuberger, O. (2002): Führen und führen lassen: Ansätze, Ergebnisse und Kritik der Führungsforschung, 6. Aufl., Stuttgart

Neye, H.-W. (2003): Die geplante Einführung der Societas Europea in das deutsche Gesellschaftsrecht, in: Rosen, R.v. (Hrsg.): Die Europa AG – Eine Perspektive für deutsche Unternehmen, Frankfurt

Nicklisch, H. (1912): Allgemeine kaufmännische Betriebslehre als Privatwirtschaftslehre des Handels und der Industrie, Leipzig

Nieschlag, R./Dichtl, E./Hörschgen, H. (2002): Marketing, 19. Aufl., Berlin

O

Oechsler, W.A. (2000): Personal und Arbeit - Einführung in die Personalwirtschaft unter Einbeziehung des Arbeitsrechts, 7. Aufl., München

Oess, A. (1993): Total Quality Management, 3. Aufl., Wiesbaden

Olesch, G. (1992): Praxis der Personalentwicklung, 2. Aufl., Heidelberg

Olfert, K. (2001): Investition, 8. Aufl., Ludwigshafen

Olfert, K./Steinbuch, P.A. (2001): Personalwirtschaft, 9. Aufl., Ludwigshafen

Olshagen, C. (1991): Prozesskostenrechnung, Wiesbaden, korr. Nachdruck 1995

P

Peemöller, V.H. (2003): Bilanzanalyse und Bilanzpolitik, 3. Aufl., Wiesbaden

Perridon, L./Steiner, M. (2002): Finanzwirtschaft der Unternehmung, 11. Aufl., München

Peters, S./Brühl, R./Stelling, S.N. (2002): Betriebswirtschaftslehre. Einführung, 11. Aufl., München

Pfeiffer, W./Dörrie, U./Stoll, E. (1977): Menschliche Arbeit in der industriellen Produktion, Göttingen

Pfeiffer, W./Metze, G./Schneider, W./Amler, R. (1991): Technologie-Portfolio zum Management strategischer Zukunftsgeschäftsfelder, 6. Aufl., Göttingen

Pfohl, H.-C. (2000): Logistiksysteme, 6. Aufl., Berlin

Pichler, O. (1961): Kostenrechnung und Matrizenkalkül, in: Ablaufs- und Planungsforschung, 2, 29-46

Picot, A./Dietl, H./Franck, E. (2002): Organisation: eine ökonomische Perspektive , 3. Aufl., Stuttgart

Piontek, J. (1996): Controlling, München

Pflaumer, P. (2000): Investitionsrechnung. Methoden, Beispiele, Aufgaben, Übungsfälle mit Mathcad, 4. Aufl., München

Porter, M.E. (1999): Competitive Strategy, New York, 1. Aufl. 1980 (deutsch: Wettbewerbsstrategie, 10. Aufl., Frankfurt/Main)

Porter, M.E. (2000): Wettbewerbsvorteile, 6. Aufl., Frankfurt/Main

Prätsch, J./Schikorra, U./Ludwig, E. (2001): Finanz-Management, München

Preißler, P.R. (2000): Controlling, 12. Aufl., München

Pullig, K.-K. (1980): Personalwirtschaft, München

R

Raffée H. (1974): Grundprobleme der Betriebswirtschaftslehre, Göttingen

Reckenfelderbäumler, M. (1998): Entwicklungsstand und Perspektiven der Prozesskostenrechnung, 2. Aufl., Wiesbaden

Rehkugler, H./Poddig, T. (1997): Bilanzanalyse, 4. Aufl., München

Rehkugler, H./Schindel, V. (1994): Finanzierung, 6. Aufl., München

Reichmann, T. (2001): Controlling mit Kennzahlen und Management-berichten, 6. Aufl., München

Reichwald, R./Dietel, B. (1991): Produktionswirtschaft, in: Heinen, E. (Hrsg.): Industriebetriebslehre. Entscheidungen im Betrieb, 9. Aufl., Wiesbaden, S. 395-503

Remer, A. (1989): Organisationslehre, Berlin

Riebel, P. (1985): Überlegungen und Fallstudien zur Bedeutung der Entscheidungssequenz für die Unternehmensrechnung, in: Stöppler, S. (Hrsg.): Information und Produktion, Stuttgart 1985, S. 243-276

Riebel, P. (1989): Wirtschaftsdynamik, Unternehmensführung und Unternehmensrechnung, in: ZfB, 59. Jg., S. 247-259

Riebel, P. (1994): Einzelkostenrechnung und Deckungsbeitragsrechnung, 7. Aufl., Wiesbaden

Rieger, W. (1964): Einführung in die Privatwirtschaftslehre, Erlangen, 3. Aufl.

Riekhof, H.-C. [Hrsg.] (2002): Strategien der Personalentwicklung: mit Praxisberichten von Bosch, Gore, Hamburg-Mannheimer, Opel, Philips, Siemens, Volkswagen, Weidmüller und Weka, 5. Aufl., Wiesbaden

Rogers, E.M. (1995): Diffusion of Innovations, 4. Aufl., New York

Rolfes, B. (2001): Moderne Investitionsrechnung, 3. Aufl., München

Rose, G. (1993-2001): Betrieb und Steuer, Wiesbaden: Bd. 1: 16. Aufl. 2001; Bd. 2: 11. Aufl. 1993; Bd. 3: 9. Aufl. 1993; Bd. 4: 3. Aufl. 1995; Bd. 5: 5. Aufl. 2000

S

Sabel, H. (2002): Arbeitszeugnisse richtig schreiben und bewerten, 4. Aufl., Wiesbaden

Saliger, E. (1998): Betriebswirtschaftliche Entscheidungstheorie, 4. Aufl., München

Schäfer, E. (1943): Die Aufgabe der Absatzwirtschaft, 1. Aufl., Leipzig.

Schäffer, U./Weber, J. (2002): Herausforderungen für das Dienstleistungs-Controlling, in: krp, Sonderheft 2/2002: Dienstleistungs-Controlling, Wiesbaden

Schär, J.F. (1911): Allgemeine Handelsbetriebslehre, 1. Teil, Leipzig

Schanz, G. (2000): Personalwirtschaftslehre, 3. Aufl., München

Scheer, A.-W. (1990): EDV-orientierte Betriebswirtschaftslehre, 4. Aufl., Berlin

Scheer, A.-W. (1994): CIM Computer Integrated Manufacturing, 4. Aufl., Berlin

Scheuch, F. (1996): Marketing, 5. Aufl., München

Schierenbeck, H. (2003): Grundzüge der Betriebswirtschaftslehre, 16. Aufl., München

Schlicksupp, H. (1998): Ideenfindung: Innovation, Kreativität und Ideenfindung, 5. Aufl., Würzburg

Schmalen, H. (1992): Kommunikationspolitik, 2. Aufl., Stuttgart

Schmalen, H. (2002): Grundlagen und Probleme der Betriebswirtschaft, 12. Aufl., Köln

Schmidt, F. (1929): Die organische Tageswertbilanz, 3. Aufl., Leipzig 1929, (unveränderter Nachdruck, Wiesbaden 1951)

Schmidt, R.H. (1997): Grundzüge der Investitions- und Finanzierungs-theorie, 4. Aufl., Nachdruck 2002, Wiesbaden

Schneeweiß, C. (2002): Einführung in die Produktionswirtschaft, 8. neubearb. Aufl., Berlin

Schneider, D. (1992): Investition, Finanzierung und Besteuerung, 7. Aufl., Wiesbaden

Schneider, D. (1994): Grundzüge der Unternehmensbesteuerung, 6. Aufl., Wiesbaden

Schneider, D. (1995-2001): Betriebswirtschaftslehre, Bd. 1: Grundlagen, München 1995; Bd. 2: Theorie der Unternehmung, 1996; Bd. 3: Theorie der Unternehmung, 1997; Bd.4: Geschichte und Methoden der Wirtschaftswissenschaft, 2001, München

Schöni, W. (2001): Praxishandbuch Personalentwicklung: Strategien, Konzepte und Instrumente, Chur

Scholz, C. (2000): Personalmanagement: Informationsorientierte und verhaltenstheoretische Grundlagen, 5. Aufl., München

Schroer, J. (2001): Produktions- und Kostentheorie, 7. Aufl., München

Schubert, W./Küting, K. (1981): Unternehmungszusammenschlüsse, München

Schult, E. (2002): Betriebswirtschaftliche Steuerlehre, 4. Aufl., München

Schulte-Zurhausen, M. (2002): Organisation, 3. Aufl., München

Schwarze, J. (2001): Projektmanagement mit Netzplantechnik, 8. Aufl., Herne

Schwarting, U. (1993): Institutionalisierung des Marketingkonzeptes durch Produkt-Management, Frankfurt/Main

Schweitzer, M./Küpper, H.-U. (1998): Systeme der Kosten- und Erlösrechnung, 7. Aufl., Landsberg/Lech

Schweitzer, M./Troßmann, E. (1998): Break-even-Analysen, 2. Aufl. Stuttgart

Schwinn, R. (1996): Betriebswirtschaftslehre, 2. Aufl. München

Scott, W.R. (1985): Grundlagen der Organisationstheorie, Frankfurt/Main (dt.Übers.)

Seidel, E. (1995): Ökologisches Controlling, in: Wunderer, R. (Hrsg.): Betriebswirtschaftslehre als Management- und Führungslehre, 3. Aufl., Stuttgart, S. 353-371

Seidenschwarz, W. (2000): Target Costing. Marktorientiertes Zielkosten-management, 2. Aufl., München

Selchert, F.W. (2001a): Grundlagen der betriebswirtschaftlichen Steuerlehre, 5. Aufl., München

Selchert, F.W. (2001b): Grundlagen der Bilanzierung, 2. Aufl., München

Selchert, F.W. (2002): Einführung in die Betriebswirtschaftslehre, 8. Aufl., München

Sell, A. (2002): Internationale Unternehmenskooperationen, 2. Aufl. München

Serfling, K. (1992): Controlling, 2. Aufl., Stuttgart

Sheth, J.N. (1971): The Multivariate Revolution in Marketing Research, in: Journal of Marketing, 35. Jg., 13-19

Simon, H. (1992): Preismanagement, 2. Aufl., Wiesbaden

Soffer, L.C./Soffer, R.J. (2003): Financial Statement Analysis. A Valuation Approach, Upper Saddle River, N.J.

Specht, D./Möhrle, M.G. [Hrsg.] (2002): Gabler Lexikon Technologie-management : Management von Innovationen und neuen Technologien im Unternehmen, Wiesbaden

Specht, G. (1998): Distributionsmanagement, 3. Aufl., Stuttgart

Specht, G./Michel, K. (1988): Integrierte Technologie- und Marktplanung mit Innovationsportfolios, in. ZfB, 58. Jg., S. 502-520

Specht, O. (2001): Unternehmensführung: mit integriertem Unternehmens-plan und Tabellen ; [English-German, Englisch-Deutsch], München

Spremann, K. (1991): Investition und Finanzierung, 4. Aufl., München

Staehelin, E. (1988): Investitionsentscheide in industriellen Un-ternehmungen, Zürich

Staehelin, E. (1998): Investitionsrechnung, 9. Aufl., Chur

Staehle, W.H. (1976): Der situative Ansatz in der Betriebswirtschaftslehre, in: Ulrich, H. (Hrsg.): Zum Praxisbezug der Betriebswirtschaftslehre in wissenschaftstheoretischer Sicht, Bern, S. 33-50

Staehle, W.H. (1995): Managementwissen in der Betriebswirtschaftslehre - Geschichte eines Diffusionsprozesses, in: Wunderer, R. (Hrsg.): Betriebswirtschaftslehre als Management- und Führungslehre, 3. Aufl., Stuttgart, S. 3-21

Staehle, W.H. (1999): Management, 8. Aufl., München

Steffen, R./Schimmelpfeng, K. (2002): Produktions- und Kostentheorie, 4. Aufl., Stuttgart

Stehle, H./Stehle, A. (2001): Die rechtlichen und steuerlichen Wesensmerkmale der verschiedenen Gesellschaftsformen. Vergleichende Tabellen, 18. Aufl., Stuttgart

Steigerwald, H. J. (1989): Quality Circles, 2. Aufl., Eschborn

Steiner, M. (1998): Konstitutive Entscheidungen, in: Bitz, M. et al (Hrsg.): Vahlens Kompendium der Betriebswirtschaftslehre, 4. Aufl., Bd. 1, München, S. 115-169

Steinle, C./Eggers, B./Lawa, D. [Hrsg.] (1998): Zukunftsgerichtetes Controlling, 3. Aufl., Wiesbaden

Steinmann, H./Schreyögg, G. (2000): Management. Grundlagen der Unternehmensführung, 5. Aufl., Wiesbaden

Steven, M. (1994): Hierarchische Produktionsplanung, 2. Aufl., Heidelberg

Stoebe, F. (1993): Outplacement, Frankfurt a.M.

Stopp, U. (2002): Betriebliche Personalwirtschaft, 25. Aufl., Renningen-Mahnsheim

Stüdemann, K. (1993): Allgemeine Betriebswirtschaftslehre, 3. Aufl., München

Süchting, J. (1995): Finanzmanagement, 6. Aufl., Wiesbaden

Swoboda, P. (1994): Betriebliche Finanzierung, 3. Aufl., Heidelberg

Swoboda, P. (1996): Investition und Finanzierung, 5. Aufl., Göttingen

T

Tannenbaum, R./Schmidt, W.H. (1958): How to Choose a Leadership Pattern, in: Harvard Business Review, March/April, S. 95-101

Tempelmeier, H./Kühn, U. (1993): Flexible Fertigungssysteme, Berlin

Terborgh, G. (1962): Leitfaden der betrieblichen Investitionspolitik, Wiesbaden (dt. Übers. v. H. Albach)

Theisen, M.R. (2002): Wissenschaftliches Arbeiten, 11. Aufl., München

Thommen, J.-P./Achleitner, A.-K. (2003): Managementorientierte Betriebswirtschaftslehre, 4. Aufl., Zürich

Troßmann, E. (1983): Grundlagen einer dynamischen Theorie und Politik der betrieblichen Produktion, Berlin

U

Ulrich, H. (1968): Die Unternehmung als produktives soziales System, Bern

Ulrich, H. (1971): Der systemorientierte Ansatz in der Betriebswirtschaftslehre, in: Kortzfleisch, G.v. (Hrsg.): Wissenschaftsprogramm und Ausbildungsziele der Betriebswirtschaftslehre, Berlin, S. 43-60

Ulrich, H. (1995): Von der Betriebswirtschaftslehre zur systemorientierten Managementlehre, in: Wunderer, R. (Hrsg.): Betriebswirtschaftslehre als Management- und Führungslehre, 3. Aufl., Stuttgart, S. 161-178

Ulrich, P./Fluri, E. (1995): Management, 7. Aufl., Bern

V

Vormbaum, H. (1995): Finanzierung der Betriebe, 9. Aufl., Wiesbaden

Voßbcin, R. (1989): Organisation, 3. Aufl., München

W

Wächter, H. (1974): Grundlagen der langfristigen Personalplanung, Herne

Wächter, H. (1983): Mitbestimmung, München

Wagner, D./Grawert, A./Langemeyer, H. (1992): Cafeteria-Systeme als Möglichkeit der Flexibilisierung und Individualisierung von Entgeltbestandteilen für Führungskräfte, in: BFuP, 44. Jg., S. 255-271

Wagner, H.M./Within, T.M. (1959): Dynamic Version of the Economic Lot Size Model, in: Management Science, 5. Jg., S. 89-96

Wartmann, R. (1963-65): Aufbau und Rechenvorgänge eines mathematischen Hochofenmodells. T. I-VII, in: Archiv für das Eisenhüttenwesen, 1963; S. 879ff., 1964: S. 15ff., S. 159ff., S. 173ff., S. 373ff., S. 911ff., 1965: S. 609ff.

Watson, G.H. (1993): Benchmarking: vom Besten lernen, Landsberg/Lech (am. Originaltitel: Strategic Benchmarking: How to Rate Your Company's Performance against the World's Best)

Weber, A. (1909): Über den Standort der Industrien, Tübingen 1909

Weber, J. (2002): Einführung in das Controlling, 9. Aufl., Stuttgart

Weber, J./Schäffer, U. (2001): Sicherstellung der Rationalität von Führung als Funktion des Controlling, in: Weber, J./Schäffer, U. (Hrsg.): Rationalitätssicherung der Führung, Wiesbaden, S. 25-45

Weber, J./Weißenberger, B. (2002): Einführung in das Rechnungswesen, 6. Aufl., Stuttgart

Wedell, H. (2001/2002): Grundlagen des betriebswirtschaftlichen Rechnungswesens, Bd. 1: Buchführung und Jahresabschluss, 9. Aufl., (2002), Bd. 2: Kosten- und Leistungsrechnung, 8. Aufl. (2001), Herne

Weinert, P. (2002): Organisation: Organisationsgestaltung, Organisationsmethodik, Fallklausuren, München

Weis, H.C. (2001): Marketing, 12. Aufl., Ludwigshafen

Weyermann, M./Schönitz, H. (1912): Grundlegung und Systematik einer wissenschaftlichen Betriebswirtschaftslehre, Karlsruhe (reprint Osaka 1974)

Wild, J. (1981): Grundlagen der Unternehmensplanung, Reinbek

Wildemann, H. (2001): Das Just-In-Time-Konzept, 5. Aufl. Frankfurt/Main

Wildemann, H. (2003): PPS-Systeme: Leitfaden zur kontinuierlichen Weiterentwicklung von PPS-Systemen, 6. Aufl., München

Wittlage, H. (1998): Unternehmensorganisation, 6. Aufl., Herne

Wittmann, W. (1982/85): Betriebswirtschaftslehre, Bd. I: Grundlagen, Elemente, Instrumente, 1982, Bd. II: Beschaffung, Produktion, Absatz, Investition, Finanzierung, 1985, Tübingen

Wittmann, W. et al [Hrsg.] (1993): Handwörterbuch der Betriebswirtschaft, 5. Aufl., 3 Bde., Stuttgart

Wöhe, G. (1988-97): Betriebswirtschaftliche Steuerlehre, München: Bd. I,1: 6. Aufl. 1988; I,2: 7. Aufl. 1992; II,1: 5. Aufl. 1990; II,2: 4. Aufl. 1997

Wöhe, G. (1997): Bilanzierung und Bilanzpolitik, 9. Aufl., München

Wöhe, G. (2002): Einführung in die Allgemeine Betriebswirtschaftslehre, 21. Aufl., München

Wöhe, G./Bilstein, J. (2002): Grundzüge der Unternehmensfinanzierung, 9. Aufl., München

Wübbenhorst, K. (1984): Konzept der Lebenszykluskosten, Darmstadt

Wunderer, R. [Hrsg.] (1995): Betriebswirtschaftslehre als Management- und Führungslehre, 3. Aufl., Stuttgart

Wysocki, K. v./Wohlgemuth, M. (1996): Konzernrechnungslegung, 4. Aufl., Düsseldorf

Z

Zäpfel, G. (1982): Produktionswirtschaft, Berlin

Zäpfel, G. (2000a): Strategisches Produktions-Management, 2. Aufl. Berlin

Zäpfel, G. (2000b): Taktisches Produktions-Management, 2. Aufl., Berlin

Zangemeister, C. (1976): Nutzwertanalyse in der Systemtechnik, 4. Aufl., München

Zdrowomyslaw, N. (2001): Kosten-, Leistungs- und Erlösrechnung, 2. Aufl., München

Zdrowomyslaw, N./Kuba, K. (2002): Buchführung und Jahresabschluss, 3. Aufl., München

Zerres, M.P. [Hrsg.] (1998): Kooperatives Marketing-Controlling, Frankfurt

Zerres, M.P. [Hrsg.] (2000): Marketing-Controlling, 2. Aufl., Berlin

Ziegenbein, K. (1998): Controlling, 6. Aufl., Ludwigshafen

Zimmermann, C. (2001): Controlling in international tätigen mittelständischen Unternehmen, Wiesbaden

Zimmermann, G. (2003): Investitionsrechnung. Fallorientierte Einführung, 2. Aufl., München

Zimmermann, W./Stache, U. (2001): Operations Research, 10. Aufl., München

Stichwortverzeichnis

A

ABC-Analyse 119
abgestimmtes Verhalten 152
abhängiges Unternehmen 156
Absatz 73
absatzpolitisches Instrumentarium 88f.
Absatzweg 110
Abschlussgliederungsprinzip 289
Abschlusskonten 288
Abschreibungen 228, 293ff.
Abschreibungsgesellschaften 147
Absentismus 188
Abteilung 163
Abtretung 264
Abtretungsverbot (und Factoring) 279
Abweichungsanalyse 22, 313
Abzinsungsfaktor 232
Abzinsungspapiere 245, 265
Activity Based Costing 314
AfA (Absetzung für Abnutzung) 257
AfA-Tabellen 294
AG („Aktiengesellschaft") 143ff.
AG & Co KG 147
Agglomerationstendenz 132
Agio 260
AIDA-Formel 109
Akkordlohn 196f.
Akkordrichtsatz 196
Akkordzuschlag 196
akquisitorische Distribution 110
Aktienarten 260f.
Aktienbuch 260
Aktionsfeld 19
Akzeptkredit 267
Allgemeinverbindlichkeitserklärung 193
alternative Substitution 41
Alternativrechnung 239
Amoroso-Robinson-Formel 99
Amortisationsvergleichsrechnung 230
Andler-Formel 58
Anhang (zum Jahresabschluss) 301
Anleihe 243, 264

Annuitätenanleihe 243
Annuitätenmethode 234
Anreiz-Beitrags-Theorie 185, 201
Ansoff-Matrix 84
Anschaffungswert 292ff.
Anstalt des öffentlichen Rechts 157
APV 300
Arbeitgeberverbände 153
Arbeitsbereicherung 188
Arbeits(platz)bewertung 193
Arbeitsdirektor 180
Arbeitserweiterung 188
arbeitsrechtliche Mitbestimmung 178
Arbeitswerte 194
Arbitriumwert 297
arithmetisch-degressive Abschreibung 295
Assessment Center 190, 192
atypische Personengesellschaften 142
Audit 177
Aufbauorganisation 166ff.
Aufsichtsrat 143
Aufwand (und Kosten) 300
Aufzinsungspapiere 245
Außendienst-Promotions 109
Außenfinanzierung 252, 259ff.
autonome Gruppen 188
Aval-Kredit 267

B

Bankkredite 267
Basisvariable 38
bedingtes Kapital 263
Befragung, Arten 77
Beherrschungsvertrag 156
Benefit-Segmentation 88
Benchmarking 183
Beobachtung, Arten 79
Beschäftigungsabweichung 313
Beschäftigungsgrad 52
beschaffungspolitisches Instrumentarium 119
Beschaffungsportfolio 118

Beschaffungsprogrammplanung 119
Beschaffungsweg 120
Beschaffungswirtschaft 117ff.
Beschwerdepolitik 105
Beständedifferenzbilanz 302
Bestandskonten 287f.
Bestellbestand 121
Bestellmenge 121
Bestellpunktverfahren 123
Bestellrhythmusverfahren 123
Bestelltermin 121
Beta-Faktor 274
Beteiligungsfinanzierung 259, 261ff.
Betrieb (und Unternehmung) 7
betriebliche Mitbestimmung 177
Betriebsabrechnung 308ff.
Betriebsabrechnungsbogen (BAB) 309
Betriebsbuchhaltung 283
Betriebsformen (des Einzelhandels) 111
Betriebsgröße 12
Betriebsminimum 101
Betriebsmittel 31f.
Betriebsmodelle 48, 57
Betriebsobmann 178
Betriebsoptimum 101
Betriebsrat 178f.
Betriebstypologie 10
Betriebsverbindungen s. Unternehmens-
  zusammenschlüsse
Betriebsverfassungsgesetz (BetrVG) 178f.
Betriebswirtschaftslehre
- allgemeine 14
- Aufgabe 1
- Definition 1
- empirisch-realistische 4
- entscheidungsorientierte 5
- Entwicklung 1ff.
- ethisch-normative 4
- Gliederung 11f.
- systemorientierte 5
- umweltorientierte 6
Bewegungsbilanz 302f.
Bewertung 292ff.
Bezugskurs 261
Bezugsrechtsparität 261

Bezugsverhältnis 261
BGB-Gesellschaft 141
BIBOR 266
Bilanz 286ff.
Bilanzanalyse 302
Bilanzgliederung 291
bilanzpolitisches Instrumentarium 291
Bilanztheorien 292
bivariate Analyse 80
Bonus 105
Börse 259, 277f.
Börsenkurs 260f.
Brainstorming 22f.
Break-even-Analyse 92f.
Bruttokapitalisierung 300
Buchführungstechniken 287
Budgetkostenrechnung 313
Bürgschaft 263
Business Administration 3
Business Reengineering 183
Business Schools 3

C
CAD 68
CAD/CAM 68
Cafeteria-System 201
CAM 68
Cap 266
CAP 68
Capital-Budgeting 237
CAPM 274f., 300
carry-over-Effekt 108f.
CAQ 68
Cash-and Carry-Betriebe 111
Cash Flow 253
Cash Management 276
ceteris-paribus-Bedingung 96
Change Agent 189
Checklist 24, 91
choice under risk 20
choice under uncertainty 20
CIM 68f.
Cluster-Organisation 183
Collar 266
Commercial Papers 266
Comptroller 205

Controllership 206
Controller 206
Controlling 205ff.
- operativ 210
- strategisch 210
Controlling-Aufgaben 209
Controlling-Instrumente 212ff.
Controlling-Konzeptionen 208ff.
Controlling-Organisation 207f.
Controlling-Ziele 210f.
Corporate Design 176
Corporate Identity 176
Cost Benefit Analysis 237
Cost Effectiveness Analysis 238
Cournot'scher Punkt 99
Critical Path Method 64
Current Ratio 276

D
Dachgesellschaft 156
Datenmatrix 79
DAX 278
Dax-Future 278
DCF-Verfahren 301f.
Dean-Modell 237
decision trees 24
Deckungsbeitrag 34
Deckungsbeitragsrechnung mit
  relativen Einzelkosten 313
Dependenz-Analyse 79
Depotstimmrecht 143
Deterministische Modelle 21
Diffusion von Innovationen 126
digitale Abschreibung 295f.
Dilemma der Ablaufplanung 58
Direct Costing 312
Direktbedarfsmatrix 49
direkter Absatzweg 110
Direktmarketing 107
Direktorial-Prinzip 164
Direktwerbung 107
Disagio 243
Discounted-Cash-Flow 300f.
Diskontkredit 267
Diskontsatz 267
dispositives Recht 137
Distributionpolitik 110ff.

Dividende 260
Dividendengarantie 261
divisionale Organisation 167
Divisionskalkulation 311
doppelte Buchhaltung (Doppik) 287
Doppelwährungsanleihen 266
Dorfman-Steiner-Theorem 113
Dotted-line-Prinzip 165, 208
Dow Jones 278
DTB (Deutsche Terminbörse GmbH)
  278
Dual Currency Issues 266
duale Organisation 171
Dumping 103
Durchschnittskosten 52
Dynamik der Betriebsformen 111
dynamische Produktionsfunktion 48
dynamische Entscheidung 20
dynamische Verfahren der Investitions-
  rechnung 231ff.
Dyopol (Duopol) 102

E
Ecklohn 193
ECP (Euro-Commercial Paper) 266
Effektivverzinsung 242
Eigen- oder Fremdbezug 118
Eigenbetriebe 157
Eigenfinanzierung 252, 259ff.
Eigenkapital-Rentabilität 272
Eigenkapitalquote 272
Eigentumsvorbehalt 264
eindimensionale Organisations-
  struktur 166
einfache Buchführung 287
Eingliederung 157
Eingliederungsbeteiligung 156
Einigungsstelle 179
Einkaufsgenossenschaften 120
Einkommensteuer (ESt) 320
Einliniensystem 164
Einmanngesellschaft 138
Einzelhandel 111
Einzelkosten 308
Einzelunternehmung 140f.
eiserner Bestand 121
Elementarfaktoren 31

empirische Organisationsforschung
  162
Endwertpapiere 265
Engineering Production Function
  (EPF) 48
Entity-Methode 301
Entlohnung 186, 192ff.
Entscheidungsbaumverfahren 24, 241
Entscheidungsfeld 19
Entscheidungsprozess 21ff.
Entscheidungstechniken 22ff.
Entscheidungstheorie 15
Entscheidungsträger 19
Equity-Methode 301
Erbschaft- und Schenkungsteuer (ErbSt)
  323
Erfolgsbeteiligung 201
Erfolgskonten 288
Ergänzungsrechnungen zum Jahres-
  abschluss 301ff.
Erlös 34
Ermessensreserven 256
ertragsgesetzliche Produktionsfunk-
  tion s. Produktionsfunktion von
  Typ A
Ertragswert 298f.
erweiterter Eigentumsvorbehalt 264
erweiterter Produktlebenszyklus 128
EUREX 278
Euronotes 266
Europäische Aktiengesellschaft 149
EWIV 148
Experiment 77
Expertensysteme 24f.
Export-Factoring 271
externes Rechnungswesen 285ff.
Extremumprinzip, allgemeines 16

F
Fachverbände 153
Factoring 269ff.
Factoring-Banken 270
Faktoreinsatzfunktion 40
feedback 22
Fehlzeiten 188
Fertigungssegmentierung 67
FIFO 292

Finance-Leasing 268
Financial Futures 277ff.
Finanz-Investitionen 222, 242ff.
Finanzanalyse 275
Finanzbedarf 251
Finanzbuchhaltung 283
Finanzierung
- Begriff 249f.
- Arten 252
- aus Abschreibungen 257f.
- aus Gewinnen 253ff.
- aus Rationalisierung 258
- aus Rückstellungen 258ff.
Finanzierungsregeln 271
Finanzierungssubstitute 268f.
Finanzinnovationen 265
Finanzplanung 275
Firma 137
Firmenwert 298
Fixkostendegression 52
Fixum 112
flexible Plankostenrechnung 313
Floating Rate Notes (FRN) 265
Floor 266
Fluktuation 188
Fonds-Rechnungen 303
Forfaitierung 271
formale Organisation 162
Formalziel 11, 17
Formkaufmann 141
Fortbildung 202
Fortschreibungsgleichung 288
Franchising 112
freie Rücklagen 254
Freisetzungsplanung 189
Fremdfinanzierung 252, 263ff.
Fremdkapitalquote 272
Führungsgrundsätze 176
Führungsinstrument 174
Führungsmodell 174
Führungsstil 174
Führungstechnik 174
Führungstheorie 173
funktionale Organisation 166
funktioneller Organisationsbegriff
  161
Funktionendiagramm 187

Funktionsmeister 164
Funktionssystem 164
Fusion 157

G
Gantt-Chart 60
Gebiets-Kartell 154
Gebrauchsfaktoren 31
Geldakkord 197
Geldbedarf 251
Geldmarkt 219
Gemeindewirtschaftsteuer 322
Gemeinkosten 308
gemeinnützige GmbH 147
Gemeinnützigkeit 140
Gemeinschaftskontenrahmen (GKR) 289
Gemeinschaftsunternehmen 155
genehmigtes Kapital 262
Genossenschaft 148
Genossenschaftsregister 137
Genussschein 265
geometrisch-degressive Abschreibung 295
Gesamtbedarfsmatrix 50
Gesamtfälligkeit 243
Gesamtkapital-Rentabilität 272
Gesamtkosten 52
Gesamtkostenverfahren 301
Geschäftsbereich-Organisation 171
Geschäftsbuchhaltung 283
gesellschaftsrechtliche Mitbestimmung 179
Gesetz gegen Wettbewerbsbeschränkungen (GWB) 154
Gesetz vom abnehmenden Bodenertrag 43
gesetzliche Mitbestimmung 178
gesetzliche Rücklagen 254
Gewerbesteuer (GewSt) 322
Gewerkschaften 153
Gewinnbeteiligung 201
Gewinn- und Verlust-Rechnung 300ff.
Gewinnschuldverschreibung 264
Gewinnvergleichs-Methode 229
Gläubigerschutzprinzip 293
Gleichordnungs-Konzern 156

Gleitzeit 195
Global Sourcing 120
Global-Zession 264
GmbH („Gesellschaft mit beschränkter Haftung") 145f.
GmbH & (atypisch) Still 141
GmbH & Co KG 146
going-public-Optionsanleihe 265
goldene Finanzierungsregel 271
goldene Bankregel 272
goldene Bilanzregel 272
Gozinto-Verfahren 48ff.
Gratisaktien 263
Grenzerlös 99f.
Grenzkosten 52
Grenzplankostenrechnung 313
Großhandel 110
Grundbuch 263
Grundkapital 143
Grundpfandrechte 263
Grundsätze ordnungsgemäßer Buchführung/Bilanzierung 289f.
Grunderwerbsteuer 324
Grundschuld 264
Grundsteuer (GrSt) 323
Grundverbände 153
Gruppenakkord 197
Gruppenentscheidung 20

H
Halsey-Prämienlohnsystem 199f.
Händler-Promotions 109
Handelsbetriebslehre 73
Handelsbilanz 286
Handelsgesellschaften 141
Handelshochschulen 3
Handelskette 110
Handelsklauseln 105
Handelskredit 266
Handelsmakler 111
Handelsspanne 311
Handelsregister 137
Handelsverkehrslehre 73
Handelsvermittler 111
Handelsvertreter 111
Handlungswissenschaft 2
Harzburger Modell 176

Hauptkostenstellen 310
Hauptversammlung 143
Haustarif 193
Hebesatz 322f.
Heuristik 16
hierarchische Produktionsplanung 67
HIFO 293
Hilfskostenstellen 310
Höchststimmrecht 261
Höchstwertprinzip 293
Holding 156
Hörer- und Seherforschung 108
homogenes Gut 97
horizontale Preisdifferenzierung 102f.
horizontale Finanzierungsregeln 271
Hypothek 264

I

IAS (International Accounting Standards) 296
IASC (International Accounting Standards Committee) 296
Ideal-Verein 140
identical routing 60
Imitation 127
INCOTERMS 105
indirekter Absatzweg 110
Individualentscheidung 20
Industrie- und Handelskammern 153
Industriekontenrahmen (IKR) 289
informelle Beziehungen 162
Innenfinanzierung 253ff.
Innovationsmanagement 125ff.
Insolvenz 158
institutioneller Organisationsbegriff 161
instrumenteller Organisationsbegriff 161
integrativer Organisationsbegriff 162
Integriertes Produktlebenszyklus-konzept 128
Intelligenztest 191
intensitätsmäßige Anpassung 56
Interdependenz-Analyse 80
Interessengemeinschaft 152
Interne Revision 177
Interne-Zinsfuß-Methode 235f.

Inventar 286
Invention 127
Inventur 286
Investition
- Begriff 222
- Arten 222f.
- Entscheidungsprozess 223
Investitions-Programme 236
Investitionsrechnungsverfahren 224ff.
Investment Center 168

J

Jahresabschluss 285
JIT (Just in Time) 67
job description 187
Job Enlargement 188
Job Enrichment 188
Job Rotation 188
Joint Venture 155
juristische Person 140

K

Kaderplanung 202
Kaizen 182
Kalkulationszinsfuß 232
kameralistische Buchführung 157, 287
KANBAN 67
Kannkaufmann 140
Kapazitätserweiterungseffekt 257f.
Kapitalbedarfsrechnungen 250
Kapitalerhöhung aus Gesellschafts-mitteln 263
Kapitalertragsteuer (KESt) 321
Kapitalflussrechnungen 302
Kapitalfreisetzungseffekt 257
Kapitalgesellschaften 143ff.
Kapitalmarkt 219
Kapitalmarktmodelle 274f.
Kapitalrentabilität 16,17
Kapitalstruktur 271ff.
Kapitalumschlagshäufigkeit 168
Kapitalwert-Methode 232ff.
Karrieresystem 203
Kartellamt 154
Kartelle 153f.
Kaufoption 279
Key-Account-Management 170

KG (Kommanditgesellschaft) 142
KGaA (Kommanditgesellschaft auf
Aktien) 146
KI-Sprachen 25
Kirchensteuer 323
Koalitionsmodell 19, 185
Körperschaft des öffentlichen Rechts
157
Körperschaftssteuer (KSt) 321
Kollegial-Prinzip 164
Kollektionspolitik 120
Kommanditaktionär 146
Kommanditist 143
Kommissionär 111
Kommunikationspolitik 107ff.
Kompetenzen 163
Komplementär 142
Komplementarität 97
Konditionen 105
Konditionen-Kartell 154
Konkurs 158
konsolidierte Bilanz 302
Konsortium 152
konstitutive Entscheidungen 131
Konsumgüter-Leasing 268
Kontenplan 280
Kontenrahmen 280
Kontokorrentkredit 267
Kontrollspanne 163
Konzentration 151
Konzepttest 91
Konzern 155
Konzernabschluss 302
Kooperation 151
Kooperationsfibel 153
kooperativer Führungsstil 174
Korrekturverfahren 239
Kosten
- Begriff 50
- fixe 51
- intervallfixe 52
- proportionale 52
- variable 52
Kosten-Nutzen-Analyse 238
Kosten-Wirksamkeits-Analyse 237
Kostenartenrechnung 308
Kosteneinflussgrößen 51

Kostenfunktion 51
Kostenminimum 101
Kostenrechnung 307ff.
Kostenremanenz 52
Kostenstellenrechnung 309f.
Kostenträgerrechnung 310f.
Kostenumlage-Verfahren 310
Kostenvergleichs-Methode 228
Kreativitätstechniken 22f.
Kreditfinanzierung 263, 266f.
Kreditleihe 267
Kreditrisiko 263
Kreditsicherheiten 216
Kreditsubstitute s. Finanzierungs-
substitute
Kreuzpreiselastizität 97
Kreuztabulierung 80
kritische Werte 240
Kündigungsfristen (Arbeiter und
Angestellte) 195
künstliche Intelligenz (KI) 24
Kunden(gruppen)management 170
Kundendienstpolitik 105
Kundenzufriedenheit 106
Kurs-Gewinn-Verhältnis (KGV) 299

L
Längsschnitt-Funktionen 13
Lagebericht 301
Lagerhaltungsmodelle 122
Lagerwirtschaft 117, 121ff.
Laufbahnplanung 203
Layoutplanung 57
Lean Management 182
Leasing 268f.
Lebenszykluskosten 314
Leerkosten 52
Leistungsgrad 198
Leistungstests 191
Leitende Angestellte 178
Leitungsspanne 163
Leitungssysteme 164f.
Leontief-Produktionsfunktion 43
Leserschaftsforschung 108
Leverage-Chance 273
Leverage-Effekt 273
Leverage-Risiko 273

LIBOR 265
Lieferantenkredit 267
Lieferzeitpolitik 106
Life-Style-Konzept 88
LIFO 293
Limitationalität 42
lineare Abschreibung 294
Lineare Programmierung 23, 36ff.
Linie 156
Liniensystem 164
Liquidation 158
Liquidationswert 298
Liquiditätskennzahlen 275f.
Liquiditätsstatus 276
LOFO 293
Logistik 118
Lohnformen 195ff.
Lohngruppenverfahren 193f.
Lohnsteuer (LSt) 321
Lombardkredit 267

M
Make or Buy 118
Makler 111
Management-by-Techniken 174
management development 201
Management Buy Out (MBO) 19
Manteltarif 193
MAPI-Verfahren 229
Marginal-Analyse 16
Margins 278
Markenartikel 106
Marketing 74f.
Marketing Channels 110
Marketing-Logistik 113
Marketing-Mix 113f.
Marketingstratgien 81ff
Markteffizienz-Hypothese 274
Marktformen 97
Marktforschung
- Begriff 76
- Datengewinnung 76ff.
- Datenanalyse 80f.
Marktmanagement 170
Marktnische 86
Marktreaktionsfunktionen 114
Marktsättigung 125

Marktsegmentierung 85ff.
Marktwachstum-Marktanteil-Matrix
   84
Marktzyklus 127
Maschinenbelegungsproblem 60
Massenmarktstrategie 85
Maßgeblichkeitsprinzip 286
Materialwirtschaft 117
mathematische Entscheidungsmodelle
   24
Matrix-Organisation 169
Maximumprinzip 16
Mediaselektionsmodelle 108
Medienanalyse 108
mehrdimensionale Organisations-
   struktur 169
Mehrheitsbeteiligung 155
Mehrliniensystem s. Funktionssystem
Mehrstimmrecht 261
mehrstufiger Konzern 196
Mehrwertsteuer 324
Meinungsmonopol 106
Meldebestand 121
Mengenanpasser 100
Mengenübersichtsmatrix 50
Meterforschung 108
Methodenstreit 3ff.
Methods Time Measurement (MTM)
   198
Minimumprinzip 16
Ministererlaubnis-Kartell 154
Minutenfaktor (beim Akkord) 196
Mischkalkulation 95
Missbrauchsprinzip 143
Mitarbeiterbeurteilung 203
Mitbestimmung 177ff.
Mitbestimmungsgesetz (MitbestG)
   169
Mitbestimmungsrechte 179
Mittelentscheidung 19
Mittelstandsempfehlungen 153
Mittelstandskartell 154
Mitwirkungsrechte 179
Modigliani-Miller-These 274
monetäre Produktionsfunktion 51
monistisches System (bei der AG) 150
Monopol 99ff.

Montanmitbestimmungsgesetz 180
Moratorium 157
MPM-Netzplan 65
Multimomentverfahren 198
multiple Betriebsgrößenvariation 56
multivariate Analyse 80
Musskaufmann 140
mutative Betriebsgrößenvariation 56

N
nachrangiges Kapital 259
Namensaktien 260
NC-Maschinen 68
Nettokapitalisierung 300
Netzplantechnik 63
NIBOR 266
Nichtbasisvariable 38
nicht-emissionsfähige Unternehmen
  259
nicht-lineare Limitationalität 42
Niederstwertprinzip 293
non-recourse-Factoring 270
Normalzeit 198
Normen- und Typen-Kartell 154
Null-Kupon-Anleihen 265
Nutzkosten 52
Nutzwertanalyse 134, 238

O
Oberverbände 153
objektbezogene Organisation 167
Obligation 264
Ökobilanz 302
ökonomisches Prinzip 15
öffentliche Betriebe 157
offene Selbstfinanzierung 254ff.
OHG (offene Handelsgesellschaft) 142
Oligopol 101
Operate-Leasing 269
Operations Research 24
operative Entscheidung 20
optimale Bestellmenge 122
optimale Losgröße 58ff.
optimaler Verschuldungsgrad 272f.
Optionsschuldverschreibung 265
ordentliche Kapitalerhöhung 261
Organigramm 164

Organisation 161ff.
Organisationsentwicklung 181f.
Organisationskultur 176
Organisationslehre 161
Organisationstheorie 161
organisationswissenschaftliche An-
  sätze 162
Organschaft 156
Outplacement 203
Outsourcing 118

P
pagatorisch 18
Panel 78
pari 260
paritätische Mitbestimmung 179
Partenreederei 148
partielle Substitution 42
Partizipation 152
Partnergesellschaft 141
Partnerschaftsregister 142
Pauschalwertberichtigung 292
payback-Methode 230
Pensionsrückstellungen 259
periphere Substitution 41
Personal-Leasing 190
Personalauswahl 190
Personalbedarfsdeckungsplanung 189
Personalbedarfsplanung 187
Personalberater 190
Personalbeschaffung 190
Personalbestandsplanung 188
Personalbeurteilung 203
Personalentwicklung 201ff.
Personalinformationssystem 189
Personalplanung 186ff.
Personalräte 178
Personalvermittler 190
Personalwirtschaft 185ff.
Personengesellschaften 140ff.
persönlicher Verkauf 107
Persönlichkeitstest 191
PERT 64
Pfandrecht 264
physische Distribution 113
PIMS-Projekt 84
Pivot-Element 39

Plankostenrechnung 313
Polaritätsprofil 78
Polypol 100
PoP 109
Portfolio-Analyse 84f.
Portfolio Selection 274
PoS 109
Potentialfaktoren 31
Potentialplanung 57
PPS 66
Präferenzen 97
Präferenzpolitik 88
Prämienlohn 198ff.
Prämienlohnsysteme 199
Preis-Absatz-Funktion 95
Preisbindung der zweiten Hand 106
Preisdifferenzierung 102
Preiselastizität 95f.
Preisfixierer 99
Preis-Kartell 154
Preispolitik 95ff.
Preisuntergrenze 101
Primärforschung 77
Prinzip der Einzelbewertung 292
prioritätischer Dividendenanspruch
	261
Prioritätsregeln 61
Product-Placement 107
Produktideen 90f.
Produkt-PR 107
Produktdifferenzierung 94
Produktelimination 94
Produktentwicklungsprozess 90
Produktinnovation 90ff.
Produktion 30
Produktionsablaufplanung 58ff.
Produktionsfaktoren 30ff.
Produktionsfunktion
- Begriff 40
- vom Typ A 42ff.
- vom Typ B 45ff.
- anderen Typs 48f.
Produktionskoeffizient 42
Produktionsprogramm 31
Produktionsprogrammplanung 34ff.
Produktionstypologie 32f.
Produktionsverbindungshandel 111

Produktionswirtschaft 30
Produktlebenszyklus 125ff.
Produktmanagment 169
Produkt-Markt-Matrix 84
Produktmodifikation 94
Produktpflege 94
Produktpolitik 90ff.
Produkttest 93
Produktvariation 94
Profit Center 168
Prognosemethoden 23
Projekt(gruppen)organisation 171
Projekt-Management 63
Promotoren-Modell 207
Property Rights-Theorie 186
Provision 112
Prozessgliederungsprinzip 289
Prozesskostenrechnung 314f.
prozessorientierte Organisation 183
psychographische Segmentierung 88
Public Relations 107
Publikumsgesellschaften 143
Publikumswerbung 107
Publizität 137
Pufferzeiten 64
Pull-Strategie 113
Punktbewertungsverfahren 134, 238
Push-Strategie 113

Q
qualitative Anpassung 56
qualitätsorientierte Unternehmens-
	führung 183
Qualitätszirkel 202
quantitative Anpassung 56
Quellensteuer 321
Querschnitt-Funktionen 13
Quotenaktien 260

R
Rabatt 105
Ratenanleihe 243
Rationalisierungs-Kartell 154
Real-Investitionen 223, 224ff.
Rechnungswesen 283ff.
rechtsfähiger Verein 140
Rechtsform 137ff.

REFA 198
Referenzpolitik 121
Referenzzinssatz 265
Regelung (und Steuerung) 22
Regiebetriebe 157
regionale Organisation 168
Reihenfolge- und Terminplanung 60ff.
Reisender 112
Rentabilität 16, 17f.
Rentabilitätsvergleichs-Methode 229
Relaunch(ing) 91
Repetierfaktoren 31
Reproduktionswert 298
Risiko-Analyse 240
Risiko-Profil 241
riskless choice 20
ROI (Return On Investment) 168
Rowan-Prämienlohnsystem 199ff.
Rückkoppelung 22
Rücklagen 254
Rüstkosten 59
runinöser Wettbewerb 102

S

Sachziel 11
Sale and Lease Back 268
Sales Manual 109
Sales Promotion 109
Satisfizierung 17
Schachtel 156
Schätzreserven 256
Scheinkaufmann 141
Schenkungsteuer 323
Schlüsselkunden-Management 170
Schlupfvariable 38
Schnittstellen-Management 129
Schütt-aus-Hol-zurück-Politik 256
Schuldverschreibung 264
Scoring-Modelle 134, 238
Screening 91
Second-Hand-Leasing 269
Securization 265
Sekundärforschung 76
Selbstfinanzierung 253f.
selektive Anpassung 56
Shareholder-Value-Konzept 250

SIBOR 266
Sicherungshypothek 263
Sicherungsübereignung 264
Simplex-Algorithmus 36ff.
Simplex-Tableau 38f.
Simultan-Entscheidung 21
Single Sourcing 120
situativer Ansatz 163
Skonto 105
Skontration 279
Societas Europaea (SE) 148
Soll-Ist-Vergleich 22, 313
Sollzinssatzmethode 235
Sondervermögen 157
Sortiment 31
Sozialbilanz 302
Sozialleistungspolitik 201
Sozialziel 12
soziodemographische Segmentierung 86f.
Spartenorganisation 171
Sperrminorität 156
Spezialisierungs-Kartell 154
spezifischer Deckungsbeitrag 35
Spitzenverbände 153
Sponsoring 107
Sprecherausschüsse 178
Sprungkosten 52
Stab-Linien-System 165
Stabstelle 163
Staffelobligationen 265
Stakeholders 216
Stammaktien 261
Stammkapital 146
Standortfaktoren 132
Standort-Portfolio 135
Standortwahl 131ff.
starre Plankostenrechnung 313
statische Entscheidung 20

statische Verfahren der Investitionsrechnung 228ff.
Stelle 163
Stellenbeschreibung 187
Stellenplan 187
Steuerbelastungsvergleiche 256
Steuerbilanz 286

Steuerdestinator 320
Steuermessbetrag 322
Steuermesszahl 322
Steuersystem 317ff.
Steuerung (und Regelung) 21
Steuerwirkung 320
Stiftung 139
Stiftung & Co KG 147
Stiftung des öffentlichen Rechts 157
Stille Gesellschaft 141
stille Selbstfinanzierung 254
stille Reserven 256
stochastische Modelle 21
Strategie-Profil 83
Strategische Unternehmensführung
   176f.
strategische Entscheidung 20
Strategische Geschäfteinheit (SGE)
   84, 168
Streckengeschäft 111
Strukturkrisen-Kartell 154
Stückkosten 53
Stücklisten 119
Stückzinsen 245
stufenweise Fixkostendeckung 312
Stufenwertzahlverfahren 194
Stuttgarter Verfahren 300
Submissions-Kartell 154
Subordinationsspanne 163
Substanzsteuern 318
Substanzwert 298
Substitutionalität 40ff., 97
Sukzessiv-Entscheidung 21
Superdividende 261
Swaps 279
Syndikat 154
Synektik 23
System vorbestimmter Zeiten 198

T
taktische Entscheidung 20
Target Costing 315
Tarifverträge 193
Tausend(les)erpreis 108
Team 163
Technologie-Portfolio 129
Teilkostenrechnungssysteme 312f.

Teilmonopol 98
Teiloligopol 98
Teilreproduktionswert 298
Teilungsfaktor 199
Tensor-Organisation 169
Testmärkte 93
Testverfahren (bei der Personal-
   auswahl 191
Theorie der Verfügungsrechte 186
Tilgungsanleihe 243
totale periphere Substitution 41
toter Punkt 92
Total Quality Managment (TQM)
   182
Tourenregelung 113
trading up 111
Transaktionskosten 186
Transformationsfunktion 40
Traveling-Salesman-Problem 113
Triffin'scher Koeffizient 97
True/False-Aufgaben 28
Trust 157
Turing-Test 25
TVG (Tarifgesetz) 193

Ü
Überwachung 177
Überwälzung 320
umgekehrtes Maßgeblichkeitsprinzip
   286
Umlage-Schlüssel 310
Umsatzkostenverfahren 301
Umsatzrentabilität 16, 168
Umsatzsteuer (USt) 324
univariate Analyse 80
Unternehmensbewertung 297ff.
Unternehmensform 137
Unternehmensforschung s. Opera-
   tions Research
Unternehmensführungskonzepte
   173ff.
Unternehmensgrundsätze 176
Unternehmenskultur 176
Unternehmensphilosophie 176
Unternehmensrechnung 283ff.
Unternehmenswachstum 151
Unternehmenszusammenschlüsse

150ff.
Unterordnungs-Konzern 156
unverbindliche Preisempfehlung 106
unvollkommene Gesellschaft 141
US-GAAP (US-Generelly Accepted
Accounting Principles) 296

V

Variatoren 313
Verband höherer Ordnung 153
Verbotsprinzip 153
Verbraucher-Promotions 109
Verbraucherentschuldungsverfahren
158
Verbrauchsfolgeverfahren 292f.
Verbrauchsfaktoren 31
Verbrauchsfunktion 42
Verbrauchssteuern 319
Verbriefung 265
Verein 139
Vereinsregister 140
Vergleich 159
Verkaufsförderung 109
Verkaufsoption 279
Verkehrshypothek 263
verlängerter Eigentumsvorbehalt 264
Vermögensteuer (VermSt) 322
verrichtungsbezogene Organisation
167
Verschmelzung 157, 158
Verschuldungsgrad 272
Verschuldungskoeffizient 272
Versicherungssteuer 319
Versicherungsverein a.G. 148
Verteilzeit 198
vertikale Preisdifferenzierung 103
vertikale Arbeitsbereicherung 188
vertikale Finanzierungsregeln 272
vertikale Preisbindung 106
Vertreter 111
vinkulierte Namensaktien 260
vollkommener Kapitalmarkt 225
vollkommener Markt 97
Vollkostenrechnung 308ff.
vollständige Konkurrenz 100
vollständiger Finanzplan 225
Vorabdividende 261

Vorgabezeiten 198
Vorsichtsprinzip 293
Vorzugsaktien 261

W

Wagner-Within-Algorithmus 59
Wahlkaufmann 141
WACC 300
WAN 306
Wandelschuldverschreibung 264
Weiterbildung 202
Werbebudget (-etat) 107ff.
Werbeforschung (Advertising Re-
search) 108
Werbemittel 108
Werbeträger 108
Werbewirkung 108
Werbung 107ff.
Werkstoffe 31
Wertanalyse 120
Wertberichtigungen 294
Wettbewerbsregeln 153
Wettbewerbsstrategien 83
wheel of retailing 111
Wiederbeschaffungswert 292
Wiedergewinnungsfaktor 234
Willkür-Reserven 256
wirtschaftlicher Verein 140
wirtschaftliches Prinzip 15
Wirtschaftlichkeit 16
Wirtschaftsprüfer-Verfahren 300
Wirtschaftsverbände 153
Wirtschaftszweiglehren 11
wissensbasierte Systeme 24
Work Factor (WF) 198
Working Capital 251

X

XYZ-Analyse 120

Z

Zeitakkord 197
zeitliche Anpassung 55
Zeitlohn 195f.
Zeitstudien 198
Zero Base Budgeting 313
Zero Bonds 265

Zession 264
Zeugnisanalyse 190
Zielantinomie 18
Zielbeziehungen 18
Zielbildungsprozess 19
Zieldimensionen 17
Zielentscheidung 19
Zielgewichtung 18
Zielhierarchie 18
Zielkompromiss 19
Zielkonflikte 18
Zielkostenrechnung 315
Zins-Futures 278
Zinsabschlagsteuer (ZASt) 321
z-Situation 45
Zugangs-Abgangs-Tabelle 188
Zusatzfaktoren 31
Zuschlagskalkulation 311
Zuschlagssätze 310
Zuwachssteuern 319
Zwangsreserven 256

www.ingramcontent.com/pod-product-compliance
Lightning Source LLC
Chambersburg PA
CBHW050521190326
41458CB00005B/1617